KB031512

가상현실 시대의

뇌와 정신

가상현실 시대의 뇌와 정신

초판 1쇄 발행 2015년 12월 15일
3쇄 발행 2018년 1월 23일

지은이 서요성
펴낸이 강수걸
기획 이수현
편집장 권경옥
편집 정선재 윤은미 박하늘바다 김향남 이송이
디자인 권문경 조은비
펴낸곳 산지니
등록 2005년 2월 7일 제333-3370000251002005000001호
주소 부산시 해운대구 수영강변대로 140 BCC 613호
전화 051-504-7070 | 팩스 051-507-7543
홈페이지 www.sanzinibook.com
전자우편 sanzini@sanzinibook.com
블로그 http://sanzinibook.tistory.com

ISBN 978-89-6545-323-9 93100

*책값은 뒤표지에 있습니다.
*이 도서의 국립중앙도서관 출판예정도서목록(CIP)은 서지정보유통지원시스템 홈페이지(http://seoji.nl.go.kr)와 국가자료공동목록시스템(http://www.nl.go.kr/kolisnet)에서 이용하실 수 있습니다.(CIP제어번호: CIP2015031348)

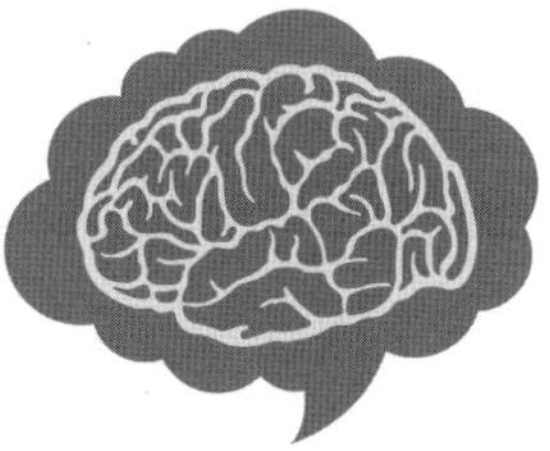

가상현실 시대의 뇌와 정신

의식세계에 개입하는 과학과
새로운 인문학적 사유

서요성 지음

산지니

뇌로 세상을 본다면

뇌의 관점에서 세상을 관찰하면 이전까지 보지 못했던 새로운 측면들이 감지되고 여러 에피소드를 만날 수 있다. 이를테면 풍차를 적군으로 여기고, 여관집 여주인을 공주로 모신 돈키호테는 우리에게 현실 감각을 상실한 중세의 기사로 남아 있다. 그런데 그를 신경과학적 관점에서 보면, 얼굴맹이라는 인지적 장애에 한동안 시달린 것이 아닌가라는 의심을 품게 된다. 혹은 내면에서 울리는 낯선 목소리에 시달리는 히스테리 환자일 수도 있다. 그러나 소설의 말미에 노년의 돈키호테는 기사도 이야기에 심취했던 젊은 날을 성찰한다. 그는 정신병자도 아니고 광기에 사로잡힌 사람도 아니었던 것이다.

돈키호테보다 간단하지만 쉽지 않은 문제로 기쁨이나 통증이 뇌로 수렴되어 설명되는 경우가 있다. 통증이 있으려면 보통 염증이 먼저 있게 마련이다. 그 상처는 신체 내에서 신경신호로 바뀌고 다시 대뇌피질로 전달된다. 그러면 뉴런이 활성화되고 활동전위가 생성됨으로써 우리는 고통을 느끼기에 이른다. 그렇다면 감정이나 느낌을 물질로 설명할 수 있을까?

또, 통상적으로 의식과 꿈은 서로 상반되는 상태로 알려져 있다. 하지만 둘 다 뉴런이 활성화되고 있는 상태이기 때문에 동일한 범주에서 설명될 수 있다. 반면 마취나 기절, 혼수상태는 뉴런 활동이 멈췄다는 점에서 의식이나 꿈과 다르며 오히려 죽음에 가깝다.

근대의 철학자 데카르트가 저서 『성찰』을 통하여 의심이나 사유에서 확실한 존재의 예를 보고 있다는 점은 이미 상식이 되었다. 그런데 그는 뇌의 송과선도 확실한 존재로 추가한다. 정신이 뇌의 일정 부위에 국소한다고 데카르트가 불쑥 내던진 말은 자신의 철학적 업적에 흠집을 남길 수 있었지만, 이미 현대의 신경과학계에선 뇌와 정신을 해명하는 하나의 실마리로 논의되고 있다. 관념론의 전통선상에 있는 후대의 철학자들은 뇌와 정신을 학문 통합적으로 고찰했으며, 정신이 목적론이나 형이상학적 진리로 향하고 있음에 관심을 두었다.

그러나 20세기의 심리학자 제인스(J. Janes)는 『의식의 기원』에서 데카르트가 말한 주관적인 인식이 양원적 정신의 일부에 불과할 뿐이라고 깎아내린다. 뇌과학자 가자니가(M. Gazzaniga)도 데카르트의 확실한 인식은 좌반구의 야심일 뿐이라고 그 의미를 축소한다. 그렇다면 현대인의 정신세계는 불완전한가?

이상과 같이 돈키호테, 기쁨이나 통증, 의식과 꿈, 데카르트와 송과선의 네 가지 에피소드는 지금의 뇌과학에서도 여전히 풀 수 없는 난제로 남아 있다. 본 연구자는 돈키호테의 기괴함을 문학 소재가 아닌 뇌의 시각피질 측면에서 연구한 논문을 찾아볼 수 없었다. 또한 일상생활의 한담(閑談)으로서 고통을 뇌 안의 전기 자극에 대한 개인적 경험이라고 복잡하게 말하는 경우도 낯설다. 데카르트를 신경과학의 선구자로 얘기하면 융합에 대한 편견이 생길 수 있다.

그럼에도 뇌에 관한 수다한 이야기들을 만나다 보면, 어렴풋이 진리의 전통과 타성에 대한 성찰이 가능해지면서, 정신과 뇌 사이의 경계선을 다시 그을 필요가 있음이 느껴진다. 의식 활동의 처소가 두개골 아래의 유연한 덩어리에 있을 것이라고 상상한 전통은 상당히 오래되었다. 그리고 융합이 유망한 분야로 각광받는 현대에 오면 몇몇 철학자들은 과학의 실증적 힘을 빌려, 반대로 신경과학자들은 철학의 개념들을 통하여, 정신의 자율성마저도 뇌에서 이해하려고 한다. 그 과정에서 생산된 담론들은 논쟁적이고 자극적이지만, 아직 뇌와 정신, 그리고 그 상관성을 해명하는 데 이르지 못하고 있다.

본 연구는 뇌 자체, 뇌에서 설명되는 의식, 의식의 지향점인 정신, 이들의 상관성을 해명해보려고 한다. 우리는 인류가 탄생하고 난 뒤 진화의 과정을 거쳐 어느 순간에 의식이 창발한 것으로 상상한다. 제인스는 그 시점을 인류가 단순한 생물학적 존재에서 내면세계를 갖기 시작한 때라고 주장한다. 혹은 인류가 동물과는 다른 독자적인 길을 걷는 순간이라고도 할 수 있다.

고등한 동물, 즉 인류는 사유를 하면서 현실이 현상임을 깨닫고 가짜에서 벗어나 초월적인 세계를 동경한다. 그리스 철학의 시조인 소크라테스는 신체와 영혼을 구분해냈고, 플라톤은 이데아론을 설파했다. 그들의 사상은 하나같이 감각적 의식에 대한 불신을 드러내고, 실체 인식에 대한 염원을 대변한다. 신체의 사멸인 죽음마저도 영혼이나 부활, 혹은 신에 대한 믿음을 쫓아내지 못한다.

플라톤의 관념론을 계승한 철학자 중의 한 명이 플라톤의 시대에서 대략 2,000년이 지난 시점에 등장한 데카르트다. 데카르트 철학의 특수성은, 빛나는 별들로 가득한 창공이 아닌 소우주 메타포로서의 인간 개체, 조금 더 좁히면 그의 주관적 의식에 대한 관심이다. 물질은 의식이 있을 때에야 비로소 존재할 수 있다. 데카르트에게 물질은 감각 대상이 아닌 사유 대상으로 이미 변해 있다. 반면 동시대에 갈릴레이는 측정 가능한 것과 측정 불가능한 것 모두를 측정 가능한 것으로 확신했고, 나중에 뉴턴은 물리학 법칙을 구상하면서 인간을 물질로 이해하려 했다.

그런데 이 천재들은 만물의 질서를 자신의 입장으로 정리했다는 점에서 공통적이다. 따라서 데카르트의 철학이 합리성이라는 이름으로 자연 질서를 찾으려는 근대과학, 혹은 자연철학을 탄생시킨 밑거름이 된 것은 우연이 아니다. 그러나 그의 주관적 사유는 과학적 실험과 증명의 요구를 견디어내야 했다.

19세기에 과학의 시야는 의식을 지나 신체로 향하고 있다. 그러면서 정신과 물질은 대립하는가? 혹시 둘 사이의 매개물은 없는가? 라는 질문이 던져진다. 그렇게 나타난 새로운 연구 경향은 인간의 현존이나 의식 활동보다 그것을 가능하게 한 조건에 쏠린다. 의식에 선행하는 물질이 의식을 규정한다는 것이다. 이에 따르면 시간이나 공간도 국소(局所)적이며, 의식도 국소적이다.

가장 대표적인 국소이론은 다윈의 진화론으로 사료된다. 그는 화석을 근거로 인류와 침팬지가 조상을 공유하고 있으며, 시작, 전개, 원인, 결과, 원인, 결과…의 지속적 관계를 주장한다. 그 사이에 등장하는 비약, 이를테면 포유류에서 영장류와 유인원(원숭이, 침팬지, 오랑우탄)을 거쳐 호모사피엔스가 분리되는 과정에서 메꿀 수 없는 간극은 합리적인 추정으로 짜 맞춘다. 이를테면 침팬지에게 인두가 없다면, 인간은 인두(咽頭)를 통하여 말을 할 수 있다. 또 침팬지의 공격성은 인류에게서 사회성으로 순화된다. 그렇다면 이런 사실이 서로 비교 가능한 것일까?

더불어 다윈은 원숭이나 유인원의 뇌 구조가 인간의 그것과 놀라울 정도로 닮았다는 점도 밝힌다. 그럼으로써 다윈은 기원(起源)을, 즉 시작 없는 결과는 없으나, 결과 없는 시작은 있을 수 있다는 모순을 유행시킨다. 그는 137억 년 전의 빅뱅이나 혹은 40억 년 이전에 생성된 생명체, 그리고 인류 탄생의 상관성에 대한 물리학적 접근의 토대를 마련해주고 있다.

다윈은 사변적인 사유를 해체하는 중요한 계기를 제공한다. 이원론이나 유심론이 인간의 정신을 순수함으로 이해했다면, 다윈의 주장은 인간을 유인원과의 상관성에서 바라본다. 인류는 더 이상 반신(半神)이나 초인(超人)은 물론 개인(個人) 개념으로조차도 이해되지 않는다. 인류는 고통을 싫어하고 쾌락을 원하며, 자기 보존과 약육강식의 욕구가 가득한 개체들의 집단일 뿐이다.

소크라테스가 독배를 들이킨 일화는 삶이 종료되면 의식이 불가능함을 보여주면서, 의식은 분명히 신체와 관련하고 있음을 말하고 있다. 물질과 정신의 상관성은 신경과학이 유행하는 20세기에 들어와 인과관계로 이해되기 시작한다. 다윈의 주장은 학문적 사유 일반을 하나의 탄탄한 스토리로 만드는 데 공헌한 것이다. 현대에 가까워질수록 실체 일체를 물질에서 접근하려는 연구가 학문의 주류를 이루며 갖가지 사건을 낳는다. 아인슈타인이 죽고 난 뒤, 그의 뇌 해부를 통하여 천재성을 입증하려는 시도가 실패[1]로 돌아간 것은 정신에 대한 물질적 접근의 대표적 예로 볼 수 있다. 그런데 특정 표본에 만족한 연구 결과들이 인간 종(種)에 대한 정의로 확대되는 견강부회의 경향은 무시할 수 없는 대세로 자리를 잡는다.

인류가 근린종인 침팬지에서 진화되어왔다는 주장이 이기심, 탐욕, 야만성을 설명할 수 있다면, 그의 저항, 헌신, 희생, 관용, 배려의 정신은 어떻게 이해되어야 할까? 숭고한 이타심이야말로 인류의 존엄성을 설명하는 특수함의 본보기라면, 다윈의 기승전결 스토리는 비판받을 수 있는 것이 아닐까? 뇌의 전전두엽이 이성적 행위의 근거지로 추정되지만, 말 그대로 추측일 뿐이다. 또, 최근 DNA 분석 결과, 인간과 침팬지 사이의 1% 유전자 차이는 메울 수 없는 간극이라고 주장되고 있다. 그러므로 진화론은 한계에 부닥친다.

정신(Geist)의 존재는 과학자 화이트헤드(A. N. Whitehead)나 심리학자 제인스가 생각한 '원리로 환원시킬 수 없고 굽힐 수도 없는 엄연한 사실'로 여겨진다. 그들 이전에도 화학적, 물리적 결정 요인과 상관하지 않는 자

---

1) 수전 그린필드, 정병선 역, 『브레인 스토리』, 지호, 2006, 252쪽.

유의지가 언급되곤 했다. 17세기의 스피노자(Spinoza, 1632~1677)는 이성적 "자유인"[2]으로, 헤겔은 "행위하는 정신의 단계에 도달한 개인"[3]으로 자유의지를 나름대로 이해한 바 있다.

따라서 본 연구는 다음과 같이 펼쳐진다. 머리말을 지나 1장에서 고대부터 현대에 이르기까지 정신, 물질, 뇌의 여러 담론을 종합적으로 제시할 것이다. 철학적 이원론의 효시를 이루는 소크라테스의 영혼, 죽음, 정신, 신체에 대한 논의들은 여전히 곱씹을 수 있는 대목이다. 이에 덧붙여 아리스토텔레스의 철학적 물질론은 양자물리학의 미래를 선취하고 있다. 고대부터 르네상스 시대에 이르기까지 뇌는 일원론적 혹은 이원론적 토대보다 물질과 의식의 특징을 동시에 지닌 것으로 파악된다. 더불어 현대 과학계가 주도하는 철학과 과학의 경계를 넘나드는 융합에 대한 여러 경우들을 간과할 수 없다. 물질과 정신의 긴장된 관계 속에서 뇌 담론을 스케치할 것이다.

2장에서는 뇌와 정신을 통합적으로 이해한 첫 번째 학자로 데카르트를 논의할 것이다. 그는 자아에 대한 철학적 사유 및 과학적 탐구를 동시에 펼쳐 나간다. 흔히 그는 근대 이분법 철학의 주창자로 알려져 있다. 그는 의식과 물질의 상관성을 엄밀하게 연구했으며, 특히 뇌와 신체에 대해서도 간략하게나마 지적한다. 그만큼 데카르트는 신체와 뇌에 대해서도 포괄적인 지식을 자랑한다. 그가 말한 코기토(cogito)적 확실함은 19세기에 심리학과 생리학의 태반이 되었고, 20세기가 지나면서 신경생물학자나 뇌과학자가 즐겨 찾는 인용문이 된다.

데카르트의 융합적 철학을 분석하고 난 뒤, 헤겔의 정신현상에 대해 논의한다. 헤겔은 의식(감각, 지각, 오성)이 정신(자의식, 이성, 절대지)으로 고

---

2) 스피노자, 강영계 역, 『에티카』, 서광사, 2010, 308쪽.

3) G. W. F. Hegel, *Phänomenologie des Geistes*, Johannes Hoffmeister, Felix Meiner, Hamburg 1952, 85쪽.

양되는 과정을 추적한다. 특히 그가 이성의 장에서 뇌와 신체를 언급하며, 인간의 정신에 대한 목적론적 이해를 강조한 대목은 압권이다. 헤겔도 뇌가 관장하는 의식과 뇌가 상관하지 않는 정신에 관한 이론을 선취하고 있는 것이다.

3장에서는 뇌가 그 자체로 본격적인 관심을 받게 된 19세기의 연구 환경을 서술함으로써, 뇌과학 이론의 타당성을 타진한다. 의식이란 뇌의 방대한 신경세포들의 전기화학적 활동에서 발생한다. 이런 주장은 고전물리학을 성찰하게 하고, 철학적 관념론을 비판한다. 뿐만 아니라 뇌 연구의 순수성에 영향을 미치는 정치적 담론도 언급되어야 한다.

그렇다면 궁극적으로 신경과학 이론의 반석은 무엇일까? 그것이 4장에서 언급된다. 먼저 뇌에 대한 융합 연구의 필요성을 논할 것이다. 여기에는 인간은 사유하는 동물이라는 진화론적 사상이 침전되어 있고, 철학과 양자물리학이 신경과학을 학문적으로 상보하고 있는 상황이 묘사된다. 이 맥락에서 고전 물리학의 전제 조건은 아인슈타인이 말한 것처럼 물질적 존재이며, 베이컨에 따르면 물질이 물리학의 기본이다. 하지만 현대의 양자물리학은 물리학의 토대에 확률파동이나 의식을 배치하면서 고정된 실체를 부정한다. 또한 어느 신경생물학자는 철학자 스피노자의 신체적 일원론에 큰 영향을 받는다. 스피노자의 코나투스 개념은 현대 신경생물학의 선구적 역할을 하고 있다. 철저히 물질적인 관점에서 출발한 20세기의 몇몇 뇌과학자들은 결정론의 한계를 깨닫고 관념론적인 진술들로 이론을 마무리하면서, 신체와 뇌가 상이할 뿐만 아니라 지금보다 복합적인 뇌 이론의 필요성을 역설하고 있다.

6장에서는 결정론과 자유의지론의 교차 지점을 뇌의 차원에서 다룬 영화 〈매트릭스〉를 분석한다. 1999년 대중에게 공개된 그 공상과학영화는 과학기술이 임계점을 뛰어넘은 시대를 상상함으로써 참과 거짓의 인식 문제가 뇌에 의해 결정될 수도 있음을 암시한다. 영화에서 기계들은 인간의 뇌를 정복함으로써 휴머니즘 시대를 과거사로 만들려고 한다. 하지만 기계들은 인간의 저항 정신 앞에서 속수무책이고, 그래서 디지털 천하의 꿈은 실패로 돌아간다. 영화의 메시지는 맹목적인 뇌 지배의 욕망이 가져올 디스토피아적 파국에 대한 비유라고 말할 수 있다.

마지막 7장에서는 정신의 초월성과 순수성을 언급한다. 철학자들의 자율적 정신에 대한 언급은 고전물리학의 법칙처럼 설득력이 있다. 소크라테스, 스피노자, 베르그손, 벤야민, 헤겔 등이 말한 순수한 정신(물질과 상관없는)에 대한 개념은 약간의 변별점에도 불구하고 자유롭고 목적론적 지향점을 가진 점에서 동일하다. 정신은 뇌의 결정을 거부하며 공동체를 지향하고 보편적 세계를 염원하고 있다.

그렇다고 순수한 정신의 존재에 대한 변호가 뇌의 실체에 대한 관심을 단박에 종결시킬 수 없다. 과학과 철학의 융합을 통해서 본 연구는 역설적 이론, 혹은 이론의 충돌을 포괄하는 새로운 뇌 이론의 출현을 더욱 고대하게 되었다. 무엇보다도 뇌에 대한 전통적 가설 두 가지는 여전히 유효해 보인다. 첫째, 의식의 요람은 뇌다. 유전자, 원자, 분자, 세포, 혈액 등과 같은 물질들로 이루어진 신경세포 40억 개가 모인 곳이 뇌다. 그들 사이에는 물리학 법칙이 적용된다. 둘째, 의식은 정신으로 상승한다. 헤겔의 『정신현상학』에서 지적된 감각, 지각, 오성은 의식에 속한다. 뇌의 뉴런 활동이 감각 및 학습 활동을 가능하게 하는 것으로 알려져 있다. 그러나 자의식, 이성, 절대지는 비물질적인 정신 영역이다. 특히 지각 이후의 의식 및 정신 활동은 더 이상 물리학적 법칙으로 단순히 소급될 수 없는 창발적 특성을 지닌다.

헤겔이 학문의 의무에 관해서 언급한 것처럼 이미 알려진 것은 알려진 것일 뿐 실체가 아닐 수 있으며, 이런 악순환의 굴레에서 벗어나기 위해서는 과학적인 해명이 절실히 요청된다. 데카르트는 처음에 이원론을 주장했지만, 끝에는 주저했다. 스피노자도 일원론적 지향점을 가졌지만, 마지막까지 일관성을 보이지 않는다. 이런 철학적 망설임과 모순을 이론으로 포함할 수 있을 때에야 비로소 새로운 뇌과학을 말할 수 있다.

차례

3. 19세기의 뇌: 정신의 순수성에 대한 의심

4. 20세기의 뇌와 정신: 양자물리학+뉴런 신경과학+ 인지 신경과학+감정 신경과학

6. 정신, 물질의 지배를 넘는 초월성과 순수성

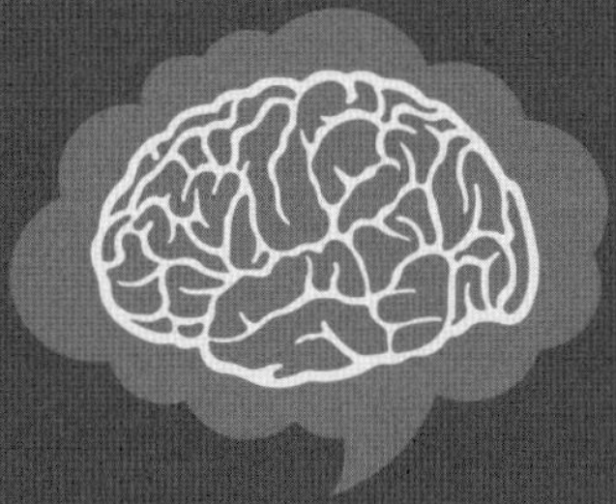

1

정신과 물질에 대한 표상들

전통적으로 만물을 정신이나 물질, 두 가지 중에 하나로 환원하려는 시도는 학문 세계에서 다반사였다. 둘 사이에 관한 논의 과정의 종착지는 철학적인 측면에서 정신의 존재와 그 향방(向方)에, 과학적인 측면에서 물질의 연원(淵源) 문제로 귀결되곤 했다. 정신은 불가분하고 그 정체가 무한한 반면, 물질은 세포나 미립자 등의 요소들로 쪼개지면서 결정론적인 성향을 띤다.

1.1 정신 : 자유의지의 증거

1.1.1 영혼: 죽음의 길에 담대히 들어서다

고대 아테네의 법정은 70대에 들어선 철인(哲人) 소크라테스에게 사형 선고를 내렸다. 죄목은 그리스 신을 인정하지 않음으로써 젊은이들에게 해악을 끼칠 수 있다는 것이다. 그가 세상을 돌아다니며 덕과 지혜를 대중에게 전파한 행적은 아리스토파네스의 희극 『구름』에서 묘사된다. 이 작품에서 소크라테스는 자연과학자로 등장해 여러 기상변화를 제우스신이 주관하는 것이 아니라 자연현상이라고 설파함으로써 기존 가치관에 대변혁을 가져온다. 동시대의 자연철학자 아낙사고라스(Anaxagoras)도 태양과 달을 신이 아니라 돌과 흙이라고 주장한다.

하지만 당시 자연현상을 과학적으로 설명하는 일은 낯설었고, 무엇보다 올림포스 신의 권위에 대한 도전으로 간주되었다. 소크라테스에 대한 고소장에도 그의 주장이 단지 "이치에 닿지도 않는 약한 이론"[1]이라고 적시되어 있다. 그러자 피고는 불경죄라는 자신의 죄목에 대하여 원고들의 무지와 비방을 반박하며 오히려 재판관을 계몽하려고 들었다. 그는 자신을 철학자, 즉 지혜를 사랑하는 사람들 중의 한 명이라고 말할 뿐이었다. 그러나 그럴수록 소크라테스의 자기변호는 궤변으로 이해되고, 결국 극형을 면할 수 없는 지경에 이른다.

패소를 예견한 소크라테스는 더 이상 자신의 무죄를 변론하지 않고 오히려 사후 세계를 상상한다. 그에게 죽음은 존재의 끝이 아니라 영혼이 주거지를 옮긴 상태다. 그는 죽음을 "아무것도 느끼지 못하는 상태로서 꿈조차 꾸지 않는 잠"[2]이라고 말함으로써, 의식과 무의식의 연속선상에서 이해하고 있다. 따라서 소크라테스에게 육체의 질곡과 감각적인 삶을 지양시킬 수 있는 최고의 방법은 죽음이며, 이를 통해 모든 영혼은 육체를 떠나 불멸의 단계에 들어선다. 소크라테스는 하데스 세계에서 헤시오도스나 호메로스는 물론이고 오르페우스, 오디세우스, 시지푸스 등과 같이 선한 영혼들과 만날 수 있다는 기대에 지레 들뜬 것이다.

당시에 철학자들은 육체나 육체적 쾌락에서 벗어나 자유로운 영혼을 소유한 지자(智者)를 이상적인 인간형으로 표상하고 있었다. 시각이나 청각은 인식의 출발점을 마련해주지만, 다른 감각들에 비해 조금 나을 뿐이다. 참된 인식이란 사유의 단계에 와서야 비로소 가능하다. 소크라테스는 육

1) 플라톤, 박병덕 역, 「향연」, 『소크라테스의 변명—크리톤 · 향연 · 파이돈』, 육문사, 2010, 139쪽 참조.
2) 플라톤, 박병덕 역, 「소크라테스의 변명」, 앞의 책, 60쪽.

체가 진실을 탐구할 때 방해물로 작용하기 때문에, 감각기관이 아닌 사유를 통하여 진정한 본질에 접근할 수 있다고 강변한다. 그런데 청각이나 시각 혹은 고통이나 쾌락, 굶주림 등의 감각들이 사유를 방해하지 못할 때는 영혼이 육체와 관계하지 않는 죽음에서야 비로소 가능하다는 역설적인 이론에 도달하게 된다.

그에게 죽음은 이승과 저승의 단절이 아닌 변증법적인 순환의 한 꼭짓점이다. 이승의 영혼들은 전생의 영혼이 회생(回生)한 것이며, 산 자는 죽은 자로부터 되살아난 것이다. 더불어 배움이란 이미 알았던 것을 상기하는 것이고, 이런 상기설(想起說)은 "우리의 영혼이 인간의 형태를 취하고 태어나기 전에 어딘가에 존재"[3]하였음을 말하고 있다. 따라서 학습은 새로운 내용의 체득 과정이 아니라 이미 알고 있던 것을 기억해내는 과정이다. 이를테면 만일 지성이나 이성이 선천적으로 주어지지 않은 사람에게 기하학적 도형은 인지할 수 없는 수수께끼로 남는다.

소크라테스의 상기 개념에는 연상 능력도 포함되어 있다. 만일 한 사람이 어떤 물건을 가지고 있다고 가정할 경우, 그 물건만을 보고도 그 사람을 마음에 그릴 수 있다. 이때 그와 사물 사이에는 유사성과 무관성이 동시에 작용한다. 뿐만 아니라 그와 사물, 사물과 사물 사이의 동일성과 차이를 더 사유하게 되면 그 마지막에는 초월적인 동일함(같음 '그 자체')이 있다. 따라서 같음이 보거나 듣거나 다른 감관을 통해서 판단되는 것이라면, 같음 그 자체, 혹은 사물 그 자체란 감관을 통해서 시작되는 순차적인 의식과정이 전개되기 전에 이미 인간에게 주어진 것이다. 이런 선지식(아름다움, 선, 정의 등)을 가지고 인간은 태어난다. 따라서 망각이란 그렇게 주어진 지식을 잊어버리는 것이다. 이처럼 소크라테스를 필두로 고대의 여러 철학자들은 사유와 관찰을 통하여 본질적인 개념들을 제시하는데, 그

---

3) 플라톤, 박병덕 역, 「파이돈」, 앞의 책, 234쪽.

외연은 인문학은 물론이고 과학의 세계에서도 유의미한 것으로 받아들여진다.

> 철학의 역사가 시작된 이래로 철학이 과학을 예시해 왔다는 점이다.[4)]

상기설은 현대의 의학계에서도 주목을 받는다. 자궁 안 태아 뇌의 대뇌피질에 이미 뉴런이 자리 잡고 있다. 뇌는 선천적으로 유전자의 영향을 받지만, 후천적으로 다양한 외적 공명에 노출되어 있다. 따라서 태아에게는 이미 경험을 받아들이는 능력이 주어져 있고, 의식이나 기억도 있다. 그리고 갓난아이가 낯선 사람보다 엄마의 목소리에 다르게 반응한다는 사실도 있다.[5)]

따라서 인간이 본래 소유했던 지식을 되찾는 과정이 배움이며, 이런 일련의 절차를 통틀어 상기라고 지칭할 수 있다. 지식이란 출생하기 이전부터 이미 알고 있던 것을 태어난 뒤에 되새기는 도정이다. 물론 소크라테스도 근대 철학자들처럼 인간이 감각기관을 통해 무언가를 인지하는 것을 인식의 출발점으로 삼는다. 그런데 그런 표상은 닮은 것이나 닮지 않은 것 혹은 그와 연상되는 것이나 잊어버렸던 것에 대한 지식을 상기하는 것까지도 포함한다. 상기설을 통하여 우리의 영혼은 이 세상에 태어나기 전부터 존재하고 있었음이 가정된다. 지식이 내재하는 영혼은 육체와 분리되어 있으며, 그 안에 아름다움 그 자체, 선 그 자체 등과 같은 절대적인 본질이 함께한다. 경험되기 이전에 영혼과 절대적인 본질이 존재했음은 필연적인 것이다.

시공간을 넘어 동일한 절대적인 본질은 이성적 사유를 통해서 비로소 파악될 수 있다. 반면 우리가 감관을 매개로 경험하는 모든 사물들은 한

---

4) 안토니오 다마지오, 임지원 역, 『스피노자의 뇌』, 사이언스북스, 2009, 22쪽.
5) 수전 그린필드, 정병선 역, 앞의 책, 81쪽 이하 참조.

결같지 않다. 따라서 존재는 두 가지, 즉 감관으로 파악되는 것과 파악되지 않는 것으로 분류된다. 또한 영혼은 보이는 것으로, 반면 육체는 보이지 않는 것으로 분류된다.

그리고 영혼(신적인 것)과 육체(인간적인 것)의 관계는 다음과 같이 파악된다. 영혼이 육체를 느끼는 것은 감각기관을 통해서 가능하다. 이때 자연은 영혼을 주인으로, 반면 육체는 영혼을 섬기지만, 영혼은 변화하는 세계에서 혼란스러워하고 방황한다. 하지만 영혼은 쾌락, 미련, 욕망, 공포 등을 극복하고 자신으로 돌아가 순수성과 불멸성을 되찾는데, 이것을 지혜라고 할 수 있다. 이런 지혜에 대한 참된 사랑인 철학은 육체적인 것을 조금도 지니지 않은 완전한 정화의 상태를 지향한다. 따라서 철학은 죽음을 연습하는 일이자 모든 인간적인 굴레에서 벗어나 영원토록 신과 함께 사는 연습이라고도 말할 수 있다.

육체는 창살 없는 감옥이고, 감관을 통한 인식은 거짓이다. 육체는 사멸하면 미라를 통해서 그 상태가 유지되는 경우도 있지만, 대부분 부패하면서 소멸된다. 그래서 인간이 진정한 자유와 행복을 누리는 상태는 이성적 사유 안에서야 가능하다. 철학을 통해 영혼은 육체와의 관계를 멀리하고 자신에게 집중할 수 있다. 그리고 죽은 뒤의 영혼은 육신을 떠나 하데스의 세계로 간다.

그러나 소크라테스의 육체와 영혼에 대한 주장은 여러 제자들에게 형이상학적 사념으로 비쳐질 뿐이다. 그들은 사부의 주장을 이해할 수 없었다. 케베스는 죽은 뒤 영혼의 존재에 의문을 품는다. 그리고 심미아스는 육체가 따뜻함과 차가움, 건조와 습함 등 서로 반대되는 성질들 사이의 긴장관계에서 나온 것인 반면, 영혼은 그런 요소들이 조화로운 비율로 섞인 혼합물이라고 생각한다. 말하자면 영혼은 육체적 요소들의 합성이다. 이런 주장에 대해 소크라테스는 영혼은 합성물도 아니고 분석될 수도 없으며, 신체를 지배하는 신적인 것이라고 일갈한다.

옥에 갇힌 소크라테스는 자연철학에 관심을 쏟았던 젊은 날을 되돌아본다. 주로 존재하는 사물과 관련한 것으로, 사물이 어떻게 생기고, 어떻게 유지되며, 어떻게 소멸하는지와 관련한다. 그리고 사유가 어떻게 가능한지에 대해서 연구를 진행한 적도 있다. 사유에 혈액이 미치는 영향, 사유에 공기나 불이 미치는 영향, 마지막으로 "골수가 청각, 시각, 후각 같은 감각을 공급하여 이 감각들로부터 기억과 판단이 생기며, 또 기억과 판단이 고정되면 지식"[6]이 생길 수 있는지의 여부에 천착했던 것이다. 뿐만 아니라 사물들을 감각기관에서 살피는 일도 빼놓지 않았다.

그러나 소크라테스가 얻은 결과는 그의 말마따나 아무것도 없었다. 그러면서 자신이 자연철학적 과제를 수행하기에 부적당한 사람이라는 것을 체득한다. 예를 들면 하나에 하나를 더하면 둘이 되는데, 처음의 하나가 둘이 되는 것인지, 아니면 나중의 하나가 둘이 되는 것인지 이해할 수 없었다. 그리고 각기 하나인 것이 합한다고 둘이 된다는 것도 설명할 수 없었다. 또 다른 경우에 하나를 쪼개면 둘이 되는데, 이때 둘은 상반되는 것은 아니기에 둘이라고 할 수 없는 것이다.

그런 인식상의 혼란 중에 소크라테스는 아낙사고라스의 책을 읽게 된다. 그 저술에는 만물에 질서를 주는 원인은 인간의 정신이라고 적혀 있었다. 천체의 운행과 속도는 그것에 근접하는 정신을 통해서 규정되며, 개별 행위의 원인을 추적해 올라가 보면 그 끝에는 정신이 있다. 그러면서 소크라테스는 사물의 인과관계나 전력(前歷)을 연구하기보다 사물이 어떻게 존재하고, 어떻게 작용하고 있으며, 어떻게 있는 것이 최선인가에 관심을 둔다. 그 과정에서 선과 악의 개념을 알게 된다.

하지만 사물을 단지 주관적 정신을 통하여 파악하는 것만으로 그 진상을 파악하지 못한다는 생각에도 다다른다. 그래서 그는 먼저 원칙을 세우

---

6) 플라톤, 박병덕 역, 「파이돈」, 앞의 책, 278쪽.

고, 그와의 일치 여부에 따라 참됨과 그릇됨을 나누기로 한다. 원칙에는 사물이나 개념 그 자체, 말하자면 아름다움 그 자체, 선 그 자체, 크기 그 자체와 같이 사물이나 개념의 절대성에 대한 생각이 포함된다. 예를 들면 아름다움 자체는 색깔이나 모양 등과 같은 분석되는 성질들 때문이 아니라 아름다움 그 자체가 존재하기 때문이라는 것이다.

소크라테스의 육체와 영혼 논거는 분명 형이상학적 관점이다. 육체는 사멸하지만 영혼은 남으며, 불멸의 영혼은 다시 육체의 모습을 띠고 이승으로 되돌아온다. 또한 영혼은 육신 안에 존재하여 육신의 어리석음과 나약함을 비판하는 역할을 담당한다. 이는 최고(最古)의 서사시 『오디세이아』 10권 17~18행에서도 비유되고 있다.

> 가슴을 치며 그는 자기의 마음을 꾸짖었다.
> 참고 견디어라, 내 마음아. 더 심한 것도 너는 견뎌내지 않았느냐![7]

인간이 육체의 고통과 좌절을 극복하는 데서 중추적 역할을 담당하는 것이 영혼이다. 그래서 트로이 전쟁의 영웅 오디세우스가 고향 이타카로 돌아가기까지 10년에 걸쳐 해상에서 겪는 숱한 위기를 극복하게 만든 바탕에는 영혼이 자리하고 있다. 소크라테스의 영혼과 육체에 대한 변증법적인 사유는 훗날 데카르트, 버클리, 칸트 등으로 이어지는 근대 관념론에서 이분법적 논리의 한 축으로 부활한다. 고대의 영혼은 근대에 정신 혹은 이성으로 불리며 영원한 속성을 지닌 것으로, 육체와 감각은 찰나적이거나 순간적인 것으로 여겨진다.

또한 소크라테스의 영혼에 대한 사유는 죽음에 관한 새로운 이해로 이어진다. 그는 인류가 죽음 이후의 시간을 경험할 수 없었음에도 불구하고

---

7) 플라톤, 박병덕 역, 「파이돈」, 앞의 책, 276쪽.

그것을 최대의 비극으로 생각하는 선입견에 정면으로 맞선다. 구차하게 목숨을 부지하는 것보다 지식을 통해 인식하는 과정을 자신의 정체성으로 삼는 소크라테스의 주장은 끝내 죽음의 공포를 담대하게 넘어선다. 소크라테스는 감옥에서 자신의 사유를 더욱 가다듬으며 처형을 기다린다. 그는 "이성이 옳다고 판단하는 것만을"[8] 추종함으로써, 탈출을 권유한 벗의 제안을 무위로 만든다.

소크라테스는 진리나 정의를 추종하는 가치 있는 삶을 지향하고 자유로운 사유를 추구하면서도, 국가의 위엄이나 법을 경시하지 않는다. 즉 불의나 부정을 반박하고 원칙을 벗어나는 행위를 차단함으로써, 애초부터 기회주의적 가치관이 들어설 자리를 차단한다. 또한 남에게 해악을 입히는 행위도 악으로 간주한다. 그럼으로써 자신이 감옥에서 탈출을 시도하게 되면, 국법의 존엄과 조국의 명령이라는 절대성이 훼손될 수 있음을 경고하는 것이다. 이렇게 소크라테스의 영혼은 자신에게 씌워진 무고한 죄를 사유하면서 생사를 초월하는 지경에 이른다.

그의 영혼론은 수많은 원자와 분자로 이루어진 육체의 한계를 뛰어넘는 점에서 근대 철학자들의 모범이 되기에 부족함이 없다. 그럼에도 소크라테스의 영혼의 존재에 대한 사유는 육신의 사멸 여부로부터 촉발된다. 인간이 물질적 존재임을 증명하는 근거는 다름 아닌 육신이다. 육신은 심장 고동이 멈추고, 뇌가 활동하지 않으며, 세포 조직에 산소 공급이 중단되는 치명적인 손상으로부터 죽기 시작한다. 생명은 죽음을 초월하는 사유만큼이나 삶과 죽음을 구분하는 명백한 논리의 시작으로 여겨진다. 따라서 영혼과 육신은 서로를 배제하는 것 같지만 항상 함께 논의되는 매개적 개념이다. 이런 맥락에서 철학의 이원론(dualism)이 육체의 존재라는 한계를 뛰어넘는 정신을 강조한다면, 일원론(monism), 그중에서도 물질주의

8) 플라톤, 박병덕 역, 「크리톤」, 앞의 책, 78쪽.

(physicalism)는 영혼의 존재를 부정하고 육체로 모든 것을 설명하는 것이다.

1.1.2 사유: 먹고사는 문제에서 자유로워지다

사유는 발굴하며 해명하고, 다시 부정하고 종합하는 정신 활동이다. 즉 부지런히 찾아내고 그 내용을 재구성하며 새로운 뭔가를 형성하면서도, 지치지 않고 밝혀낸다. 그 중요한 대상 중에 우주의 근원이 있다. 이를 위해 사유는 근원(根源)으로 거슬러 올라가서 암흑에 쌓여 있는 실체를 밝은 곳으로 데려오려는 성향을 띤다. 이를테면 빅뱅 개념, 이른바 우주는 작은 점의 폭발로 생겼고, 그 뒤 공간과 시간을 낳으며 만물을 창조했다는 이론이 나온 것이다.

그렇다면 누가 창조했는가? 천체 물리학자 호킹은 한편으로 창조자의 존재를 인정하면서도, 다른 한편으로 우주를 경계와 끝이 없는 존재, 이른바 시작과 끝이 없는 존재라고 설명함으로써 창조자를 부정한다.[9] 우주는 사유의 과정 중에 모순적으로 이해되고 있다. 왜냐하면 사유에는 사유를 성찰하는 메타적 속성이 작용하기 때문이다. 사유는 주체 안에서 열리고 갇힌다. 그래서 데카르트는 사유에 존재성을 부여했고, 나중에 사유의 조건으로 뇌를 언급한다.

18세기 계몽주의를 신봉하는 서구의 사상가들은 우주의 외연을 사유하는 주체의 인식적 넓이와 일치시킨다. 주체는 세계를 경험하면서 경험하지 못한 현상들도 자신의 사유 안으로 끌어들인다. 그 결과 중 하나로 역사는 이성이 전개되는 장이고 일정한 목적지를 향해 전진하고 있다는 목적론적 세계관이 나온다. 본 연구자는 실체를 계몽적으로 밝혀내는 작업을 철학자 헤겔(G. F. Hegel)이 말한 학문(Wissenschaft)이라고 정의내리고 싶다. 학문의 두 가지 요체는 인문학(문사철, 정치학, 경제학)과 자연학(기하

---

9) 로버트 버튼, 김미선 역, 『뇌. 생각의 한계』, 북스토리, 2010, 258쪽 참조.

학, 천문학)이었다. 전자가 이성적인 것이라면, 후자는 경험적인 것이다.

이런 계몽주의적 사유의 외연이 사전적인 사유와 일치하는 과정에서 우주의 영역은 불가지론 혹은 신화의 차원으로 전화된다. 계몽주의자들은 이성적 사고를 통하여 주어진 조건을 극복하고 새로운 기원을 만들어 나간다. 현대 극작가 브레히트(B. Brecht)는 비이성적이고 신비한 형태를 "역사적인 조건"[10]으로 재해석한다. 근현대의 여러 인문학적 이론들은 미지의 것들을 밝히기보다는 논리적이고 개연성 있게 설명하는 쪽으로 향했던 것이다. 극작가 입센(H. Ibsen)은 연극을 통해서 생물학적인 유전을 인간의 근원으로 묘사했으며, 심리학자 프로이트(S. Freud)는 의식의 토대로 무의식을 설명했다. 사상가 마르크스(K. Marx)도 사회를 경제적 생산관계의 반영으로 이해하였기에, 사회의 모든 것은 변한다고 하였다. 이와 같은 계몽주의적 사유는 미스터리한 우주를 개념과 유한성이라는 틀의 인과적인 사슬에서 밝혀내려고 했던 것이다.

계몽적 설득력을 등에 업고 지식은 기하급수적으로 비대해진다. 하지만 여전히 인간이나 세계의 본질은 그 정체를 드러내지 않는다. 실체에 대한 계몽적인 해명의 과정이 여러 난해한 문제 앞에서 무력함을 보여준 것이라고 돌려 말할 수 있다. 덧붙여 철학자 파스칼(B. Pascal)은 죽음을 인간에 내재하는 치명적인 부조리함으로 이해했다.

> 인간들은 죽음과 비참함, 그리고 무지를 극복할 능력이 없으므로 행복하기 위해선 아예 이에 대한 생각을 하지 않기로 합의하였다.[11]

인간은 출생 순간부터 죽음이 예정되어 있는 나약한 존재이기 때문에, 시작과 종말 사이에서 마치 마리오네트 인형처럼 주어진 역할에 충실할

---

10) 베르톨트 브레히트, 송윤엽 외 역, 『브레히트의 연극이론』, 연극과인간, 2005, 274쪽.

11) Blaise Pascal, Ulrich Kunzmann, *Gedanken*, Anaconda, Leipzig 1987, 69쪽.

뿐이다. 이때 일부는 실존 조건을 치열하게 탐색하지만, 다른 부류는 비극적 실존에 얽매이기보다 삶의 유희로 빠져나간다. 그러기에 후자들에게 전자들이 제기하는 의문은 무의미하며, 희망은 부질없고, 복종은 필연적으로 보인다.

그렇다면 르네상스 시대 이래로 인간의 관심이 외부 물질이나 신이 아닌 인간 자신, 이를테면 지각 의식이나 심리로 향하게 된 계기는 무엇인가? 한편으로 데카르트나 스피노자 이래로 주관적 관념론의 유행은 사유의 주체에 대한 관심을 지대하게 했고, 다른 한편으로 계몽주의와 낭만주의를 거치면서 자의식이 강하고 개성적인 개인(Individuum)들이 역사의 무대에 등장했기 때문이다.

추리소설의 효시인 포우(E. A. Poe)의 『모르그 거리의 살인』(1841)에서 탐정 뒤팽(Dupin)은 이전의 등장인물에서 찾아볼 수 없는 냉철한 관찰력과 추리력으로 무장되어 있다. 그는 나중에 작가 도일(C. Doyle)의 사설탐정인 홈즈(Holmes)의 모범이 된다. 뒤팽이 미지의 살인범을 추적하며 펼치는 놀라운 추리력과 면밀한 증거력은 총명한 개인에 대한 관심을 촉발시키는 데에 부족함이 없다. 뒤팽은 사건을 해결하는 과정에서 한편으로 얼빠진 모습을 보이기도 하지만, 뛰어난 집중력으로 끝내 범인을 잡아내고야 만다.

> 이러한 기분의 그를 관찰하면, 나는 종종 고대철학의 이중영혼설(the old philosophy of the Bi-Part Soul)에 대한 생각에 잠긴 채 창조적인 뒤팽과 분석적인 뒤팽이라는 이중적인 뒤팽(a double Dupin—the creative and the resolvent)을 상상하며 즐거워했다.[12)]

12) Edgar Allan Poe, *The Murders in the Rue Morgue, Complete Stories and Poems of Edgar Allan Poe*, Doubleday, New York 1966, 5쪽.

뒤팽의 뛰어난 지력 덕분에 인도네시아에서 잡힌 오랑우탄이 진범으로 체포되기에 이르고, 무고한 혐의자로 몰렸던 은행원은 다행스럽게 풀려난다. 그는 수임한 사건을 철저한 논리와 물질적 증거에 기초하여 해결함으로써 특출한 기인으로 자리매김할 수 있었다.

뒤팽의 신기(神技)에 가까운 논리력은 곧이어 홈즈에게 이어져서 더욱 빛을 발하게 된다. 『주홍색 연구』(1887)에서 서술자 왓슨은 아프가니스탄에서 부상을 입고 제대한 군의관이다. 그는 가난하게 살다가 우연한 기회에 홈즈와 통성명을 하게 된다. 홈즈는 해부학과 화학에 조예가 깊고, 특히 명민한 추리력의 소유자다. 그는 왓슨과의 첫 대면에서, 왓슨이 아프가니스탄에서 왔음을 추론해낸다. 그 뒤 둘은 함께 살면서 탐정소설 시리즈의 명콤비로 활약한다. 홈즈는 항상 정확한 관찰과 분석으로 위탁받은 사건을 말끔히 해결함으로써 왓슨을 열광시킨다. 그럼으로써 왓슨에게 진정한 연구 대상은 인간이라는 말을 되새기게 한다.

비록 홈즈도 뒤팽처럼 가상 인물이지만, 당대의 개인을 표상하는 데 도움을 준다. 뒤팽의 인성에는 "이중영혼설"로 비유되는 창조적인 측면과 분석적인 측면이 분리되어 있다. 홈즈도 뛰어난 관찰력이 돋보이지만 각종 학문에 대한 이해도의 편차가 적지 않다. 예를 들면 화학, 해부학, 범죄학, 심지어 바이올린 솜씨는 타의 추종을 불허하지만, 문학, 철학, 천문학에 대한 지식은 전무하다.[13] 물론 뒤팽과 홈즈는 탐정의 전문가가 되기에 부족함이 없으며, 지금까지와는 다른 인류 유형인 특수한 '개인'에 도달하게 된 것은 틀림없다. 그러나 그들의 초인적인 모습을 전인(全人)이나 교양인(教養人)이라고 부르기에는 조금 어색하다. 왜냐하면 그들의 실증적이고 과학적인 이성은 본질적으로 그들 스스로를 불안한 개인으로 만들고 있

13) 아서 코난 도일, 백영미 역, 『셜록 홈즈 전집 1—주홍색 연구』, 황금가지, 2012, 28쪽 참조.

기 때문이다.

또한 19세기 다윈의 이론과 과학의 발전은 인문학적 상상력에 과학의 정신을 덧입히는 역할을 수행한다. 인간은 무엇인지에 대한 지속적인 관심은 의식된 세계 너머에 대한 상상력을 가속시킨다. 소설가 카프카(F. Kafka)는 소설 『변신』(1915)에서 인간의 실존을 밝혀내려고 한다. 어느 날 작품의 주인공 그레고어 잠자는 잠에서 깨어보니, 자신이 벌레로 변신했음을 알아차린다. 처음에는 꿈이라고 생각했지만 상황은 실제였다. 그는 흉측한 미물이 되었고, 목소리마저도 괴성으로 바뀌었다. 본래 평범한 외판원이었던 그는 이제 한 가정의 가장 역할을 더 이상 수행하지 못한다. 그는 천정을 기어 다니고 소파 아래에 몸을 숨기며 누이의 저주를 참는 등 온갖 수모를 겪다가, 끝내 아버지가 던진 사과에 얻어맞고 쓸쓸히 죽음에 이른다.

주인공에게 벌레란 자신의 진짜 모습이다. 그런데 벌레는 인간보다 낮은 종의 미물이 아니라 인간의 참모습이라는 것이 카프카의 메시지다. 변신한 동물에서 욕구는 충족되고, 내면과 외면의 괴리는 없어지고, 자아는 하나의 자아로 남는다. 변신을 경험한 초기에 주인공은 진정한 자신을 찾으려 한다. 그러나 그는 자신의 가족에게도 제거되어야 할 흉물로 다가올 뿐이다.

잘 알려진 바와 같이 심리학자 프로이트도 자아의 이면(裏面)에 관심을 두었다. 자아는 이드와 초자아 사이를 조절하는 심리 장치로 알려져 있다. 그러나 이드에서 자아로, 그리고 자아에서 초자아로 지양되는 정신활동은 실제로 상이한 의식이 현상하는 것이 아니라 이드(충동)가 억압된 모습으로 나타난 것, 거칠게 말하면 똑같은 것이 반복되어 나온 결과물이다. 그런데 충동(성 충동과 죽음 충동)은 역행적인 속성을 띠기에 과거를 지향하며, 근원적으로 무(無)로 향하고 있다. 따라서 인간이 존재하기 전에 무생

물체가 먼저 있었음이 암시되고 있다.[14]

카프카나 프로이트는 개인이 동물이나 물질로 끊임없이 되돌아가려는 성향을 띤다고 상상했다. 만일 그런 것들이 인류의 본래 모습이라면, 고대 그리스 시대 이후의 인간에 대한 대표적인 표상인 사유하는 인간은 인류의 본원적인 모습이 아닐 수 있다. 사유는 육체라는 한계를 뛰어넘는 초월성을 띠고 있으며, 메타적인 사유는 존재의 규정들을 해체하면서 장구히 지속되어 왔다. 이런 맥락에서 사고하는 존재나 이성적 동물이라는 여러 정의도 나온 것이다.

인간의 정신이 무엇인지는 아주 오래전부터 고민되고 제기되어온 핵심 문제이긴 하지만 아직 그 해답은 명쾌하지 않다. 그와 관련한 논의는 대부분 사변적으로 이루어져서, 계량 불가능한 측면이 도사리고 있다. 그래서 계몽주의는 18세기 이후에 지속적으로 진행되지 못하고 한계에 봉착한다. 작가 바흐만(I. Bachmann)은 현대에 모든 관계가 불확실해지면서, 시간과 공간에 대한 개념은 자주 바뀌고, 현실은 새로운 정의를 필요로 한다고 말했다. 그런데 그 주된 이유는 학문이 현실을 잘못 공식화했기 때문이라고 말한다.[15] 또한 극작가 한트케(P. Handke)는 희곡 『나는 상아탑의 주민』[16]에서 이전에 자연스러웠던 현실이 현대에는 낯설게 되었을 뿐만 아니라 변화와 조작의 대상이 되고 있음을 한탄한다. 그래서 다시 시공을 초월하여 사물의 태초 모습으로 귀향하려는 시도는 가치가 있는 것으로 고찰한다.

20세기의 예술적인 모더니즘(modernism) 사유도 물질적인 대상 뒤에 비물질적인 요소가 숨어 있다는 관념론적 전통에 기대는 대신에 물질의 속

---

14) 지그문트 프로이트, 박찬부 역, 『쾌락원칙을 넘어서』, 프로이트전집 14, 열린책들, 1997, 53쪽.

15) Ingeborg Bachmann, Frankfurter Vorlesungen. *Probleme zeitgenössischer Dichtung, Gedichte, Erzählungen, Hörspiel, Essays*, Piper, München 1995, 307쪽 참조.

16) Peter Handke, *Ich bin ein Bewohner des Elfenbeinturms*, Suhrkamp, Frankfurt a.M. 1972, 51쪽 참조.

성에서 출발하여 비물질적인 사유를 비웃는다. 그 한 예가 초현실주의 화가인 마그리트(R. Magritte)의 그림 '이것은 파이프 담배가 아니다(Ceci n'est pas une pipe)'이다. 그는 파이프 담배를 사실적으로 그려놓고 제목으로 버젓이 그것을 부정한다. 그래서 혹자는 파이프 담배라는 시니피에와 파이프 담배라는 시니피앙 사이에는 직접적인 연관성이 없다는 언어학적 접근을 시도한다.

하지만 본 연구와 관련하여 마그리트의 착상을 조금 더 숙고할 필요가 있다. 화가는 아마추어 예술가처럼 단순히 대상을 캔버스로 옮겨놓았다. 화가는 실제를 그대로 옮긴 것이 아니라 머리에 있는 이미지를 그려놓은 것이며, 그 결과는 화폭 위에 형상과 색깔로 나타난다. 그런데 관람자는 가상을 보면서도 가상을 실제로 사유할 수 있는 광학적인 기만에 빠지기도 한다. 물론 그림의 파이프 담배는 실제가 아니기에 우리는 그것에 불을 붙일 수 없다.

여기서 시사점은 파이프 담배가 파이프 담배로 불리기 위해선 그것이 꼭 실제가 아니더라도 최소한 파이프 담배처럼 보일 만큼의 물질이면 충분하다는 점이다. 화가는 관람자에게 뭔가를 지각시키기 위해서 눈이 필요로 하는 만큼의 물리적인 지시물을 보여주면 된다. 관람자의 지각은 실제냐 가상이냐를 판단하는 의식 활동이 아니라 다면적인 양상의 상황에 의존하기 때문이다.

이처럼 예술가들의 창작물은 무한한 상상력을 속성으로 삼아 기존의 개념적 평온을 어지럽힌다. 그 에너지는 헤겔이 정의한 학문의 영역을 지나 저 멀리 태초로, 아니면 피안으로 귀향하곤 한다. 그들의 사유와 상상력은 의식 활동의 대표적인 양태들로서, 물질적인 조건을 뛰어넘어 자유롭게 부유하며 현실을 지양하는 특징들이 있다. 따라서 사유가 물질적인 것과 비물질적인 것의 경계를 넘어서는 것은 우연이라고 할 수 없다.

1.2 물질: 결정론의 토대

물질이 세계의 근원이라는 논의도 정신에 대한 담론처럼 그 역사가 깊다. 사람들은 물질로 이루어진 자연에 질서가 존재한다고 믿었고, 물리학은 물질에 대한 과학적 탐구라고 정의내릴 수 있다. 그런데 우주 만물에 대한 물리학적 이론이 관찰자인 개인의 존재 자체도 설명할 수 있을까?

물리학이란 물질의 더 이상 나누어지지 않는 부분까지 밝혀내서 그 실체의 법칙을 도출하고, 거꾸로 미세한 것에서 더 큰 것을 유추해내는 학문이라고 정의내릴 수 있다. 쿼크, 전자, 원자 등의 기본 단위 연구에서 시작된 물리학에게 물질의 속성에 대한 지식은 기본이다. 그러나 물리학의 특징은 추상이기도 하다. 물리학은 물질의 실재성, 즉 다른 것에 반영되는 양상과도 관련한다. 그럼으로써 추상은 물질 내면의 속성을 간과한다. 또한 관찰자 자신은 객체와 관계할 때, 외부 존재의 동일성을 확정짓는 한에서만 관여한다. 그런데 고전 물리학은 만물에 인간을 포함시키고, 그 시작으로 원자를 생각한다.

물리학자 호킹(S. Hawking)은 고대부터 지금까지 물리 법칙의 변화를 역사적으로 고찰한다. 고대에 신화가 유행하고 여러 신들이 탄생한 주요 원인은 자연법칙에 대한 무지에서 비롯된 것이다. 고대인들은 자연현상이나 자연재난의 법칙이나 규칙을 알 수 없었기 때문에 초자연적인 존재라는 모형을 고안해낸다. 하늘과 바다를 다스리며, 인간의 희로애락도 좌지우지하는 배경에는 신(神)이 도사리고 있다.

그러나 고대 그리스의 탈레스는 우주가 자연법칙에 의해 지배되고 있음을 알게 되면서 기존의 모형을 수정해야 했다. 기원전 6세기경에 피타고라스가 수학 공식을 제시했고, 계속해서 아르키메데스는 지렛대의 법칙을, 데모크리토스는 원자론을 말했다. 그럼에도 그들의 자연관은 인간의 영혼에 대한 관심을 포함하지 않았기 때문에 오래갈 수 없었다. 당시 인간의

"자유의지나 목적의 개념, 혹은 신들이 세계의 운행에 개입"[17]한다는 그리스 철학자들의 주장이 설득력을 잃지 않았기 때문이다. 또한 그들의 자연관은 모든 자연현상을 너무 단순한 원리나 명제로 수렴시켰고, 과학적 방법을 동반하지 못했으며, 실험을 통해 입증되지도 못했다.

고대 자연과학이 제시한 물질 개념은 철학자에게 외부세계를 형상과 질료(성분)로 구분하는 계기를 마련해준다. 아리스토텔레스에게 질료는 그 자체로서 보이지 않는 가능성(잠재태)이며, 가능성을 현실적인 모습으로 만들어준 것이 형상이라고 했다. 따라서 존재란 가능성만으로 부족하며 현실태를 가져야만 한다.[18] 아리스토텔레스는 정신이 생명의 근원으로서 번식과 신진대사를 책임지며 움직임과 지각 기능을 담당한다고 말했다. 그리고 정신이 인간에게 사유의 능력을 부여한다. 이처럼 아리스토텔레스는 사유를 포함한 모든 정신 활동을 육체와의 관계 속에서 파악했다.

> 대부분의 경우에 정신은 육체 없이는 아무것도 견딜 수 없는 것처럼 보인다. 또 분노, 용기, 열망, 지각과 같은 것과도 관련할 수 없다. 사유는 정신의 특수한 것처럼 보인다. 하지만 사유가 감각적 표상이라면, 사유 자체도 육체 없이는 있을 수 없다.[19]

아리스토텔레스는 정신과 육체가 동일하며, 사유는 심장의 바로 위에 국소하고, 두뇌를 감각 둔화 기관으로 축소시키면서 전통과는 다른 생소

---

17) 스티븐 호킹 · 레오나르도 믈로디노프, 전대호 역, 『위대한 설계』, 까치, 2010, 27쪽 이하.

18) 베르너 하이젠베르크, 구승회 역, 『물리학과 철학』, 온누리, 2011, 137쪽 참조.

19) Peter Düweke, *Kleine Geschichte der Hirnforschung*, Hanser, München 2001, 21쪽: In den meisten Fällen scheint die Seele nichts ohne den Körper zu erleiden und zu tun, wie etwa Zorn, Mut, Begehren, Wahrnehmung überhaupt. Am meisten scheint ihr das Denken eigentümlich zu sein. Wenn aber auch dies eine Sinnesvorstellung ist oder doch nicht ohne eine solche sich vollzieht, dann könnte selbst das Denken nicht ohne den Körper sein.

한 상상을 펼쳐나간다. 더 나아가 인간, 동물, 식물 등과 같은 생명체를 다른 비생명체와 가름하는 기준이 바로 영혼이다.

인간은 양분을 섭취하면서 성장하고, 감각 정보에 따라 운동한다. 전자까지만 볼 때 인간은 식물과 다를 바 없고, 후자까지 포함하더라도 동물과 유사하다. 그러나 인간에게는 또한 이성(Logos)의 능력이 있다. 인간은 이성의 원리와 이치를 따르고 그에 따라 사유한다. 이성은 동물적인 속성에도 영향을 미친다. 인간에게 완벽하게 좋은 것은 인간 스스로 만족하는 것인데, 여기서 자족이란 의미는 부모, 가족, 친구, 시민 등의 만족마저도 포함한다. 이것이 선(善)이다. 그래서 그는 인간을 "사회적(정치적) 동물"[20] 이라고 정의한 것이다.

뿐만 아니라 정신에는 비이성적인 측면인 식물적 속성과 욕망적 속성이 있다. 식물적 속성은 인간에게 무의식, 특히 수면 중에 나타난다. 수면은 정신활동이 멈춘 상태로, 모든 사람 사이에 별다른 차이가 없다. 식물적 요소에는 이성이 작용할 수 없다. 반면 욕망은 이성적 지시에 따를 수 있다.

여기에 중요한 생각의 전환점이 있다. 인간의 육체적 특징이 아리스토텔레스의 사회적 '동물'이라는 언급 속에서 부각되는 것이다. 그것이 로마 시대의 키케로에 와서 "이성적 동물"[21]로 이해된다. 이성은 한편으로 사유를, 다른 한편으로 절제를 의미하기 시작한다. 인간의 동물적인 속성은 인간을 그 이중적인 특징 사이에서 흔들리게 한다. 이런 정의가 오히려 사회적 동물인 인간보다 더 오랫동안 인간에 대한 정의로 여겨진다.

아리스토텔레스의 영혼(정신)론은 영혼이 죽음을 초월한 사유 활동이라고 설명한 소크라테스의 정의와는 달리 물질적이고 현세적이라고 할 수 있다. 그러나 생명력 있는 물질 개념의 유행은 근대 이후에 한동안 단절된다. 대신 근대 과학에서 많이 감지되는 것은 죽은 물질에 대한 관심이다.

---

20) 아리스토텔레스, 조대웅 편역, 『니코마코스 윤리학』, 돋을새김, 2008, 29쪽.
21) 한나 아렌트, 김정한 역, 『폭력의 세기』, 이후, 1999, 97쪽.

헤겔이 말했듯이 의식과의 관계성을 없앤 "순수한 물질"[22]이 부각된다. 모든 시각, 촉각, 미각 등을 제외한 물질에게는 성질도 없고 그 사이의 구별도 없다. 물질은 순수 추상물이고, 자연도 개별 관찰자의 의식 개입 없이 그 자체의 법칙에 따라 작동하는 독자적인 존재다. 그를 구성하는 물질, 공간, 시간, 구조 등도 변함없는 완고한 사실이다. 따라서 물질론은 존재와 사유를 동일한 것으로 생각한 데카르트의 개념과는 상반된다. 데카르트에게 현실은 있는 그대로의 실제가 아니라 의식과 행위가 빚어낸 실제이며, 지식이라는 것도 대상에 관한 단순한 앎보다는 의식에 의해서 창출된 앎이다. 반면 경험적 과학에서 존재는 구체적 존재가 아니라 순수 추상에 머무를 뿐이다.

그렇다면 의식과 대상의 완전 분리는 우리에게 어떻게 인식되는가? 바로 "유용성" 혹은 "실용성"[23]이다. 물질은 현실 그대로 존재할 뿐, 어떠한 개념이나 자유도 들어설 자리가 없다.

또한 고전물리학은 물질의 정체를 밝히기보다 큰 세계를 설명하는 데에 유효했다. 뉴턴(I. Newton, 1643~1727)의 가속법칙(물체에 마찰보다 큰 힘이 가해지면 가속도가 붙는다)이나 중력법칙(물체가 낙하하면서 가속도가 붙는다)은 우주에 전체적으로 통한다. 그런 자연 질서의 특징을 뉴턴은 합리적이라고 생각했다. 이 맥락에서 합리적이란 마치 시계 장치처럼 미리 정해진 궤도 위에서 만물이 움직인다는 것이다. 이신론(理神論)처럼 우주의 전체 질서는 신의 뜻을 따르고, 그 내용은 결정론적이라는 것이다.

그런데 뉴턴의 과학이론은 물리적 대상 이외에 모든 것의 존재를 부정하는 물질주의로 경직되기에 이른다. 그 과정에 베이컨(F. Bacon, 1561~1626)의 학문론도 작용한다. 그는 경험론을 신봉한다. 그는 과학이나 수학을 체계적으로 교육받지 않았지만, 물질세계를 통찰하고 인식할

22) 헤겔, 임석진 역, 『정신현상학2』, 한길사, 2009, 149쪽.
23) 헤겔, 임석진 역, 앞의 책, 153쪽.

때, 개념의 개입을 가급적 배제하려고 애쓴다. 대신 구체적인 사실을 모으고 그것들의 패턴을 연구하는 귀납법을 애용한다. 그렇게 자연을 지배하는 통일적인 질서를 찾으려 하면서, 문명의 미래는 과학에 달렸다고 주장하는 것이다.

베이컨은 우주를 위계와 서열에 따라 정돈하면서 학문 피라미드를 세운다. 가장 기초에 자연사가 있고, 그 위에 자연사를 포괄하는 물리학이 있다. 그리고 정점에는 모든 것들을 설명할 수 있지만 인간의 이해를 넘어서 힘이나 형태로 존재하는 형이상학이 있다.[24] 그가 학문을 분류하고 체계화한 것은 환원주의적인 방식으로 이해될 수 있다. 자연의 사실들을 분석하고 정리하는 학문이 물리학이며, 이는 20세기 양자이론의 과학적 위계질서 확립에도 큰 영향을 미친다.

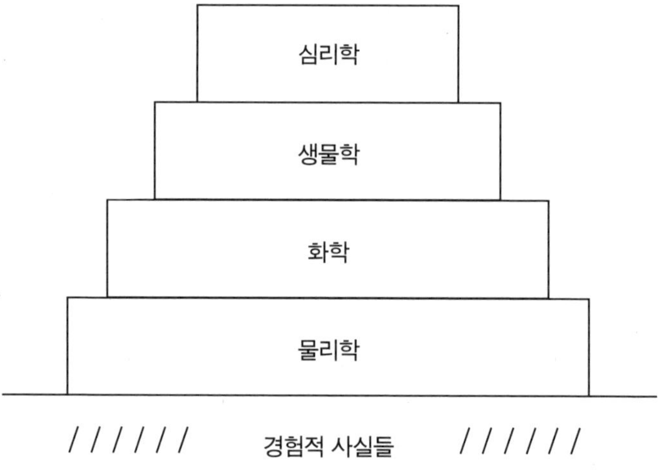

〈그림1〉 학문의 체계 - 고전물리학의 관점

베이컨의 논리에 따르면 학문들 사이에는 환원주의적 질서가 지배하고

24) 에드워드 윌슨, 최재천 · 장대익 역, 『통섭』, 사이언스북스, 2008, 64쪽. 72쪽.

있다. 심리는 생물학적으로 설명할 수 있고, 생물 현상은 화학적으로, 화학 현상은 물리학적으로 설명할 수 있다. 뿐만 아니라 심리학의 근저에 물리학이 있다는 것은 심리적 현상은 물리적 실재일 수 있다는 것이다. 이처럼 베이컨 시대에 과학은 이미 자연과학의 영역으로 축소되어 이해되고 있다.

한편, 실증할 수 없는 문사철 영역은 위의 과학 모형도에서 배제된다. 이미 통합적인 학문은 여러 분과학문으로 구분되기 시작했고, 형이상학은 도저히 풀 수 없는 철학의 소관이라고 생각한다.

물리학은 실체 규명이라는 과제 앞에서 철학적 사념의 업적보다 기대 이상의 문제 해결능력을 보여준다. 철학은 철학자의 주관이 투사되는 경우가 많지만, 물리학은 감각적 인식에 기본하여 언제 어디서나 합당한 보편적 규칙을 추구했다. 그러다 보니 자가당착이나 허무주의에 허우적거리지 않았고 패러다임 전환에도 적극적이었다. 뉴턴 물리학이든 양자 물리학이든, 과학의 실체에 대한 도전적인 질문과 공식에는 역동적인 변증법이 작용한다. 기존 가설이 관찰과 실험에 의해 새로운 가설로 대체되면서, 다시 말하면 이전의 과학 법칙이 이후의 대안적 과학 법칙에 의해 지양되고 보완되어 더욱 견고한 과학 법칙이 제시되고 있는 것이다.

물리학에 내재하는 경험주의적이고 기계적인 특징은 다른 학문으로 파급된다. 19세기 사회학의 거장인 콩트(A. Comte)는 사람들을 여러 힘에 의해 움직이는 원자로 이해하면서 사회학을 사회적 물리학이라고 불렀다. 또한 프로이트도 처음에 심리 과정을 신경학적 입자들의 상태로 이해하려 했고, 스키너(B. F. Skinner)는 행동 심리학을 통해 인간의 자유의지를 부정했다.[25] 그래서 현대의 물리학자 호킹은 물리학이 철학을 대체할 수 있다고 주장하며, 그럼으로써 철학의 죽음을 조심스럽게 진단하기도 했던 것

25) 브루스 로젠블룸 외, 전대호 역, 『양자 불가사의: 물리학과 의식의 만남』, 지양사, 2012, 60쪽.

이다.[26)]

1.2.1 융합: 물질과 정신의 소통

21세기 초반, 우리나라 과학계는 통섭(統攝, consilience)이나 융합(融合, convergence) 등의 기치를 내걸고 학문의 경계를 넘나드는 시도, 특히 인문학과의 접목을 빈번히 기획한다. 대학이나 연구소에서 융합 관련 과목이나 학부, 학과 등이 우후죽순처럼 생기면서, 융합은 거스를 수 없는 학문적 대세로 자리를 잡아가고 있다. 그러나 유감스럽게도 그런 다양한 시도와 논의를 제대로 바라볼 만큼 시대는 여유롭지 않다. 왜냐하면 융합의 동인이 대부분 기업의 지원이나 국가적인 이니셔티브로서 가시적 생산성을 요구하고 있기 때문이다. 또한 첨단 융합학문은 발전에만 만족하지 않고, 여타 모든 학문을 흡입하는 일종의 블랙홀 역할을 하고 있기 때문에, 인문학적 정체성 논의의 활성화는 더욱 요구되고 있다.

〈그림2〉 뇌 10년 이후의 인문과학 심포지엄 포스터

그 일례로 '뇌의 10년'이라 할 수 있는 1990년대를 성찰하는 인문학자들의 심포지엄이 2015년 3월 독일 마인츠 대학에서 개최되었다. 신경과학의 발전과 진화론, 이에 따른 대중의 관심 증가가 인문학에도 반영되고 있음이 밝혀졌다. 그 예로 신경윤리학, 신경경제학, 신경미학, 인지과학 등의 유행이 있다. 또한 뉴런전환(neuro turn)이 남긴 인식론적, 역사적, 사회학적 파장은 현재의 고

26) 스티븐 호킹 · 레오나르도 믈로디노프, 전대호 역, 앞의 책, 9쪽.

답적인 인문학(humanities)이 과학적인 인문과학(human sciences)으로 바뀌어야 함을 강조하고 있다.

애플의 창업자 잡스(S. Jobs)가 2011년 영면하면서, 대중은 그가 남긴 IT 기기의 창의성 및 독창성에 더욱 주목했다. 잡스가 어떻게 주어진 과제를 해결하고 그런 혁신적인 제품을 만들어냈는지에 관심이 집중되었던 것이다. 잡스가 아이패드 시연회에서 고백한 것처럼, 그의 혁명적 사고를 가능하게 했던 것은 인문학적 상상력과 자연과학적 지식을 접목하면서 나왔다는 소문이 세간에 떠돌았다.

융합이 유행하기 이전에, 인문학은 과학에 대한 무지를 당연하게 받아들이는 비과학적 지식 일반을 통칭하고, 과학은 인문학적 성찰을 무시하는 비인문학적 학문을 지칭하는 범주라는 전통적 기류를 진리로 믿는 나태함은 분명히 있었다. "두 문화(Two Cultures)"[27], 즉 인문학과 과학의 분리는 소여된 것으로 여겨졌다. 과학이 자연현상과 그 조건을 대상으로 주로 다룬다면, 인문학은 가치와 성찰에 전념했다는 것이다. 이를 통해 인문학자는 과학과 경계를 나눌 수 있고, 발전 지향적인 과학에 반대하는 비판자로 거듭날 수 있었다. 칸트(I. Kant)의 이성에 대한 천착은 헤겔『정신현상학』의 전편이며, 하이젠베르크의 양자역학은 뉴턴 물리학의 보완이라고 할 수 있다.

그러나 본 연구자는 21세기 학문 간의 융합은 정언적 명령이 아니라 진리에 대한 수요에서 발원한 것이라고 믿는다. 과학과 철학이 만나는 지점에서 상충과 배타적 경계 설정보다는 근원으로 돌아가거나 진정한 학문의 '창발'을 기대할 수 있다. 우리가 근대과학의 문을 활짝 연 갈릴레이를 기억하는 이유는 천년 넘도록 정설로 간주된 지구중심설을 뒤엎은 업적에만 있지 않다. 과학자인 그는 로마가톨릭 교리 및 권위와 대립

27) C. P. 스노우, 오영환 역,『두 문화』, 사이언스북스, 2009, 76쪽 이하.

하면서 정치, 사회, 역사담론을 포함한 거대 패러다임의 전환을 가져왔기 때문이다. 뿐만 아니라 물질세계에 대하여 관심이 적지 않았던 철학자들의 이름은 익히 알려져 있다. 이처럼 과학과 철학이 만나는 지점에는 하디(G. H. Hardy)가 강조한 우세의 형세가 아닌 상생의 원리가 적용되고 있다.

칸트도 상아탑에 갇힌 철학자로 알려져 있지만, 뉴턴을 비롯한 당시 물리학자들의 이론을 적극적으로 수용했다. 칸트의 학설에서 철학과 과학이 온전히 만나고 있기에, 화이트헤드는 그가 철학자가 되지 않았다면 위대한 물리학자가 되었을 거라고 단언한다.[28] 물리학자인 하이젠베르크(W. K. Heisenberg)나 슈뢰딩어(E. Schrödinger), 호킹은 물론이고 현대의 신경생물학자인 코흐(C. Koch)나 신경과학자 다마지오(A. Damasio)도 철학에 감화되었다.

철학은 영원에 대한 지혜의 사랑이자 우주, 인간, 형이상학 등 모든 실체를 다루는 학문이다. 아리스토텔레스는 사물의 원인들과 원리들을 다루었으며, 그 결과 그는 『물리학Physics』과 『형이상학Metaphysics』[29]이라는 두 권의 주요 저서를 남겼다. 제목에서 암시하는 것처럼, 그리스 시대에 과학과 인문학은 서로 통하고 있었다. 또한 수학이 과학으로 인식되기 시작한 시점도 기원전 6세기경 피타고라스와 플라톤 때부터였다. 플라톤은 자신이 설립한 아카데미 입구에 다음과 같이 썼다.

> 기하학을 모르는 자는 들어오지 말라[30]

역사가 본격적으로 시작할 때부터 인문학과 과학은 교착(膠着)하고 있

---

28) A. N. 화이트헤드, 오영환 역, 『과학과 근대세계』, 서광사, 2008, 232쪽 참조.
29) 물리학 다음 혹은 물리학 옆이라는 중의(重義)적 의미.
30) G. H. 하디, 정회성 역, 『어느 수학자의 변명』, 세시, 2008, 142쪽.

다. 중세와 르네상스 시대에도 과학은 철학[31]의 일부였다. 그러다가 데카르트와 베이컨 이후, 과학과 철학 사이의 경계 넘기는 물론이고 경계 설정이 빈번했던 점은 주목되어야 한다. 후자에서는 과학자들의 자연관과 철학자들의 자연관 사이의 대비가 있었다. 과학자들의 자연관에서 인간적인 측면이 배제된 냉엄한 자연법칙이 강조되었다면, 철학자들의 자연관에서는 행동 규범이나 도덕과 같은 당위적인 측면이 부각되었다.

당시 철학이나 자연과학에서 인식의 출발점은 지각이었다. 감각기관을 거친 정보가 현실에 대한 지식을 주었던 것이다. 그런데 철학은 감각기관을 통해 들어온 정보를 기만적 인식으로 이해한 반면, 자연과학은 확실한 인식의 시발점으로 생각한다.

20세기에 들어와 과학사학자 쿤(T. Kuhn)은 새로운 과학이론이 낡은 과학이론을 대치하는 과정에서 순수한 변화보다 새로운 패러다임의 등장에 주목한다. 학설은 실험과 가정에 근거한 "비상과학(extraordinary science)"[32]의 단계를 거쳐 정상과학(normal science)으로 자리매김을 한다. 이때 낡은 지식이 새로운 지식의 기반이 되는 것이 아니라 완전히 폐기되면서 과학은 불연속적인 도약을 한다. 그래서 뉴턴의 물리학이나 아인슈타인의 양자역학도 다른 패러다임에 의해 도전받을 수 있는 일종의 유행이나 관점으로 축소될 수 있다.

쿤의 이론에서 또한 주목받은 점은 근본적인 패러다임의 변화에 당대의 종교적, 제도적 체계 등 외부적 요인도 한몫한다는 것이다. 과학적 지식에는 수학적 결과나 물리적 실험 결과 이외에 가변적인 규범과 문화가 포함되고 있다. 따라서 과학은 실재를 설명하는 순수 학문이 아닌 일종의 담론으로 논의될 수 있다. 과학이란 예술 혹은 종교만큼이나 한 사회 내의 근

31) C. P. 스노우, 오영환 역, 앞의 책, 124쪽.
32) 토마스 쿤, 김명자 역, 『과학혁명의 구조』, 까치, 2008, 128쪽.

본적인 문제들로부터 분리될 수 없는 여러 문화 활동 중의 한 가지다. 과학의 혁명성은 돌출적인 연구의 결과가 아니라 여러 복합적인 메커니즘의 관계 속에서 나왔으며, 오성적 논리만 가지고 모두를 설명할 수 없는 불가지론적인 인문학의 성격을 갖는다.

더불어 독립된 학문으로서의 과학 전통은 데카르트나 베이컨 이후이기 때문에 그렇게 유구하지 않고, 그만큼 완전함을 바라는 것은 무리일 수 있다. 빛이 입자인지 아니면 파동인지를 놓고 아인슈타인도 고민 끝에 자연에 미스터리가 있음을 인정했다.[33] 그럼에도 과학은 기술 발전의 든든한 초석으로 작용해왔으며 인류의 삶을 풍요롭게 하는 결정적 요소 중의 하나임은 부정할 수 없다.

형이상학에 대한 철학자들의 맹목적인 믿음에 대한 비판도 융합 연구의 계기로 작용한다. 철학은 여전히 인간의 자유의지를 믿으며 이론적 모순에 빠질 때마다 신으로의 도피를 선택하곤 한다. 따라서 본 연구자는 현재 학문들 사이의 융합 추세가 일시적인 유행이나 대안 찾기의 일환에만 있다고 생각하지 않는다. 오히려 현재 유행하는 학문들 사이의 탈경계 시도는 근원적이라고 볼 수 있는 것이다.

이런 학문의 통합적인 속성 이외에도 과학이 인문학을 필요로 하는 실용적인 이유는 또 무엇이 있을까? 과학의 인문학적인 속성은 20세기 양자물리학에서 정점에 이른다. 현대 물리학은 물리적 세계를 더 이상 예측할 수 없으며, 심지어 목적론적인 측면까지 강조하고 있다. 양자물리학과 혼돈이론이 그 대표적인 결과다. 뿐만 아니라 실험과 관찰이 아닌 "상상력, 은유와 비유, 범주 변형적 사색과 엉뚱한 직관"[34] 등 인문학적 특성이 과학적 방법에 도입되고 있다. 과학은 물질세계에 대한 관심만큼이나 관찰

---

33) 브루스 로젠블룸 외, 전대호 역, 『양자 불가사의: 물리학과 의식의 만남』, 지양사, 2012, 104쪽 참조.

34) C. P. 스노우, 오영환 역, 앞의 책, 165쪽.

자 자신의 의식이나 언어 사용에 관심을 갖게 된다.

융합의 대표적인 사례로 양자물리학자 하이젠베르크가 시인 괴테(J. W. von Goethe, 1749~1832)의 상상력을 빌려온 경우를 들 수 있다. 한 위대한 과학자가 자신의 학문 영역에서 벗어나 고전주의 작가의 과학 이론에서 새로운 이론을 모색한다. 하이젠베르크는 개념을 정의하고 구분하며 통합하는 작업의 모범으로 괴테의 직관을 선택한 것이다. 사실 괴테도 문필가뿐만 아니라 인문학과 과학을 넘나들던 사상가로서도 명성을 날린 바 있다. 그 과정에서 그는 대상을 직관하는 관찰자의 감각에 충실한 인식론을 펼친다. 그 결과물이 여러 색깔에 대한 다양한 체험 기록으로 가득한 『색채론Zur Farbenlehre』(1810)이다.

저작에서 괴테는 다음과 같은 결론을 내놓는다. 첫째, 모든 색채는 밝음과 어두움의 경계선에서 생기며, 둘째, 색채는 객관적 실체가 아닌 주관적 관찰의 결과물이다. 색채의 정체를 파악하는 것이 감각기관이다. 괴테는 빛(밝음), 어둠(암흑), 흐림을 원현상(Urphänomen)으로 인식할 수 있는 것은 눈이나 귀와 같은 감각기관의 인상 때문이라고 본다. 이 맥락에서 원현상이란 그 이상 혹은 더 높은 것도 없는 존재의 진정한 모습으로, 감각을 통해서 파악 가능한 것이다. 또한 색채 자체의 발광이 아닌 다른 것과의 연관성이 주목된다. 이는 눈은 빛을 통해서야 비로소 그 존재성을 확인할 수 있음을 의미한다. 더 나아가 부분이 아닌 전체로서의 대상에 대한 접근을 강조한다.

몇몇 시인들은 주관적 직관이나 상상력에만 머무르지 않고 내면으로 더욱 침잠하는데, 이는 물리학자가 물질의 경험적 탐구를 지나 그 특성을 사상(捨象)하고 추상세계에 도달하는 과정과 비교될 수 있다. 예를 들면 뉴턴과 같은 물리학자는 물질에 대한 분석 습관에 젖어 있기에, 그 연구의 끝에는 원자나 분자, 혹은 공식만이 있을 뿐, 생물과 무생물 사이의 경계는 사라진다.

그러나 양자물리학에서도 밝혀졌듯이 원자는 실체가 아니다. 원자는 전자로 쪼개졌고, 그 다음에 쿼크가 있고, 파르톤으로 분해되며, 더 작은 소립자, 아니 무한이 존재할 수 있는데, 이것을 추상이라고 할 수 있다. 근원을 파헤쳐가는 물리학자는 마치 철학자 플라톤이 말한 동굴 밖으로 나간 수인(囚人)과 같다. 실체란 아직도 파악할 수 없는 심층에 있으며, 그럼으로써 발견이 아닌 언어적 정의의 차원으로 이해되기 시작한 것이다.

이처럼 사유의 근저에는 언어가 있다. 인간이 사유나 인식을 전달하기 위해서 필요로 하는 수단이 언어다. 그런데 언어는 사유를 모조리 표현할 수 없다. 언어의 기의와 기표 사이에는 불확정적인 측면이 도사리고 있기 때문이다. 우리는 스스로, 그리고 다른 사람의 언어를 모방하면서 언어를 배워나간다. 그러면서 한 개념이 처음에 여러 대상을 의미하는 것으로 확대되지만, 경험을 통하여 개념의 정확한 쓰임새를 배우면서 그 의미는 축소된다.

그러나 개념은 다시 하나의 대상을 지칭하는 것이 아닌 문맥이나 연관성에 의해서 그 적용 영역을 확장해 나간다. 일상적이지 않은 글을 통해서 개념을 새롭게 이해하려는 사람이 바로 시인이다. 시인도 언어를 불확정적으로 사용하는데, 그 근본에는 현실을 정확히 반영할 수 없는 언어의 역부족에 대한 고민이 자리하고 있다. 시인의 고민은 양자물리학자에게도 적용된다. 언어로 표현할 수 없는 수학적 공식은 실체와는 너무나 다른 슈뢰딩어의 "날개를 가진 사자"[35]와 같은 허무맹랑한 공상이 될 수 있다.

평소에 괴테의 시 구절을 암송하던 하이젠베르크도 자신의 양자이론에 괴테의 현실 영역 이론을 받아들이고 있다. 괴테는 『색채론』의 부록에서 현실 영역을 "우연, 역학적, 물리적, 화학적, 유기체적, 정신적, 윤리적, 종교적, 천재적"[36] 영역으로 구분한다. 구체적으로 살피면 우연이란 아직 무

35) 한나 아렌트, 이진우 · 태정호 역, 『인간의 조건』, 한길사, 2010, 51쪽 이하.
36) 베르너 하이젠베르크, 이필렬 역, 『현실의 질서』, 따님, 1994, 48쪽 참조.

의미한 영역이다. 그리고 죽은 물질은 역학이나 물리나 화학의 소관이며, 식물과 동물은 유기체, 더 높은 영역은 인간의 소관이다. 그러나 그 경계들은 선명하지 않다. 예를 들면 죽은 물질은 어떤 화학적 변화를 통하여 생명을 가질 수 있다.

한편 유기체는 생명체의 단계에 있으면서도 목적성을 가진 존재다. 개념적 작용의 결과 원인과 결과라는 요소가 대립적이지 않고 필연적인 연관에서 하나로 이해되는 것이다. 그래도 유기체는 자기 보존을 지향하고 물리와 화학 법칙의 영향을 받음으로써, 양가적 생명체라고 할 수 있다.

여기서 하이젠베르크는 한 단계 더 나아간다. 한 물질은 다른 연관성 속에서 그에 걸맞은 법칙의 지배를 받는다. 예를 들면 물방울은 개천에서 물리적 법칙을, 식물의 뿌리에서 유기체 법칙을 따른다. 그러나 물방울이 응고되어 나타난 육각형 대칭은 예술적으로 여겨진다. 이처럼 물질은 동일한데, 그를 해석하는 법칙은 여러 가지일 수 있다. 그러므로 물질의 실재는 물질로서가 아니라 우리가 경험하는 법칙에 의해서 규정되며, 현실의 질서란 바로 다양한 법칙의 총체적 이해에서 비롯되어야 한다. 그리고 그 모든 법칙들이 모여서 하나의 견고한 통일성을 이룬다.

따라서 하나의 법칙은 물질의 원리를 규정할 뿐만 아니라 통일을 가능하게 하는 지체로서 기능한다. 그리고 높은 영역의 법칙은 낮은 영역의 법칙을 포함한다. 이처럼 객관적인 질서에서 주관적인 질서로 상승하는 경향이 현실 질서이며, 이는 독일 고전주의 문화의 이상적 특징이 물리학에 이식된 결과라고 볼 수 있다. 현실이란 객관적인 세계의 독자적 존재를 의미하는 것이 아니라 관찰자에 의해서 형성된 현실, 우리의 인식 능력과 상관하는 존재다.

하이젠베르크가 생명체를 설명할 때도 인용하는 이론이 괴테의 자연철학이다. 하이젠베르크는 당시에도 그리고 미래에도 생명체를 완전히 설명하는 것은 불가능하다고 예언하면서[37] 대안을 찾아 나선다. 괴테의 현실 영역 이론(우연에서 천재적으로 향함)에 따르면, 왼쪽에서 오른쪽으로 갈수록 우연을 지나 법칙이나 규칙의 지배를 받다가, 유기체 단계에 들어서면 다시 법칙을 뛰어넘어 외연이 보다 넓은 연관성을 띤다. 특히 화학적 영역과 유기체적 영역 사이의 구분은 다른 말로 하면 죽어 있는 물질과 살아 있는 생명 사이기 때문에 본 연구의 논제와 연관해 조금 더 상론할 필요가 있다.

살아 있는 유기체는 원자 물리학의 관점에서 개연적이지 않은 원자 배열로 구성되어 있고, 화학적 관점에서 보면 물질들의 화학 변화는 다른 과정들로 전개된다. 즉 원자 배열은 일단 주어진 것이지만 환경과의 상호작용에서 변화하고 발전함으로써, 힘이나 우연 차원과는 다른 법칙을 요구한다.

그렇다면 인간을 하나의 통일체로 만든 것은 무엇인가? 그것이 의식이다.[38] 의식은 물리적, 혹은 화학적인 힘과 비교될 수 있다. 하이젠베르크는 여전히 물리적, 화학적인 과정과 생명 과정의 관계에 대한 총괄적인 이해는 꽤 많은 세월이 걸릴 것이라고 예견한다. 그러면서도 물리학이나 화학은 그 전체적 윤곽이 명확하지만, 생명체 영역은 그것보다 정확하지 않을 것이라고 주장한다.

생명체의 특징은 다음과 같다. 첫째, 생명체는 죽은 물질과 전혀 다르게 행동하면서, 물질 대사나 번식 등을 가능하게 하고, 안정적인 리듬을 유지한다. 둘째, 생명체는 물리화학 법칙이 적용되는 복잡한 기계와 유사하지만, 그렇다고 그런 법칙으로 환원될 수 없다. 이 두 가지 특징을 가능하게 하는 생명체의 힘을 설명하기 위해서 물리화학 법칙을 더한 것 이상 혹은 그보다 상위에 있는 연관성 개념이 쓰이곤 한다. 예를 들면 생물학자 드

37) 베르너 하이젠베르크, 구승회 역, 『물리학과 철학』, 온누리, 2011, 143쪽 참조.
38) 베르너 하이젠베르크, 이필렬 역, 앞의 책, 103쪽.

리쉬(H. Driesch)의 "엔텔레키" 혹은 "전체"[39]라는 개념이 있다. 본래 엔텔레케이아(entelecheia)는 아리스토텔레스의 조어(造語)다. 그 말은 각각 en(안에)+telos(목적)+echein(가지다)을 의미하며, 질료 안에서 스스로를 실현하는 형상으로 이해될 수 있다. 인간에게는 자아 완성과 목적에 봉사하는 경향성이 엔텔레케이아다.

따라서 하이젠베르크는 생명체의 행동 및 정신이 물리화학 법칙에서 벗어날 수 없다는 결정론은 더 이상 유효하지 않은 것으로 판단한다.

> 화초들의 잎사귀나 꽃들은 빛 쪽으로 향한다. 이러한 말 속에서는 하나의 목표에 관련되어 있고 전체로서의 생명체에 귀속되는 행동, 즉 물리, 화학적 인과사슬을 통해서보다는 우리들 자신의 희망과의 유추를 통해서 훨씬 더 이해가 잘되는 행동들이 표출되고 있다. 그럼에도 불구하고 이러한 빛 쪽으로의 굴광운동이란 정상적인 화학적 방식으로 세포의 확장이나 운동을 가져오는 세포조직 내의 특정한 광화학 반응을 통해서 유발되는 것이라는 사실을 증명할 수 있다.[40]

식물의 현상을 그 원인이나 작용만으로 분석하는 것은 오류가 있을 수 있다. 오히려 생명체의 변화를 희망이나 기쁨과 같이 문학적으로 형상화하는 방법이 인간에게 설득력이 있고, 현상에 대한 주관적 해석이 대상의 실체가 될 수 있다. 또한 생명체 내부에는 경향성이나 계획이 있다. 외부의 환경이 급변할지라도, 생명체에 대한 영향은 대단히 작을 수 있다. 왜냐하면 생명체 자체가 스스로를 결정하기 때문이다.

따라서 하이젠베르크는 생명체 내부의 현상을 괴테처럼 고차원적인 연관성과 저차원적인 연관성으로 구분한다. 후자는 물리화학적 연관성이고,

---

39) 베르너 하이젠베르크, 이필렬 역, 앞의 책, 107쪽: Entelechie, Ganzheit.

40) 베르너 하이젠베르크, 이필렬 역, 앞의 책, 108쪽.

전자는 생명 연관성이며, 이 둘은 질적으로 서로 다르다. 그런데 생명 연관성은 하나의 엔텔레키, 혹은 하나의 생명으로서 생명체 전체를 결정한다. 즉 생명 연관성은 물리화학적 연관성에 전혀 손해를 입히지 않으면서도 하위 체계를 주관한다. 반대로 생명 연관성은 물리화학적 법칙들에 의해 결정되지 않는다. 그러므로 기계 작동과 같이 원인과 작용이라는 법칙에 따라 생명이 진행된다는 기존 이론은 수정되어야 한다. 물리화학적 법칙은 엔텔레키라는 보다 큰 연관성에 적용될 수 없다. 물리화학적 법칙은 생명체를 제외한 물질을 규정할 수 있지만, 생명체라는 존재를 설명하기에 미흡한 것이다.

그렇다면 생명 연관성과 물리화학적 연관성이 그대로 정신과 물질의 관계에 적용될 수 있을까? 고전 물리학이 물리화학적 연관성을 규정하고, 양자이론이 생명계의 행위를 결정한다면, 그보다 높은 수준의 생명 연관성은 어디에서 근거를 찾을 수 있을까? '엔텔레키'나 '전체'는 양자이론과는 다른 이론을 요구하고 있다. 즉 전자는 시간과 공간 내에서 고전물리학의 법칙에 따라 움직이는 입자일 뿐만 아니라 하나의 파동일 수 있다. 살아 있는 생명체는 물질적인 형체로 고정될 수 없는 그 무엇이며, 의식도 파동처럼 물리화학적 개념으로 설명될 수 없다.

그에 대한 상세한 논의는 일단 뒤로 미루고, 하이젠베르크는 물질과 다른 살아 있는 생명체의 고유한 사정을 세 가지로 압축한다. 첫째, 살아 있는 생명체는 무기물에서 기원하는데, 그 발생은 일회적이고 반복이 불가능한 과정이기 때문에, 본질적으로 법칙을 적용할 수 없다. 다윈의 이론에서 주장하듯이, 유기체는 증식하고 돌연변이를 겪으며, 그중에서 생존에 가장 적합하고 가장 복잡한 종만이 살아남는다. 그런 그들을 하이젠베르크는 "합목적적인"[41] 것이라고 부른다. 둘째, 생명의 특징인 의식을 물리화

41) 베르너 하이젠베르크, 이필렬 역, 앞의 책, 120쪽.

학적 개념으로 환원하는 것은 불가능하다. 따라서 지금의 과학적인 용어 이외에 새로운 개념이 필요하며, 법칙도 물질은 물론이고 유기체에도 적용되는 보편성이 있어야만 비로소 제 이름값을 한다. 셋째, 생명의 상태란 실재일 뿐만 아니라 가능성이다. 유기체는 입자이자 파동일 수 있기 때문에 유기체의 조건인 공간이나 시간의 한계와 직접 결합하지 않는다. 물질적 과정, 즉 전자의 운동이 한 유기체에 결정적인 역할을 하지 않으며(보어의 "정류상태"[42]), 따라서 생명체의 정체성을 아무도 예측할 수 없는 것이다.

이런 생명의 특수성을 토대로 인간 종(種)이 존재한다. 정신 활동이 가장 활발한 인간은 단세포적인 원시생물로부터 발전해왔다. 그중에서 인간의 가장 큰 고유함은 의식이 있다는 것이다. 그러나 지금까지 의식은 경험할 수 있는 것만을 정리하는 차원에서 그 실체가 논의되었다.

그런데 통상적으로 의식적인 존재는 유기적인 생명 위에 가능하다고 여겨진다. 이때 의식은 생명 및 무의식과 상관한다. 무의식이란 의식적 정신 활동을 지배하는 그 정체를 알 수 없는 것이다. 19세기의 자연철학자인 카루스(C. G. Carus)는 무의식을 완전히 의식되지 않은 것과 부분적으로 의식되는 것으로 구분한다. 후자가 정신 활동이며, 전자는 생명을 형성하는 힘과 일치한다. 그리고 둘 사이에서 단절 없는 이행이 이루어진다. 그러나 의식과 생명은 여전히 구분되는 영역이기에, 우리는 그것을 배타적인 상보관계라고 할 수 있다.

이처럼 하이젠베르크의 괴테 인용은 융합 연구의 대표적 선례라고 할 수 있다. 본 연구도 철학적 인식론에서 시작하여 물리학을 거쳐 신경과학을 논하면서, 뇌와 정신의 관계를 설명할 것이다. 뇌는 1990년대부터 여러 학문 분야들, 이를테면 생물학, 의학, 심리학, 인지과학 등의 학제적 연구를 통해서 융합 연구의 중심 소재로 부각되어온 바 있다. 이에 대하여 본

---

42) 베르너 하이젠베르크, 이필렬 역, 앞의 책, 125쪽.

연구자는 뇌가 어떻게 의식 활동과 관련하는지에 관해 철학적인 관점에서 보충할 것이다.

본 연구자에게 철학은 사변들의 집합체가 아니라 근원에 접근하는 과학적인 담론의 일종이다. 철학은 표현 수단이 다를 뿐, 신경과학자들이 말할 수 없는 지점을 언급하는 점에서 '명예' 과학의 자격이 충분히 있다고 사료된다. 빅뱅의 작은 점에서 시작하여 인류의 탄생을 거쳐 사유가 시작되며, 그 각각의 창발적 사건을 설명하기 위해선 철학적 상상력이 긴요하다.

그래서 철학자 헤겔은 예술, 종교, 철학이라는 절대정신(주관+객관)의 세 가지 형태에서 철학을 마지막 단계로 이해했음에 틀림없다. 이를테면 본 연구자는 우리가 경험하는 의식 및 정신의 여러 양태를 단계적으로 풀어나간 헤겔의 주장이나 심리학자 프로이트의 뉴런에 대한 연구가 현대 신경과학 이론으로 전이(轉移)된 지점에서 자못 전율했다.

신경생물학자 코흐(C. Koch)의 "의식계량이론"[43]은 뇌에서 가장 발달한 물질(아마도 뉴런)이 의식이라고 말하고 있는데, 이성에서 정신이 최고점에 도달한다는 헤겔의 정신현상론과 일맥상통한다. 우주는 최대한도로 균등하게 확장되지만 자유 에너지의 생성을 막지 못한다. 그 과정에서 분자가 생기고, 천지가 창조되고, 생명체가 등장한다. 생명체는 진화하면서 신경계, 나아가 지각 활동을 펼쳐나간다. 뇌도 복잡해지면서 의식을 형성하고, 자의식을 만들며, 궁극적으로 전 인류를 묶는 상호소통의 세계, 하나의 역사를 만든다.

또한 뉴런과 신경전달물질 사이의 상호작용이 데카르트의 사유로서 우리에게 실제로 경험되고, 칸트가 말한 선험적인 종합적 판단 능력이 최첨단 장비인 PET(양전자방사단층촬영법)나 fMRI(기능성자기공명영상법)가 밝혀내고 있는 인간의 인지 과정과 일치할 수 있다. 그래서 코흐도 철학의

---

43) 크리스토프 코흐, 이정진 역, 『의식』, 알마, 2014, 25쪽 이하 참조.

개념과 그 추상성에 주목한 적이 있다.

> 철학자들은 과학자들이 보통 고려하지 않는 관점에서 개념적인 질문을 던지는 데는 뛰어납니다. 의식의 어려운 문제 대 쉬운 문제, 현상적 의식 대 정보접근 의식, 의식의 내용 대 의식 그 자체(…)들은 과학자들이 좀 더 자주 생각해 보아야 할 매혹적인 쟁점들입니다.[44]

코흐는 뇌에 대해 철저히 뉴런의 관점에서 연구를 전개하다가 관념론적인 진술로 저서를 마무리하면서, 철학과 뇌과학이 결합된 새로운 법칙의 필요성을 역설하고 있다. 의식은 감각이나 지각이라는 신경상관물적 대상 차원의 연구에만 머물러서는 안 된다. 왜냐하면 의식은 다양한 스펙트럼과 외연을 가지고 활동함으로써 자신의 물질성을 극복하며 정신의 영역에 들어서고 있기 때문이다.

현대 철학자 들뢰즈(G. Deleuze)도 사유들 사이의 자극, 고무, 경쟁이 필요하다는 점에서, 철학과 과학을 예술과 더불어 사유의 세 가지 형식이라고 말한다.[45] 철학, 과학, 예술은 첫째, 우리에게 보이는 것을 다시 재현하지 않고, 보이지 않는 것을 보이게 하는 점에서 일치한다. 즉 자연현상의 배후에 어떤 존재가 있음을 비유하고 있다. 둘째, 세 가지 사유는 각각의 제한된 형식을 통해서 무한한 우주의 본질을 규명하려는 점에서도 일치한다. 특히 주목할 부분은 예술의 미적 상상력이 개인의 취미판단에 국한되는 것이 아니라 대상에 관한 인식과 관련할 수 있다는 것이다. 그 시원적인 이유는 예술과 언어가 탄생한 구석기 시대 말엽인 5만 년 전에 뇌의 변화가 일어나기 시작했는데, 특히 전두엽 영역이 커지기 시작했다는 점이

44) 크리스토프 코흐, 김미선 역, 『의식의 탐구—신경생물학적 접근』, 시그마프레스, 2006, 347쪽.

45) 질 들뢰즈 · 펠릭스 가타리, 이정임 역, 『철학이란 무엇인가?』, 현대미학사, 1995.

다. 따라서 지극히 자유분방한 예술마저도 진리의 보편성과 관련될 수 있다는 측면이 부각된다.

만약 미적 상상력, 철학적 개념, 과학적 논거가 하나로 통합된다면, 인식은 확장되는 것은 물론이고 더욱 정확해질 것이다. 따라서 학제간을 넘나드는 모험은 필요하다. 사실 근대 이후로 이론의 혁명은 프로이트가 말한 것처럼 지동설을 주장한 코페르니쿠스의 전환에서 시작되었다고 해도 과언은 아니다. 근대 과학이 인간의 선험적 한계, 이를테면 공간이나 시간의 정의를 밝혀주는 일을 했다면, 현대 과학은 기술과 결합하여 그 한계를 넘어서려고 한다. 신경과학이 뇌를 설명하고, 로봇이 인간사를 대신해주며, 가상현실이 실제를 대체하여 일상 체험이 되고 있다.

이처럼 인간 사회의 정체성이 재구성되는 포스트휴먼(posthuman) 상황에서, 인문학 영역에서도 과학의 족적을 냉철하게 비판하고 수용할 필요가 있다고 보인다. 그래서 본 연구자는 지금의 주제와 같은 융합 연구를 구상하게 된 것이다. 융합 연구는 개별 기초학문의 공동 참여 없이는 시작될 수 없지만, 그 결과는 다시 개별 기초학문으로 환원될 수 없다는 점에서 아방가르드적이다.

그러므로 물리학적이고 철학적인 신경과학 이론은 한편으로 기존 뇌과학 담론의 불완전성에 대한 학문적인 상보 가능성을, 다른 한편으로 성찰 지점을 가리킬 것이다. '성찰'이란 물질적인 뇌과학을 인간의 윤리적, 문화적 차원과 상호 작용시키는 것이다. 따라서 뇌과학은 분명히 미완이며, 그러기에 과정의 학문이다. 이처럼 뇌과학의 연구 성과물이 인간의 존엄을 위한 것으로 직결될지 미지수임에도 불구하고, 공상과학영화 〈매트릭스〉에서 암시되는 것처럼 이미 규모나 성장 면에서 과도한 관심 및 지원을 받고 있는 상황은 우려스럽다. 이전에도 과학기술의 결과물은 무한 개발을 추구하는 국가의 맹목적인 보호 아래에서 일대의 참화를 냈기 때문에, 이제 과학기술에 내재하는 인류애의 실현이라는 역사적인 책무성을 견지해야만 한다.

역사가 진행되어오는 과정에 진리가 수많은 개별 학문들에 의해서 여러 가지로 주장되었지만, 진리는 기본적으로 하나라는 생각은 선현들의 뇌리에서 떠나지 않았다. 물론 세분된 학문들 사이에 주장들의 차이는 존재하며, 각각의 학문들에는 스스로를 중심에 두고 다른 학문의 정체성을 삼키려는 강한 자기(磁氣)력이 도사리고 있다는 점도 무시할 수 없다.

역설적으로 학문들의 경계선에서 벌어지는 수많은 충돌과 월경(越境)은 학문들이 배타적이지 않고, 서로가 밀고 당기는 긴장관계 속에 있음을 입증하는 것이다. 따라서 여러 학문 사이의 협업은 오히려 근원적인 것, 다시 말하면 진리를 향한 인간의 고투로 이해되어야 한다. 고대에 플라톤의 『티마이오스』나 현대에 하이젠베르크의 『물리학과 철학』 등이 나온 것은 필연적이다. 물리학, 뇌과학, 철학이 만나는 지점, 이 상이해 보이는 극들의 긴밀한 협연이 본 연구자의 주제인 정신과 뇌 논의의 토대를 이루고 있다. 본 연구는 학문들 사이에 존재하는 여러 인터페이스에 주목하고, 또한 전체(全體)를 말하려는 학문의 본령에서 출발한다.

1.2.2 뇌: 의식물질

뇌는 1,500cm^3 크기의 두개골 안에 있으며 생명체의 정수로 이해되어 왔다. 고대 그리스에서 뇌에 대한 관심은 뇌 자체가 아닌 마음의 근원에 대한 의문에서 촉발됨으로써, 뇌가 단순 물질이 아님은 대략 알려진 것처럼 보인다. 올림포스의 지혜의 여신 아테나가 태어난 곳은 아버지 제우스의 머리라고 상상된다. 또한 의사 히포크라테스나 철학자 데모크리토스는 뇌를 각각 의식의 전조, 그리고 지성의 파수꾼이라고 추정한다. 특히 BC 400년경의 데모크리토스는 우주 만물이 원자라는 미립자로 구성되어 있다고 하였다는 점에서 최초로 물리학과 신경과학의 관련성을 밝힌 학자

로 평가할 수 있다.[46]

철학자 플라톤은 뇌가 "청각, 시각, 후각 같은 감각"[47]을 제공하고, 감각의 바탕 위에서 기억과 판단, 지식이 구성된다고 하였다. 당시 육체는 현상적인 것으로 평가되었다. 따라서 감각되는 것 배후의 동기나 힘의 정체를 파악하는 것이야말로 진정한 철학의 과제로서 여겨졌다. 물질 자체보다는 마음의 기초로서의 뇌에 대한 관심은 계속된다.

그러나 아리스토텔레스부터 로마 시대에 이르기까지 마음의 활동지점은 심장으로 주장된다. 영혼(soul)이나 마음(mind)에 대해서 논할 때, 뇌는 점차 심장에 밀리게 된 것이다. 이 시기의 이론에 따르면, 심장의 뜨거운 온기에서 감정과 관념이 발생하며, 뇌는 겨우 심장을 식히는 기능을 수행한다. 로마 시대의 해부학자인 갈레노스는 검투사들의 운동성과 뇌 사이의 연관성을 연구한 바 있다. 심장에서 만들어진 생명력이 뇌로 들어갔다가 동물의 정기로 바뀐다. 그런 동물의 정기를 특수 그물이 신경으로 확산하며, 신경은 동물의 정기를 근육으로 운반한다.[48] 그러다가 중세에 들어서면 뇌실에 대한 관심이 증가한다. 뇌실이란 뇌 한가운데의 구덩이다. 뇌실은 상식을 담당하는 제1뇌실, 판단을 담당하는 제3뇌실, 제1뇌실과 제3뇌실 사이의 층부, 기억을 담당하는 제4뇌실 등으로 구분된다.

그러나 당시에도 인간의 뇌는 해부의 대상이 아니었다. 기껏해야 해부된 소나 돼지의 뇌를 통하여 인간 뇌의 정체가 유추되거나 상상될 수 있었다. 이런 상황은 르네상스 시대에도 반복되었다. 뇌를 대상으로 하는 관찰

46) 수전 그린필드, 정병선 역, 앞의 책, 44쪽 이하: 뉴런의 크기는 원자와 분자 사이로 알려진다. 그래서 뉴런은 육안으로 관찰될 수 없다.

47) 장 디디에 뱅상, 이세진 역, 『뇌 한복판으로 떠나는 여행』, 해나무, 2010, 23쪽 이하.

48) 장 디디에 뱅상, 이세진 역, 앞의 책, 24쪽 이하 참조: 고대 중국인들은 뇌를 골의 바다, 즉 "고환이 만들어낸 정자의 변형"(22쪽)으로 생각했다. 그들은 정자의 사정 여부를 건강의 척도로 생각했으며, 그 조절기관이 뇌라고 여긴다. 반면 정신의 기관은 심장으로 이해되었다. 인간의 생명과 정신은 같지 않다.

과 실험은 여전히 불가능했기 때문이다. 이처럼 고대로부터 르네상스기까지 뇌에 대한 접근은 다분히 사변적이었다.

그럼에도 뇌와 육체의 상호작용설도 널리 퍼져 있었다. 뇌는 "먹고 마시고 잠자는 등의 가장 기본적인 생명활동"[49]에 관여한다고 인식되었다. 사람은 살과 피로 이루어진 존재로서 뇌를 통하여 쾌락과 고통을 느낀다. 반대로 몸의 욕구, 욕망, 결핍 등이 뇌 활동을 활성화하거나 제약한다.

그러나 뇌는 의식 활동과 관련된 신경세포 덩어리라는 점에서 보통의 신체 기관과는 다른 위상을 누린다. 즉 뇌가 의식을 어떻게 만들어내는지의 과정에 대한 규명은 전혀 없이 어느새 뇌는 사유와 지성의 장소로 여겨지고, 심지어 고귀한 정신과 동일시되었다. 덕분에 인류는 사유하는 동물로 인정되며, 인류의 존재 가치는 다른 생명체와 구분될 수 있었다.

이처럼 고대에서 현재까지 뇌 담론을 종합해보면, 뇌는 의식과 물질의 중간적 존재, 아니 정신의 자율성과 물질의 결정성의 특징을 모두 포함한 제3의 존재로 가정할 수 있겠다. 뇌의 신경계는 외부나 내부의 자극을 받아 감각이나 심리를 만들어내는 역할에 그치지 않는다. 더 나아가 지각과 사유를 가능하게 함으로써 초감각적이고 초월적 세계를 꿈꾸게 한다. 뇌의 차안과 피안, 각각에서는 다른 세계가 펼쳐지고 있는 것이다. 그렇게 되면 뇌에 대한 일원론적 혹은 이원론적 접근은 둘 다 의미를 상실한다. 이런 가정 위에서 3장 이후의 진술이 전개된다.

49) 장 디디에 뱅상, 이세진 역, 앞의 책, 12쪽.

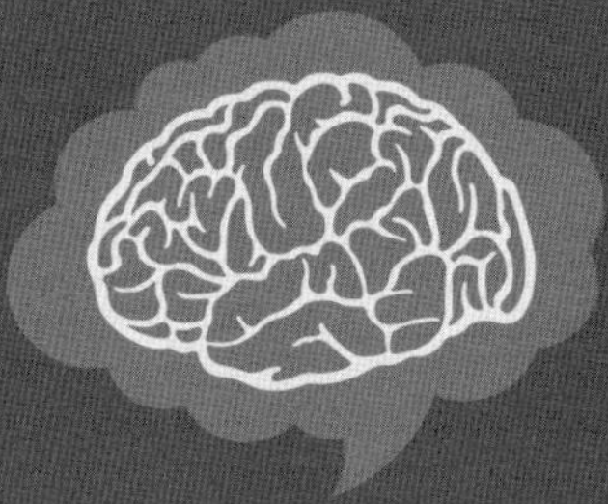

2

데카르트와 헤겔의 관념론

2.1 데카르트의 이분법

2.1.1 사유는 존재

근대철학의 대표자 중의 한 명인 르네 데카르트(René Descartes, 1596~1650)는 현대적 융합 연구의 선도자라고 말할 수 있다. 그는 고대 그리스 철학자들처럼 만물의 실체와 인간의 정신을 연구하면서, 철학과 과학의 공과를 종합하려는 시도를 감행한다. 그는 소크라테스의 영혼론에 대한 찬양에서 시작해, 플라톤의 의식 지향성을 받아들이고, 물질에 대한 아리스토텔레스의 관심을 비판적으로 계승한다. 또 중세에 간과했던 신체 연구의 필요성을 부각시키면서, 말 그대로 학문 일체를 통합적으로 종횡(縱橫)한다. 그래서 데카르트의 업적이 『성찰』과 같은 철학 개론서부터 『방법서설』과 같은 과학 개론서, 『기하학』과 같은 수학 관련서, 『인간에 대하여』, 『정념론』(이하 『의식론』으로 개칭) 등과 같은 생리학적 연구서 등 여러 학문 세계를 넘나들고 있다. 지성인 발레리(P. Valery)는 데카르트를 통해 합리주의 정신과 과학적 사고의 통합을 보았다고 설명한다.[1)]

그런데 데카르트가 의식 활동을 뇌에서 이해하기 시작한 것은 말년 저작인 『의식론』에서였다. 감각이나 욕구는 정신과 무관하며 신경이나 뇌와

---

1) 최명관, 「데카르트의 사상과 근대과학」, 『과학사상』 2호, 1992, 162쪽 참조.

관련한다는 지식은 이미 17세기에 널리 퍼진 상식이었다. 예를 들어 남자가 일정한 나이에 이르러 갑자기 성의 차이를 느끼고, 반쪽을 찾으려는 욕구를 가지게 되는 것은 자연적으로 뇌에 새겨진 것이다.[2)]

본래 데카르트의 철학은 실체란 무엇인가라는 지극히 전통적인 문제 제기에서 시작된다. 그는 실체를 소멸되지 않는 것 그리고 다른 것의 도움 없이 현존할 수 있는 것으로 가정한다. 그리고 그런 가설에 합당한 것이 신과 영혼이다. 그러나 일반인에게 신과 영혼의 불멸성을 증명하기는 쉽지 않았다. 무신론자는 신을 믿지 않았고, 신체의 죽음과 더불어 영혼이 없어진다는 설도 세간에서 통용되고 있었다. 데카르트는 일반인에게 불가지한 존재인 영혼의 현존을 믿도록 하기 위해 구체적인 근거를 찾아 나선다. 그 증거물이 신의 창조물인 의식, 물질, 신체, 그리고 마지막으로 잠깐 언급되는 뇌다. 데카르트에 따르면 이것들이 실체라고 논의될 수 있다.

그래서 과학자 화이트헤드는 뉴턴의 물리학과 칸트의 선험철학 사이에 데카르트의 관념론을 위치시킨다. 의식, 정신, 물질, 신체, 뇌의 상관 과정이 데카르트의 『성찰』(1641)에서 요약된다. 이 저작에서 제시된 실체들의 관계는 앞으로 철학은 물론이고 과학의 논쟁에도 유의미한 영향을 미친다.

> 과하에 의해서 근대 사상에 도입된 일반적인 개념들은 데카르트가 표현했던 철학적 문제 상황에서 분리될 수 없다. 이 문제 상황이란 신체와 정신은 상호 간의 연관을 필요로 함이 없이 독자적인 권리에 따라 각기 존재하고 있는 독립된 개별적 실체들이라고 가정하고 있던 상황을 말한다.[3)]

데카르트의 초기 논제는 실체가 무엇인지이다. 그래서 나온 첫 번째 대

2) 르네 데카르트, 김선영 역, 『정념론』, 문예, 2013, 92쪽 참조.
3) A. N. 화이트헤드, 오영환 역, 앞의 책, 313쪽.

답은 객관적인 대상이 아닌 의식 경험을 사실로 받아들이는 자아의 존재다. 철학의 주안점이 외부의 무한 물질세계에서 기계적으로 파악할 수 있는 세계로, 더 나아가 주관이나 내면세계로 차츰 이동하고 있음이 암시되고 있다. 저기 먼 곳에 있는 우주의 원리에 대한 천문학적 관심 대신에 내가 경험하는 주관이 무엇인가, 아니 나는 어떻게 인식하는가가 더 큰 관심거리로 다가온다.

데카르트의 인식론을 이해하기 위해선 그가 사용하는 개념에 대한 선지식이 요구된다. 왜냐하면 그를 언급할 때마다 항상 따라다니는 이분법 도식 중에서 영혼(정신)은 물질과 구분되면서도, 정신과 신체 사이에 뇌의 송과선과 같은 어떤 연결고리를 언급하고 있는 점이 자주 눈에 띄기 때문이다. 흥미로운 사실은 그가 물질을 논할 때, 신체와 뇌를 전혀 언급하지 않는다는 점이다. 대신 신체와 뇌는 사유하는 주체를 말할 때 없어서는 안 될 개념이다. 그에게는 물질과 의식의 경계를 뛰어넘는 개념 구도에 이성과 정신, 신체와 뇌가 있는 것이다.

의식	물질
이성, 신체(심장)	
정신(영혼), 뇌	

의식은 신적인 속성을 잠재하고 있으며 감각과 달리 대상과 무관한 사유다. 반면 물질은 대상 영역으로 축소되며, 감각에 상응하는 개념이다. 그런데 이성과 정신은 분명히 의식 영역에 속하지만, 심장이나 뇌와 관련한다. 이성은 심장에서 형성되며, 건전한 판단력의 다른 이름이다. 정신은 사멸하지 않는 영혼 그리고 관념들의 활동을 의미하면서도, 뇌의 송과선과 관련한다.

그러므로 데카르트 철학을 평가할 때 항상 거론하는 이분법적 특징이란 세밀하지 않은 편의주의적인 틀일 수 있다. 왜냐하면 그의 저서에서 이분법적 언급은 일관성을 띠지 않기 때문이다. 대표적인 예로 물질은 의식과 대립하지만, 이성과 신체(심장과 같은 기관), 정신과 뇌의 구분은 선명하지 않다. 따라서 물질 범주에서 신체(심장과 같은 기관)와 뇌를 제외시켜야 하는데, 이는 다시 사유의 근원과 규칙의 보편성을 찾는 데카르트 철학의 핵심에서 벗어나게 된다. 그렇다고 신체와 뇌를 자아가 있기 위해서 선재해야 하는 조건으로 축소할 수 없다.

본 연구자는 신체와 뇌를 대립적인 정신이나 물질 범주로부터 따로 떼어냄으로써 이분법에 대한 성찰에 도달하려고 한다. 이를테면 만물을 영혼(정신), 물질, 신체(심장), 뇌로 구분해볼 수 있다. 여기서 신체(심장)와 뇌는 영혼과 물질 사이를 매개하는 항으로 보면 된다. 그러므로 데카르트 철학은 뉴턴 물리학보다 의식을 강조한 양자이론과 관련시킬 필요가 있다. 더불어 데카르트가 아리스토텔레스의 물질 개념을 비판했다는 것은 자기모순임이 인정되어야 한다. 왜냐하면 그의 논제도 여전히 물질과 정신을 분명하게 구분하지 않기 때문이다.

데카르트는 『성찰』의 제1성찰에서 의심의 과정을 통해 확실한 것들을 한번 열거해본다. 외부의 대상을 받아들이는 의식의 첫 단계인 감각은 종종 우리를 기만하지만, 내가 지금 여기에 존재하고 있음을 알게 한다. 만일 감각이 외부로부터 주어진 것을 받아들일 수 없으면, 그 이후의 의식 과정은 불가능하다. 감각이야말로 우리에게 외부 대상이 세계에 존재할 뿐만 아니라 그것을 경험하게 하는 유일한 채널이다. 그리고 신체 부위들, 이를테면 손, 머리, 몸통 등도 존재한다. 또한 우리의 내면에 있는 인식의 틀, 이를테면 물질의 본성, 연장, 형태, 양, 수, 장소, 시간 등도 확실하다.

그러나 물질의 존재 여부는 확실하지 않다. 그래서 천문학이나 의학 등은 불확실한 반면에 수학은 확실한 것으로 다가온다. 수학이 17세기 초에 인기 있었던 이유는 신에 대한 숭배가 아닌 진리에 도달하는 다른 규범이 있다는 것을 입증했기 때문이다.[4] 수학은 도형의 본질을 말해줌으로써 사물에 관한 참된 인식을 중개하려고 했다.

우주 전체에 적용될 수 있는 원리를 제시하려는 시도는 이미 그리스 시대부터 행해져왔다. 피타고라스는 기원전 6세기경에 기하학을 연구하고, 직각삼각형에 대한 정리를 내놓으면서, 자연의 일반 원리를 찾으려고 했다. 구체화하지 않았지만, 그러면서 그는 숫자나 기하학적 도형들이 시간이나 공간의 영향 밖에 있으면서도 현실 세계에 적용될 수 있다는 특수함을 감지하고 있었다.

기하학은 물론이고 수나 양과 관련하는 것이 수학이다. 수학 기호들은 사물들 간의 관계를 마치 순수이성처럼 분명하게 끊고 맺는다. 수(數)를 통하여 동일한 개수지만 다른 성질의 대상들 사이에서 유사성이 발견될 수 있다. 수는 감각기관을 통해 형성되는 지각 및 관념과는 무관하며 내용을 직접 경험하게 하고 파악하게 한다. 그래서 화이트헤드는 수학을 "미적 평가"[5]라고 추켜세우면서 예술적 감수성과 비교하기에 이른다.

근대에 들어서면 수학은 기하학에서 분리되어 나온다. 기하학이 공간성이나 지구의 측량에 의존한다면, 근대의 수학은 인간을 경험세계에서 해방시켜 유한한 인식 능력 너머를 지적한다. 의식이 표현할 수 없었던, 그래서 한계로 이해했던 차원들이 수학 기호로 표현됨으로써, 정신 활동의 다른 영역이 발견됨에 환호하였다.

뉴턴은 수학 기호를 통하여 천문학과 물리학을 연관시킬 수 있었다. 우주의 잔해에서 지구가 생기고, 수학은 시공간의 성질들이 있는 사물들에 대한, 중력과 같은 독립적 물리 사실들의 존재를 말하는 학문으로 등극한다. 또한 수학은 실험이라는 새로운 자연 탐구방식을 가능하게 한다. 다시 말하면 실험자는 수학이라는 매개를 통해 자연을 관찰하는 소극적 태도

4) 스피노자, 강영계 역, 『에티카』, 서광사, 2010, 70쪽 참조.
5) A. N. 화이트헤드, 오영환 역, 앞의 책, 55쪽 참조.

에서 벗어나 자연을 자신의 의식 조건 아래에 두고 자유롭게 접근할 수 있었던 것이다.

수학 기호들은 모든 자료와 운동을 환원하려는 측면도 있지만, 수학은 특정 존재에 대한 경험의 직접성을 넘어 추상으로 나아간다. 우리는 수(數)의 도움을 통해서, 그 숫자와 관련한 개별적인 대상들의 성질을 생각하지 않는다. 그럼으로써 추상된 것들은 경험을 떠나 그 자체로 존재한다. 숫자로 지칭되는 대상들 혹은 집합들 사이의 상호 관계를 고려하게 되는 것이다. 이런 비교 작업이 사상(捨象)이자 완벽한 추상이다.

수학은 단순한 사실을 조건들과 분리하면서 그 적용범위를 확대해나간다. 그래서 수학은 질서나 순수 논리적 관계들을 설정하여 완벽한 분석을 가능하게 한다. 그러면서도 실제 대상의 영향권에 있지 않고 그와 거리를 늘 유지한다는 점에서 수학은 추상화의 길을 이탈하지 않는다. 수학적 추상화는 구체적인 성격을 잃지 않는다는 점에서 독특하다. 우리는 지각과 관찰을 통해서 임의의 조건 속에 있는 자연에 접근한다. 그런데 그 결과는 수학에 기반한 기하학적 원리와 유사하다.

수학은 논리적 오성을 대표하면서, 모든 존재들의 특징이 개별적일지라도 그들 사이에 적용되는 패턴들이나 상호연관성을 발견한다. 그래서 개별 실재들의 복잡한 패턴들이 우리의 사유에 포착될 수 있다. 그것들은 배타적이면서도 그 사이에는 조화라는 틀에서 포섭적인 관계가 성립된다. 그래서 화이트헤드는 수학을 완전한 추상성의 상징으로 이해한다. 그에게 완전함이란 시간이나 공간의 작용을 받지 않고 보편적으로 적용될 수 있는 것이다.

데카르트가 수학적 인식을 최고의 것으로 인정한 이유도 수학이 대상에 의한 자극을 별도로 필요로 하지 않고 오직 자신의 원리만으로 작동하면서 명증한 논거를 제시하기 때문이다. 게다가 그는 수학의 수식보다 수학의 상징성, 말하자면 진리에만 전심전력하면서 대상을 더욱 분명하게 파악하는 습성에 큰 관심을 쏟는다. 그리고 수학이 외부의 존재를 반영하지 않는다는 점도 또 다른 흥밋거리가 되었다. 수학의 원리는 분석과 연역을 통하여 중요한 공식들을 발견해나간다. 이는 플라톤의 이데아 형상과 유사하다. 이데아는 현상 세계를 넘기 때문에 감각기관으로 파악되지 않듯이, 수학적 진리도 정신의 눈을 통해서만 볼 수 있기 때문이다.

그렇다면 가장 확실한 것이란 무엇인지에 대한 질문이 제2성찰에서 던져진다. 이를 위해 제1성찰에서 열거된 모든 확실한 것들을 거짓으로 가정해본다. 그럼에도 불구하고 그것들이 존재하지 않는 사실을 나는 어떻게 아는가? 나의 존재를 명료하게 느끼게 하는 것은 사유다. 사유나 의심이 제일 확실하며, 그다음에 확실한 것이 나의 신체라고 할 수 있다. 왜냐하면 내가 존재하지 않으면 사유할 수 없기 때문이다. 그래서 그런지 신체에 관한 데카르트의 언급은 애매하게 전개된다. 나는 신체를 갖고 있는지의 여부에 대해서 의심할 수 있지만, 신체를 가지고 있다는 사실을 부인할 수는 없다.

하지만 데카르트에게 감각이 사유를 가능하게 하는 조건은 아니다. 예를 들어 나는 꿈을 꾸면서도 사유할 수 있기 때문이다. 그리고 감각은 대상을 정확하게 판단할 때 방해물이 될 수 있기 때문에, 인식론적인 관점에서 보면 기만적이다. 그는 감각을 불신한다. 우리가 감각하는 세계는 진짜가 아니라는 것이다.

이런 사유의 과정을 거쳐서 그는 철학의 제1원리인 "나는 생각한다, 고로 나는 존재한다(Cogito, ergo sum)"[6]를 내놓는다. 모든 것을 의심할 수 있을지언정 의심하고 있다는 사실만큼은 부정할 수 없다. 왜냐하면 인식적인 확실함은 사유에서 출발하기 때문이다. 20세기 초의 지성인 아렌트(H. Arendt)가 인간의 가장 순수한 최고의 활동으로 사유[7]를 꼽았는데, 데카르

6) 르네 데카르트, 김진욱 역, 『방법서설』, 범우사, 2009, 60쪽.

7) 한나 아렌트, 이진우 · 태정호 역, 앞의 책, 54쪽.

트가 그 논거를 만들고 있는 것이다.

사유란 나와 분리될 수 없으며, 의심하고 이해하며, 긍정하고 부정하며, 상상하고 감각하는 것을 통틀어 말한다. 예를 들어 상상은 상상된 결과물을 말하지 않고 상상하는 힘을 말하며, 감각이란 감각된 것이 아닌 감각하는 과정을 말한다. 상상과 감각은 사유 전부를 설명하지 못하며, 지각과 지성에서야 비로소 사유의 윤곽이 그려진다.

그 바탕 위에서 이성이 전개된다. 데카르트는 『방법서설』의 서두에서 이성을 "올바로 판단하고 진실과 거짓을 구별하는 능력"[8]이라고 정의한다. 만일 누군가가 어느 의견을 수용했다면, 그것이 고명한 사람의 의견이라서이기보다 이성이 그를 납득시켰기 때문이다. 이성이야말로 인간을 동물과 구별해주는 결정적 요소다.

신학, 철학, 법학, 의학, 수학 등과 같은 여러 학문들은 우리를 선입견과 습관적인 사유에서 벗어나게 하는 이성의 영역이다. 사유의 본질을 다루는 학문이 철학이나 신학이며, 연장을 지닌 물질과 관련하는 학문이 과학이다. 데카르트는 학문을 한 그루의 나무로 비유한다. 그런데 그는 동시대 철학자 베이컨과는 정반대로 학문의 뿌리에 형이상학을 위치시키고, 줄기를 물리학이라고 말한다. 그리고 중요한 가지 세 개는 의학, 기계학, 윤리다. 모든 인문학과 과학 영역은 학문이라는 유기체의 지체라는 것이다.

내가 다른 것들의 존재 여부를 의심하는 일은 확실히 내가 존재하고 있음을 증명하는 것이다. 그는 『이성의 올바른 사용』에서 나의 실체에 대해 다음과 같이 말한다.

> 나는 그것의 본성 혹은 속성이 오로지 사유에만 있는 실체다. 이 실체는 어떤 공간도 필요 없고, 물질에도 의존하지 않는다. 그러기에 나, 즉 내

8) 르네 데카르트, 김진욱 역, 앞의 책, 11쪽.

가 나일 수 있는 정신은 육체와는 완전히 다른 것이다. 정신은 육체보다 훨씬 쉽게 인식될 수 있다. 그리고 정신은 설사 육체가 죽었다고 하더라도 존재하지 않는 것은 아니다.[9]

나는 육체가 아니라 사유와 정신을 통해서 존재한다. 뿐만 아니라 신체가 없더라도 정신은 존재할 수 있다. 반면 내가 사유를 포기한다면 나도 존재하기를 멈춘다. 그러면 사물들의 존재 여부도 불투명해진다. 따라서 생각하는 나는 신 다음으로 완벽한 존재이며, 그 이외의 것들은 가변적이다. 고로 나는 의식이다.

존재가 관념 속에 포함되어 있음을 나는 발견했다.[10]

사유의 결과인 관념들이야말로 진짜 존재라고 할 수 있다. 그러나 여태껏 사람들은 감각이나 감각적 이미지를 통해 자신의 정신 상태를 이해해오면서, 감각과 정신이 긴밀하게 연결되어 있는 것으로 생각해왔던 것이다. 이 중에 지성이 만들어낸 관념, 즉 정신 활동에 대한 논의가 제3성찰에서 전개된다. 관념은 외부의 대상에서 형성된 관념, 본유적(本有的) 관념, 자아가 창조한 관념, 이렇게 세 가지로 구분될 수 있다. 이 셋의 공통점은 사유를 가능하게 한다는 것이다. 그리고 관념은 외부의 사물과 유사한 이미지이면서도 그것과 동일하지 않으며, 심지어 객관적인 사실에 대

9) Peter Düweke, *Kleine Geschichte der Hirnforschung*, Hanser, München 2001, 13쪽: daß ich eine Substanz bin, deren ganzes Wesen oder deren Natur nur darin besteht, zu denken und die zum Sein keines Ortes bedarf, noch von irgendeinem materiellen Dinge abhängt, so daß dieses Ich, d.h. die Seele, durch die ich das bin, was ich bin, völlig verschieden ist vom Körper, ja daß sie sogar leichter zu erkennen ist als er und daß sie, selbst wenn er nicht wäre, doch nicht aufhörte, alles das zu sein, was sie ist.

10) 르네 데카르트, 김진욱 역, 앞의 책, 67쪽.

응하지 않을 수도 있다.

> 관념이 내 의지에 의존하지 않는다고 하더라도, 그렇다고 그것이 반드시 내 외부에 있는 사물에서 유래한다고는 말할 수 없다. 왜냐하면 방금 앞에서 말했던 충동은 내 안에 있기는 해도 내 의지와는 다른 것이라고 여겨지듯이, 나에게 아직 알려지지 않았지만 이런 관념을 산출하는 능력이 내 안에 있을 수도 있기 때문이다.[11]

관념은 사물과 독립된 영역이기에 순수하다. 우리는 의식이건 꿈이건 간에 관념의 활동을 경험한다. 내가 원하지 않아도 관념은 살며시 다가온다. 관념은 나의 의지와 상관하지 않는다. 이는 마치 내가 의식적으로 저항하려 해도 찾아오는 충동, 예를 들면 악을 행하게 하는 욕구와 흡사하다.

관념이 지금 모습을 갖추기까지의 과정을 알려면 인과적인 사유가 필요하다. 결과란 관념이 자신의 모습을 그 원인에서 똑같이 찾아낸 것이다. 그런 인과 메커니즘은 다음을 증명한다. 첫째, 없음(無)에서 어떤 것도 생기지 않는다. 예를 들면 보이지 않던 물질이 갑자기 생겼다면, 최소한 그 이전에 그 물질과 동등한 것이 있어야 한다. 둘째, 완전한 것만이 완전한 것을 가능하게 한다. 예를 들면 사물이 생겼을 때의 힘과 에너지는 계속적으로 보존된다. 그리고 물질에 대한 관념이 내게 있다는 것은 그에 동등한 실재적 관념(운동, 형태, 색깔, 소리 등)이 이미 내게 주어진 것이다.

또한 인과는 필연적으로 계보적인 사고로 이어진다. 지금의 관념은 이전의 관념으로, 이전의 관념은 다시 그 이전의 관념으로 계속해서 소급된

---

11) 르네 데카르트, 이현복 역, 『성찰』, 문예, 2011, 62쪽.

다. 내가 표상적 관념을 갖고 있으면, 그와 동등한 형상적 관념이 이미 있기에 가능하다. 인과관계를 거쳐서 마침내 도달하게 된 형상이 원형이다. 원형은 사물의 완전함을 포함하여 최소한의 표상적 관념도 가지고 있다. 여기서 물질적, 관념적 속성은 하나가 된다.

그 뒤 외부의 사물과 나는 둘 다 실체지만 분리되기 시작한다. 전자는 연장적이고, 후자는 사유적이다. 다만 사물 자체가 아닌 사물의 연장, 형태, 위치, 운동 등은 내가 사유하는 양태에 불과하다. 말하자면 내가 사물을 포함하고 있다고 할 수 있다.

신은 무한한 전지적 존재자이기 때문에 나보다 더 근원적이다. 그렇다면 인과법칙이 통용되는 이 세계에서 나는 어디에서 왔는가? 결과에는 원인과 동등한 것이 있어야 한다. 그러나 인과법칙에 따르면 나는 부모로부터 나오지 않았다. 왜냐하면 부모도 나의 정신이 아니기 때문이다. 그렇다고 나는 신에게서 나오지 않았다. 왜냐하면 나는 완전하지 않기 때문이다. 그래도 나는 신을 사유할 수 있다. 사유는 외부 대상과 감각으로부터 출발된 것이 아니기 때문이다. 신이 내게 그에 대해서 생각할 수 있는 능력을 준 것이다.

그러므로 나의 정체성은 사유다. 그리고 사유의 양태인 관념 가운데 내가 제어할 수 없는 표상적 관념도 있다. 이 관념은 외연과 의미가 너무 넓어서 도저히 내가 만들어낼 수 없다. 데카르트는 의식의 본성이 무한 자유임을 깨닫는다. 그럼으로써 그에게 의식의 특징이 부각된다. 첫째, 그가 말하는 의식은 감각과 분리된다. 이는 현존을 직관하는 능력인 상상력이 약화되고, 대신에 추상화하는 지성이 강화되는 경향을 말한다. 둘째, 의식은 물질의 길이, 넓이, 깊이라는 특징을 갖지 않는다. 셋째, 신에 대한 관념을 만든다. 그에 따르면 나는 불완전하고 의존적인 존재임을 깨닫게 된다.

나는 신과 닮았지만, 나의 인식이 완전하지 않기 때문에 실수를 저지르곤 한다. 오류는 오성과 의지에 근거한 "자유의지"[12]에서 비롯된다. 의지가 결정으로 이어지기 전에 오성적 판단이 우선해야 한다. 만일 의지가 오성의 틀에서 참과 선을 판단하지 않을 경우, 그 결과는 죄로 이어질 수 있다.

나는 외부 사물의 현존 여부를 판단하기 전에, 이미 여러 관념들을 알고 있다. 먼저 신에 대한 개념이다. 그리고 길이, 넓이, 깊이와 관련하는 연장 개념이다. 또 불변하는 사물 본성에 대한 개념도 있다. 이런 개념들은 비존재라고 할 수 없다. 왜냐하면 기하학적인 도형이나 수학적인 숫자들은 참이며, 내가 확실히 인식하고 있기 때문이다.

인간이 신과 헤어졌다가 사유를 통해서 다시 만난다는 데카르트의 목적론적 철학은 동시대 철학자 스피노자의 일원론적 주장과 변별점을 보여준다. 스피노자는 인간을 신의 양태이자 자연의 일부로 관찰함으로써, 신과 인간의 단절점을 암시한다. 스피노자에게 신은 완벽하다. 신은 자기원인인 실체로서, 본질과 존재가 분리되지 않는 유일한 경우다. 그는 다른 개념의 도움을 필요로 하지 않으며, 그 안에 어떤 부정도 없고 그 외연이 무한한 존재다.

> 신 이외에는 어떠한 실체도 존재할 수 없으며 또한 파악될 수도 없다.[13]

신은 실체다운 실체로서 자신의 본성에 따라 움직이며, 그에게 다른 법칙이나 다른 이유가 작용할 수 없다. 만물, 즉 연장된 사물과 사유하는 사물은 신의 속성이나 양태다. 속성은 실체를 오성이 구성한 결과이고, 양태는 신의 속성이 변용된 것이다. 인간의 신체와 정신, 그리고 물질은 실체의 양태다.

12) 르네 데카르트, 이현복 역, 앞의 책, 84쪽.
13) 스피노자, 강영계 역, 앞의 책, 36쪽.

인간의 오성과 의지는 신에게 귀속되긴 해도 신과 같지 않다. 세상에는 신(생산하는 자연)과 양태(생산된 자연)만이 있다. 존재하는 모든 것은 신 안에 있고 신에 의존한다. 유한한 능력의 인간은 신의 전지전능함을 자유의지나 권능, 심지어 왕의 권력과 비교하곤 한다. 왜냐하면 존재하는 모든 것은 신이나 왕의 힘 앞에서 무력하며, 그래서 우연적인 것으로 인식되기 때문이다. 신과 인간의 능력은 비교될 수 없다. 왜냐하면 신의 능력은 인간의 능력은 물론이고 무능력도 포함하기 때문이다.

> 사물의 본성에는 어떤 것도 우연적으로 주어진 것이 없으며, 모든 것은 일정한 방식으로 존재하고 작용하게끔 신적 본성의 필연성에 의해 결정되어 있다.[14)]

존재는 신의 결정 사항이기 때문에 우연일 수 없다. 모든 것은 신 안에 존재하며, 신 없이 존재할 수 있는 것은 없다. 신이 실체라면, 인간은 불완전한 실체다. 인간은 신의 속성의 변형이며 자연의 일부다.

물질의 실체도 신의 속성을 띠며 신에게 귀속된다. 따라서 물질의 실체는 무한하며, 부분들로 분할 가능하지 않다. 무한은 여러 개의 유한이 조립된 것이 아니다. 물질을 무한하고 유일하며 불가분한 실체로 이해하는 것은 감각적 표상에 근거하지 않고 오성에 의해서 가능하다.

한편 데카르트는 마지막 제6성찰에서 자아에게 미리 주어진 개념의 바탕 위에서 외부 사물의 참 여부를 논의하기 시작한다. 외부 사물은 순수 수학의 대상이자 감각할 수 있기 때문에 확실한 존재로 증명된다. 사물의 색깔이나 소리, 맛 등은 감각과 기억을 통해서 더욱 잘 인식된다.

---

14) 스피노자, 강영계 역, 앞의 책, 57쪽.

이런 확실한 인식과 더불어, 나는 머리, 손, 발 등을 갖추고 있음을 안다. 이런 지체들을 통해 쾌락과 고통을 느낀다. 또한 기쁨이나 슬픔의 출발점은 감각이고, 허기와 갈증은 욕구로 다가온다. 이런 감각적 관념들은 내면이나 기억에서 나온 관념보다 훨씬 선명하게 다가온다. 그런데 감각은 신성에서 나왔다. 그래서 아픔을 느끼면, 의식은 그 고통을 완화하려는 방향으로 나아간다. 물론 신체의 보존에 기여하지 못하는 감각도 있지만, 그보다 감각은 의식 활동을 통해서 건강한 방향으로 승화된다.

그러나 관념이 인과 법칙을 추종함에도 불구하고, 사유는 초법칙적인 성향을 띠면서 객관적 대상과 무관하게 비약한다. 꿈을 꾸든, 지각이나 상상이라는 의식 활동을 하든, 그 주인이 나라는 사실도 확고해 보인다. 반면 물질은 공간적인 연장과 법칙으로 설명될 수 있지만 자립적으로 존재하지 않고 나와 상관성을 이룬다. 그런 데카르트 철학의 특징을 사람들은 이분법(dualism)적 관념론이라고 지칭한다.

의식과 물질이 실체라고 할지라도, 물질은 나누어질 수 있는 반면에 의식은 그럴 수 없고, 그런 점에서 서로 다르고 대립된다. 특히 의식은 어떤 것이 변하여 된 것도 아니고, 인식 혹은 욕망, 아니 감각을 통해서도 변하지 않는 순수 실체라는 점이 강조된다.

그런데 사유로 나타난 의식이 실체라면, 외부의 대상을 '내가 어떻게 인식할 수 있을까?'라는 질문이 제기될 수 있다. 고대 철학에서 근대 철학으로의 변곡점이라고 한다면, 시간과 공간 안의 외부 세계에 대한 관심에서 주관적 사유 활동으로 그 주안점이 이동하는 것에서 찾을 수 있다. 사유의 과정을 통해서 물질은 더 이상 물질로 남지 않는다. 물질은 영원성을 잃어버리는 대신에 의식의 일부가 된다.

2.1.1.1 물질과 정신의 경계를 넘나들다

데카르트의 사상은 영혼과 신체, 의식과 물질을 명료하게 구분하는 이분법으로 알려져 있다. 의식의 본질은 사유인 데 반해, 물질의 본질은 연장(延長)이기 때문이다. 그는 인간을 생명체이자 생각하는 주체로 규정한다. 따라서 인간은 모든 법칙에서 자유롭다. 데카르트가 생존하던 당시에 정신의 자율성이 주장되면서 형이상학이나 신과 같은 존재를 물질과 완전히 분리된 정신의 영역에서 상상하는 분위기는 농후했다.

> 육체의 활동은 활동 자체나 육체에서 나오는 것이 아니다. (…) 육체 활동의 원인은 정신이다.[15)]

정신지배설, 즉 정신은 신체에 영향을 주지만 그 역은 아니라는 주장은 하나의 학설로 자리를 잡고 있었다. 따라서 정신과 물질은 다르지만 대립되어 있지 않다는 데카르트의 사상은 별로 새롭지 않았으며, 어쩌면 기독교의 복귀를 의미한 것처럼 해석되기도 한다. 다만 데카르트는 의식이 인간에게만 있다고 말했기 때문에, 동식물에도 영혼이 있다고 가정한 아리스토텔레스의 이론과는 달랐다.

그러나 데카르트의 저작을 읽다 보면 주요 개념들 사이의 대립이 일목요연하게 읽히지 않는다. 왜냐하면 그의 사상에서 사유의 기원이나 그 작동 원리에 대한 과학적 언급이 빠져 있기 때문이다. 이를테면 그는 상상력이 관념의 변화를 야기하면서 정기를 다시 근육에 골고루 배분할 수 있고, 상상력만으로도 신체를 움직일 수 있다고 하였다. 뼈, 근육, 신경, 동맥, 정

15) Peter Düweke, *Kleine Geschichte der Hirnforschung*, Hanser, München 2001, 20쪽: Die Leistungen des Körpers gehen nicht von sich selbst noch vom Körper aus (…) Die Ursache für die Verrichtungen des Körpers ist die Seele.

맥 없이 약간의 부속품만으로도 잘 작동하는 "자동기계"[16]가 탄생할 수 있다는 주장이다. 자동기계는 말을 할 수 없으며 기계적으로 움직이는 점에서 인간과 다르지만, 어쩌면 컴퓨터의 원시적 형태라고 할 수 있다.

한편 우리는 사유가 연장적 실체가 아니며, 공간을 차지하는 것을 물질이라고 부르고 있다. 물질은 물질 자체이며, 그 안에 또 다른 실체가 있지 않다. 따라서 물질의 성질이란 물질의 관점에서 보면 부수적이다. 이를테면 물질의 성질이나 활력, 약동, 심지어 원자란 있을 수 없다. 데카르트는 아리스토텔레스가 형상과 질료로 나누어 표상했던 물질을 하나의 물질로 단순화하면서 자연법칙의 유용성을 주장하는 것처럼 보인다.

데카르트는 자연이 기계처럼 질서정연하게 움직인다고 생각한다. 자연법칙은 첫째, 모든 시간과 장소에서 유효하다. 둘째, 운동하는 물체들은 의식을 지니지 않지만 따르는 것이며, 셋째, 그에 따르면 물체들의 변화는 초기 조건 아래에서 결정된다.[17] 이런 맥락에서 그는 현상들을 규칙적으로 설명한다. 데카르트는 사물들을 구분하면서, 그 사이의 상충 및 상보 관계를 지적한다. 동물이나 식물은 연장적인 것에 속하기 때문에 자연법칙에서 그 질서를 찾을 수 있다.

데카르트의 자연관 중에서 물질은 관찰자의 정신과 무관한 고유한 실체라는 이론이 훗날 뉴턴의 물리학과 라메트리(La Mettrie)의 인간도 기계라는 주장으로 연결된다. 그러면서 만물의 원리를 물질의 토대에서 파악하려는 이론이 점차 주류를 형성해나간다. 이를 이해하기 위해서 그들이 활동한 근대라는 역설적인 시대 상황을 언급할 필요가 있다. 자연은 개별 관측자와 상관없이 자체 내의 법칙으로 상호 작용하는 체계로 이해된다. 물질, 공간, 시간에 관한 법칙은 불가항력적인 사실로 간주되기 시작한다.

---

16) 르네 데카르트, 김진욱 역, 앞의 책, 93쪽. Peter Düweke, *Kleine Geschichte der Hirnforschung*, Hanser, München 2001, 22쪽: Automat.

17) 스티븐 호킹 · 레오나르도 믈로디노프, 전대호 역, 앞의 책, 33쪽 참조.

이런 틀은 완고해 보이며, 그 바깥을 상상하는 철학적 시도를 그 시대는 선호하지 않았다.

이와 같이 과학적 지식은 폭발적인 증가 일로에 있었지만, 전통적인 기독교 논리도 여전히 한몫을 하면서 전환기마다 다양한 가치관의 대립 상황들이 거듭 연출되었다. 그 대표적인 사건이 1633년에 갈릴레이가 지동설을 주장한 대가로 종교 재판소에서 반(反)기독교적이라는 유죄판결을 받은 사례를 들 수 있다. 비슷한 시기에 데카르트도 인간의 육체와 자동기계를 비교한 글을 『르몽드』지(紙)에 발표하려 했으나, 갈릴레이에 대한 암울한 소식을 듣고 서랍에 넣어둔다.

자연은 우리의 인식 밖에 있는 것일까? 철학과 친근했던 과학은 17세기가 지나면서 자연을 물질로 보며 철학과의 단절을 시도한다. 말하자면 과학은 자연이 사유의 외연 안에 포함되었다고 하는 주관적 관념론과 평행선을 달리게 된다. 이제 주관만으로 만물을 모두 설명할 수 없는 지경에 이르게 된 것만은 분명했다. 그래서 스피노자는 일원론적 이원론을 주장했으며, 영국의 로크 같은 경험론적 철학자는 생각하는 물질의 존재를 상상하며, 데카르트의 뇌에 대한 상념을 보다 구체화한다.

데카르트의 철학적인 사유를 비판한 철학자 레기우스는 정신이란 연장적인 물질의 한 속성에 불과하다고 말한다. 정신은 육체 안에 있기 때문에, 육체의 성향에 따라 사유의 방법들도 달라진다. 사유는 오성과 의지로 나뉘며, 오성은 지각과 판단, 지각은 다시 감각, 기억력, 상상력으로 세분된다. 이때 사유의 계기인 감각은 감각기관이 아닌 뇌에서 성립된다.

물질적 과학은 정신에 대한 연구를 둘로 쪼개는 데 지대한 영향을 미친다. 기존의 인식론적인 철학의 연장선이 한 가지라면, 19세기 심리학이 다른 하나다. 생리학자 페르넬(J. Fernel)은 물질론을 주장했다. 그러나 그에게 정신의 토대는 뇌가 아니라 심장이었다. 그래서 활발한 정신 활동은 체온으로 표현된다고 주장했다. 정신은 육체의 생사 여부를 결정하기 때문에, 페르넬에 따르면 정신은 영양조달과 성장은 물론 심장 박동과 숨 쉬는 것, 심지어 지각과 움직임에까지 관여한다. 정신은 뇌로도 침투한다. 그럼으로써 페르넬은 정신을 "미세한 미립자들로 이루어진 전류"[18)]라고 하였다. 이 전류가 신경을 통해 뇌에 다가간다는 것이다.

종합적으로 데카르트의 존재론은 주관적 관념론과 물질론적인 과학의 경계선을 넘나들고 있다. 그는 자연이 관찰자들의 의식 활동에 귀속되는 것으로 이해한다. 그래서 존재는 지각이라고 말한 버클리의 이론, 그리고 훗날 20세기에 존재는 관찰이라고 말한 양자이론과 일맥상통하고 있는 것이다. 동시에 데카르트의 사상은 자연이 공간과 시간 속에서 일정한 규칙에 따라 움직이는 순수한 물질의 세계라고 파악한 과학자들의 물질론과 연결될 수도 있다. 물질은 공간과 시간 속에 단순히 존재하는 것이다.

더불어 데카르트의 저서를 읽어 내려가다 보면 연장 대상과 사유 사이에 어떤 연결고리가 있음이 자주 감지된다. 그는 외부 세계와 자아, 이 둘을 포함하는 곳에 신이나 다른 매개항을 둔다. 신이 세계를 창조했지만, 그 뒤 세계는 신의 도움에 기대지 않고 펼쳐졌으며, 그런 세계를 지배하는 것은 자아와 자연법칙이다. 그리고 자연법칙은 궁극적으로 신의 질서에 부합한다.

그렇다면 자연법칙이 적용되는 인간의 의식 단계가 있을까? 의식의 초기 단계인 감각이라고 할 수 있겠다. 시각의 자극체인 빛은 물질적 에테르의 파동이나 미세한 입자들의 운동이며, 소리도 공기의 파동이다. 우리의 눈이나 귀, 신경과 뇌와 같은 감각기관이 반응하기 전까지 물질의 운동만이 있다. 그런 물질이 감각기관과 뇌를 거치면서 감각적 자극으로 변화한다. 데카르트는 감각을 통해 우리가 알 수 있는 것은 물질의 모양, 크기,

18) Peter Düweke, Kleine Geschichte der Hirnforschung, Hanser, München 2001, 21쪽: ein hauchfeiner Strom aus Teilchen

운동 밖에 없다고 말한다.[19]

2.1.2 신체, 뇌, 의식, 정신의 관계

2.1.2.1 신체 관련 뇌 의식 I: 감각과 지각

데카르트는 의식 연구를 통해 의식과 신체의 분리가 아닌 둘의 상관성 쪽으로 연구 방향을 재조정한다. 의식 형성에서 빠트려서는 안 될 요소는 신체다. 데카르트는 확실한 존재를 언급하며 신체 개념을 빼놓지 않는다. 『성찰』의 제1성찰에서 벌써 신체는 의심될 수 없는 존재였다. 특히 신체의 물질적 속성은 의식을 가능하게 하는 점에서 독특한 위상을 지닌다. 그러나 신체는 물질처럼 연장적 성격을 갖고 있기 때문에 영원하지 않다.

그렇다면 신체는 어떤 원리로 작동하는가? 신체는 자동장치처럼 "뼈, 신경, 근육, 혈관, 혈액, 피부"로 이루어진 일종의 "기계"[20]라고 할 수 있다. 신체의 작동 원리는 자연 법칙으로 설명할 수 있다. 그런데 충동이나 욕구 등은 이성적인 제어를 뛰어 넘어 신경이나 다른 경로를 거쳐 신체에 영향을 미친다. 인간은 신체의 파멸 순간들을 모면할 수 있지만, 궁극적으로 자연에는 신체에 악영향을 끼칠 수 있는 잠재적 힘이 늘 도사린다.

그럼으로써 의식과 신체의 비교가 가능해진다. 의식은 의지, 감각, 이해 등의 능력이 종합적으로 움직이기 때문에 세분될 수 없다. 반면 신체는 지체들로 구분될 수 있다. 그러나 의식이나 이성은 심장의 정기에서 탄생한다.

데카르트는 동물 해부를 통하여 신체(심장)와 의식의 상관성을 연구함으로써 차츰 생리학자로서의 이력도 갖추어나간다. 그는 『의식론』에서 장과 위로 내려간 음식물이 위에서 액체로 변한다고 말한다. 위액은 장의 구

19) A. N. 화이트헤드, 오영환 역, 앞의 책, 101쪽 참조.
20) 르네 데카르트, 이현복 역, 앞의 책, 115쪽 이하 참조.

멍을 통하여 혈액에 섞인다. 혈액은 정맥을 통하여 심장으로 들어가고, 이 기관에 지펴진 불이 마치 펌프처럼 혈액을 온몸으로 순환시킨다.

한편 감각은 외부 자극이 신경을 통하여 뇌에 도달함으로써 비로소 성립한다. 이를테면 우리가 사물을 본다는 것은 망막의 특정 위치에 빛이 도달한 뒤에나 비로소 가능하다. 혹은 우리가 대상의 위치를 감지하는 촉각은 대상이 우리의 피부에 닿은 뒤에, 그 자극이 뇌에 전달되면서 형성된다. 소리를 듣는 것은 고막의 진동을 통하여 청신경이 반응했기 때문이며, 냄새를 맡는 것도 콧속의 신경이 뇌에 연결되었기 때문이다.

여기서 주목할 사실은 자극이 감관에 영향을 미쳐서 신경에 연결되는 순차적인 관계보다 신체에 팽팽하게 뻗어있는 신경들에 대한 자극 여부다. 그 대표적인 사례는 우리가 꿈을 꾸면서도 어떤 이미지를 떠올리는 경우다. 무엇보다도 실제 자극이 아닐지라도 신경만 자극된다면 뇌는 고통, 쾌락, 허기 등을 인간에게 느끼게 한다.

> 영혼에 대상을 직접적으로 나타내는 것은 눈에서 행해지는 운동이 아니라 뇌에서 행해지는 운동이라고 설명했다.[21)]

감각적 자극과 의식은 밀접하게 결합되어 어떤 통일체를 이루는 것 같지만 서로 동일하지 않다. 사유를 가장 확실한 존재로 이해한 데카르트가 감각을 불완전한 인식의 경우로 보는 것은 전통적이다. 또한 고통이나 쾌락, 허기 등이 신체와 관련되는지도 의심한다. 존재론적이든 인식론적이든, 데카르트는 감각의 기능에 대하여 반신반의한다. 그래서 감각의 불완전한 인식 능력을 파악한 사유야말로 진정한 인간의 본질로 격상되는 것이다. 반면 물질은 사유하지 않기 때문에 인간의 본질이라고 말할 수 없

---

21) 르네 데카르트, 김선영 역, 앞의 책, 29쪽.

다. 그리고 물질과 사유 사이에 신체가 있고, 신체와 의식이 '나'라는 전체를 만든다.

외부의 자극이 지각으로 변화하는 과정은 자연적인 흐름이라고 할 수 있다. 지각은 감각 단계에 있는 자극을 우리가 뭔가로 인식하면서 형성된다. 의식의 가장 큰 특징 중 하나가 인식이기 때문에, 의식의 본격적인 시작은 지각부터라고 할 수 있겠다. 지각에서야 비로소 외부 물질이 감각기관으로 들어와 우리에게 보편적 성질로 이해되기 시작한다. 데카르트는 감각을 성질로 경험하게 하는 것은 "뇌수에서 일어나는 사건"[22]들에 의해서 가능해진다고 보았다.

뇌에서 기원하는 지각은 두 가지로 구분된다. 하나는 영혼이 관련하는 것인데, 이를테면 의지나 상상력이 작용된 지각이다. 다른 하나는 신경이다. 신경성 지각은 다시 세 가지로 구분된다. 첫째, 꿈의 환영이나 깨어 있으면서 갖는 몽상으로, 둘의 공통적인 특징은 집중적이지 않다는 점이다. 둘째, 외부 사물의 형태, 향기, 소리, 색깔 등이 신경을 통하여 뇌를 자극하면서 생기는 지각이 있다. 셋째, 내적 욕구에 대한 지각으로, 배고픔이나 갈증, 고통처럼 신체 내부의 상태를 표현한다.

2.1.2.2 신체 관련 뇌 의식 II: 감정

감각은 지각 과정을 거쳐서 이성으로 상승하는 경로를 밟을 수도 있지만, 감정의 채널을 통해 밖으로 표출되기도 한다. 데카르트는 『의식론』에서 감정을 세분한다. 감정은 정신이나 인상에 의해서도 발생하지만, 대부분 감각을 발생시키는 대상에 의해서 생긴다. 고통에서 슬픔이 생기고, 쾌락에서 기쁨, 허기에서 의지가 기원한다.

그는 여섯 가지의 기본 감정으로서 경이, 사랑, 미움, 욕망, 기쁨, 슬픔을

---

22) A. N. 화이트헤드, 오영환 역, 앞의 책, 101쪽.

언급한다.[23] 그 이외의 감정들은 기본 감정에서 파생되거나 그와 유사한 것들이다. 경이만이 오로지 뇌를 원인으로 하고, 나머지 다섯 감정은 심장, 간, 혈액 그리고 정기를 산출하는 몸의 기타 부위와 관련한다. 그리고 감정을 조절하는 것은 정신이다.

제일 먼저 데카르트가 주목한 감정은 경이다. 경이는 우리가 어떤 대상을 처음으로 만나서 새롭고 다르다고 느끼면서 놀라워하는 감정이다. 경이의 대상은 뇌 안에 각인된다. 그리고 그 인상은 정기를 가능하게 하면서 근육에 자리한다. 그런데 경이는 심장이나 피와 관련하지 않는다. 왜냐하면 경이는 감각기관으로 들어오는 외부의 대상을 뇌가 어떻게 인식하느냐에 따르기 때문이다.[24] 경이에서 존경, 고결함, 겸손, 숭배가 느껴지거나 혹은 무시와 오만이, 비굴함과 미움이 우러난다. 이런 감정들은 좋은 것이나 나쁜 것에 대한 판단과 관련하지 않는다.

한편 사랑은 우리가 선을 지각하면 생기는 감정이고, 미움은 악을 지각할 경우에 느낀다. 사랑에는 애정, 우정, 헌신이 속한다. 애정은 자신보다 낮게 평가하는 대상에 대한 사랑을 말하며, 우정은 자신과 동등한 사람에게 돌아가는 사랑, 헌신은 자신보다 높은 평가를 받는 대상에 대한 사랑이다. 반면 미움에는 사랑만큼이나 종류가 많지 않다. 그러나 사랑이나 미움은 영혼에 새겨진다는 공통점이 있다.

또한 미래를 바라보는 감정으로 욕망이 있다. 욕망은 몸에 정기를 불러 영혼의 토대를 마구 흔든다. 욕망은 부재한 것을 소유하고 싶거나 나쁜 운명을 피하기를 열렬히 바랄 때 생긴다. 그래서 자신의 욕망 실현 가능성이 높으면 희망이, 낮으면 두려움이 생긴다. 극도에 도달한 희망은 안심 혹은 확신이 되고, 극도에 다다른 두려움은 절망이 된다.

---

23) 르네 데카르트, 김선영 역, 앞의 책, 76쪽.
24) 르네 데카르트, 김선영 역, 앞의 책, 77쪽 이하.

현재의 좋은 것 혹은 나쁜 것에 대한 판단은 "뇌의 인상"[25]에서 비롯된다. 좋은 것을 생각하면 우리는 기쁨을, 나쁜 것을 생각하면 슬픔을 느낀다. 아니면 지적인 기쁨 혹은 지적인 슬픔이 감정적인 기쁨이나 슬픔으로 이어질 수 있다. 이것은 인과 관계가 아닌 뇌 안에서 영혼의 매개 없이 나타나는 현상이다. 이를테면 매우 건강한 상태이거나 날씨가 화창하면, 특별한 동기 없이도 뇌는 우리에게 즐거움을 선사한다. 혹은 몸이 불편할 때에 우리는 슬픔을 느낀다.

뿐만 아니라 감정은 정기가 산출되는 심장, 비장, 간, 혈액이나 혹은 몸의 다른 부위에서도 생길 수 있다. 이를테면 모든 혈액이 혈관을 지나 심장으로 일정하게 흐르는 것은 아니다. 심장은 어떤 혈액을 빨리 받아들이지만, 어떤 혈액을 밀어내기도 한다. 혹은 혈관이 좁아지거나 넓어질 경우에도 마찬가지로 감정을 생산할 수 있다.

데카르트는 감정과 신체의 관계를 더 거론한다. 신체와 의식의 교차점인 사랑, 증오, 기쁨, 슬픔, 욕망이 어떻게 신체 전부와 심장 및 내장에 영향을 주는지 말하고 있다.

> 우리의 영혼과 몸은 너무도 밀접히 연관되어 있어서 어떤 신체적 행위가 어떤 생각과 한번 결합되고 나면 둘 중 하나는 다른 하나가 나타나지 않고서는 우리에게 결코 나타나지 않는다.[26]

감정을 논의하면서 데카르트는 계속적으로 영혼과 신체의 긴밀한 상관성을 강조한다. 따라서 우리는 데카르트 하면 연상되는 이분법 철학의 창시자라는 평가에 조금 더 인색해야만 한다. 정신 활동이 신체나 뇌와 결합하기 시작하는 계기는 감정이다. 감정은 몸의 열이나 뇌의 정기에서 생긴

25) 르네 데카르트, 김선영 역, 앞의 책, 93쪽.
26) 르네 데카르트, 김선영 역, 앞의 책, 104쪽. 124쪽.

피나 즙이 심장으로 들어갈 때 비로소 생긴다. 그러므로 감정의 수원지는 심장이라고 할 수 있다.

사랑은 지성이 어떤 대상을 표상하며 뇌에 인상을 형성한 결과다. 사랑이 기쁨, 욕망, 슬픔과 상관하지 않고 홀로 작동하면, 맥박은 고르고 강하며, 가슴에서 부드러운 열이 느껴지고, 신체가 따뜻해지면서, 소화는 원활히 진행된다. 따라서 건강에 이로운 것은 당연하다. 반면 미움은 사랑과 정반대의 결과를 나타낸다. 뇌의 정기가 위와 장의 출구를 조이면서 소화를 방해한다. 맥박은 불규칙해지고, 가슴에 냉기가 흐른다. 미움은 간의 노란 담즙과 비장의 흑담즙이 혈관을 통해 심장으로 퍼지는 것이다.[27]

기쁨은 개별 내장보다 몸 전체와 상관한다. 평소보다 많은 피가 심장 안으로 들어갔다 나오면서 정기를 생산할 때가 있다. 이때 맥박은 고르지만, 사랑할 때보다 약하며 몸에 적당한 열기를 준다. 소화는 평소보다 잘 되지 않고, 식욕은 떨어진다. 반면 슬픔은 심장의 입구를 축소해서 피의 흐름을 감소시킨다. 맥박은 약해지고, 심장은 식으며, 온몸에 찬 기운이 감돈다. 이때 소화는 증오가 섞이지 않을 경우에 잘 진행될 수 있다.

욕망은 심장을 동요시켜서 뇌에 많은 정기를 제공하고, 뇌의 정기는 계속해서 근육으로 퍼져 모든 감각을 예민하게 하면서 신체의 모든 부위를 활발하게 움직이게 한다.[28]

감각에서 시작된 감정들은 표정이나 안색, 눈과 얼굴을 변화시키거나 특정한 신체 상황(떨림이나 무기력)으로 드러난다. 신체의 떨림 증세는 뇌의 정기가 신경 속으로 너무 적게 들어오는 슬픔이나 두려움에서 올 수 있다. 혹은 무기력이 사랑과 욕망에서 기원할 수 있다. 사랑은 한 사람의 영혼을 사랑하는 대상에 집중시키면서 다른 운동을 불가능하게 한다. 욕망

27) 르네 데카르트, 김선영 역, 앞의 책, 166쪽 참조.

28) 르네 데카르트, 김선영 역, 앞의 책, 98쪽 이하 참조. 최명관, 「데카르트의 사상과 근대과학」, 『과학사상』 2호, 1992, 160쪽 이하 참조.

도 대상에만 몰입하면서 몸의 나머지 부위를 무기력하게 만든다. 그 밖에 미움, 슬픔, 기쁨도 그 정도가 지나치면 무력감을 동반한다. 또한 극도의 기쁨은 기절과 같은 신체 상태를 야기한다. 지나친 기쁨은 피를 심장으로 너무 많이 들어가게 하는데, 심장은 그 넘치는 피를 막을 방도가 없으며, 이는 졸도로 이어질 수 있다.

웃음은 기쁨의 징후다. 공기가 나가는 만큼 폐가 부풀면서 횡경막, 가슴, 목구멍의 근육을 밀어내고 그 영향으로 얼굴의 근육을 움직인다. 또한 웃음은 경이의 표현이기도 하다. 경이는 심장의 출입구를 열고 풍부한 양의 피를 내보내서 폐를 부풀게 한다.

한편 눈물은 사랑에 뒤따르는 슬픔이나 기쁨에서 나온다. 눈에는 기체를 모으는 동맥이 많이 연결되어 있다. 몸의 증기가 밖으로 나오면 물로 변한다. 이런 현상은 땀에서도 관찰된다.

한숨은 슬픔, 희망, 기쁨이 복합적으로 작용하는 경우다. 희망이나 기쁨이 혈액만 조금 남아 있는 폐의 정맥을 연다. 그렇게 되면 피가 심장 안으로 들어가고, 희망과 기쁨이 횡경막과 가슴의 모든 근육을 동요시킨다. 그러면 공기가 비어 있는 폐로 밀려들어오면서 한숨으로 현상한다.

그렇다면 우리는 왜 감정을 느끼는 것일까? 데카르트는 언급된 감정들이 모두 신체와 관련하는 점에 주목한다. 감정의 존재 이유는 신체를 보존하고 또 더 완벽하게 사용할 수 있도록 의식을 자극하는 데에 있다. 무엇보다도 감정은 신체의 유지에 필요한 것이다. 예를 들어 의식은 신체를 파괴하는 위협에 맞서서 슬픔을 느끼도록 한다. 또 의식은 신체에 고통을 준 침입에 대항해서 미움을 느끼게 한다. 그리고 고통에서 벗어나기 위해 의식은 욕망을 요동치게 한다. 의식은 신체에 유익한 것을 알기 때문에 기쁨을 느끼게 하고, 기쁨에 대한 사랑을 유발한다. 그래서 기쁨을 지속시키려는 욕망이 생긴다. 데카르트의 견해에 따르면 슬픔이 기쁨보다 신체 보존에 더 필요한 감정이며, 미움이 사랑보다 우선한다. 다시 말하면 신체를 해롭게 하는 감정(슬픔과 미움)을 제거하는 일이 신체를 더 완벽하게 하는 감정(기쁨, 사랑)보다 중요하다.

기본적으로 데카르트는 감정들을 좋은 것으로 본다.[29] 다만 감정들을 어떻게 사용하고 적용하는지가 문제다. 감정들은 피와 정기의 운동에서 기원한다. 특히 피와 정기의 갑작스러운 운동이 뇌의 인상과 결합하고 심장과 폐를 건드려서 상상력으로 등장한다. 상상력은 기쁨, 연민, 공포, 화로 연결되어 당사자를 기절시키거나 울게 하고 전율하게 함으로써, 우리에게 행위를 강요하고 궁극적으로 영혼을 현혹시킬 수 있다.

또한 데카르트는 긍정적인 감정이 신체에 좋은 영향을, 부정적인 감정은 신체에 나쁜 영향을 미친다고 생각한다. 그런데 그는 긍정적인 감정이라도 과도하면 역효과를 낸다는 점을 언급한다. 따라서 건강한 삶을 영위하기 위해서 과도한 감정을 제어할 수 있는 마음이 있어야 한다. 인간이 감정의 과도함 여부를 판단할 수 있는 기제는 이성이다. 이성은 신체가 자아의 전부는 아니며, 감정도 자아의 일부일 뿐이라고 인식하게 한다. 이를테면 사랑은 이성과 결합되어 영혼과 관계하면서 기쁨을 가져온다. 그런 한에서 사랑은 지나쳐도 되고, 우리를 완전하게 만들기 때문에 최상의 것이라고 할 수 있다.

이성은 감정을 제어하면서 자신의 위상을 한층 부각시킨다. 동물도 해로운 것을 피하려고 하지만, 좋은 것에는 열정을, 아니 지나친 관심을 가지고 접근하기 때문에 역효과를 본다. 왜냐하면 동물은 경험을 기억하지도 못하고, 이성도 없기 때문이다.

2.1.2.3 심장이 이성을 생성하다

신은 세계를 카오스로 놔두지 않고 자연 법칙을 관장하면서 차례대로

29) 르네 데카르트, 김선영 역, 앞의 책, 184쪽 참조.

생명이 없는 물체, 식물, 동물, 그리고 종국에 인간을 만든다. 그는 인간의 신체를 만들면서 심장 안에 "빛 없는 불"을 지핀다. 그 불은 포도주를 발효시킬 정도의 강도를 지니며, "이성적 정신"[30]을 가능하게 한다. 이성과 신체의 결합은 심장 박동에서 시작되며, 이 점에서 동물과 인간은 흡사하다.

> 우리가 살아 있는 동안 심장에는 불의 일종인 지속적인 열이 있으며, 이 열은 혈관의 피가 심장에서 유지하는 불의 일종이고, 이 불은 모든 사지 운동의 신체적 원리다.[31]

혈액을 전달하는 정맥이 심장을 뜨겁게 한다. 그러면 심장에서 열을 받은 혈액을 영양분과 함께 다른 신체 부위로 전달하는 도관이 동맥이다. 동맥의 뜨거운 혈액은 맥박을 활성화시키고, 다른 지체에 영양물을 공급한다.

심장의 2심실 중에서 우심실에는 대정맥과 폐동맥이 있다. 대정맥은 혈액이 흐르는 대혈관으로 나무로 비유하자면 줄기에 해당하며, 폐동맥은 폐의 구석구석까지 여러 갈래로 이어지고 있다. 좌심실에도 두 개의 관이 있다. 그 하나인 폐정맥은 폐에서 많은 가지로 갈라지며 이 관을 통해서 호흡되는 공기가 심장으로 유입된다. 다른 하나는 대동맥으로 심장에서 나와 온몸에 혈관들을 펼치고 있다.

혈액은 심장에서 폐로 흐르는데, 반대로 혈액이 심실로 되돌아갈 경우에 심장은 팽창한다. 동맥은 심장에서 혈액을 받아 정맥으로 전달하고 거기서 다시 심장으로 향한다. 심장에서 나온 혈액은 동맥에 있을 때가 정맥에 있을 때보다 더 활력이 있고 더 열기가 있다. 이런 혈액의 흐름은 영속적이며 반복적이다. 혈액이 심장을 통과하면서 그 열이 동맥을 따라 전신

---

30) 르네 데카르트, 김진욱 역, 앞의 책, 81쪽.

31) 르네 데카르트, 김선영 역, 앞의 책, 24쪽 이하.

에 퍼진다. 심장을 거치는 혈액 순환운동이 생명 활동이자 이성의 토대다.

2.1.2.4 뇌의 송과선이 정신을 생성하다

데카르트는 『성찰』의 제6성찰에서 감각이 의식(지각이나 감정)으로 변하는 과정을 통해 신체는 의식과 분리될 수 없음을 암시한다. 게다가 그의 최후 역작인 『정신의 정념들 Les passions de l'âme』(1649, 이하 『의식론』)[32] 에서도 정신과 신체는 다르지만, 의식을 통해서 정신과 신체가 무관하지 않음을 강조하고 있다.

정신은 우리 안에 있지만 신체에 속하지 않는 모든 것으로, 사유가 그 대표적인 경우다. 반면 신체는 우리 안에서 경험할 수 있는 모든 것으로, 온기나 사지(四肢)의 움직임 등이 속한다. 인간의 죽음은 영혼이 사멸한 결과가 아니라 체온이 떨어져서 기관 작동이 멈춘 그곳에 있다. 따라서 죽음은 시계나 다른 자동 기계가 멈춘 상황과 비교될 수 있다.[33]

심장의 온혈이 만든 따뜻한 정기(精氣)는 뇌, 신경, 근육으로 들어간다. 그중에서 가장 따뜻한 피와 정기가 좁은 대동맥을 따라 뇌로 올라간다. 심장의 정기를 받아들인 뇌는 두 가지 작용을 한다. 첫째, 뇌에서 다시 나온 정기와 혈액이 신경, 근육, 지체들을 움직인다. 하지만 그 정기는 본격적인 운동을 수행하기에 약하며, 이미 근육 안에 갇혀 있던 다른 정기들과 합쳐서 수축과 이완 운동을 반복하게 할 수 있다. 둘째, 뇌는 빛, 소리, 냄새, 맛, 열 등 외적 자극을 관념으로 바꾸고, 허기나 갈증과 같은 내적 자극을 관념들로 만든다. 뇌는 다른 장기나 지체가 불안정한 상황에서도 항상 일정한 상태를 정신에 제공한다.

이 맥락에서 데카르트는 뇌를 전체로 살피지 않고 공통 감각이 들어 있

---

32) 원서의 제목을 축약하여 『정념론』이라 할 수 있으나 본 연구의 맥락에 맞게 『의식론』으로 칭하기로 한다.

33) 르네 데카르트, 김선영 역, 앞의 책, 19쪽 이하 참조.

는 한 작은 부위로 한정한다. 공통[34] 감각이란 아직 오성적 판단이 없는 영역으로서 자극의 참이나 허위 여부에 상관없이, 모든 자극을 받아들이는 곳이다. 비어 있는 뇌의 공간에 어떤 강한 정기가 들어오면, 그 인상이 든든하게 자리를 잡는다.

데카르트는 뇌실의 송과선(松科腺, pineal gland, glandulae pineali)이 정신의 진원지라고 말한다.[35] 송과선에 저장된 관념들이 우리의 사유를 가능하게 한다.

> 영혼이 몸 전체에서 이 샘 외에 즉각적으로 기능을 실행하는 다른 어떤 장소도 가질 수 없다는 것을 확신하는 이유는 다음과 같다. 나는 뇌의 다른 부분이 우리가 두 눈, 두 손, 두 귀를 가지고 있는 것처럼 역시 모두 이중(쌍)이고, 나아가 외부 감각의 모든 기관도 이중이라는 것을 주시한다. 그리고 어떤 사물에 대해서는 어떤 때든 하나의 단순한 생각만을 갖게 된다. 따라서 두 눈을 통해 오는 두 이미지나 다른 감각기관의 쌍을 통해 오는 두 개의 인상이 영혼에 도달하기 전에 하나의 인상으로 합쳐져서 그 대상을 두 개가 아니라 하나로 표상하도록 할 수 있는 어떤 장소가 필연적으로 있어야 한다는 것을 주시한다.[36]

데카르트는 외부의 대상이 감각기관을 거쳐 어떤 정보가 되고, 그것이 신경을 통해 뇌에 도달하면서 의식이 출발한다고 본다. 몸에서 대칭되는 감각기관들, 이를테면 눈이나 귀를 통하여 다양한 감각 정보가 들어오지만, 감각 정보는 우리에게 단일한 것으로 인식된다. 그럼으로써 의식은 우리에게 통일적인 것으로 나타난다. 그런데 데카르트는 단일한 정보가 가

34) 번역서에는 공통, 본 연구자의 생각에는 공동(空洞)이 맞음.
35) 르네 데카르트, 이현복 역, 앞의 책, 354쪽 이하 참조.
36) 르네 데카르트, 김선영 역, 앞의 책, 46쪽.

능하기 위해서는 쌍을 이루지 않는 뇌 부위가 있어야 한다고 판단하며, 그 부위를 뇌의 송과선이라고 단정한다. 송과선은 소뇌 앞에 있는 길고 작은 기관이다. 이 선(腺)은 좌우 대뇌 사이에 있는 내분비 조직인 뇌실의 정중선으로 인간의 생체 리듬에도 관여하는 기관으로 알려져 있다.

> 이곳[송과선]에서부터 혼[정신]은 신체의 나머지 모든 부분으로 정기, 신경, 혈액을 매개로 퍼져 나가며, 정기의 인상에 관여하는 혈액은 그 인상을 동맥을 통해 사지로 전달한다. (…) 정기를 포함하는 뇌실 속에 달려 있는 송과선은 정기에 의해 다양한 방식으로 움직여질 뿐 아니라 혼에 의해서도 움직여진다.[37)]

이성이 심장의 따뜻한 정기를 통해 신체와 결합되어 있고, 정신은 심장의 열과 동일하지 않을지라도 신체 기관의 상태나 건강 여부에 많이 의존한다.[38)] 뿐만 아니라 정신은 신체 개별 부위나 신체 운동에도 영향을 미친다. 따라서 데카르트가 마지막 주저인 『의식론』에서 신체와 정신의 불가분성을 첨언한 것은 정신 활동이 뇌의 송과선과 밀접한 관련성을 갖고 있다는 주장으로 이해해야 한다.[39)] 심지어 자유의지는 뇌의 송과선에 있다고 생각하는 데카르트 추종자들에게도 낯선 용어이다.

---

37) 여인석, 「라메트리의 인간기계론과 뇌의 문제」, 『의철학연구』 7호, 2009, 86쪽 참조.

38) 르네 데카르트, 김진욱 역, 앞의 책, 103쪽 참조. 여인석, 앞의 글, 85쪽: 심장을 생명활동의 중심으로 생각한 사람은 아리스토텔레스였다. 그는 심장의 열이 생명과 영혼을 가능하게 한다고 보았다.

39) 존 코팅엄, 정대훈 역, 『데카르트』, 궁리, 2001, 68쪽, 83쪽 참조. 현대의 신경생물학자 코흐는 데카르트가 정신의 자리는 송과선이라고 확신한 것을 비판한다. 그 이유는 첫째, 데카르트는 대칭적인 뇌가 단일한 경험을 보장할 수 없다고 믿었기 때문에, 단일 구조인 송과선에 주목했다. 둘째, 데카르트는 살아 있는 모든 사람에게 송과선이 있다고 생각했다.(크리스토프 코흐, 김미선, 『의식의 탐구. 신경생물학적 접근』, 시그마프레스, 2006, 311쪽 이하)

데카르트는 『인간에 대하여』에서도 감각이 송과선을 통해 관념으로 바뀌어간다고 말하고 있다. 생리학적으로 살펴보면, 어떤 정기가 뇌 한 가운데의 작은 샘을 움직이고 있는 것이다.

그렇다면 데카르트에게 정신(영혼)이란 무엇인가? 정신이 지향하는 바는 본질적으로 하나지만, 정신은 실제로 다양한 성향을 가진 사유로 등장한다. 이를테면 사유는 두 가지로 현상한다. 하나는 의지고, 다른 하나는 의식(지각, 감정)이다. 그러니까 정신은 고독한 존재가 아니라 현상하는 의지나 의식과 관련한다. 의지는 이성적인 영혼이고, 의식(지각, 감정)은 감각적인 영혼이라고 할 수 있다. 본질적으로 의지와 의식은 정신에서 파생하기 때문에 같은 것이라고 할 수 있지만, 그 사이에서도 대립과 충돌은 일어난다. 이때 좋은 영혼은 좋은 것과 나쁜 것을 구분하는 확고한 판단에서 행동하며, 반면에 연약한 영혼은 현재하는 정념에 종속된다.

바람직한 정신과 바람직하지 않은 정신이 충돌하는 가장 대표적인 경우로 데카르트는 죽음 앞에서 취하는 인간의 태도를 들고 있다. 누군가 생사 앞에서 명예를 가장 최선의 것으로 생각한다면 죽음을 마다하지 않지만, 죽음을 가장 나쁜 것으로 표상한다면 도망을 선택한다. 이런 선택의 과정에서 하나의 판단을 내리지 못하고 일관적이지 못한 사람의 정신은 노예와 다를 바 없다. 하지만 데카르트는 감정에 사로잡힌 연약한 영혼도 훈련과 지도를 통해서 감정에 대한 절대적 지배력을 가질 수 있다고 확신한다.

의지는 대단히 자유롭고 속박될 수 없는 특성이 있어서, 신체에 의해서도 간접적으로 영향을 받을 뿐이다. 의지에는 신과 같이 비물질적인 존재에 대한 사랑과 자발적인 움직임이 있다. 그렇다면 의지는 송과선에 어떻게 작용할까? 그 예로 데카르트는 회상을 든다. 우리가 회상에 대한 의지를 갖고 있으면, 송과선은 다양한 장소로 정기를 보내서 대상의 흔적이 있는 장소를 찾아낸다.

한편, 또 다른 사유인 의식(지각, 감정)이 있다. 의지는 의식을 원천 봉쇄할 수 없다. 격렬한 감정의 경우에 피와 정기를 동반하기 때문에 쉽게 극복될 수 없다. 또한 감정은 다른 감정과 연쇄적으로 결합되거나, 그에 반대하는 정념을 통해서 상쇄될 수 있다.

언뜻 생각해보면 정신은 몸 전체와 결합되어 있고, 특히 심장과 뇌가 정신과 더욱 긴밀한 관련성이 있어 보인다. 왜냐하면 지각은 신경망이라고 말할 수 있는 뇌와 관련하는 것이고, 감정은 심장과 관련하기 때문이다. 그런데 영혼이 국소하는 곳은 뇌에 있는 "아주 작은 샘(glande)",[40] 바로 송과선이다.

그래서 데카르트의 동시대 철학자 스피노자는 데카르트의 정신에 대한 접근을 다음과 같이 평가한다. 정신은 신체와 별개로 존재하며, 다만 송과선의 도움을 통해 신체가 감각하는 것, 그리고 의지하는 것과 결합되어 있을 뿐이라고 해석한다.[41]

종합하자면 데카르트는 이성을 심장의 정기와 관련시킨다. 이성은 심장을 흐르는 혈액이 내뿜는 정기에서 형성되는 것이다. 의지도 신체의 활동과 상관한다. 즉 결단력을 갖게 되면 신경 활동이 활발해진다. 심장의 정기가 뇌로 전달되어 여러 관념들이 생성되며, 이 관념들이 뇌실의 송과선에 저장되면서 정신 활동을 가능하게 한다. 그러므로 정신 활동에 영향을 미치는 것은 신체의 심장과 뇌다. 그러나 정신은 신체와 구분된다. 물론 데카르트는 정신과 송과선의 상관성에 대해서 실증적으로 추적하지 않았다. 그래서 과학자들로부터 많은 비판을 받게 된다. 신경생물학자 코흐는 송과선이 아니라 뇌량이 양반구의 활동을 조정하고 소통을 원활하게 하면서 통일된 의식을 가능하게 한다고 본다.[42]

---

40) 르네 데카르트, 김선영 역, 앞의 책, 45쪽.

41) 스피노자, 강영계 역, 앞의 책, 330쪽 참조.

42) 크리스토프 코흐, 이정진 역, 『의식』, 알마, 2014, 132쪽.

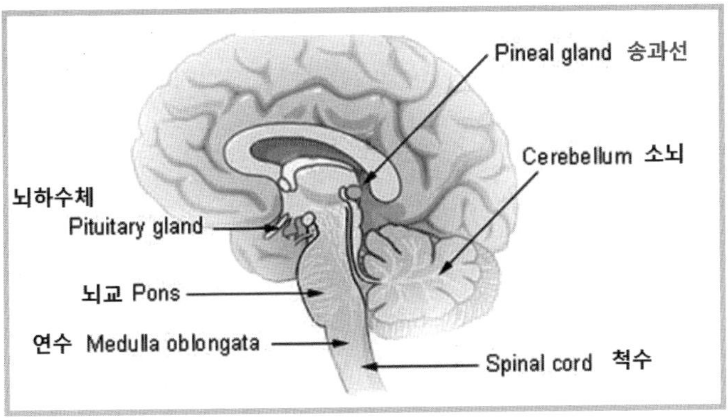

〈그림3〉 송과선

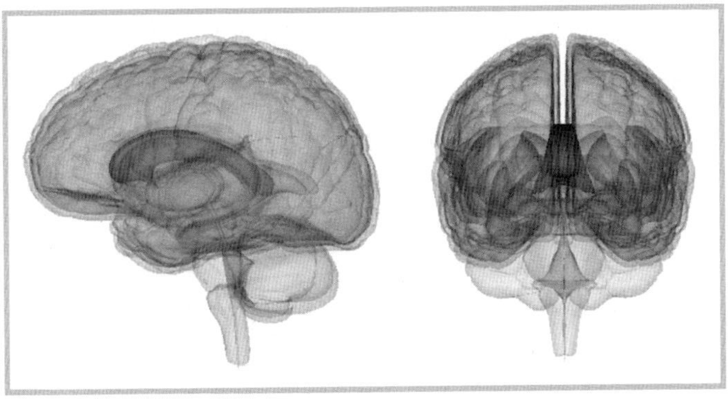

〈그림4〉 뇌량

따라서 뇌량이 단절될 경우에 의식이 둘로 나뉘는 것이 아니지만, 훗날 분할 뇌 환자에서처럼 단절 증후군이 진단된다. 각각의 반구가 공유하지 못하는 정보들이 있기 때문이다. 이 점은 '분할 뇌' 장에서 더 상론될 것이다.

정신은 뇌와 상호작용하면서 에너지를 교환한다. 그러나 뇌는 죽어도 정신(영혼)은 불멸하기에, 정신은 뇌에 국소한다고 말할 수 없다. 이와 같이 정신은 뇌와 관련하면서도 뇌 작용으로 소급될 수 없다. 어쨌든 데카르트가 정신, 의식, 신체, 뇌를 고립된 영역으로 설정하지 않았다는 점은 확실하다. 뇌는 정신 활동의 계기로 작동하지만, 정신 모두를 설명할 수 없다는 방식으로 그 상관성이 요약되어야 한다. 그것이 정신의 자율성에 대한 새로운 정의일 수 있으며, 이는 헤겔의 『정신현상학』에서 보다 상세하게 분석된다.

2.2 헤겔의 정신현상 분석

2.2.1 의식에서 정신으로 상승

헤겔은 역저 『정신현상학』에서 의식이 절대지로 상승하는 과정을 단계적으로 서술한다. 의식 및 정신 활동은 역동적이기 때문에 감각, 지각, 오성 단계를 거치고 자의식을 지나고 이성을 넘어 절대지(순수지) 혹은 진리로 고양된다. 의식이 정신으로 변신하여 자신의 심층부를 드러내는 일은 자연스러운 과정이다.

헤겔의 의식은 대상 관련 의식 활동으로 좁혀서 정의할 수 있다. 의식은 자의식 직전까지의 의식 활동을 일컫기 때문에, 감각적 확신, 지각, 오성이 속한다.[43] 대상이 직접적인 존재로서 우리에게 의식될 때, 감각적 확신이라고 한다. 나아가 대상이 우리와 성질이나 속성으로 관계를 맺으면서 지각이 형성된다. 그리고 오성의 단계에서 대상에 대한 법칙이 나온다. 이 각각의 단계에서 의식은 자율적이라기보다 대상이나 표상과 관련한다. 의식이 정신으로 상승하면서, 의식의 대상은 그 무엇도 아닌 바로 자기 자신임이 밝혀진다.

사물은 그 자체로는 아무것도 아니며 오직 관계 속에서만, 즉 자아를 통

43) 헤겔, 임석진 역, 앞의 책, 237쪽, 241쪽.

한 자아와의 관계를 통해서만 의미를 지닐 뿐이다.[44)]

나에게 의식이 있다는 것은 내가 대상과 만났다는 것을 통해 증명될 수 있다. 여기서 대상은 외부 존재나 관념적 존재일 수 있다. 헤겔에게 의식은 경험한 것을 알고(지각), 개념적으로 이해(오성)하는 일이다. 그래서 자아와 대상 사이에 괴리가 생길 수 있다. 왜냐하면 자아는 의식을 통해 대상을 파악하기 때문이다.

> 존재하는 모든 것이 절대적으로 매개되고 실체의 내용이 동시에 그대로 자아의 소유물이 되면서 내용은 곧 자기 운동하는 개념이 되는 것이다. 이것이 정신현상학이 다다르는 최종 지점이다.[45)]

의식은 지식으로 현상하는데, 이 관계에서 벗어나 그 자체로 있는 것이 진리라고 할 수 있다. 자아는 진리에 이르는 과정에서 지식과 접촉하면서 그 사이에 대립은 사라지고 지식만이 남는다. 주체에 의해 자기동일성을 이루는 사유에 따르면, 자기동일성에 도달하지 못한 것은 존재할 수 없다. 그리고 대상은 대상에 대한 지식과 관계하며, 지식이 변하면 대상도 변하지 않을 수 없다. 의식은 지와 대상 사이에서 변증법적인 운동을 전개해 나가면서 논리학 또는 사변철학의 탄생을 가능하게 한다. 우리는 일련의 의식 활동을 거쳐 진리에 도달하며, 진리는 그 이전까지의 모든 의식 활동을 참다운 것으로 성찰한다.

의식이 정신으로 상향하는 과정에 걸림돌은 적지 않다. 의식에는 선지식이 있기 때문에 의식은 일상에서 확고하고 안정된 존재들을 쉽게 받아들인다. 이것들이 오성이나 감성, 주관이나 객관 등을 거쳐 우리에게 인식

---

44) 헤겔, 임석진 역, 앞의 책, 342쪽.

45) 헤겔, 임석진 역, 『정신현상학1』, 한길사, 2005, 75쪽.

의 간편한 근간으로 작용하면서 낯선 것들을 멀리한다. 하지만 논리적인 측면이 결여된 통념들을 분석하고 와해하는 개념들이 의식의 주요 동력이기도 하다. 의식은 힘의 발현으로서 경이로움을 만들어낸다. 이 거대한 부정의 힘이 "사유의 에너지이며 순수자아의 에너지"[46]다.

반복적으로 부정하는 사유인 정신은 완전무결하고 절대적인 본질을 갖추며 실체를 밝힌다. 철학은 부정적 특징이 있는 점에서 수학적 진리와 다르다. 수학은 사물의 외면적인 특징을 크기로 표현할 뿐만 아니라, 증명이 더 필요한 사항도 이미 증명이 완료된 것으로 여긴다. 그래서 수학적 진리에는 거짓과 옳음이 명확히 구분된다. 수학의 명증성에 비해 철학은 역동적인 변화를 본질로 한다. 철학은 참과 거짓, 선과 악의 대립을 극복하고 통합한다.

진리를 구하는 도정에서 진리로 생각했던 것이 부정되고, 회의와 절망이 연속되지만, 이것이 교양을 쌓아가는 과정이다. 의식은 자기 자신을 초탈하거나 피안을 상상하면서, 한계를 떨쳐버리고 나태함을 극복하거나, 내면에서 어떤 힘을 느낀다. 헤겔은 의식이 고양되는 과정에서 지상에서 천상으로 관심의 대상이 바뀐다고 말한다. 의식은 직접지에서 절대지로 변화하고 있는 것이다.

2.2.2 의식: 감각, 지각, 오성

감각적 현상을 매개로 존재의 실체를 인식하는 조건에는 대상을 구분하고 그에 대해 사유하는 주체가 반드시 있어야 한다. 그의 첫 의식 활동이 감각적 확신(sinnliche Gewißheit)이다. 인간은 감각적 확신인 "그것이 있다"[47]라는 의식을 기초로 대상을 온전히 경험한다. 더불어 감각적 확신 단

---

46) 헤겔, 임석진 역, 앞의 책, 71쪽 참조.

47) G. W. F. Hegel, *Phänomenologie des Geistes*, Johannes Hoffmeister, Felix Meiner, Hamburg

계에서 '대상'과 '나'의 구분이 가능해진다. 나는 대상이라는 매개체를 통해 자신을 확인하고, 대상은 나를 통하여 존재한다. 이때 대상의 매개성이 부각되면서, 대상은 더 이상 본질적인 영역에 속하지 않은 것으로 분류된다. 사물은 나의 사유에 의해서 비로소 즉자적 대상이 되며, 이때부터 의식 활동의 관념론적 특징이 조금씩 모습을 드러낸다.

오감(五感)은 관찰자의 의식 활동을 촉발하는 계기다. 헤겔이 유명한 '싹, 꽃, 열매의 비유'[48]를 통해 대상에 변증법적으로 다가간 점은 알려져 있다. 그럼으로써 그는 개별 외부 세계와 존재를 통일된 개념에서 이해하는 것이다. 우리가 감각의 측면에서 사유과정을 생각하더라도, 추상이나 이론은 우리가 지성적인 행위 속에서 감각화한 것이라고 말할 수 있다. 반면 실재는 주체에 의해서 비실재적인 것과 구분되지만, 주체는 그런 이원론적 구분을 지양한다.

관찰자를 자아로서 확인시켰던 대상은 의식의 관점에서 보면 비본질적인 것으로 이해된다. 감각적 확신은 대상의 '지금 이것'이라는 현 상태를 개별적으로 파악할 뿐, 그 대상의 보편적 특징을 대신하지 못하지만, 시시각각 변하는 대상은 내 안에서 보편적인 언어로 변신한다.

대상의 직접성 대신에 보편성을 받아들이는 두 번째 단계의 의식이 지각(Wahrnehmung)이다. 이미 지각 단계에서 의식의 역동적 활동인 지양이 작용한다. 대상의 감각적인 사실은 계속되지만, 그 대상은 물질성이 아닌 성질이나 특징과 같이 보편적인 존재로 받아들여진다. 지각은 어떤 대상을 수용할 때, 거기에 뭔가를 덧붙이거나 빼면서, 대상의 순수성이나 물질성을 사라지게 한다. 하지만 지각은 대상 자체를 순수하게 받아들이는데, 이때의 의식은 감각적 확신과 분명 다르다. 이처럼 대상의 본질성과 비본질성, 개별성과 보편성, 독자적이면서도 대타적인 특징의 파악은 지각에

1952, 79쪽: es ist

48) G. W. F. Hegel, 앞의 책, 10쪽 참조.

서부터 시작된다. 지각은 대상에 대한 수동적인 의식이 아니기 때문에 지각된 대상은 대상 자체와는 다르다.

자아의 사유는 대상들을 구분하고 규정하며 자기동일성을 가능하게 한다. 즉 대상의 속성들은 서로 독립적이면서도 하나의 통일체를 이룬다. 그러나 헤겔에게 지각은 감각적 확신처럼 소멸하는 의식이기 때문에 여전히 대상은 비본질적인 것으로 남아 있다. 그래서 지각은 대상에게 지속적인 특징을 부여하는 오성(Verstand)으로 상승한다.

> 사물은 우리의 눈에 올 때에야 정말로 단지 하얗고, 우리 혀에 닿을 때야 또한 맵고, 우리의 감각 등에 주어졌을 때에야 입체적이다. 이런 여러 측면들의 모든 다양성은 사물이 아니라 우리에게서 나온다.[49]

오성의 단계에서 자아는 대상에 개념으로 다가간다. 자아는 대상을 직접 의식하지 않고 대상의 진정한 배후를 보게 된다. 사물의 본질과 오성 사이를 매개하는 감각적인 존재는 현상이자 가상에 불과하며, 둘 사이의 상호작용에서 나온 것이 법칙이다. 오성은 현상에 대한 지각을 바탕으로 그 현상의 피안을 투시한다. 그러나 오성적 법칙은 지각된 것과 본질적인 것, 현상계와 초감각적인 세계를 둘 다 만족시키지 못한다.

2.2.3 정신: 뇌의 영향권에서 벗어난 자의식, 이성

오성의 한시적이고 이원론적인 구분은 자의식(Selbstbewusstsein)의 단계에서 통합된다. 통일된 개념에는 비동일적인 것이 내포되어 있지만, 이런 대립들은 자아 내에서 지양된다. 자의식은 구분을 의식하면서도 그 구분

49) G. W. F. Hegel, 앞의 책, 95쪽: Dies Ding ist also in der Tat nur weiß, an unser Auge gebracht, scharf auch, an unsre Zunge, auch kubisch, an unser Gefühl usf. Die gänzliche Verschiedenheit dieser Seiten nehmen wir nicht aus dem Dinge, sondern aus uns.

이 실재하지 않음을 알아차리며, 사유가 사유임을 경험한다. 그럼으로써 감각, 지각, 오성은 자의식 단계에서 독자적으로 존립하는 의식 영역들이 아닌 것으로 판명된다.

자의식은 이성(Vernunft)으로 탈바꿈하면서 한 차원을 달리한다. 인간은 "본능처럼 주어진 이성"[50]을 통하여 주변 세계와 소통한다. 그는 자연을 유기체(개념으로 복귀한 존재)로 이해하며, 본격적으로 대상 의존의식에서 탈피해 필연성을 구하게 된다. 그런데 이 목적 개념은 내면으로, 외부의 현실은 외면으로 이해되면서 서로 충돌한다. 그 결과 외부 실제는 자기 이외에 아무 것도 아니라는 자의식의 적극적인 표명으로 이해되면서 본격적으로 관념론적 사유가 전개된다.

> 사물이 인식되는 특징은 탐구나 기술을 할 때 여타 감각적인 성질의 외연보다 중요하다. 말하자면 사물은 그런 감각적인 성질 없이는 있을 수가 없지만, 의식은 감각적인 성질 없이도 가능하다.[51]

사물은 더 이상 감각적 대상에만 한정되지 않고 의식의 타자이자 개념으로 인식된다. 그런데 이성은 개념 유희에만 머무르지 않으며 자아와 세계가 같지 않지만 그것이 통합되어야 한다는 의식으로 전진한다.

인간이 외부의 자연을 관찰하고 기록한 것은 감관에 의지하는 표현이 아니라 개념과 숫자로 나타난다. 개념은 본질적이며 불안정한 추상을 특징으로 하는 데 비해, 숫자는 비본질적이지만 안정적인 명료성을 기본으로 한다. 이처럼 이성의 단계에 들어서면 정신 활동은 그 자체가 그것을

---

50) G. W. F. Hegel, 앞의 책, 193쪽: Vernunftinstinkt.

51) G. W. F. Hegel, 앞의 책, 186쪽 이하: Das, woran die Dinge erkannt werden, ist ihm [diesem Suchen und Beschreiben] wichtiger als der übrige Umfang der sinnlichen Eigenschaften, welche das Ding selbst wohl nicht entbehren kann, aber deren das Bewusstsein sich entübrigt.

촉발한 대상보다 훨씬 중요해진다. 이성적 인식은 사물을 추상적으로 받아들이는 사유의 법칙 아래에서 전개됨으로써, 본질과 비본질, 자연과 인공, 보편과 특수, 존재와 사유 사이의 통일을 추구한다. 또한 이성은 신체와 의식을 하나로 묶고, 범주나 개념을 수단으로 자의식과 존재를 통합하며, 감각적인 대상을 부정하고 자의식의 한계를 극복한다. 심지어 이성은 이미 모든 사물에 내포된 것으로 이해된다. 인간이란 유기체는 자기를 보존하면서도 동시에 그 필연성을 드러내지 않음으로써 규정할 수 없는 존재가 된다.

그런데 관찰하는 정신 활동에만 머무르지 않는 것이 이성이다. 이성은 주어진 현실에 개입하는 정신(Geist), 즉 "행위하는 현실적 의식"[52]이기도 하다. 정신은 도덕과 관습 등을 받아들이면서 현실에 적응할 뿐만 아니라 현실을 고쳐나가는 능동적인 의식이다. 특히 주체의 정신은 현실과 모순을 이룰 수 있기 때문에, 때로는 일탈적인 행위로 비추어질 수도 있다. 그는 주어진 환경을 변혁하고 모든 가치관 수용 문제를 개인의 존엄성으로 환원함으로써, 자의식을 현실세계에 대치시킨다. 이때부터 개인은 개체가 아닌 세상 변화를 주도하는 주체로 탄생한다.

정신의 상태에 도달해서야 비로소 개인은 "즉자적, 대자적 존재"[53]로 정의될 수 있다. 그는 생물학적인 존재의 한계성을 벗어나 자유롭게 행동하면서 자신의 정신을 무한히 표출한다. 자아는 정신의 단계에서 비로소 타자의 가치를 인정하고 상대방과의 통일을 의식하면서도 보편적인 의식을 갖게 된다. 그 결과가 법률이고 관습이며 민족이다. 이때 개인은 자신의 독자적인 성격을 의식하면서 의지나 행위를 통하여 외부 현실에 개입한다.

개인은 행위를 통해 무한하게 진행되어온 사유를 끝내고 개별성을 극복

52) G. W. F. Hegel, 앞의 책, 223쪽: der handelnden Wirklichkeit des Bewußtseins.
53) G. W. F. Hegel, 앞의 책, 227쪽: an und für sich selbst.

한다. 헤겔에게 신체란 생물학적 계기에만 멈추지 않고, 개인이 경험과 인식을 통하여 자신에게 개입하고 확대한 결과를 만들어낸 변증법적인 행위의 시발점으로 이해되는 것이다. 심지어 개인은 자신을 희생하면서까지 민족이나 공동체와 같은 전체를 생각한다.

다시 헤겔의 의식 및 정신 활동을 요약해보자. 의식 활동은 감각적 확신과 지각, 오성을 거쳐 이성의 단계로 고양되면서 매개적인 특징을 보인다. 그런데 개별적 의식 단계에서 앞 단계의 의식이 다음 단계에 의존하면서, 다음 단계의 의식이 앞 단계보다 더 실체에 접근하는 점은 특수하다.

대상에 대한 인식의 출발점인 감각적 확신은 시간과 공간의 틀 안에서 이루어짐으로써, '지금'과 '여기'는 다음 단계로 가기 위한 필연적인 조건이지만 의식 활동을 결정하지 못한다. 또한 감각적 확신이나 지각은 단순의식으로서 사물들 사이의 구분을 명료하게 할 수 없기 때문에 아직 동일성이라는 인식에 도달할 수 없다. 대상과 감각적 확신은 의식 형성의 계기지만, 대상은 개념적인 사유에 부합할 경우에야 비로소 실제적이라고 할 수 있는 것이다. 의식은 지속적이고 본질적인 반면, 대상은 "단지 하나의 계기, 즉 의식을 위한 어떤 것"[54]이다. 대상의 존재감은 의식이 동일시하는 순간에 사라진다. 심지어 대상은 자의식 단계에서 존재하지 않은 것으로 증명된다. 이처럼 대상은 자아가 인식할 때 타자의 역할을 맡는다. 그 과정에서 대상은 의식을 매개로 존재하면서도, 의식과는 별도로 진리의 순간을 가지고 있다는 측면이 통합된다.

이성의 단계에서야 그사이 사라졌던 개별의식과 타자에 대한 배타적인

54) G. W. F. Hegel, 앞의 책, 294쪽: nur ein Moment, etwas für es 주관적 의식이 강조되는 지점에서 칸트의 사유도 별반 다르지 않다고 보인다. 사람은 감각정보를 단순히 받아들이지 않고 능동적으로 소화한다. 즉 우리가 감각으로 받아들여진 소재에 지성이나 수학 법칙을 적용한다. 우리의 지성은 자연 속에서 법칙을 발견하는 것이 아니라, 스스로 법칙을 규정하여 자연에 부과함으로써 비로소 "참된 앎(episteme)"(칼 포퍼, 이한구, 『추측과 논박1』, 민음사, 2001, 190쪽)에 도달하는 것이다.

관계가 변증법적인 통일을 이룬다. 이성은 그 외연이 초기 의식보다 훨씬 넓어지면서 자아와 외부 현실 사이의 대립을 없애지만, 대상과 상관하지 않는 독자적인 형식이 아니다. 이성이 외부 세계가 자신 이외의 다른 어떤 것도 아님을 확신하면서 그대로 외부 현실이 될 때, 주관과 객관은 하나가 된다.

> 정신이 지향하는 극한은 자유, 무한, 즉자-대자 존재이다. 이들은 두 가지 국면이지만 만약 우리가 정신이 무엇이냐고 묻는다면 즉각적인 답은 그것은 자연에 근거하여 진행하는 운동이고, 자연으로부터 스스로를 해방하는 과정이라는 것이다. 이것이 존재, 즉 정신 자체의 실체이다.[55)]

의식이 정신으로 상승하는 과정에서 각각의 의식은 단계적이며 상호 변별될 수 있고, 의식의 협소함이 점차 전체적인 의식으로 전환되고 있음을 알 수 있다. 그러면서 의식이 감각적 확신, 지각, 오성이라는 대상의식 상태에만 만족하지 않는 점도 확인되지만, 대상을 무시하는 자의식적 욕망이 이성의 단계에 들어서면 대상을 관찰자와 동일한 존재로 만들기도 한다.

이처럼 대상은 주관의 개념작용을 통해서야 비로소 존재할 수 있다. 덕분에 다채로운 의식 현상은 주관과 대립하는 것이 아니며 생명 전체를 이루는 구성요소로 이해된다. 대상에 대한 감각적 확신에서 출발하여 궁극적으로 실재를 표상하는 의식의 여정에 대한 분석이 헤겔 『정신현상학』의 핵심이다.

---

55) 슬라보예 지젝, 김서영 역, 『시차적 관점』, 마티, 2009, 98쪽.

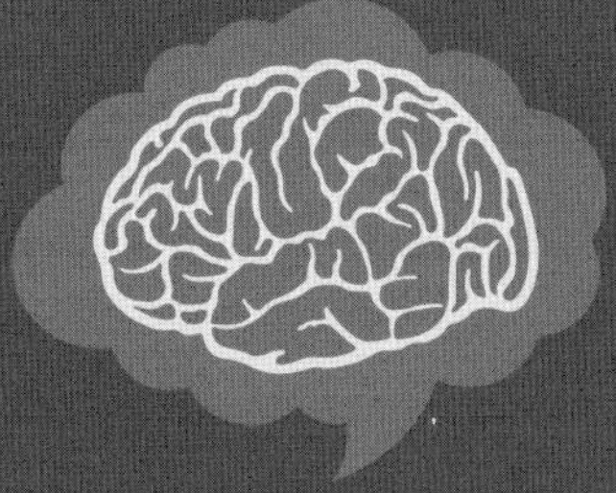

3

19세기의 뇌: 정신의 순수성에 대한 의심

3.1. 관념론 성찰

플라톤에서 시작해 데카르트를 거쳐 칸트, 헤겔에 이르는 장구한 철학적 관념론의 역사에서 그 추동력의 핵심으로 간주되어온 정신은 버클리(C. Berkley)에 이르게 되면 물질과의 균형적 긴장감을 깨고 절대적 위용을 자랑한다. 데카르트도 정신의 존재를 주장한 바 있다. 그 뒤 칸트도 선험적 자아를 정신 이전에 배치함으로써, 정신에 대한 재정의의 가능성을 제기하였다. 그러나 버클리는 대상을 관찰한다는 것은 우리 내부의 관념을 주시하는 것이라고 말하면서, 정신을 유일무이한 실체로 보았다. 상기 철학자들이 강조한 정신은 신체와의 교통을 불허하는 고도(孤島)를 연상시키는 자유로운 사유를 의미한다.

그러나 17세기 이후에 정신의 순수성은 학문의 발전으로 말미암아 성찰 혹은 관찰의 대상이 되기도 한다. 특히 철학 분야에서도 사유가 존재를 가능하게 하는 것이 아니라 감각적 지각에 바탕해서 사유라는 존재가 증명된다. 결국 외부의 대상과 사유 사이에 위치한 감각적 의식은 철학과 과학에서 매우 중요한 위상을 점유하기 시작한다. 그러면서 정신과 물질의 기계적 이원론에 대한 비판은 거세지고, 생명이나 유기체, 상호작용 등의 개념이 유행한다.

감각을 예로 들어보자. 감각은 신체적 의식이기에 순수하지 않다고 말할 수 있다. 감각은 운동이나 외부 대상의 지각과 결합되는 현상으로서 외부의 원인에 따른 신경이나 근육의 등가물이다. 그렇다면 감각은 양으로 수렴될 수 있을까? 감각을 베르그손(H. Bergson)은 "정조적 감각과 표상적 감각"[1)]으로 구분한 적이 있다. 표상적 감각은 시각이나 청각과 같이 순수에 가까운 오감 중의 하나다. 외부 원인과 일대일 상응하지 않는 감정과는 달리, 감각은 단순해 보인다. 반면 정조적 감각은 감정적 요소가 개입하는 감각, 이를테면 쾌락이나 고통으로서, 신경학자가 보면 느낌에 가깝다.

베르그손이 보는 쾌락이나 고통은 무엇인가? 표상적 감각은 진동이나 분자운동과 일치하지만, 우리에게 진동이나 분자운동으로 의식되지 않는다. 따라서 분자적 진동이 표상적 감각으로 변환되는 과정에서 해석, 번역, 저항이 등장한다. 이처럼 작용과 반응이 일치하지 않는 자유 운동에서 정조적 감각이 발생하는 것이다. 그 과정에서 신체 기관들의 움직임과 여러 감각들을 구분하고, 감각에 수반하는 정도의 차이를 해석하는 의식 활동이 있다. 의식의 선호도와 그 지성적인 경향이 어떤 감각을 정한다.

그래서 고통은 즉각적이지 않고 의식의 이해관계에 따라 등장한다. 고통은 지금 막 일어난 신체의 자극이나 진동이 아니라 앞으로 있을 현상을 준비하는 감각이다. 심지어 다윈은 고통이란 동물이 그 원인에서 벗어나기 위한 노력이라고 말한 바 있다. 우리가 고통을 느끼면서 보이는 다양한 신체적 징후들, 예를 들면 눈썹이 올라가고 입이 벌어지며 땀이 배이는 현상 등은 고통에서 벗어나기 위한 변화다. 고통이란 자극이 신경을 통하여 우리에게 전달된 감각이지만, 고통의 크기나 반응은 의식의 개입을 통하여 가능한 것이다.

고통이 그 자체에서 벗어나려는 운동이라면, 쾌락은 그런 운동을 무기

1) 앙리 베르그손, 최화 역, 『의식에 직접 주어진 것들에 관한 시론』, 아카넷, 2011, 51쪽 이하.

력하게 만드는 것이다. 쾌락은 신체 기관의 선호도와 관련함으로써 어느 한쪽으로 기울어지려는 경향이자 다른 모든 감각을 거부하고 신체적 무기력함에 빠지는 것이다. 쾌락은 주체가 저항해도 소용없기 때문에 그로부터 벗어나기 위해 더한 노력을 요구하는 상황이며, 불쾌는 우리가 자신을 보존하기 위해 노력하는 상황이다. 말하자면 우리는 불쾌한 상황에서 노력을 통해 벗어나기를 원하는 데 반해, 쾌락의 순간에 무기력함을 인식하는 것이다.

이처럼 표상적 감각이 정조적 감각으로 변하는 과정을 살펴보면 표상적 감각에는 정조적 감각의 성질이 내포되어 있을 뿐만 아니라 의식이나 경험 등의 개입을 알 수 있다. 빛의 세기나 소리의 진동 폭이 증가함으로써, 우리는 변화를 감지할 수 있다. 그밖에 맛, 냄새, 온도 등과 같은 표상적 감각도 정조적 감각의 성질을 내포하고 있다. 반대로 정조적 감각이 표상적 감각으로 바뀔 수도 있다. 표상적 감각에도 이미 관념이나 경험이 섞이기 때문에, 그 감각은 성질로 남는 것이 아니라 크기를 얻는다. 또한 표상적 감각의 원인은 외부 대상으로 알고 있지만, 실제로 그 원인은 과거로부터 연장되어온 것이다.

감각은 그 자체로 다가오지 않고 경험이나 개념이 알려주는 것이다. 손에 바늘을 찌르면 처음에는 간지러움이 느껴지고, 점차 어떤 접촉을, 그러다가 찔린다는 느낌을, 다시 고통을, 마지막으로 고통이 온몸으로 퍼져 나가고 있음을 느낀다. 그럼으로써 원인이 결과로, 질이 양으로, 강도가 크기로 인식된다. 또는 손에 압력이 가해질 때, 우리는 이미 접촉에서 압력으로, 그리고 다시 고통으로 감각적 경험이 변화하며, 그러다가 주변 부위로 이동해가고 있음을 안다.

반면 생리학이나 심리학에서는 감각의 차이(무거움과 가벼움, 차가움과 더움 등)를 정도의 차이가 아닌 본성의 차이라고 주장한다. 예를 들면 차가움이란 따뜻함이 덜한 것이 아니라 차가움과 따뜻함은 사실상 다른 감각이라는 것이다. 감각이 확대되는 것은 본래 질적인 차이를 말하는 것이지, 양적인 차이를 지적하지 않는다. 의식은 감각의 차이를 질로 받아들이지만, 지성은 그것을 다시 양으로 대체한다.

그러나 베르그손은 감각의 강도를 측정 가능한 원인들의 수나 크기로 정의하면서 감각의 강도차를 객관적으로 드러내려는 시도들을 효과가 없다고 본다. 일례로, 그는 의식 상태를 뇌수의 분자 및 원자들의 진동에 대응시키고, 감각의 강도를 분자 운동의 폭과 복잡성[2] 등으로 환원시키려는 학자들의 시도를 비판적으로 바라본다. 감각이라는 의식 현상은 분명히 존재하지만, 그 흐름을 인과관계로 설명할 수는 없다.

그럼에도 경험적 논거의 제시는 정신은 물론이고 계속해서 선험적 자아가 과연 존재하는지에 의문을 제기한다. 흄(D. Hume)은 데카르트의 인과법칙에 대한 추종, 이를테면 인과법칙은 합리성의 근간으로서 원인에 이미 결과의 모든 것을 포함하고 있다는 생각을 반박한다. 원인과 결과는 끈처럼 연결되어 있지 않은 별개의 사건이다. 그러므로 합리성은 일관적으로 관철될 수 없다.[3] 대신 비합리적인 사상이 유행한다. 어떤 일상도 정확히 반복되지 않으며, 지나가 버린 것은 영원히 없어지며, 순간의 특수성마저도 설명할 수 있어야 비로소 보편적 원리라고 할 수 있다. 그러나 모든 상황에 예외 없이 철두철미 들어맞는 법칙을 발견한다는 것은 이성에 대한 호소라기보다 반주지주의적 경향으로 이해될 수 있다. 경험적 연구의 특성은 감각기관을 통한 관찰 결과를 추종한다. 관념이 추상적인 성질을 띠기 때문에 실증성이 떨어지지만, 그렇다고 경험이 그 부족한 부분을 완전히 채울 수 없다. 왜냐하면 경험에도 주관성과 일면적인 성격이 있기 때문이다

19, 20세기 전환기에 철학자 베르그손은 정신의 관념화는 물론이고 정

2) 앙리 베르그손, 최화 역, 앞의 책, 23쪽.
3) A. N. 화이트헤드, 오영환 역, 앞의 책, 21쪽 참조.

신의 국소화도 비판한다. 그 이전까지 통상적으로 뇌는 사유의 근거지로 이해되어왔다. 데카르트도 물질과 정신은 뇌의 송과선에서 기원한다고 하였다. 그의 언급은 정신 활동을 대뇌피질의 활동이나 원자들의 활동 등으로 환원하는 계기를 만든다. 이처럼 자아의 사유 활동은 자연스럽게 사유의 위치에 대한 호기심을 촉발한다. 우리가 사유할 때면, 이미지들이 연속해서 떠오른다. 보통 사람들은 이미지들이 뇌에 새겨진 것으로 이해하면서, 뇌에 새겨진 것과 의식 사이의 관계가 밀접한 것으로 추정했다.

베르그손의 생리학적인 지식은 데카르트보다 풍부하다. 그는 정신이 송과선에 국소할 것이라는 데카르트의 주장에 동의하지 않는다. 베르그손은 관념론자들이 외부 세계와 신체를 구분하고, 다시 신체에서 지각중추(뇌)를 분리하면서도, 외부의 대상이 자아의 신경을 거쳐 중추에 도달시키는 진동을 간과하지 않다가, 갑자기 물질, 신체, 뇌를 한꺼번에 무시한다고 비판한다. 뿐만 아니라 그는 뇌에서 정신의 근거지를 찾던 물질론자들이나 심리학자들의 관점도 모조리 공격하며, 자연이나 정신은 기계적으로 설명할 수 없다고 단언한다.

베르그손에게 정신과 물질이 만나는 곳은 뇌가 아니라 지각이고 기억이다. 따라서 뇌라는 기관이 지각을 가능하게 하고, 화학적이고 심리학적인 절차를 거쳐 지각을 다시 어떤 표상으로 현상하게 하는 장소라는 주장은 맞지 않다. 그렇다고 의식과 뇌 사이에 관련성이 아예 없는 것도 아니다. 그래서 이 상황을 베르그손은 "옷과 못"[4]의 비유를 들어 설명한다. 우리는 옷을 못에 걸어둔다. 이런 행위는 상호 필요성에서 나오지, 둘 사이의 불가분 관계를 대변하지 않는다. 의식과 뇌의 관계는 연속성이 아니라 단절적 연속성이라는 원리에 따라 움직임으로써, 뇌가 의식을 모두 설명할 수 없게 된다.

---

4) 앙리 베르그손, 박종원 역, 『물질과 기억』, 아카넷, 2011, 26쪽.

베르그손은 뇌와 정신의 불일치를 실증하기 위해 언어의 국소성 문제를 실어증, 기억상실증, 시각장애, 청각장애 등으로 나누어 설명한다. 기억상실증 환자의 경우에 뇌의 정확한 훼손 부위를 진단할 수 없다. 말하자면 기억이 사라지는 것은 잠시일 뿐이며, 그는 정상적인 기억력을 되찾을 수 있다. 또한 뇌의 상해 부위가 관찰되는 실어증 환자라도 리보(Ribbot)의 법칙에 따라 항상 고유명사, 명사, 형용사, 동사의 순서로 장애가 진행된다는 것이다.[5] 이것은 뇌 부위의 장애와 실어증은 직접적인 관련이 없음을 증명한다.

따라서 뇌는 신경계의 분자 운동을 행동으로 연결시키는 일종의 "중앙전화국"[6]으로 비유된다. 뇌의 핵심에는 척수와 연수의 운동 메커니즘이 있다. 뇌는 수용된 진동들을 분석하고 그에 맞는 운동을 선택하여 운동이나 행동으로 연결시킬 뿐, 거기에 뭔가를 덧붙이거나 빼지 않는다. 뇌의 선택에 따라 작용하는 의식이 순수지각이다. 뇌는 표상의 근거지가 아니라 본래 운동이나 행동으로 정향된 것이라고 할 수 있다.

그럼으로써 베르그손은 정신 및 뇌의 관계가 단순하지도, 그렇다고 항구적이지도 않다는 결론에 다다른다. 뇌는 심리를 행동으로 외재화하는가 혹은 순수한 인식으로 내재화하는가를 결정한다. 그런 뇌의 작용에 따라 한 사람의 심리적 삶이나 정신적 스타일이 결정될 수 있다. 사유가 물질적인 뇌와 관련하는데, 여전히 인간은 정신의 순수성을 잃지 않을까? 그래서 인간은 무의식적이고 감정적인 충동의 영향을 받지만 그런 것을 조절하고 제어할 수 있다는 주장, 그리고 그런 차원에서 자율성 혹은 자유의지가 성립할 수 있다는 주장이 설득력을 얻는다. 이처럼 관념론이 전면에 내세웠던 무한한 정신의 자율성은 과학이 야기한 물질적인 주장과 어떤 합의점을 만들어낸 것이다.

5) 앙리 베르그손, 박종원 역, 앞의 책, 207쪽.
6) 앙리 베르그손, 박종원 역, 앞의 책, 59쪽.

3.2 지양되는 고전물리학

과학의 본격적인 시작은 뉴턴부터라고 말한다. 그는 기존 자연이론과는 다른 과학법칙을 창안하면서 고전물리학의 대표자로 등극한다. 전환점을 가져다준 저서 『프린키피아Principia』(1687)에서 뉴턴은 우주 만물이 법칙에 따라 움직이고 있음을 설명하고 있다. 그는 우주를 지배하는 법칙으로 중력을 언급했으며, 운동에 관해서도 현재에 있는 물체의 위치와 속도가 미래에 물체의 위치와 속도를 결정한다고 주장한다. 물체를 가장 객관적이고 독립적인 영역으로 여기면서 법칙을 끌어낸 근거로 삼는다. 물체는 변화될 수 없는 질료로 표상되며, 그 구체적인 증거물이 원자다.

따라서 행성 운동도 정해져 있고, 물체의 위치, 속도, 질량도 말할 수 있다. 빈 방정식에 숫자를 넣으면 항상 똑같은 값이 나온다. 이 맥락에서 공간과 시간은 서로 관련이 없지만, 어떤 질서를 따르는 것으로 이해된다. 물체에는 고정된 질량이 있고, 확고한 위치가 있다. 그리고 질량과 대립하는 힘이 존재하며, 사건은 원인과 결과에 따라 이해될 수 있다. 뉴턴의 과학법칙은 구체적인 사실 관찰에서 출발하여 추상적인 공식으로 나아감으로써, 후대에게 과학법칙의 모델을 제공한다.

뉴턴의 물리학이 학설로 인정되면서, 훗날 결정론의 탄생을 예고한다. 뉴턴에 따르면 빛은 미세한 입자들의 흐름이지만, 그 동일성은 주체의 망막에서 결정된다. 뉴턴보다 더 지독하게 법칙의 전능성을 확신한 수학자는 라플라스(P. S. Laplace)다. 그는 미래가 어느 시점의 우주의 상태에서 완전히 결정되어 있다고 주장한다. 그는 외부 힘의 어떤 개입도 믿지 않으며, 현상하는 물리량은 정확히 물리적 실체에 대응한다고 주장했기 때문에 과학적 결정론의 창안자라고 할 수 있다.

과학적 결정론이란, 어느 한 시점에서 우주의 상태가 주어지면, 완전한 법칙들의 집합에 의해서 우주의 미래와 과거가 철저히 결정된다는 입장이다.[7)]

라플라스도 우주에 있는 입자의 현재 위치와 속도를 알면 우주의 과거와 미래를 알 수 있다고 말함으로써, 고전역학의 전통을 그대로 따라간다. 공간, 시간, 물질, 인과율에 대한 개념은 고전물리학에서 전승된 것이다. 불확실성은 없다. 그래서 인간의 의식 활동도 물질의 반영이고 자연법칙에 따라 진행된다고 여겨진다. 그렇다면 인간의 행동도 결정되어 있고, 모든 사건은 운명적일 수밖에 없다.

그러나 계몽주의 시대의 과학자들은 뉴턴의 업적을 인정하면서도, "정신과학(moral science)의 뉴턴"[8)]을 부각시킴으로써 과학에 형이상학적 의미를 부가한다. 19세기 자연과학은 우주의 원리가 단지 몇 가지 수학 공식으로 수렴될 수 있을지에 의문을 단다. 결정론적 과학과는 달리, 행성의 초기 위치와 속도를 알고 있더라도 과거 혹은 미래 행성의 위치와 속도를 알 수 없다는 것이다. 따라서 태초부터 모든 진행과 상태는 결정되었다는 사상이나 원인과 결과의 대칭 관계는 비판된다.

물질은 질료와 힘(에너지)으로 구분됨으로써, 질량 불변에 근거하는 라플라스의 결정론에 위기가 찾아온다. 왜냐하면 질량은 시간에 따라 변하기 때문이다. 예를 들면 빛은 입자가 아니라 공간에 퍼져 있는 에테르 파동으로 이해됨으로써 뉴턴의 학설과 충돌된다.[9)] 덕분에 그동안 과학계에서 사라졌던 아리스토텔레스의 형상과 질료의 구분이 다시 주목을 받는다. 에너지가 더 근원적인 요소로 이해되면서 기존에 질량이 누리던 위상

---

7) 스티븐 호킹 · 레오나르도 믈로디노프, 전대호 역, 앞의 책, 39쪽.

8) C. P. 스노, 오영환 역, 앞의 책, 124쪽.

9) A. N. 화이트헤드, 오영환 역, 앞의 책, 298쪽.

을 넘겨받는다.

게다가 1900년에 수학자 푸앵카레(H. Poincarè)는 미래를 예측하기 위해서 초기 조건을 정확히 구해야 한다고 주장한다. 만일 초기 값에 작은 오차라도 있다면 그 뒤 물질은 불확정적으로 존재한다. 측정값은 정확성이 떨어지며, 결정론적 세계관은 유효하지 않고, 혼돈 이론이 들어선다. 그럼에도 혼돈은 법칙의 틀에서 이해되어야 하며, 혼돈으로 인해 깨지는 것은 인과관계가 아니라 예측가능성이다.

전체적으로 고전물리학의 개념들이 준수되는 상황에서 다양한 개념이 보완·추가된다. 우주는 시계장치라는 대전제 아래에서 움직이는 물질의 양적인 정체성이 설명되어야 한다. 자연세계의 개별 존재는 큰 패턴, 예를 들면 우주의 지배를 받을 수 있다는 유기체론이 새롭게 떠오른다. 이는 다시 철학적 관념론의 부활을 연상시킨다. 말하자면 물질은 단순히 존재하지 않고 서로 영향을 주고받으면서 어떤 목적을 가지고 있다는 것이다. 물질은 공간과 시간 속에서 단순히 위치하지 않는다는 주장이 설득력을 얻어간다. 덧붙여서 물질은 내적 실재와 외적 실재로 구분되며, 둘 사이에 상호작용이 있다는 것이다. 따라서 물질은 자신의 특성을 유지하면서도 변화한다. 물질은 내면의 무엇인가와 상호작용해서 움직이고 있으며, 이 상태가 자기동일성으로 이해될 수 있다.

더불어 시간이란 무엇인가도 중요해진다. 고전물리학자들은 시간이 흘러도 존재의 상태는 항상 일정하다고 주장한 바 있다. 그러나 19세기 이후의 물리학에서 시간은 외관상의 존재로 표현된다. 그래서 진화론도 유행한다. 시간에 따라 유기체가 아무런 목적 없이 변하는 것이 아니라, 덜 복잡한 유기체로부터 복잡한 유기체로 변화해 왔다. 그런데 진화론과 유기체론의 대상은 생명체이다.

그러나 생명이 없는 물질에도 동일한 속성이 계속 남아 있다. 화이트헤드가 볼 때 그 동일함은 시간적으로 같은 동일함이 아니다. 시간 A에 있던 물질은 시간 B에 있을 때, 그 속성과 패턴은 물론이고 환경적 요소도 물려받는다. 선행하는 양상들이 그다음에 오는 물질에 전달된다.

전자들은 서로 매우 유사하기 때문에, 물질들 사이에는 동일성에 가까운 유사성이 발견된다. 그들의 유사성이란 생명계에 있어서 다름 아닌 생존이며, 이를 위해 서로는 제휴하고 협력한다. 그래서 이런 환경을 훼손하려는 자연 사물은 없어져야 한다. 생존경쟁과 자연도태의 법칙들 아래에서 생명체들은 서로 유리한 환경을 만들려고 다툼을 벌인다.

나무에서 떨어지는 사과에도, 지구 주위를 공전하는 달에도, 은하계의 별에도 뉴턴의 법칙은 유효하다. 그러면 고등 생명체인 인간에게 물리법칙은 어떤 식으로 어울릴까? 인간의 정체성은 전자나 분자 혹은 그 밖의 결정체들이 구성하는 동일성보다 한층 추상적이다. 그 원인에는 의식과 정신이 있다.[10] 인간은 살아 있는 인격체로서 환경에 적응한다. 인격체가 지각함으로써 지각되는 영역과 지각하는 의식이 구분되며, 이 둘이 결합함으로써 실체를 이루고 있다.

따라서 데카르트의 테제 '나는 생각한다. 고로 존재한다'는 다음처럼 재해석되어야 한다. '나는 생각한다'라는 존재를 가능하게 하는 원인은 한 순간으로 끝나지 않는다. 그에 선행하는 원인이 있고, 다시 그에 선행하는 원인이 있으며, 또 선재하는 것이 있다. 사유 이전에 충동이 있고, 충동 이전에 뉴런이 있고, 뉴런 이전에 또 다른 원인이 있다. 마찬가지로 존재도 고정되어 있지 않고 연쇄적으로 변화하는 것이다. 이와 같이 절대적으로 정의할 수 있는 사유나 존재는 없다. 다만 생각하는 의식만은 존재한다.

10) A. N. 화이트헤드, 오영환 역, 앞의 책, 323쪽.

3.3 뇌에 대한 생리학적, 심리학적 접근

경험에 충실한 철학은 마찬가지로 경험에 의존하는 과학의 탄생을 촉진하는데, 그중의 한 분과가 생리학이고 다른 하나는 심리학이다. 두 학문에서 신체적 사건을 인식한 것이 심리이며, 심리는 정신에 의존하지 않는다. 말하자면 심리 영역의 외연은 아직 그 정체가 온전하게 드러나지 않았음에도, 정신을 인식의 한 기능으로 축소시킨다. 그러면서 기존의 객관과 주관의 관계는 변한다. 객관은 자기동일성을 유지하는 객체일 뿐만 아니라, 지각자의 관계에 따라 변하는 이중성에 있다. 그러나 주관에는 믿어왔던 독자적인 실재가 존재하지 않는다.

심리학과 생리학은 물질론적 과학과 비교해보면 성격과 배경이 판이한 영역이다. 물질론적 과학은 정신과 물질이라는 독자적 두 실체의 인정에서 시작한다. 반면 심리학과 생리학은 두 실체를 연결한 유기체인 신체부터 생각한다. 또한 분자보다 더 근원적인 미립자들인 원자와 전자가 발견된 상황을 감안한다.

실제로 벌어지는 신체적 사건들은 맹목적일 정도로 자기동일성 혹은 자기 존속을 꾀한다. 그러나 생명체 내부의 전자들은 신체가 펼치는 모종의 계획 때문에 생명력 없는 물질의 전자와 다른 활동영역을 갖는다. 신체는 정신과 결부되어 어떤 경향성을 띤다. 이로부터 유기체론이 유행하게 된 것이다.

생리학과 심리학을 통해 17세기 이후 한동안 분리되었던 철학적 이원론과 과학적 일원론 사이에 가교가 놓인다. 정신과 물질은 고립된 실체가 아닌 상호관계에서 이해되기 시작한다. 물질은 유기체로 이해되고, 정신은 유기체의 기능으로 이해된다. 심리는 사건이 무엇인지를 보여주고 있고, 신체적 사건에는 인식이 포함되어 있다. 공간과 시간은 사건들의 장소이며, 유기체는 궁극적으로 가치를 실현하고 있는 어떤 것이다.

생리학으로 들어가보자. 생리학은 신체(자연)와 정신의 관계를 고려하는 학문이다. 정신은 신체에서 이해되며, 신체는 유기체로서 정신을 그 지체로 생각한다. 신체의 각 부분들도 신체적 사건 전체의 일부지만 그들 사이에는 상호 긴밀한 관계가 형성되어 있다. 이런 전체와 부분 사이의 관계는 궁극적으로 안정을 지향한다.

생리학의 한 분과인 신경생리학은 신경을 따라가는 자극, 이 자극을 받는 신경중추, 다시 신경을 흥분시켜서 운동기관으로 움직이는 흐름을 연구한다. 또한 생리학의 다른 분과인 생화학에서는 유기체 보존을 위해 그 지체들의 정교한 조직 체계가 연구된다. 인간이 신체에서 어떤 변화를 느낀다면, 생화학은 그것을 전체 패턴과 분자 운동으로 접근한다. 그런데 인간이 신체 전체에 영향을 주는 부분들의 영향이 미미하다고 느끼면, 환경의 변화에만 주목할 것이다. 전체 패턴의 변화는 세포들, 아니 더 미세한 분자들의 변화에서 나온다. 이 세포 내의 분자들을 취급하는 일은 물리학의 과제다.

이를테면 의식이 밖으로 표출되면서 움직이는 곳이 근육이다. 의식이 한 곳으로 집중될수록, 수축하는 근육도 증가한다. 이런 근육의 힘은 측정이 가능하다. 그래서 의식이라는 심적인 상태가 공간을 차지하지 않지만 크기를 가진다는 설이 설득력을 갖는다.

더 나아가 감각의 강도를 동반하는 근육 운동이 신경의 원심석 경항과 일치한다고 말함으로써, 신경, 근육, 의식의 삼위일체를 주장하는 학자들이 등장한다. 이런 "정신물리학자들"[11]은 신체적인 현상과 의식 사이의 관계를 크기로 규명한다. 그들은 감각이나 감정 등과 같은 의식 현상의 증가와 감소, 혹은 의식의 세기를 수학적인 양(두 배, 세 배 등)으로 설명한다. 사실 수학적인 관점에서는 한 물체가 다른 물체보다 클 경우, 연장적인 측

11) 앙리 베르그손, 최화 역, 앞의 책, 17쪽.

면에서 둘을 비교할 뿐만 아니라, 큰 것이 작은 것을 포함하고 있음을 말한다.

베르그손은 의식의 강도가 점차 강해지면서 근육의 수축이 증가하는 것은 이 순간에 관련하는 신체 부위가 더 넓어지고 있음을 지각하는 것이라고 말한다. 우리는 주먹을 느슨하게 쥐었다가 점점 세게 쥐면서, 처음에는 주먹에만 있던 감각이 팔을 거쳐 어깨로 퍼져가고 있음을 느낀다. 이것이 피로와 고통으로 변질됨으로써, 본래의 성질을 달리한다.

혹은 심리적 상태가 근육 운동이나 감각들을 수반해서 주의를 환기시키거나 분노나 공포, 혐오 등과 같이 격한 감정 등으로 연결될 수 있다. 이런 일련의 과도한 감정적 표현들은 행동적이고 반성을 하지 않는 근육 운동과 관련하며, 이때 정신의 역할은 미미하다. 그러나 감정이 수그러들면서 정신의 역할은 회복되기 시작한다. 외부로 향하는 감정들의 강도가 약해지고 기억이나 의식 등이 들어와서 감정을 일정한 방향으로 이끌며 관념을 통해서 하나로 수렴될 수 있다. 기억이나 의식이 담긴 극한 감정들과 심층적인 심리적 사실들 사이에 어떤 본질적인 차이는 없다.

한편 심리학은 정신을 마음의 한 기능으로 축소하면서 정신을 다른 의식 양태들과의 관계에서 바라보는 학문이다. 심지어 행동주의 심리학에서 의식은 연구대상에서 사라지기에 이른다. 사람은 자극을 그대로 행동으로 보여주는 일종의 기계라는 것이다. 심리학자 제임스(W. James)는 논문 「의식은 존재하는가?」[12](1904)에서 정신의 존재(entity)를 부정하며, 기껏해야 애당초 사라지는 것 혹은 기능과 관련하는 것으로 폄하한다.

제임스도 정신과 물질의 대립이라는 이분법을 따른다. 그런데 정신이나 물질은 우리의 표상 근거가 되지 않는다. 정신은 존재하는 것이 아니다. 정신이란 사물이 존재할 뿐만 아니라 기록되고 인식되는 것을 설명하는

12) William James, "Does consciousness exist?", *Journal of Philosophy, Psychology and Scientific Methods* Nr. 1, 1904, 447쪽 이하.

데 필요할 뿐이다. 대신 경험의 내용이 존재하며, 경험을 통해 우리가 깨닫는다.

감각은 외부와 인과관계로 맺어진다. 외부의 원인이 감각을 가능하게 하면서 의식이 생성되고 근육이 움직이며, 그럼으로써 감각의 강도는 크기나 연장성으로 이해될 여지를 남긴다.

근육의 힘은 공간에서 진개되기 때문에 측정이 가능하다. 그래서 근육의 운동으로 드러난 심적 상태도 크기를 갖는 것으로 이해되기 시작한다. 이런 논거에는 1890년대 심리학 연구들이 다수 기여한다. 심리의 측정 가능성을 주장한 학자로 베인(A. Bain)과 분트(W. Wundt)가 있다.

> 베인은 가령 근육 운동에 수반하는 감각의 정도는 신경의 원심력의 흐름과 일치한다고 하였다. 따라서 의식은 신경에서의 힘의 전파 자체를 알아차린다는 것이다. 분트도 마찬가지로 근육의 수의(隨意) 신경자극에 동반되는, 중심으로부터의 감각을 논하며, 비록 움직이지는 않지만 다리를 들어 올리려 할 때 그가 전개하는 힘을 매우 선명하게 감각한다는 마비 환자의 예를 인용한다.[13)]

베인은 인간 행동에 대한 과학적 해명을 심리학이라고 정의했다. 그리고 행동주의 심리학은 의식이 의식으로 여겨질 수 있는 근거로 신경 및 근육을 언급한다. 그런데 신경이나 근육은 공간에서 전개되는 것으로 의식의 비연장성과는 구분되는 데 비해, 감각은 근육 및 신경운동과 일치한다고 주장한다.

뷰트는 근육 및 신경 활동을 동반하는 감각을 언급한다. 그래서 마비된 신체라고 할지라도 움직이려는 노력은 신경과 근육을 통해 감각을 기능

---

13) 앙리 베르그손, 최화 역, 앞의 책, 41쪽.

하게 할 수 있다.[14] 분트의 이론은 곧 제임스의 『심리학Psychology』(1908)에서 세밀하게 재해석된다. 뭔가를 하려는 노력은 가슴 근육, 성대, 호흡 근육 등을 움직이게 한다. 그런데 그런 노력은 근육 및 신경의 움직임을 통해서야 비로소 의식된다. 게다가 노력의 방향성이 구심적이기 때문에 우리가 의식할 수 있다.

제임스의 생각대로라면, 우리가 노력할수록 수축하는 근육의 수는 증가한다. 이 현상은 관련한 신체의 면적이 보다 넓어지고 있음을 나타낸다. 예를 들어 주먹을 세게 쥐면, 감각은 처음에 손에서만 느껴진다. 그러다가 감각은 주먹에서 팔로 전이되고, 다시 어깨로, 더 나아가 다리를 굳게 만들며, 입을 다물게 한다. 이처럼 우리는 국한되었던 하나의 감각이 몸 전체로 확장되어 가고 있음을 느낀다. 이것은 분명히 감각적 양의 변화, 이 맥락에서는 양의 증가라고 할 수 있다.

게다가 근육 운동은 단지 근육 개수의 증가에서 그치지 않고 피로와 고통, 그리고 그 이상의 단계로 넘어서면서 일종의 질적인 변화를 거친다. 인간은 양적인 변화와 더불어 질적인 변화를 의식한다. 말하자면 지각의 질적인 측면은 연장성이나 크기처럼 양화될 수 있는 것이 아니다.

그런데 우리는 공간적으로 생각하고 정의하는 습관이 있다. 지각의 양적인 크기가 바뀌고 질적인 성질이 변하는데, 그런 변화 속에서 나타나는 감정이나 노력의 차이들이 지적되지 않는다. 그 결과 나온 표현들은 연장적이어서, 예를 들면 주의, 분노, 공포, 기쁨, 고통, 열정, 욕망 등으로 정의될 수 있다. 이런 현상들에는 의식은 물론이고 생리적인 현상과 운동이 동반한다. 우리가 주의할 경우에 등장하는 노력이 근육의 느낌으로 환원되곤 한다. 혹은 뭔가를 애써 기억하려고 하면 머리에 어떤 압박의 느낌이

---

14) Anne Meredith Stiles, *Neurological fictions: Brain science and literary history 1865-1905*, University of California, Los Angeles 2006, ixx쪽 참조: 분트는 의식 현상과 신체의 상관성에 강한 믿음을 보인다. 예를 들면 광기는 뇌조직의 특수한 외상에 근거한다는 것이다.

전해온다. 근육 운동은 그런 의식의 원인이나 결과가 아니라 그 과정의 일부다.

또한 분노, 공포, 기쁨, 고통, 열정, 욕망 등과 같은 격렬한 감정에서는 생리적 현상만이 작용하여 운동으로 분출될 수 있다. 그래서 제임스는 그런 감정들을 신체 감각의 전체로 소급한다. 반면 베르그손은 감정의 다급함을 반성하려는 의식 활동에 주목함으로써, 감정들에도 의식이 섞여 있다고 반박한다. 공포의 경우, 우리가 생리적인 현상을 제외한다면, 그런 위험을 피하고 싶은 의식이 보다 명료하게 발동한다.

이상과 같이 격렬한 감정들의 강도는 반성을 거치면서 옅어진다. 그래서 궁극적으로 격렬한 감정들의 운동성은 생각이나 기억으로 전환된다. 본래의 감각적 감정들은 근육과 운동으로 드러날 수 있지만, 반성의 절차를 거쳐 생리적인 성질을 버리게 됨으로써, 그 뒤에 남는 숙고된 감정들은 사실상 순수 감정들과 다를 바 없다. 그러나 감정들은 원인에 따른 결과라고 할 수 없다. 그래서 격렬한 감정 혹은 이성적 감정, 표면적 감정 혹은 숙고된 감정들은 동일한 맥락에서 논의될 수 없다.

제임스는 신체와 의식의 연관성을 파악한 측면에서 심리학의 가치를 인정하지만, 둘 사이의 일치를 주장한 당대의 심리학을 물질주의로 비판하게 된다.

> 정신적 사실들은 당연히 신체적 환경과 분리되어 연구될 수 없다. (…) 근래 이성적 심리학의 최대 실수는 영혼을 절대적인 영적 존재로 격상시킨 점에 있다.[15]

---

15) William James, *Psychology*, Henry Holt, New York 1908, 3쪽: Mental facts cannot be properly studied apart from physical environment (…) the great fault of the older rational psychological was to set up the soul as an absolute spiritual being.

그래서 제임스는 정신과 신체의 함수관계에 골몰한다. 그만큼 그는 영혼을 신성불가침한 절대 영역으로 치부한 관념론적 철학과는 다른 길을 걸어간다. 그렇다고 그는 분트처럼 의지와 신체의 일치를 대변하지 않는다.

19세기 말 심리학에서는 영혼이나 의지가 행위의 근원인지 아니면 무의식적인 측면들이 그 근원인지가 논쟁거리였다. 그만큼 물질주의와 실증주의의 유행 앞에서 영혼이 기능적으로 이해된 것은 시대의 대세였다. 뿐만 아니라 영혼이 뇌의 송과선에 있다고 주장함으로써 정신의 비순수함을 암시한 데카르트의 이론은 해부와 실험이 대세로 접어든 시대에 증명이라는 절차를 거쳐야 했다. 더불어 물질주의적인 관점에서 정신에 대한 접근이 다수였지만, 문제는 정확한 결과의 도출이었다. 심지어 생리학자들 중 일부는 신경학적인 관점에서 뇌를 "영혼이 없는 기계"[16]로 여기게 된다. 그러면서 인간은 신체 상태와 상호작용 이외에 아무 것도 아니라는 설도 제기된다. 더 나아가 인간은 신의 유일무이한 피조물이라는 전제 아래 주어지는 전통적인 존엄성은 그 진의가 의심받게 된다.

3.4 뇌에 대한 정치적 간섭: 아인슈타인의 뇌는 남다르다?

뇌에 대한 담론은 과학적, 의학적인 차원은 물론이고 정치적 욕망의 메커니즘 안에서 전개되기도 한다. 이를테면 독일의 경우 1911년에 〈빌헬름 황제협회Kaiser Wilhelm Gesellschaft〉라는 기초과학연구소가 설립되면서, 대학이 아닌 산업체와 국가, 그리고 연구소가 연구의 주체가 되는 소위 빅 사이언스(Big Science)의 시대를 연다. 과학의 후원자는 독일 통일 이후에 민족국가의 부국강병을 추구한 황제 빌헬름 2세와 대기업이었다. 덕분에

16) Anne Meredith Stiles, *Neurological fictions: Brain science and literary history 1865-1905*, University of California, Los Angeles 2006, 1쪽: soulless machine.

1918년까지 독일은 알베르트 아인슈타인, 막스 플랑크 등 노벨상 수상자 5명을 배출한다. 최고 권력자가 연구소의 개막식에 직접 모습을 드러낸 것은 과학이 정치의 수단이 될 수 있음을 보여주는 징후이기도 했다.[17] 그러나 과학자들은 자신의 연구는 분명 정치적이지 않다고 선을 그으면서, 자신의 시야를 과거나 미래가 아닌 지금 이곳에 둔다.

> 과학은 진술한다. 과학의 유일한 목표는 대상에 대해 옳고 적절하게 진술하는 것뿐이다. 과학자가 강요하는 것은 오직 두 가지, 진실과 성실뿐이다.[18]

과학자는 세상을 철저히 실증적으로 파악하면서 자신은 세상의 구경꾼이라고 주장한다. 그러나 실제로 지각과 사유를 하는 과학자도 객관적 세상의 구성원일 뿐이다. 따라서 정신의 뇌 환원론에 대한 정치사회학적 분석은 반드시 필요하다. 뇌와 정신의 관계가 시대의 흐름을 타며 지배체제 유지에 활용될 가능성이 없지 않기 때문이다.

이를테면 1917년 10월 러시아혁명을 성공으로 이끈 지도자인 레닌(W. Lenin)은 농민에게 토지를, 노동자에게 공장을, 병사에게 평화를 약속한다. 사회주의 체제를 정착시키려는 소비에트 정부는 민중의 급격한 의식 변화를 기도한다. 그렇다면 그런 소비에트 의식을 형성하기 위해 가장 적합한 인물은 누구일까? 마침 레닌의 병은 급속히 악화되고, 정치국원들은 그의 시신 처리 문제 및 장례식 규모에 대해 논의하기 시작한다. 그 결과 1924년에 사망한 레닌의 시신은 붉은 광장에 있는 영묘의 4각형 유리관에 안치된다. 레닌은 마치 잠시 잠들어 있는 영웅으로 신성시된다. 레닌을 생전 모습 그대로 완벽하게 보관할 수 있었던 것은 당대 최고를 자랑하던 소련

17) 하겐 슐체, 반성완 역, 『새로 쓴 독일역사』, 지와사랑, 2000, 199쪽 참조.
18) 에르빈 슈뢰딩어, 전대호 역, 『생명이란 무엇인가. 정신과 물질』, 궁리, 2009, 194쪽.

의 외과의술 덕분이다. 레닌의 송장은 부패를 막기 위해서 방부 처리되었고, 18개월마다 세척되고 난 뒤에 다시 안치되는데, 이 장면을 지켜본 어떤 사람은 레닌을 "잠자는 미녀"[19]로 비유한다.

더불어 소련 정부는 본격적으로 뇌 연구소 설립을 추진한다. 뇌 연구소는 레닌의 뇌를 적출해 그것을 표본으로 영구 보존하기 위해서 건립된다. 당시 뇌 연구소장인 독일 출신의 뇌과학자 포크트(O. Vogt)는 레닌의 뇌를 약 31,000개의 절편으로 절단하는데, 그 두께는 각각 20마이크론(micron=0.0001mm)이었다.[20] 소련의 정치국은 레닌의 뇌에서 천재성을 증명하는 뇌세포의 특징들이 발견되기만을 초조하게 고대한다.

그런데 포크트의 딜레마는 레닌의 위대한 행적이 새겨진 뇌세포를 찾아내기가 어려웠다는 데에 있다. 그는 레닌의 뇌를 해부하면서, 오히려 광범위하게 몇몇 세포 조직들이 파괴되어 있음을 깨닫는다. 그러나 포크트는 소련 정부와의 관계를 고려해서 레닌의 뇌에는 다른 뇌에서 볼 수 없는 "3층 대뇌피질이 매우 많은 큰 피라미드 세포들"로 이루어졌다고 보고한다. 더불어 바로 이 부위가 혁명가의 출중한 상상력, 뛰어난 판단력, 민첩한 사고를 가능하게 했던 "연상 뉴런들"[21]이라고 부연한다. 이처럼 레닌은 사후에 박제와 뇌 절편 작업을 거쳐 소비에트 정부 및 민중에게 난세의 호걸, 아니 불멸의 존재로 변용된다.

또한 우리는 아인슈타인 뇌와 관련한 일화도 알고 있다. 천재적인 노벨 물리학상 수상자의 뇌는 해부학적으로 보통 사람들의 뇌와 큰 변별점이 없다는 점이 밝혀진다. 굳이 차이를 언급하면 첫째, 아인슈타인 뇌 특정 영역의 뉴런이 일반인의 그것보다 발달했다(그러나 일반인 표본으로 선택된

19) 김상현, 「민속자료의 진위문제와 레닌 숭배 현상」, 『노어노문학』 2호, 2008, 378쪽.

20) Lena Tumolskaia, "Was nun - mit Lenins Gehirn?", *Die Zeit*, 1994.08.12 참조.

21) I. Klatzo, Cécile and Oskar Vogt. *The Visionaries of Modern Neuroscience*, Springer, Wien/New York 2002, 32쪽 이하.

후자는 천재보다 열다섯 살이나 더 어렸다). 둘째, 아인슈타인의 뇌 밀도가 상대적으로 높았다(그러나 그것은 나이가 들면서 대뇌피질이 얇아졌기 때문일 수 있다).[22)]

그 밖에도 IQ와 뇌 크기의 상관관계가 연구되었지만 그마저도 비례하지 않다는 결과가 나온다. 심지어 노벨문학상 수상자 프랑스(A. France)의 뇌는 그 크기가 정상인 뇌의 3분의 2에 불과했다.[23)]

---

22) 수전 그린필드, 정병선 역, 앞의 책, 249쪽 이하 참조: 최근 연구에 따르면 아인슈타인의 뇌는 한층 복잡한 형태로 접혀 있음이 밝혀졌는데, 그것이 무엇을 말하는지 아직 오리무중이다.(마지드 포투히, 서정아 역, 『좌뇌와 우뇌 사이』, 토네이도, 2014, 63쪽)

23) 수전 그린필드, 정병선 역, 앞의 책, 230쪽 이하 참조.

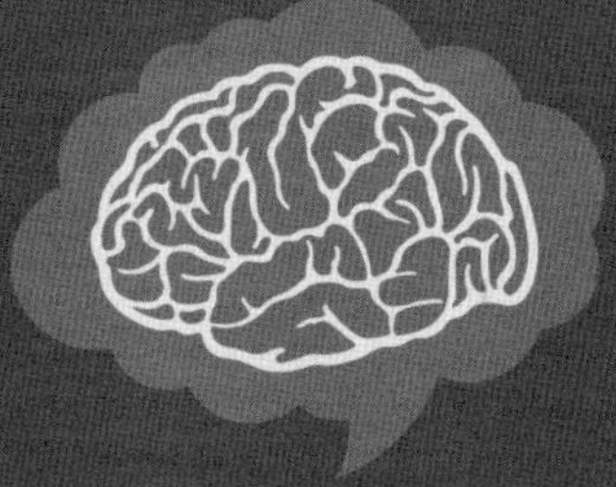

4

20세기의 뇌와 정신:
양자물리학+뉴런 신경과학+
인지 신경과학+감정 신경과학

4.1 양자물리학: 자유의지를 인정하다

4.1.1 객관에서 주관으로

17세기의 물질주의는 근대 과학의 성립을 가능하게 한 중요한 원동력으로, 물질은 시간과 공간 안에 존재한다는 확고부동한 사실에 근거한다. 그렇다면 인간의 행동이나 의식도 물리 법칙으로 설명할 수 있을까? 고전물리학은 공간과 시간에 있는 물질을 엄격한 법칙으로 표현하면서 현실에 대한 통일적인 파악을 확신한다. 그래서 물질은 다른 살아 있는 유기체와 어떤 연관 관계를 형성해온 것으로 여겨진다. 의식 및 정신 활동도 질적으로 물질과는 다르지만, 물질적 과정에 의해 지배되거나 최소한 제한될 거라는 추론은 설득력이 없지 않았다. 이런 고전물리학이 아인슈타인의 상대성이론으로 이어졌고, 뇌가 정신을 설명하면서 자유의지를 환영으로 만들 수 있었다.

그런데 20세기에 결정론의 타당성이 유기체론 혹은 진화론을 통해 흔들리기 시작한다. 원자가 더 이상 실체가 아닌 것으로 증명되었을 때 느끼는 인식의 허무함은 점차 자명한 인식에 대한 갈급함으로 전환되었다. 물리학자들이 10^{-8}cm 크기의 원자보다 작은 입자들의 존재를 알게 되었을 때의 당혹스러움에서 양자물리학은 착안된다. 그리스 시대 이후로 데모크리토스가 말한 원자 내부 구조에 대한 연구가 진행되어오면서 원자보다 작은 입자들의 존재는 계속 주장되어온 바 있다. 그런데 이 입자들은 힘과 동일한 실재임에도 그 힘의 측정은 불가능했다.

원자는 양전기를 띤 하나의 원자핵(양성자와 중성자로 구성)과 그 주위를 도는 음전기의 전자로 구성된다. 전자와 양성자의 개수는 같기 때문에 원자는 전기적으로 중성이다. 그리고 전자는 공간에서 불연속적으로 존재한다. 그 이유는 전하가 자기 주위의 공간에 전기장 혹은 자기장을 형성함으로써 다른 전하에 힘을 미칠 수 있기 때문이다. 그러면 전기장이나 자기장도 눈에 보이지 않지만 물리적 실재라고 할 수 있다. 이를테면 두 물체를 마찰시키면 전자들이 한 물체에서 다른 물체로 이동하여 두 물체 모두 전하를 띠게 된다. 내가 다른 사람과 악수를 하며 느끼는 압력은 내 손의 전자가 다른 사람의 전자들을 밀어내면서 생기는 전기력이라고 할 수 있다. 전기력은 존재하는 물질의 핵심 요소이다.

양자물리학자 보어(N. Bohr)의 불확정성 원리에 따르면, 전자의 위치와 속도 자체는 정확히 규정될 수 없다. 위치와 속도는 상보적이다. 한 개의 전자 위치를 알면 속도나 운동량을 잘 알 수 없지만, 원자 구조의 상태를 말하기 위해서 그 두 가지를 동시에 알아야 한다. 또한 원자에 대한 공간 및 시간적 서술도 인과적이며 결정론적인 서술과 상호 보완된다. 따라서 하나의 물질은 인식론적으로 볼 때 모순이지만, 물질로서 존재하는 것이다.

고전 물리학이 양자이론으로 전환되는 계기들 중에 생명의 특수성이 있다. 베이컨의 학문 피라미드 이론은 뇌신경학적인 분야에서 응용될 수 있다. 사회는 사람(뇌)으로, 뇌는 신경세포로, 신경세포는 원자로 구성된다. 역으로 원자가 신경의 기초이며, 신경이 뇌(사람)의 기본이며, 사람이 사회를 구성한다고 정리할 수 있다.[1)]

뉴런의 기본 성질에는 원자의 전기화학적인 성질이 있다. 따라서 우리

---

1) 에드워드 윌슨, 최재천 · 장대익 역, 앞의 책, 62쪽.

의 오감에는 전기력이 잠재하고, 뇌의 신경 과정들도 전기적 과정으로 설명될 수 있다. 신체에서 세포로, 세포에서 분자로, 분자에서 원자로, 원자에서 전자, 전자에서 소립자로 점점 과학적 시야는 세밀해져간다. 그래서 신체는 꼼꼼한 물질이 아닌 전자와 소립자로 이루어진 것이며, 이는 전기적 진동과 에너지로의 환원 가능성을 연다.

1933년 노벨물리학상 수상자 슈뢰딩어(E. Schrödinger)는 고전물리학 법칙을 생명체에 적용하려고 한다. 생명은 물질의 질서 있고 법칙적인 행동이며, 그 규칙성의 토대에는 작고 고도로 조직화된 원자 집단이 있다. 원자 집단은 자신의 질서를 환경에 맞추고, 카오스로 파멸되는 상황에 잘 대처한다. 이런 사실들을 다시 종합한 물리학 법칙이 슈뢰딩어의 양자이론이다.

하지만 생명체에 있는 무질서의 경향성도 무시할 수 없다. 따라서 물리학은 사물이 무질서로 향해 가는 자연적인 경향성과도 관계하는 일종의 통계 법칙이다. 만일 어떤 물질이 생명체라고 하면, 환경과 부단히 뭔가를 교환하는 행위가 있어야 하고, 생명 없는 물질보다 훨씬 긴 생명력을 지녀야 한다. 또한 화학결합 경향성이 있는 물질에서 온도는 균일하다. 물질은 변화하지 않은 영구적인 상태로 아주 천천히 나아가는 것, 아니 열역학적인 평형상태(최대 엔트로피 상태)에 있다. 죽은 물질은 활동이 멈추면서, 전기적 혹은 화학적 포텐셜이 동일해진다.

따라서 유기체는 평형상태를 피하거나 파멸을 늦추면서 질서를 지향한 결과이며, 생명활동이라 함은 물질대사를 통해 엔트로피를 떨어트리는 것이다. 물질대사는 보통의 생명활동으로서, 먹고 마시며 숨 쉬는 활동을 통틀어 일컫는다. 그러나 물질대사는 신체와 환경 사이에 양의 동등한 교환이 아니다. 유기체에는 죽음으로 향하는 엔트로피가 상존한다. 엔트로피란 길이나 온도와 같은 물리적 양으로서, cal/℃ 단위로 측정된다. 이를테면 절대 0도(섭씨 -273도)에서 엔트로피는 0이다.[2] 무질서는 열운동에 의한 원자 운동, 혹은 여러 종류의 원자나 분자가 무작위로 섞여 있는 상태로, 별다른 개입이 없으면 최대 엔트로피 상태(죽음)로 접근한다. 그렇다고 죽음을 피하게 하는 이유가 유기체 속의 초자연적인 힘(엔텔레키)인 것은 아니다. 유기체에는 기존 물리학 법칙으로 환원될 수 없는 것이 있지만, 그것은 신비한 힘에서 나오지 않는다.

또한 슈뢰딩어는 당시 유행했던 철학자 스피노자의 범신론을 자신의 이론 안으로 수용하지 않는다. 스피노자에 따르면, 물질(연장)과 정신(사유)은 신(神)의 속성이다. 하지만 슈뢰딩어는 기존의 물리학 법칙이나 범신론으로 생명을 설명할 수 없고 다른 물리학 법칙을 필요로 한다. 다만 유기체 구조는 여타 물질 구조와 완전히 다르다.

양자이론은 첫째, 자연에 연속성이 아닌 불연속성이 있음을 발견한다. 먼저 거시적인 차원에서 물질의 에너지는 계속적으로 변화한다. 물질을 이루는 여러 개의 원자핵과 그 주위의 전자들은 통일된 하나가 아니라 하나의 시스템이기 때문에, 여러 상태들 중에서 한 가지를 선택한다. 이 선택된 상태가 에너지 준위다. 하지만 실제로 원자들 사이에 최저, 최저 다음, …, 최고 등 다양한 에너지 준위가 존재한다. 준위들 사이의 서열은 다른 원자를 만들어낼 수 있다. 둘째, 원자 집단이 하나 이상의 방식으로 결합하여 분자를 형성한다. 이런 분자들을 "이성질체(isomeric)"[3]라고 부르는데, 그것의 물리적, 화학적 성질은 다양하며, 같은 분자라도 원자들의 배열이 상이해서, 에너지도 다른 준위를 보여준다.

의식 및 정신 활동은 신체에서 벌어지는 공간적, 시간적 사건이다. 이것은 최소한 동세석으로 보면 결정론적이다. 내 신체는 분명히 자연법칙을 따르는 기계이며, 신체 운동을 지휘하는 지배자가 나라는 사실을 경험한

2) 에르빈 슈뢰딩어, 전대호 역, 앞의 책, 121쪽 참조.
3) 에르빈 슈뢰딩어, 전대호 역, 앞의 책, 91쪽.

다. 신체는 마치 복잡한 기계장치와 같은데, 수백만 개의 세포들이 활동하는 장소다. 이 세포들은 설명이 불가능한 구조들을 띠고 서로 소통하며 협력한다. 혹은 세포들 사이에 전기화학적 펄스(pulse)가 발생해서 순식간에 세포들의 연결 구조를 바꾼다. 이 펄스 활동이 뉴런을 통과하여 외부 신체기관의 근육을 움직인다.

슈뢰딩어 이론에 따르면 세계는 객관적으로 존재한다. 세계는 의식, 즉 뇌에서 일어나는 특정 사건들이 있을 때에야 비로소 인식된다. 그럼에도 뇌신경 활동이 모두 의식으로 연결되는 것은 아니다. 의식을 동반하지 않은 생리학적 과정에는 첫째, 반사 활동이 있다. 둘째, 감각이나 지각, 그리고 행동으로 연결되는 반복적인 일상 행위도 의식되지 않는다. 반복하는 학습 과정도 마찬가지다. 하지만 반복적인 일상 행위가 있더라도 그 상황이나 조건이 달라지면, 불현듯 의식이 돌아온다. 이처럼 습관적이고 반복적인 신경활동이 의식되지 않는 것은 소화나 심장 박동과 같은 생체 활동의 원리와 유사하다. 이런 경우에도 질병을 얻거나 다른 신체적 부조화를 경험하면 다시 의식이 돌아온다.

의식된 것과 의식되지 않는 것 사이의 불일치는 수많은 문화 탄생의 근본적 원인이다. 필연과 의지 사이의 충돌, 의식적 생활을 방해하는 충동적인 자아의 출몰 등에서 그 해법으로 윤리 의식이 떠오른다. 칸트의 정언적 명령은 인간이 이기적 동물에서 사회적 동물로 발전해가는 분기점에 있다.[4)]

슈뢰딩어의 양자이론보다 더 전복적인 주장은 보어나 하이젠베르크의 불확정성 원리다. 빛의 광자나 전자와 같이 위치나 운동량을 알 수 없는 미립자들이 우주와 자연을 형성한다. 광자와 관련하는 미립자에는 과학자의 관찰도 들어간다. 새로운 양자물리학은 대상을 관찰하는 행위, 말하

---

4) 에르빈 슈뢰딩어, 전대호 역, 앞의 책, 166쪽 참조.

자면 대상이 광선을 받아 눈이나 관찰 장치를 향하여 반사시키는 상황마저도 고려하는 것이다. 관찰자와 대상의 '접촉'에서 에너지의 교환이 있다. 심지어 보어는 코펜하겐 해석에서 "미시적인(원자 규모의) 대상이 거시적인(큰 규모의) 대상과 상호작용할 때마다 관찰"[5]이 성립한다고 말한다. 관찰은 철학에서 말하는 것처럼 주관이 객관을 관조적으로 바라보는 행위가 아니라 대상과 대상의 만남이나 충돌에서 생긴다. 양자물리학에서 관찰이란 잠재적인 상태, 가능성의 상태, 아니 더 미시적인 상태가 있음을 암시한다.

데카르트의 논제를 다시 떠올려보자. 인식적 회의에서 출발한 그의 철학은 물질의 존재마저도 사유나 개념 활동으로 환원시킨다. 물질도 의식이 있어야 존재로서 인정되는 것이다. 물리학적으로 보면 데카르트에게 원자는 의식이다. 인간은 사유한 것만을 인식할 수 있으며, 그 바탕 위에서 과학이 가능하다.

하지만 양자물리학도 누군가가 대상을 발견하기 전에, 그 대상은 거기에 있지 않다는 데카르트 이론을 따르지 않는다. 물질은 관찰자가 발견하지 못하면 존재하지 않는 것이 아니다. 양자물리학에서 존재를 증명하는 과정인 관찰은 우리의 육안으로는 불가능하다. 왜냐하면 원자 이하 입자들의 크기는 매우 작기 때문이다. 그래서 몇몇 물리학자들은 원자 이하의 입자들에 물리적 실재가 없다고 말하면서, 그 존재를 부정하기도 한다. 그런데 가이거 계수기라는 측정 장치는 입자의 전자가 진입할 때마다 소리를 내면서 그 존재를 알려준다. 게다가 양자물리학에서 존재 여부는 실재가 아니라 다른 것에 대한 영향 여부에 달려 있다.

그러므로 양자물리학은 실재하는 물질만을 전제로 하는 고전물리학을 전반적으로 성찰하게 한다. 존재하지만 존재라고 말할 수 없는 것이 있고,

---

5) 브루스 로젠블룸 외, 전대호 역, 『양자 불가사의. 물리학과 의식의 만남』, 지양사, 2012, 199쪽.

존재하지 않지만 존재하는 것이 있다. 그러므로 물리적 실재에 대한 정의는 수정되어야 한다. 양자물리학은 감각적인 대상의 배후를 추적한다. 물리적 실재는 보이는 사물뿐만 아니라 보이지 않는 사물, 그러나 다른 사물에 영향을 미치고 있는 사물도 지칭하고 있는 것이다. 그래서 보어는 다음과 같이 말한다.

> 양자 세계는 존재하지 않는다. 추상적인 양자 서술만 존재한다. 자연이 어떠하냐를 알아내는 것이 물리학의 과제라는 생각은 틀렸다. 물리학의 관심사는 자연에 대해서 우리가 무엇을 말할 수 있느냐다.[6]

고전물리학에서 물질의 기본 단위는 원자였고, 그 밖에 위치나 속도, 그리고 에너지의 삼각관계는 수학적으로 증명될 뿐 객관적인 실재와 거리가 멀었다. 실제로 원자는 시간과 공간의 법칙 밖에 있었다. 양자이론에 따르면 가능성으로 특징되는 입자들이 발견된다. 그렇다면 고전물리학은 여러 다른 연관성들 중의 하나이자 세계를 이해하는 일부로 축소될 수 있다. 따라서 실제란 법칙들이 직조한 하나의 "직물"[7]일 수 있다. 코펜하겐 해석을 통해서 전통적인 과학 지식에 불완전성이 상존하고 있다는 지적은 노벨물리학상 수상자인 아인슈타인이나 슈뢰딩어를 불편하게 만든다.

아인슈타인은 주관적 관찰과 상관없는 물질의 독립적인 실재성을 믿었고, 이를 물리학의 성립조건이라고 생각했다. 슈뢰딩어도 칸트의 주관론처럼 지각이나 정보의 최종 관리자는 기계장치가 아니라 다름 아닌 관찰자라고 했을 뿐, 관찰자와 대상 사이의 상호작용에 대해서 언급하지 않았다. 인간이 대상을 인식하고 있지만, 전통적으로 인간과 대상 사이의 상호작용인 '관찰'에 대한 설명은 엄밀하게 전개되지 않았다.

---

6) 브루스 로젠블룸 외, 전대호 역, 앞의 책, 207쪽에서 재인용.

7) 베르너 하이젠베르크, 이필렬 역, 『현실의 질서』, 따님, 1994, 26쪽 참조.

실재가 관찰을 통해 창조되고 있음을 증명한 경우는 하이젠베르크가 자신의 불확정성 원리(1927)를 주장하면서이다. 우리가 사물을 본다는 것은, 광자 중에서 가장 약한 것을 사물에 발사한다고 할지라도 그로부터 반사한 빛을 보는 것이다. 이때 빛의 충격을 받은 원자들이 이동하면서, 대상의 속성은 심하게 교란된다. 모든 과정은 현미경을 통해서 성공적으로 추적된다. 관찰은 다른 생명계에도 적용된다. 이에 따르면 광합성 작용도 재해석될 수 있다. 조류(藻類) 식물의 단백질들은 빛이나 레이저의 광자를 흡수함으로써 자신의 전자를 더 높은 에너지로 만들고, 더 나아가 탄수화물을 만든다.

종합적으로 양자물리학은 고전물리학과 다음과 같은 차별성을 띤다. 첫째, 물리적 실재는 있는 존재가 아니라 관찰을 통해서 새롭게 창조될 수 있다. 대상의 존재 여부는 관찰에 영향을 받는다. 심지어 모든 외부의 현상이 실재하지 않고 의식의 문제로 수렴되는 경향을 심리학자 호프만(M. Hoffmann)은 강조한다.

> 나는 의식과 의식의 내용이 존재하는 모든 것이라고 믿는다. 시공, 물질, 장은 우주의 근본적인 거주자였던 적이 없고 처음부터 항상 더 보잘것없는 의식 내용들과 함께 의식에 의존하여 존재해 왔다.[8)]

주관적 관찰은 의식적 경험처럼 물리적인 세계의 존재를 부정할 수 있다. 철학자 헤겔도 당시 새로운 과학적 개념들이 속속 생성되는 상황을 보면서 그 기반을 대상이 아닌 주체에서 본다. 말하자면 양전기, 음전기, 거리, 속도, 인력 등은 사유에서 생긴다.[9)] 대상을 설명하는 것은 오히려 자기를 상대로 하는 것이며 자기만족을 위한 행위다. 대상의 감각적 외양은

---

8) 브루스 로젠블룸 외, 전대호 역, 앞의 책, 317쪽.
9) 헤겔, 임석진 역, 『정신현상학1』, 한길사, 2005, 202쪽 참조.

오성을 통해 개념으로 이해된다. 또한 멀리 떨어진 두 사건이 어떤 물리적 힘의 관여 없이 서로에게 영향을 미친다. 심지어 어떤 대상에 대한 관찰이 아주 멀리 떨어진 다른 대상의 행동에 관계하며, 이를 아인슈타인은 "도깨비 같은 작용"[10]이라고 표현했다. 더불어 양자물리학적 관점에서 대상을 말할 때, 구체성을 초월하는 형이상학적인 것 혹은 관념들이 물질적 특성에 포함되어야 한다.

따라서 더 정확한 결과를 의도하는 양자물리학의 유행은 자연스럽게 기존 물리학의 세상에 대한 물질적 해명을 의심스럽게 한다. 물질은 현실태가 아닌 가능태나 "유기적 종합체"[11] 개념으로 바뀐다. 그만큼 기존의 물질, 공간, 시간 개념이 바뀌고, 덧붙여 에너지론도 추가된다. 앞에서 말했듯이, 양자역학에서는 관찰되는 물질만큼이나 관찰하는 의식 행위도 고려의 대상이며, 그런 의식에는 주관적 의미 관계가 내포되어 있다. 이 세상의 여러 가능태 중에서 의미 관계를 고려해 선택된 현실태가 유기적 종합체다. 선택의 계기는 다른 사물과의 관계에서 나온다. 유기적 종합체의 본질은 전체와의 관계 속에서 이해된다. 그러나 유기적 종합체는 현실적인 모습으로 등장할 때 여전히 불확정적이며 가능성의 존재이기 때문에, 다른 객체와의 상호 관계성, 아니 전체 속에서의 위상과 밀접히 관련한다.

유기적 종합체는 아련하게 아리스토텔레스의 형이상학 개념을 떠올리게 한다. 아리스토텔레스는 형이상학을 완성시키면서 제1운동자, 즉 신(神)의 개입을 암시한 바 있다. 신은 종교적 초월자가 아니다. 아리스토텔레스는 제한된 경험 내의 실제 사물을 인식하기 위해서 일반적인 개념을 필요로 한다. 그래서 개별 사물들은 우주라는 전체 작용체계와 관련하여 그 진정한 존재의 목표를 갖는다. 아리스토텔레스가 말한 제1운동자인 신이 과학철학에서는 일종의 원리로 이해되고 있다. 신의 질서가 원리로 변

10) 브루스 로젠블룸 외, 전대호 역, 앞의 책, 57쪽.
11) A. N. 화이트헤드, 오영환 역, 앞의 책, 259쪽.

신한 것이 현실태다. 그런데 현실태는 개별 사물로 존재하지 않고 가능태와 위계질서를 포함하며, 고정이 아니라 과정이자 생성이며, 다른 것과의 관계마저도 함축한다.

따라서 물질과 힘은 기존 개념과 다르게 정의되어야 한다. 분자에 근거한 뉴턴 물리학보다 미립자를 규명하려는 양자물리학이 더 적확할 수 있다. 양자물리학은 원자를 지배하는 체계를 설명하기 위해서 창안된 것이다. 원자는 단순히 존재하는 입자가 아니라 넓은 지역에 퍼져 있는 파동이다. 양자이론이 보다 작은 입자를 연구하면서, 기존 물리학의 입자론은 근사치 이론에 불과한 것으로 그 의미가 축소된다.

그럼에도 양자물리학에 따르면 대상에 대한 완벽한 분석결과는 가능할 수 없다는 점이 암시되고 있다. 자연은 우리의 감각적 지각을 넘어선 광대한 영역이 아니라 감각적 지각의 대상으로 축소되며, 물질적 실재가 아니라 물질들의 상호 관계를 탐구하는 분야로 전락한다. 고전물리학은 지양되고, 그 공백에 "과학철학"[12)]이 들어선다. 과학철학에서 주관과 객관의 구분은 불분명해지며, 주관과 객관의 구분은 없다는 점마저도 암시된다.

양자물리학에서 말하는 물질은 우리가 알고 있는 물리적 사물의 연장적인 존재와 다르다. 이전까지 물질은 지속성을 갖춘 것이다. 물질은 시공간 속에서 단순하게 위치한다. 그러나 양자물리학에 따르면 존재는 입자로 구성된다. 입자는 진동하는 것, 즉 수축과 팽창으로 이루어진다. 빛에 파동 성질이 있듯이, 물질도 입자이자 파동으로 표상된다. 1920년대 허블에 의해서 우주는 고정적이지 않고 팽창하고 있음이 관찰된다. 베르그손도 기존의 물질 개념을 "실재의 공간화에 기인하는 자연의 왜곡"[13)]이라고 비판한 바 있다.

따라서 하이젠베르크는 양자물리학의 실험이나 개념은 고전 물리학을

12) A. N. 화이트헤드, 오영환 역, 앞의 책, 312쪽.
13) A. N. 화이트헤드, 오영환 역, 앞의 책, 95쪽.

따르되, 그 안에 내재하는 불확정성 때문에 양자물리학이 실제로 적용될 수 있는 범위는 제한적이라고 주장한다. 중성자는 표상될 수 있지만 그 실체를 알 수 없으며, 파동하는 원자라는 것도 적확하지 않은 표현이다. 그래서 원자의 현황은 확률, 즉 일종의 경향이나 잠재태로 나타난다. 그러므로 에너지를 보유한 물질은 아리스토텔레스가 말한 잠재태(경향성, 가능성)가 내재하는 현실태와 비교될 수 있다.

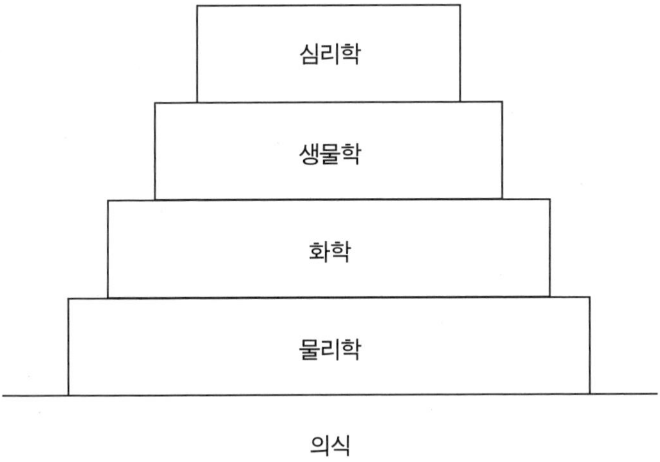

〈그림5〉 학문의 체계 – 양자이론의 관점

잠재태와 현실태의 구분은 불명료하며, 실재도 불확실한 양이다. 또한 실재를 파악하기 위해서 물리학자는 지각이라는 과정을 거치기 때문에, 현상하는 물리량과 보이지 않는 물리적 실체와의 대응 관계마저도 확실하지 않다. 이를테면, 빛이 입자가 아니라 파동이라면, 그 파동을 전달하는 매체는 에테르(ether)다. 온 우주에 퍼져 있는 에테르를 관통하여 우리의 시야에 들어오는 것이 창공에 빛나는 별이다. 따라서 시신경에 도달한 빛은 이미 원초적인 빛과는 다르다.

이처럼 양자물리학에서는 경험적 사실 혹은 객관적 사실만큼이나 관찰자의 의식이 중요한 의미를 띤다. 대상과 관찰자 사이에 '완전히 객관적'이라는 말은 이상으로 남을 만큼, 주관적 의식의 정체에 대한 궁금증도 차츰 부각된다. 양자물리학은 관찰이라는 의식적 특징을 주요하게 다룬다. 과학자의 학문적 주장도 기본적으로 의식에 근거하기 때문이다. 그의 지성이 외부를 관찰하면서 개념을 부가한 것이 학문적 주장이기 때문에, 의식이 대상보다 더 근원적일 수 있다.

4.1.2 의식의 구분: 물질적 지각과 비물질적 이성

양자물리학에서 실재란 객관적인 존재가 아니라 주관과 상호작용하는 존재다. 양자물리학자들은 물질의 창조 행위는 신이 주도하지 않고 인간의 관찰 행위에서 비롯된다고 설명하면서 의식을 설명하기 시작한다. 당시 의식의 정의에 대한 불투명한 논의 상황에서 양자물리학은 의식을 과학적으로 해명하려 한다.

그들이 말한 원자의 속성은 장치를 통해서 추론한 결과이며, 실재성이 아닌 가능성과 잠재성이라고 할 수 있다. 이를 통해 다른 물리적 실재의 존재가 입증되는 것이다. 그래서 혹자는 양자적인 미시 세계와 고전적인 거시 세계의 단층적 구분을 말하기도 한다.

의식은 주관적 존재다. 슈뢰딩어는 의식을 "살아 있는 유기체의 공간적 경계 안에서 일어나는 시간과 공간 속의 사건"[14]이라고 정의내린 적이 있다. 그러면서도 의식에 대한 정의는 자연과학의 범위를 벗어나는 일이라고 겸손해했지만, 언젠가 물리학과 화학으로 가능할 것이라고 내다본다. 슈뢰딩어에게 의식은 물질이다. 다만 살아 있는 유기체의 원자 배열이 고전 물리학자나 화학자가 다룬 물질의 구조와 다르기에 아직 설명할 수 없다. 살아 있는 세포의 염색체 섬유는 불규칙적으로 활동하기 때문에, 이론

14) 에르빈 슈뢰딩어, 전대호 역, 앞의 책, 20쪽.

적으로 예측하기 곤란하지만, 엄연한 생물학적 사실이다.

게다가 원자도 현미경으로 식별할 수 있을 만큼 작은 크기의 알맹이로, 대략 "노란색 가시광선 파장의 1/5000에서 1/2000 사이"[15]다. 그래서 우리는 원자를 보거나 듣거나 만질 수 없다. 이를테면 수많은 원자들로 이루어진 감각기관 중에서 어느 한 개의 원자가 활동해도 그것을 우리는 느낄 수 없다. 뿐만 아니라 무질서한 열운동을 하는 원자에서 우리는 법칙보다 통계적 결과를 얻어낼 뿐이다.

세포 각각은 개별 생명체로서 서로 독립적이다. 이런 사실은 뇌 부위의 감각 영역도 제각기라는 점과 일맥상통한다. 그런데 감각기관에 들어온 개별 정보들이 뇌에서 결합되는 것이 아니라 심리적으로 하나로 느껴진다. 즉 개별 감각과 관계하는 뇌 영역들은 더 높은 수준의 메커니즘에 의해 통합되지 않고 동시에 활성화되면서 감각으로 경험되는 것이다. 게다가 다양한 세포 활동의 결과에 따른 감각과 사유도 무리 없이 연속된다. 따라서 그에 상관하는 뇌도 질서 있게 활동한다는 가정이 가능하다. 그것은 뇌가 엄밀한 물리법칙을 따르면서, 지각이나 경험과 같은 외부에 반응하고 그 결과가 사유에 영향을 미치고 있음을 의미한다.

뇌가 없는 유기체들도 있다. 또한 자연은 생명을 경시하거나 생명을 소멸시킨다. 따라서 인간의 뇌는 어떤 사명을 띠고 있다고 추정할 수 있다. 이를테면 뇌는 사람의 생명을 존속시키는 중대한 역할을 맡고 있는 것이다.

양자물리학은 20세기 후반에 물리학자 호킹을 통하여 M이론, 이른바 예외를 인정하는 이론으로 이어진다. 그는 우주가 처음에 한 지점으로 뭉쳐 있다가 큰 폭발로 탄생했다는 빅뱅 이론으로 우주의 생성을 설명한다. 지금도 은하들은 서로를 밀쳐내고 있으며 안정적이지 않다는 것이다. 빅뱅 이론은 우주의 지속적인 변화를 주장하며, 아인슈타인의 팽창과 수축

15) 에르빈 슈뢰딩어, 전대호 역, 앞의 책, 24쪽.

의 균형을 통한 우주 상수를 비판하고 있다.

그렇다면 순차적인 질서, 이를테면 빅뱅의 작은 점, 그 직후에 생긴 물질과 공간, 그리고 생명체의 탄생, 그리고 인류의 의식은 어떤 관계를 맺고 있을까? 빅뱅 직후에 팽창한 에너지는 우주를 만들고 여러 물질을 형성한다. 쿼크들이 결합한 양성자와 중성자로 이루어진 원자핵, 그리고 전자가 한 원자를 만든다. 그래서 수소와 헬륨 원자가 탄생하며, 그 뒤 탄소, 질소, 산소 등이 나온 것이다. 여러 원자들은 복잡한 분자를 형성했고, 생명체의 중요한 물질인 아미노산과 단백질을 만든다. 여러 단백질이 만나 유전을 가능하게 하는 DNA를 생성시킨다. 그리고 단백질과 DNA를 만드는 세포막이 나타난다. 그 다음에 첫 생명체인 세균이, 그리고 나서 진핵세포가 등장하며, 그 뒤 식물, 동물, 인류로 진화한다.[16)]

그럼에도 36억 년 전으로 추정되는 생명체의 탄생은 확률 10123분의 1에 불과한 불가능에 가까운 사건이다.[17)] 그래서 생명체가 외계에서 왔다는 설도 한동안 유행했다. 다른 우주의 생명체의 존재를 상상해보지만, 그 확률은 매우 낮다. 그렇다면 이처럼 확률이 대단히 희박한 사건이 지구에서 벌어진 과정, 그리고 단세포생물에서 다세포생물인 인류로 비약한 과정을 단지 우연으로 볼 수 있을까?

그중에서도 인류의 등장은 더욱 특수한 사건이다. 지구에서 인류는 태어났고, 신이 그에 맞게 우주를 조정했다고 얘기되곤 한다. 그러나 이런 경우는 인류의 능동적인 간섭을 낮게 평가한 것이다.

그래서 우주가 인류의 관찰에 의해 창조된 경우를 상상한다. 아직 알려지지 않은 물리학 원리들을 포함하여 궁극적으로 만물의 원리를 지향하는 학문이 양자물리학이다. 빅뱅 직후에 우주는 지금과 비교할 수 없을 정도로 작았지만, 점차 무작위적으로 확대된다. 초기에 우주는 미리 정해진

---

16) 이준호, 『과학이 빛나는 밤에』, 추수밭, 2014, 140쪽 이하 참조.

17) 브루스 로젠블룸 외, 전대호 역, 앞의 책, 416쪽.

길을 따라가는 것 같지만 불확실성이 개입하기 시작한다. 따라서 실재는 종료된 것이 아니라 역동적인 과정의 산물이라고 볼 수 있다.

호킹은 양자물리학을 바탕으로 모형 의존적 실재론(model-dependent realism)을 제안하기에 이른다. 이 이론은 과거부터 지금까지 여러 물리 법칙들의 수다한 변화에 주목하면서, 왜 그런 전환들이 가능했는지를 성찰한 결과다. 그 주된 원인은 물리학자의 주관적 입장이다. 동서고금을 막론하고 물리학자는 자신의 모형에 객관적인 세계가 들어맞을 경우에 그것을 실재라고 말했으며, 그런 바탕 위에 자신의 이론을 세워나간다. 그런데 지금까지 도출된 여러 모형들은 수정 · 비판되었다는 점에서 불완전하지만, 여전히 정확히 예측하고 있다는 점에서 유효하다. 그래서 모형 의존적 실재론은 복수의 이론을 포괄하는 방향으로 나아가게 된다. 지난 물리학 이론의 역사는 완전함을 지향하는 발견사로 이해되기 때문이다.

양자물리학은 결정론을 지양한다. 일관성과 예측을 가능하게 하는 고전물리학의 자연법칙은 양자물리학을 통하여 자연을 더 이상 그 자체가 아닌 인간과의 상호작용에서 이해한다. 자연법칙도 과학이라는 틀을 벗어나 더 큰 시스템의 한 지체로 기능하고 있음을 암시한다. 그래서 완벽한 일관성에 기초한 자연법칙은 더 이상 설 자리가 없다.

> 자연법칙은 비록 모든 사례에서 보편적으로 성립하지는 않더라도, 최소한 규정된 조건들에 맞는 사례들에서는 예외 없이 성립해야 한다.[18)]

뉴턴의 운동 법칙은 광속 이전에는 옳지만, 광속과 가까운 속도에선 수정되어야 한다. 그럼에도 뉴턴의 주장을 법칙으로 주장할 수 있는 근거는 인간의 일상에서 뉴턴의 운동 법칙이 근사치를 줄 수 있기 때문이다. 또한

---

18) 스티븐 호킹 · 레오나르도 믈로디노프, 전대호 역, 앞의 책, 36쪽 이하.

빛에 대한 해석도 이전과는 다르게 진행된다. 뉴턴은 빛이 작은 입자들로 이루어져 있다고 주장하지만, 19세기부터 빛의 파동 이론도 유행한다. 그래서 내려진 결론은 빛에는 파동과 입자의 속성이 동시에 있다는 것이다.

법칙과 예외의 관계에 대한 논의, 아니 자연의 단일한 질서에 대한 논쟁이 점화된다. 플라톤이나 아리스토텔레스는 예외를 인정한 법칙을 부정한 반면, 기독교에서는 법칙과 예외를 포함하는 하느님의 존재를 믿는다. 그런 예외는 기적으로 나타났으며, 그 주장들은 기존 이론들의 불완전성을 방증한다.

호킹의 이론도 입자의 위치나 속도는 관찰자가 측정할 때까지 확정할 수 없다는 하이젠베르크와 보어의 양자역학 및 불확정성 원리에 근거한다. 양자역학이 다루는 미세한 입자들의 세계에는 파동과 입자의 성질이 동시에 존재한다. 입자에는 운동성과 고정성이라는 속성이 함께 있기 때문에 그 양은 정확히 측정될 수 없다. 혹은 운동량이 정확히 측정되더라도 그 위치를 말할 수 없고, 반대로 그 위치를 측정하면 운동량을 말할 수 없다. 자연현상의 위치나 속도가 면밀히 기술될 수 없기 때문에, 고전역학의 결정론이 확률론으로 수정되는 것은 불가피한 일이다. 그리고 원자 이상의 세계에서 인정되어오던 인과관계, 그리고 실체와 현상의 구분은 모두 오차가 있는 결과로 증명되고, 이전에 모순적이고 이중적인 성격으로 낙인을 받은 것은 새롭게 파악된다.

고전 역학은 양자 역학을 통해서도 폐기되지 않는다. 고전 역학의 물리량 방식은 물질세계의 세부 내용을 어느 정도 설명할 수 있기 때문이다. 따라서 자연에서 물질의 특징은 이중적(예를 들면 위치와 속도)으로 결정되어야 한다. 호킹은 한 가지 관점이 아닌 다양한 이론들의 집합을 가지고 이중적인 속성을 포함한 자연현상을 설명하며 "M이론(M-theory)"[19]을 말

19) 스티븐 호킹 · 레오나르도 믈로디노프, 전대호 역, 앞의 책, 13쪽 참조.

한다.

그렇다면 호킹의 M이론은 인간 생명체에게 어떤 방식으로 적용될 수 있을까? 물질세계는 결정되어 있다는 뉴턴 물리학은 원자와 그보다 더 작은 입자들이 발견되면서 흔들렸다. 이 세계는 복잡하면서도 비선형적, 비결정적인 구조를 가졌다. 따라서 정확한 예측은 불가능하다. 그럼에도 신경과학자들은 뉴런 활동, 시냅스 조합, 활동전위의 등장이 의식을 잉태한다고 확신한다. 그러나 양자물리학에 기반한 신경생물학자들의 이론은 물질에서 사유를 증명하면서도 자유의지의 가능성을 인정했기 때문에 결정론적인 신경과학 이론과 충돌한다.

그렇다면 신경과 신경전달물질의 조합이 정신을 설명할 수 있을까? 인간의 자유의지나 행동만큼은 법칙으로 설명할 수 없다고 한 데카르트는 유독 자연법칙의 실효성에 미련을 두었다. 인간은 신체와 영혼으로 나뉘지만, 신체는 일종의 기계처럼 작동하고, 영혼도 뇌의 중앙에 있는 송과선에 위치할 만큼 국소적인 점에서 유사하다. 뇌과학자들은 우리가 사유를 하거나 행동하면서 자유를 느끼지만, 사실 인간의 행동은 지각 과정에서 처리된 물질로 결정되어 있다고 생각한다. 그들은 행위를 결정하는 것은 행위자의 자율성이 아니라 뇌이며, 인간은 "생물학적 기계"[20]에 불과하다고 주장한다. 영혼은 법칙으로 소급할 수 없다고 생각한 호킹은 그래도 지각까지의 의식을 지배하는 것은 뇌라고 생각한다.

> 눈을 통한 지각에서, 우리의 뇌는 시신경을 통해서 일련의 신호를 받는다. 그 신호들은 텔레비전 화면처럼 선명한 상을 만들지 않는다. 시신경이 망막과 연결되는 위치에 맹점이 있을 뿐 아니라, 시야 전체에서 해상도가 좋은 부분은 오직 망막의 중앙에서 대략 시각 1도 이내의 좁은 구

20) 스티븐 호킹 · 레오나르도 믈로디노프, 전대호 역, 앞의 책, 41쪽.

> 역뿐이다. 그 구역의 폭은 당신이 팔을 앞으로 뻗고 엄지손가락을 세웠을 때 그 엄지손가락의 폭과 같다. 그러므로 뇌에 들어온 미가공 데이터는 상태가 아주 나쁘고 구멍까지 뚫어져 있는 그림이다. 다행히 인간의 뇌는 그 데이터를 처리한다. 양쪽 눈에서 온 입력을 조합하고, 가까운 지점들의 시각적 속성은 유사하다는 전제 하에서 구멍들을 메우게 된다. 더 나아가서 인간의 뇌는 망막에서 온 2차원 데이터 배열을 읽어서 3차원 공간의 인상을 창조한다. 요컨대 뇌는 정신적인 그림 혹은 모형을 구성하는 것이다.[21)]

시선을 통해 들어온 대상의 속성은 광학적이며, 의식의 관점에서 볼 때 불완전하다. 하지만 뇌가 시신경을 통해 그 정보를 받아 이미지로 처리함으로써 우리는 이해할 수 있다. 지각은 헤겔이 말한 의식 과정 중에 물질적인 감각적 확신과 비물질적인 자의식 사이에 위치한다. 따라서 의식 활동의 토대는 단연코 뇌지만, 뉴런의 활동이 정신으로 탈바꿈하는 의식을 모두 설명하지 못한다. 그래서 인간의 행동을 예측하기는 불가능하며 정신 활동은 독립적인 것이다. 이처럼 의식의 국소성과 정신의 자율성은 역설의 관계에 놓여 있다. 그래서 호킹은 신경과학자들의 주장에 근거하면서 인긴의 행동을 해석할 수 있는 모델의 가능성을 미래로 돌린다.

> 인간의 행동이 정말로 자연법칙들에 의해서 결정된다는 것을 인정하더라도, 다른 한편으로 인간의 행동은 워낙 많은 변수들에 의해서 아주 복잡한 방식으로 결정되므로 실질적으로 해석이 불가능하다고 결론짓는 것이 타당할 듯하다. 그 예측을 위해서는 인간의 몸을 이루는 무수한 분자들 각각의 초기 상태를 알고 이를테면 그만큼 많은 방정식들을 풀어

21) 스티븐 호킹 · 레오나르도 믈로디노프, 전대호 역, 앞의 책, 58쪽.

야 할 테니까 말이다. 그러려면 이삼십억 년이 걸릴 텐데, 상대방이 펀치를 날릴 것을 미리 알고 고개를 숙이려는 사람에게 이삼십억 년은 터무니없이 긴 세월일 것이다.[22]

호킹에 따르면 언젠가 인간의 행동도 뇌의 관점으로 설명될 수 있다. 그러나 인간 행동의 초기 조건인 신경세포들의 조합 혹은 상호작용, 첨가되는 여러 변수들을 모두 세세하게 설명하는 것은 여전히 불가능하고, 비효율적이다.

실재의 다면성을 인정하는 양자역학은 인간의 자유의지를 부정하지 않는다. 이처럼 인간의 행동을 제한적으로 설명할 수 있는 이론을 호킹은 "유효이론"[23]이라고 말한다. 본래 유효이론이란 그 전체적인 모형은 맞지만 세부적인 유관 내용을 기술하지 못한다. 인간의 몸은 원자와 분자로 이루어져 있지만, 그 사이들의 방정식이나 관계가 빠짐없이 재현될 수 없기 때문이다.

뿐만 아니라 심리학과 같은 학문도 행동과 자유의지의 관계를 설명하기 때문에 유효이론의 범주에 넣을 수 있다. 자유의지의 초기 조건이 정량적으로 설명될 수 없기 때문에 그 시간적 변화 과정도 추적할 수 없다. 또한 인간과 동물의 친근성을 강조한 진화론도 인간이라는 존재를 생존과 번식, 충동과 본능에 따른다고 이야기했지만, 미래의 동식물 상황을 기술할 수 없다.

따라서 호킹의 자연법칙을 다음과 같이 설명할 수 있겠다. 자연법칙은 관찰자와는 독립된 존재의 직접적 반영이 아니라, 인간과 자연을 포함한 우주를 단일한 법칙으로 설명할 수 없는 다양한 법칙들의 집합이다. 우주와 그 안의 모든 것이 자연법칙을 따르더라도, 시간이 흐르면서 물리량은

---

22) 스티븐 호킹 · 레오나르도 믈로디노프, 전대호 역, 앞의 책, 41쪽 이하.
23) 스티븐 호킹 · 레오나르도 믈로디노프, 전대호 역, 앞의 책, 42쪽.

확대되고 그만큼 우주의 미래에는 불확실성이 커진다. 이런 비결정론은 인간의 정신과 행동에 대한 예측을 불가능하게 한다.

4.1.3 창발한 의식: 의식이 생기다

뇌가 물리 법칙으로 설명될 수 있을까? 고전 물리학의 결정론적 성향은 과학철학에서 지양된다. 역설적으로 인간의 의식 혹은 정신 활동이 물리 이론으로 설명될 수 있는 가능성이 논의되기 시작한다. 이미 라플라스 같은 경우에 인간을 기계로 이해하면서 가상현실의 미래를 선취하고 있다. 그러나 생명체의 정체는 신체 기관을 해부하거나 기존의 물리, 화학 법칙만으로 모두 해명될 수 없었다. 뇌의 심리 과정이 물리적 메커니즘으로 연구되고 정신 활동이 대상으로 여겨지더라도, 양자이론에서 말한 것처럼 우주는 불규칙적으로 팽창하고 있고 정신 활동에는 주관적 성질이 있기 때문에 완전히 파악될 수 없다는 것이다.

그래서 빅뱅으로 탄생한 지구에 생명력(vital force) 개념[24)]이 도입된다. 물질에서 생명체로 전환하는 시점에 다른 뭔가가, 생기론이, 즉 화학이나 물리학에서 설명하지 못하는 힘이 추가된다. 이를테면 뇌는 유전자의 지배를 받는다. 사람이 누구나 죽을 수밖에 없도록 프로그램된 것은 유전자 때문이다. 게다가 현대의 유전학자들은 뇌가 유전자의 질서를 따르며 정보를 해석하는 신체의 기관에서 진화해왔다고 본다. 유전자가 행동에 영향을 미치며, 외부의 자극과 상관없이 특정한 경향이나 소양을 인간에게 미리 부여한다. 기억을 저장하고 있는 편도의 유전자가 활성화될 경우에, fMRI(기능성자기공명영상법)가 작동해도 그 경로를 탐색하기는 힘들다. 즉 어떤 조건에 대하여 공포 반응이 자리를 잡고 있는 편도가 원인이 되는 반응은 제어하기가 힘들다.

---

24) 브루스 로젠블룸 외, 전대호 역, 앞의 책, 58쪽 참조.

유전자는 계획과 수단이 있는 수많은 암호를 자체 내에 갖고서 작동한다. 그런 유전자가 뉴런 활동을 규정하고, 학습하는 뇌를 결정한다. 따라서 유전자에 대한 완벽한 지도가 완성되고 덧붙여 뇌 기술이 결합하면, 모든 질병에서 해방될 수 있다는 의견이 암암리에 현대 사회에 퍼져 있다. 이를테면 헌팅턴 무도병의 원인인 뇌 안의 유전적 장애가 제거됨으로써, 의도하지 않았는데 병적으로 몸을 움직이는 운동 장애인을 치료할 수 있다. 뿐만 아니라 유전자 연구를 통해서 도파민 부족으로 발생하는 파킨슨병 치료에도 접근할 수 있다. 환자의 도파민을 생성하지 못하는 뇌 부위에 도파민 생성 뉴런을 심어줄 수 있다.

유전자 측면에서 인간을 살펴보면, 사유와 행동의 의미는 그저 유전자의 번식에 기여하는 수단으로 축소될 뿐이다. 오랜 세월에 걸쳐 유전자 사이에도 경쟁이 벌어지는데, 그 과정에서 우세하게 등장한 것이 도킨스(R. Dawkins)가 말한 '이기적 유전자'다. 이 논리에 따르면, 이기적 유전자는 자신의 분신을 만들면서 자신의 생존과 번식에만 관심을 쏟는다.

따라서 유전자를 인간의 주인으로 옹호하는 학자들에게 심오한 문화란 실제를 가리는 베일, 즉 짝짓기 능력의 도태로 환원될 수 있다. 또 변이된 유전자인 이성은 건강이나 섹스보다 지적이고 추상적인 능력에 관심을 기울인다는 점에서 문화와 유사한 것으로 여겨진다. 사람의 이기적이며 본능적인 태도가 실제적이며, 이타적이고 이상적인 태도는 인간의 본래 모습과는 모순된다.

하지만 뇌 이론은 다윈의 진화론과 결합하면서 시간 개념을 도입한다. 생명계는 우연한 변이나 자연도태, 혹은 적자생존의 과정을 통해서 유기체를 도태하거나 진화시킨다. 진화론은 인류를 동물과 구분하는 데에서 멈추지 않고 인류를 원시인과 현대인으로 대비시킨다. 본능은 본래적이고 원시적인 것이며, 이성은 부자연스럽지만 문명화와 관련된다. 인간은 보통의 생명체와 다른 길을 걸어오면서 비약에 비약을 거듭해왔다. 가장 중요한 추진력은 의식 활동이다. 뇌에 산소가 유입되고, 신경세포가 새로이 생성되어 시냅스를 가능하게 하고 혈관이 활성화되며, 뇌의 가소성에 따라 뇌는 성장한다.

인간의 진화에는 물질, 우연, 생존 이외에 뭔가가 더 있을 것이라고 추정됨으로써, 진화도 산수의 공식이 아니라 창발의 개념으로 이해되기 시작한다. 생명체가 진화하고 난 이후의 단계는 이전 단계로 수렴될 수 없다. 개별 단계들 사이에 어떤 비약이 있기 때문이다. 물리학이나 화학 법칙도 하나의 단계를 지배할 뿐, 다른 단계에는 적용될 수 없다. 자연도태설의 주창자 월리스(A. Wallace)는 진화의 역사를 세 가지 시대—생명의 시대, 의식의 시대, 문화의 시대로 구분했고, 스펜서(H. Spencer)는 신경 체계가 복잡해지면서 의식이 나타난다고 하였다.[25] 월리스의 도식을 한국의 동물학자 최재천은 뇌에 적용하여, "생존의 뇌", "감정의 뇌", "사고의 뇌"[26]로 구분한다.

철학자 데닛(D. Dennett)은 물질이 의식으로 전화될 때 그리고 동물 의식이 인간 의식으로 바뀔 때, 진화의 법칙을 그 기본으로 삼는다. 의식에는 "비반성적이며 로봇처럼 무심한 분자 기계의 미세한 조각"[27]들이 있으며, 그것들이 자동적으로 자기복제를 한다. 그 분자들이 단세포 생물이 되고, 그다음 다세포 생물과 해양 생물의 단계를 거친 뒤에 어류, 파충류, 포유류를 지나서 인류를 형성하기에 이른다. 결과적으로 인류는 자기 복제한 거대한 분자들로 이루어져 있는 로봇이라고 할 수 있다. 따라서 뇌의 뉴런들도 세균이나 효모처럼 자기증식을 하며 아무런 질서 없이 움직인다.

또한 인간의 정신을 물리 · 화학 법칙으로 살피려는 경향도 감지된다. 하이젠베르크는 양자이론을 통해서 화학과 물리학의 관련성을 주장하는

25) 줄리언 제인스, 김득룡 · 박주용 역, 『의식의 기원』, 한길사, 2005, 31쪽 이하.
26) 에드워드 윌슨, 최재천 · 장대익 역, 앞의 책, 18쪽.
27) 대니얼 데닛, 이희재 역, 『마음의 진화』, 사이언스북스, 2009, 52쪽.

것이다. 하지만 그 결과는 생물학 이론과 다르다. 반면 생물학은 물리, 화학 법칙을 발판으로 삼아서 더욱 발전해나간다. 왜냐하면 생명체는 안정적이며, 대단히 많은 세포들로 구성되어 있고, 생명이나 세포, 감각 등에 대응하는 개념을 물리학이나 화학에서 찾을 수 있기 때문이다. 화이트헤드도 생물학에서 말하는 살아 있는 세포가 물리학에서 언급되는 전자와 양자에 비교될 수 있다고 말한다.[28)]

신경과학은 인간을 원자, 신경세포, 뇌 등의 위계질서로 나누고 각각을 측정한다. 따라서 신경계는 불확정적인 원자라고 할 수 있다. 인간도 원자에서 시작하여 여러 단계를 거쳐 형성된 것이고, 그 역방향으로 분석이 가능하다. 그래서 창의성도 근본적으로 뇌 활동, 즉 에너지 생성과 운동 신경의 진화에서 시작하여 통증과 쾌감의 단계를 거쳐서 행동으로 표출된 것으로 이해된다.

양자 물리학이 의식을 설명하는 예를 더 들어보자. 전자의 활동이 뇌에서도 관찰된다는 것이 펜로즈(R. Penrose)와 헨리 스탭(H. Stapp)의 주장이다.[29)] 펜로즈는 뇌의 무수한 생각들이 파동 상태로 존재하고 있다가 붕괴하면서 입자 상태로 결합하는데, 이것을 의식적 사고라고 말한다. 그리고 파동에서 입자로 전환하는 과정에 결정적으로 관련하는 요소가 몸 전체의 세포에서 발견되는 "세포골격 단백질인 미세소관"[30)]이다.

한편 스탭은 물질에 기반한 의식이 거꾸로 물질에 영향력을 발휘할 것이라고 말한다. 인간의 자유의지는 근육을 통해 간접적으로 외부에 영향을 미친다. 양자물리학은 모든 만물이 서로 상호작용하면서 조건 짓는다고 주장한다. 그럼에도 이런 상호작용에서 자유로워진 것이 자유의지다. 양자물리학은 인간이 자유의지를 지녔음을 전제한다. 자유의지라고 일컫

28) A. N. 화이트헤드, 오영환 역, 앞의 책, 177쪽 참조.
29) 브루스 로젠블룸 외, 전대호 역, 앞의 책, 317쪽 이하 참조.
30) 크리스토프 코흐, 김미선 역, 앞의 책, 9쪽: cytoskeletal protein, microtubles

는 것은 어떤 행위가 뉴런 활동과 관련 없이 수행되는 것을 말한다. 의식이 피질의 활동과 상관없이 행위를 수행할 경우에 자유의지의 존재는 확인된다. 이처럼 스탭의 양자이론은 물리적 실재는 물론이고 정신적 실재의 존재를 전제한다. 의식으로 대표되는 정신적 실재는 뇌를 포함하는 물리적 실재에 작용한다. 그 결과는 의도로 나타나고 선택을 하게 하면서, 외부 세계에 영향을 미치고 있음을 증명한다.

뇌를 물리학에서 설명하려는 시도는 신경과학자 가자니가(M. Gazzaniga)의 연구에서 더욱 구체화된다. 그는 뇌의 물리적 과정을 통해서 의식이 생성되며, 역으로 의식이 뇌의 활동을 제약한다고 확신한다.[31] 그러므로 가자니가는 자신의 입장을 결정론적 입장과 관념론적 입장의 변증법적 통합으로 이해하고 있다. 인간은 자유롭게 결정하지만, 그때 우주를 아우르는 물리 법칙이 간섭하고, 그의 자유로운 결정에는 어떤 모순도 없다는 것이다. 따라서 우리에겐 물질과 의식의 관계를 기존의 인과적 틀을 넘어서 생각해보아야 하는 과제가 던져진다.

4.2 뉴런 신경과학: 뉴런, 활동전위, NCC가 의식을 설명하다

4.2.1 뇌 구조

두개골 안의 뇌는 크림색 물질로서 여러 가지 조직이 다양하게 결합되어 있다. 뇌는 기하학적 관점에 따라 두 가지로 구분된다. 뇌는 측면에서 보았을 때 앞(뇌간), 중간(대뇌변연계), 뒤(대뇌피질) 영역으로 구분될 수 있다.(5.2.1장 매클린의 삼위일체 이론에서 상론) 하지만 뇌를 앞에서 관찰하면, 좌우대칭의 모양으로 좌반구와 우반구(5.2.3.3장 의식이 나뉘다에서 상론)로

31) 마이클 가자니가, 박인균 역, 『뇌로부터의 자유』, 추수밭, 2011, 13쪽 참조.

나뉜다.

인간 신체에서 뇌의 비율은 다른 동물의 경우보다 크다. 코끼리 뇌는 5,000g, 고래 뇌는 8,500g인 반면, 인간 뇌는 1,450g에 불과하다. 하지만 인간의 몸무게에 대한 뇌 비율은 대략 2%를 차지하는 데 비해, 침팬지의 뇌는 대략 420g이기 때문에 0.9%의 비율이다. 따라서 인간은 몸무게에 비해 상대적으로 큰 뇌를 소유하고 있다고 말할 수 있다. 그래서 다윈이나 신경해부학자 헉슬리(T. Huxley)는 인류와 고등동물의 구분은 두뇌 기능의 차이가 아니라 두뇌 크기의 차이에서 온 것이이라고 주장했으며, 이런 생각은 1960년대까지 이론의 여지가 없었다.[32)]

그런데 인간 뇌가 다른 신체기관과 비교해볼 때 계속 커져왔음은 여전히 설명되지 않았다.[33)] 심리학자 페스팅거(L. Festinger)는 인류가 두 발로 걷고 손과 팔을 다른 용도로 쓰게 된 이유로 두뇌의 존재를 들었다. 그리고 모방과 독창성도 뇌를 발달시킨 주요한 계기다. 뇌의 크기 말고도 인류의 존엄을 설명할 수 있는 이유는 또 있다. 인류학자 할러웨이(R. Holloway)나 진화생물학자 드 빈터(W. de Winter)는 인류 뇌와 유인원 뇌가 기본적으로 다른 조직을 가졌다고 주장한다. 인류 뇌는 생존에 급급하지 않을 뿐만 아니라 무한 목표를 가지고 학습할 수 있으며, 매클린의 삼위일체 뇌 모형과 같이 단순히 뇌 층으로 구성되어 있지 않고 진화하면서 뇌 전체의 변화를 이끈다.

우리는 두개골의 화석 연구를 통해 인류의 진화를 대략적으로 살펴볼 수 있었다. 350만 년 전에 존재했던 인류의 조상 오스트랄로피테쿠스는 직립 원인이며, 당시 뇌의 크기는 침팬지와 유사했다. 그러나 250만 년 전

32) 마이클 가자니가, 박인균 역, 앞의 책, 48쪽 참조.

33) Gerhard Roth, *Das Gehirn und seine Wirklichkeit,* Suhrkamp, Frankfurt a.M. 1997, 66쪽 이하 참조. 수전 그린필드, 정병선 역, 앞의 책, 237쪽: 원숭이의 대뇌피질 면적은 우편엽서 크기이고 침팬지의 대뇌피질은 A4 용지 한 장 정도의 크기인 반면, 인간 대뇌피질의 면적은 A4 용지 네 장 크기다.

의 호모 에렉투스는 손을 이용하여 도구를 만들 수 있었고, 소리를 지르면서 소통하며, 안위와 생존을 도모했다. 여전히 뇌의 크기는 작았어도 이전보다 커져 있었다. 50만 년 전에 호모 사피엔스의 뇌에는 발성에 없어서는 안 될 기관인 후두의 위치가 많이 내려갔음이 확인된다. 그것은 뇌와 척수 사이에서 말할 때 필요한 호흡 조절의 구조가 발달했음을 방증한다.

4만 년 전 이래로 인간은 의사를 적극적으로 표현하면서 비유와 상징을 쓰고, 문화와 예술 활동을 통하여 보통의 영장류와는 다른 길을 걷게 된다. 언어라는 새로운 능력을 관장하는 영역이 뇌에 추가된 것으로 보인다. 19세기에 들어서야 뇌의 왼쪽 관자놀이 근처에서 언어 중추인 브로카 영역(Broca's area)과 실어증과 관련하는 베르니케 영역(Wernicke's area)이 발견된다. 그리고 브로카 영역은 음성을, 베르니케 영역은 의미를 담당하는 것으로 회자된다. 그러나 언어를 사용할 때는 연상이나 기억도 필요하다. 그래서 훗날 언어를 할 수 있기 위해서 대뇌피질의 두 가지 영역 이외에 다른 영역의 활성화도 필요하다는 점이 밝혀진다.

좌반구만이 언어 능력과 관련하는 것은 아니지만, 양반구의 기능에는 차이가 있다. 그래서 좌반구가 논리적 기능과 관련하고, 우반구는 감정적 기능과 관련한다는 이론이 제기될 정도로, 언어는 뇌의 좌반구에서 주로 담당한다는 것이 일반적으로 인정된다. 더 나아가 신경과학자 가자니가는 언어, 인지, 문제해결, 지능을 담당하는 좌반구가 커짐으로써 상대적으로 우반구가 작아지고, 그 기능이 점점 축소되었다고 주장한다.

그렇다면 우리가 잃어버린 우반구의 능력은 도대체 무엇이란 말인가? 미개한 문명으로부터 개화 과정에서 자아(에고)가 형성되며 이성과 논리가 필요되었고, 이에 따라 좌반구의 발달이 촉신된다. 좌반구는 언어를 지배하면서 의식을 생성한다. 초기 인류사에서 좀비적인 즉각 반응의 탄생지가 뇌라고 한다면, 뇌는 점차 진화하여 인간에게 의식 활동을 가능하게 한다.

> 의식은 특별한 유형의 고도로 진화된 생물학적 기관이 가지는 성질이다. 따라서 지각할 수 있는 경험은 분명히 어떤 목적을 위해 있는 것일 터이다. 의식은 치열한 경쟁의 세계에서 그 유기체가 비의식적인 좀비보다 우위를 점하도록 해주는 것이 틀림없다.[34]

역사의 시작 이래로 의식은 인간이 적자생존이나 다른 피조물과의 경쟁에 이기기 위해서 만든 필요한 도구라고 이해되어왔다. 심지어 인간은 감각이나 지각 능력을 생명의 전제 조건으로 생각하기에 이른다. 그리고 의식 형성의 중요한 요소는 진화였다.

다양하고 수많은 정보가 우리의 감각기관을 통과해서 전달되지만, 뇌는 모든 것을 한꺼번에 실시간으로 처리할 수 없다. 감각기관에 들어오는 수많은 정보들은 뇌가 항상 즉각적으로 반응할 수 없을 만큼 용량이 크기 때문이다. 인간이 좀비적 반응에 머무르지 않고 초좀비적인 의식을 갖게 된 것은 자연선택의 결과라고 여겨진다.

따라서 뇌는 외부로부터 들어온 다양한 정보들을 간결하게 요약하는 장치라고 할 수 있다. 요약이란 필요한 항목들만 표상하면서 불필요한 많은 정보를 버리는 것을 의미한다. 의식은 좀비적인 행동이나 상황에 부적절한 행동을 지양하고, 기억을 거부하거나 억압한다. 뇌가 정보를 요약하고 집중시킨 뒤에, 뭔가를 계획하고, 제일 좋은 행동을 생각해내기에 이른다. 이에 따라 주관적인 느낌을 가능하게 하는 의식은 예술, 수학, 과학의 탄생에 중요한 역할을 한다.

여기에 진화의 시간이 함께한다. 새로운 경험은 뇌에서 새로운 신경 결합을 가능하게 하고, 그 결과 일신우일신의 신경 구조를 형성해 나아간다. 특히 다른 뇌 영역보다 큰 영역을 구축해 온 것이 대뇌피질이다. 하지만

---

34) 크리스토프 코흐, 김미선 역, 앞의 책, 249쪽.

대뇌피질은 두개골이라는 물리적 껍질에 부딪히면서 무한 확장을 거듭할 수 없었고, 대신에 접히고 접히다가 호두처럼 주름투성이의 모양을 갖게 되면서 여러 엽(葉)들을 형성해왔다.

대뇌피질의 왕성한 활동에 따라, 뇌가 산소와 포도당을 꽤나 많이 필요로 하면서 혈액도 적극적으로 유입된다.[35] 인간의 대뇌피질 중에서 전두엽의 크기는 다른 포유류의 것보다 훨씬 크다. 이 영역은 인간의 고귀한 정신활동과 관련하는 것으로 알려져 있다. 대뇌피질의 전두엽이 주목받게 된 것은 불과 얼마 전부터였다. 20세기 전환기에 심리학자 프로이트가 정신 활동을 이드(Id, 파괴와 창조의 본능적 욕구), 에고(Ego, 욕구의 적당한 위치를 잡아주는 자아), 초자아(Superego, 에고를 억제하는 윤리적 판단력)로 구분한 것은 뇌과학계에도 영향을 미친다.

자아의 사유는 무의식에 접근할 수 없다. 사유가 의식 아래에서 작동하도록 진화해왔기 때문이다. 우리의 자유의지나 자발적인 행동은 의식과 관련하는 것 같지만, 실은 무의식의 조종을 받는다. 반면 무의식은 감정이나 사고에서 자유롭다. 신경학적으로 살펴보면 개별적인 지각은 외부 세계의 정보에 정확히 일치하지 않는다. 이를테면 망막과 의식, 입력과 출력 사이에 무엇인가가 추가되거나 삭제되는 것이다. 그렇다면 그것이 무의식일까?

좌반구와 우반구의 분리를 문명의 전환점으로 이해한 학자 중에 심리학자 제인스(J. Janes)가 있다. 그에 따르면 정신의 원래 형태가 양원적 정신이며, 이에 상응하는 신경학적 모델이 좌반구와 우반구다. 그가 주목한 부분은 좌우반구의 비대칭적인 발달 현황이다. 고대 그리스 역사가 시작되기 전에 인간의 우반구에는 종교적 소질이 있었다. 그러나 문명화가 진행됨에 따라 종교적 믿음의 성향이 정신분열증으로 이해되면서 우반구의 활동

35) 수전 그린필드, 정병선 역, 앞의 책, 40쪽 참조.

이 축소된다. 심리학자 호프만도 신과의 단절에서 나온 고통(pain)이 감정의 근원이자 인류의 카르마가 되었다고 주장한다. 인류사에는 카르마 위에 아동기의 잔혹한 경험과 트라우마가 쌓인다.[36)]

따라서 제인스와 호프만에게 무의식으로 들어가는 입구는 감정이다. 그러기에 만일 현대인이 감정의 정체를 안다면 보다 고차원적인 의식에 다다를 수 있다. 완전한 알아차림 상태란 의식이 명료해지고 에너지가 한 단계 상승한 경우를 말한다. 소위 각성 상태에서 해당자는 자각몽처럼 의식적으로 꿈에 접근할 수 있고, 육체 너머에 있는 자기 자신에게 접근하는 자유의지, 아니 신의 원칙을 따르게 된다.

감정을 산출하는 대뇌변연계나 우반구의 활성화는 특정 환각제를 복용한 사람이나 정신질환자들의 뇌파검사(EEG, 뇌전도)를 통해서 조사된다. 그러면 그들에게서 세타파와 알파파의 증가가 관측된다. 그들의 좌반구 활동은 상대적으로 느리지만, 전두엽의 변화는 거의 없다. 그러므로 비일상적인 의식과 전두엽의 상관성이 주목된다.

다윈의 진화론과 프로이트의 무의식론은 현대에 들어와 뇌 구조를 도식으로 만드는 데 근본적인 영향을 미친다. 뇌과학자 폴 매클린(Paul MacLean, 1913~2007)은 1974년에 인간이 실제로 세 개의 뇌를 가지고 있다고 주장한다. 그는 뇌를 파충류(reptile) 뇌, 포유류(mammalian) 뇌, 신포유류(neomammalian) 뇌로 구분한다. 제일 먼저 파충류 층이 생기고, 그 위에 포유류 층이 있으며, 다시 그 위에 신포유류 층이 수직적으로 포개진다.[37)]

파충류 뇌는 가장 오래된 뇌 부위로, 인류는 물론이고 어류나 파충류에서 발견된다. 뇌간(brainstem)이라고도 불리는데, 중뇌와 척수를 연결하며 이곳에 본능, 생식, 자기보존이라는 기본적 욕구들이 자리한다. 그래서 신

---

36) 에릭 호프만, 장현갑 역, 『이타적 인간의 뇌』, 불광, 2012, 99쪽 참조.

37) 마이클 가자니가, 박인균 역, 앞의 책, 51쪽 참조. 그리고 뇌 모형도는 에릭 호프만, 장현갑, 앞의 책, 51쪽.

경전달물질의 원천이자[38] 이드(본능, 충동, 욕구)의 출발지이며, 심장이나 순환계, 호흡, 성행위 등을 조절하고, 표정과 제스처로 드러나는 감정의 토대로 작용한다.

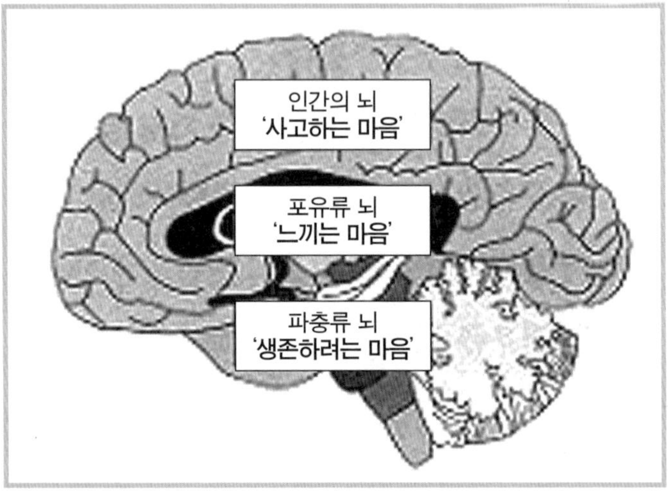

〈그림6〉 매클린의 삼위일체 뇌

심리학자 제인스는 의식의 신경 기반으로 송과선 대신에 망상체(reticular formation)라는 신경 다발을 거론하고 있다. 가장 오래된 신경계인 망상체는 뇌간에 감추어진 채 대뇌피질의 주요 영역과 연결되어 있다. 망상체는 감각신경과 운동신경의 축삭돌기를 끌어들이고, 시상과 시상하부로 뻗어나간다. 망상체의 활동 여부는 마취제가 증명한다. 마취제가 약효를 발휘하면 피실험자는 수면이나 혼수상태에 빠진다. 그런데 이 상태에서 전기를 가하면 다시 의식이 돌아온다.[39]

두 번째 영역인 포유류 뇌는 대뇌피질 아래에 위치하는 대뇌변연계

38) 수전 그린필드, 정병선 역, 앞의 책, 189쪽 참조.
39) 줄리언 제인스, 김득룡 · 박주용 역, 앞의 책, 39쪽 이하 참조.

(limbic system)이다. 구성 요소는 해마(hippocampus)와 편도(amygdala, 이상 기억 관장), 시상하부(hypothalamus 심박, 혈압, 발한 조절, 감정 조절), 전뇌기저부(basal forebrain)다. 여기서 충동이나 욕구에 부합되는 신체적 정서와 의식적 느낌이 생성되면서 기억을 채색한다. 대뇌변연계가 손상되면, 감정 장애와 같은 기괴한 증상이 나타난다.

세 번째 영역은 신포유류 뇌로, 뇌에서 가장 최근에 진화한 영역이다. 의학적 명칭은 대뇌피질(cortex)로, 외부 사물을 인지하는 중추다. 피질이 없이는 어떤 자극도 받아들일 수 없다. 말하자면 자극을 의식으로 바꾸는 역할을 피질이 담당한다. 따라서 피질은 "지각, 기억, 말, 의식"[40]의 토대로 인정되고 있다.

(대뇌)피질은 온통 회백색을 띠며 사이사이에 고랑이 파여 있다. 표면층을 살펴보면 얇고 주름이 많으며, 개별 부위의 생김새는 서로 조금씩 다르다. 이런 외양의 차이가 기능의 차이라는 점이 밝혀진 것은 오래되지 않았다. 신경해부학자 브로드만(K. Brodmann)이 1909년 대뇌피질 각 영역의 기능에 따라 색깔을 입혀 구분하고, 1번부터 52번까지 번호를 매긴다. 예를 들면 브로드만 영역 17은 1차 시각피질이며, 브로드만 영역 18에는 네 가지 시각 영역이 있다. 그 각각의 영역이 독립적으로 작용하는지 아니면 상호 협업하는지 명료하지 않으나, 기능만큼은 다를 것으로 추정되고 있다.

대뇌피질을 발생 순서로 구분하면 가장 오래된 후각피질, 해마피질, 그리고 가장 최근에 형성된 신피질, 이렇게 세 층이 있다. 유인원에서 인류로 진화하는 과정에서 피질의 양은 매우 증가했지만 그 유형은 변하지 않았다. 원숭이도 인류와 비슷한 운동, 깊이, 형태, 색채에 대한 지각 능력을 가지고 있다는 점이 증거가 될 수 있겠다.

매클린은 대뇌변연계와 대뇌피질 중에서 신피질(neocortex)에 주목한다.

---

40) 크리스토프 코흐, 김미선 역, 앞의 책, 75쪽 참조.

신피질은 1,000억 개의 뉴런으로 구성되어 있으며, 인지와 논리와 판단력을 통해서 파충류 뇌의 충동이나 욕구를 억제하는 기능을 담당한다. 신피질은 포유류 피질 중에서도 가장 최근에 발달한 부위로 의식 전반과 관련하면서 가장 고등한 의식을 담당하고 있다. 신피질은 기능에 따라 시각피질, 청각피질, 운동피질 등으로 구분되는데, 보통 감각을 받아들여 기억에 연결시킴으로써 지각을 가능하게 하며, 운동 명령을 내리고, 공간을 이해하면서, 사유와 언어를 관장한다.[41]

신피질은 두개골 안에서 뇌 부피의 80% 정도를 차지하며, 두께 2~3mm에 직경 35cm이고, $1mm^2$ 넓이에 10만 개 정도의 뉴런이 활동하고 있다. 뉴런은 대략 흥분성과 억제성으로 구분되며 5분의 4가 흥분성이다. 여섯 겹으로 구겨진 신피질은 냅킨 모양을 하고 있다. 신피질의 가장 위층인 1층은 뇌막 바로 아래에 있고 다음 층에 커다란 맥락을 전달하는 역할을 담당한다. 그리고 2층과 3층에 있는 뉴런은 앞 방향으로 투사된다. 4층은 입력 및 감각 영역이라고 할 수 있다. 5층과 6층의 뉴런 중 4분의 3은 피라미드 세포인데, 신경계와 접촉하면서 극파를 보낸다.

피라미드 세포에는 수상돌기와 축삭이 나와 있고, 그 둘은 어딘가로 향한다. 특히 축삭의 끝에서 글루탐산이 방출되면서, 피질의 아래와 정보를 주고받는다. 그럼에도 신피질 대부분은 시냅스 과정을 밟지 않는다. 말하자면 3~8억 개의 시냅스들 중에서 축삭을 통해 소통하는 뉴런들은 극히 일부에 불과할 정도로 신피질의 뉴런들은 고립되어 있다. 그 이유는 만일 모든 시냅스가 발화할 경우에 유기체가 온전히 유지될 수 없는 데다가, 억제성 세포도 활동하기 때문이다.

신피질은 중심 고랑 뒤에 있고 감각 입력과 지각을 담당하며, 후두엽, 측두엽, 두정엽, 전두엽으로 나뉜다. 특히 전두엽(frontal cortex)은 신피질에

41) 마이클 가자니가, 박인균 역, 앞의 책, 57쪽 참조.

서 가장 최근에 발달한 부위다. 그리고 전두엽의 방추 뉴런(spindle neuron)이 유별나도록 밀도 있게 등장하는 생명체가 인류다. 전두엽은 대뇌피질의 3분의 1, 뇌의 29%를 차지한다. 전두엽은 의도, 동기, 계획을 수행하고, 주의 및 집중하라고 지시를 내리며, 감정을 통제하고 해석한다. 전두엽이 손상된 사람은 운동 결핍이나 운동성 상실을 보이면서 파킨슨병이나 헌팅턴병과 같은 신경 장애를 겪을 수 있다.[42]

전두엽과 정신의 상관성은 게이지(P. Gage)의 임상 사례에서 밝혀진다. 1848년 철도회사 직원이었던 게이지는 건설 현장에서 쇠막대기가 두개골과 뇌의 전두엽에 박히는 사고를 당하나, 다행히 목숨을 건진다. 하지만 그 뒤 그의 성격은 급변한다. 행동이 급해지고 막말을 내뱉으며, 결국 회사에 사표를 내야 했다. 그의 병인은 손상된 뇌에서 신경화학 물질이 무절제하게 분비되어 신경화학 계통을 혼란스럽게 한 것에서 발견될 수 있다. 게이지는 일종의 정신분열증에 시달린 것이다.[43]

본래 뇌에서 우세한 부위는 좌반구 중에서도 두정엽이었다. 전두엽과 측두엽 사이의 두정엽은 감각 정보를 처리하는 곳이다. 그리고 후두엽은 시각을 담당하는 부위로, 뇌 뒷부분에 위치한다. 그런데 여러 엽 중에서 제일 진화한 뇌 부위인 전두엽이 사유하는 좌반구와 감정의 우반구 균형을 맞추어가고 있다. 몇몇 뇌과학자들은 전두엽 활동이 강화됨으로써, 그동안 활동이 부진했던 우반구가 새롭게 좌반구와 결합될 수 있다고 생각한다. 따라서 두정엽의 활동 감소는 사유의 부진으로 이어지게 된다. 그러나 전두엽이 활성화될수록 자아의 역할이 줄어들면서 우리는 현존을 즐기며, 덤으로 우주 만물과 하나가 되는 경험을 할 수도 있다.[44]

---

42) 크리스토프 코흐, 김미선 역, 앞의 책, 141쪽 참조. 신피질과 관련한 사진은 에릭 호프만, 장현갑 역, 앞의 책, 61쪽.

43) 로버트 버튼, 김미선 역, 『뇌. 생각의 한계』, 북스토리, 2010, 11쪽 참조.

44) 에릭 호프만, 장현갑 역, 앞의 책, 227쪽 이하 참조.

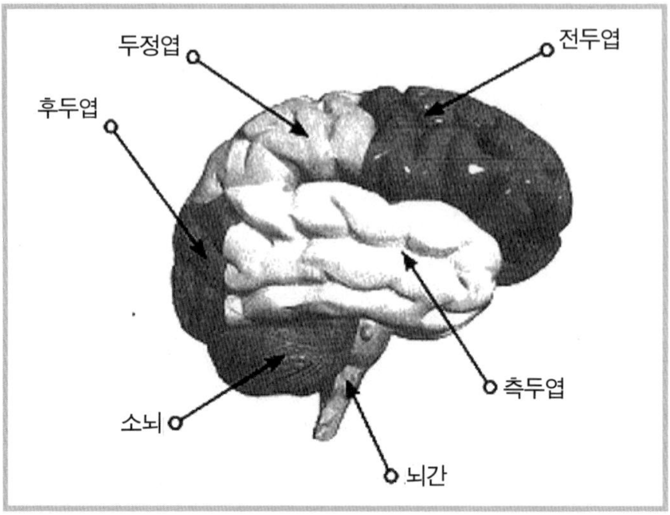

〈그림7〉 신피질의 4가지 뇌엽

또한 이마 바로 뒤 중심 고랑 앞의 전전두엽(prefrontal cortex)은 감각 및 운동 관련 정보를 받아서 잠시 동안 저장하고, 이성적 의사결정 및 행동을 가능하게 한다.[45] 인간은 진화하면서 본능적인 욕구에 덜 의존하는 대신에 사려 깊은 행동을 할 가능성이 커지고 통찰과 추리, 계획이나 창의력을 선호하는데, 이에 따라 발달한 부위가 바로 전전두엽이다. 이 영역은 대뇌피질의 가장 앞에 위치하며, 계속 그 외연을 넓혀왔다. 전전두엽은 1차 감각피질이나 1차 운동피질이 아니라, 호르몬을 분비하는 시상하부와 연결되어 있다.

매클린의 뇌 삼위일체(Triune Brain) 이론은 신경해부학적인 관점에 따라 뇌의 기능과 구조를 쉽게 파악하는 모형으로 기억할 가치가 있다. 그 이론은 첫째, 진화적인 과정이 뇌의 형태에 어느 정도 영향을 미치고 있음을 말하고 있다. 그럼에도 '파충류 뇌', '포유류 뇌', '신포유류 뇌'는 병존한다.

45) 크리스토프 코흐, 김미선 역, 앞의 책, 140쪽 참조.

둘째, 세 영역에는 각기 고유한 기능이 있지만 서로 영향을 주고받는다. 셋째, 개별 세 영역들은 각각 생존과 욕구, 느낌과 기억, 지각과 사유를 관장한다.

그렇다면 욕구(본능), 기억(감정), 지각(사유) 사이에도 시간 순서가 있는가? 본능적 행위는 기억이나 감정과 결합할 수 있지만, 의식적 지각보다 늦게 등장한다. 그래서 행위가 옳은지 혹은 그른지에 대한 판단이 포함되지 않는다. 말하자면 대뇌변연계가 다른 대뇌피질의 관여 없이 뇌간과 결합하여 문제를 해결할 수 있다.

그리고 현대에 올수록 대뇌변연계와 대뇌피질의 관계가 감정에 대한 이성적 통제력과 비교될 수 있을지에 대한 관심이 점차 증가하고 있다. 건강한 경우에 감정과 이성은 조화를 이루며 작동한다. 감정은 이성에 의해서 조절되고, 이성은 감정을 통하여 풍요로워진다. 그러나 때때로 그 균형이 무너지곤 한다. 격분이나 분노와 같은 감정이 합리적 정신을 압도하면서 독립적 지위를 행사할 때가 있다.

4.2.2 뇌에 대한 전체적 접근과 부분적 접근

4.2.2.1 전체로서의 뇌

과거에 뇌와 의식의 상관성에 대한 연구는 주로 철학을 통해서였다. 데카르트가 존재를 증명할 수 있던 근거는 사유였고, 헤겔은 의식 과정을 선형적으로 찬찬히 해명했다. 두 철학자가 뇌와 정신과 관련하여 함축적인 결과를 내놓은 과정은 사유였다. 데카르트는 물질과 정신 사이에 존재하는 뇌와 신체의 특수성을 인정한다. 또한 헤겔은 의식, 이를테면 감각적 확신에서 오성까지 뇌의 관여를 암시한다. 그들에 따르면 뇌와 정신은 이분법적인 도식에 따른 고립적인 영역들이 아니지만, 정신은 비국소적이며 자율적이다. 뇌가 정신의 토대이긴 한데, 정신의 외연과 뇌의 외연은 일치하지 않는다.

> 철학자들은 이야기하기를, 마음에는 사물들을 표상하거나, 어떤 사물들에 관해 생각하는 능력이 있다고 한다. 뇌를 구성하는 광대한 신경망에서 일어나는 전기적 활동으로부터 어떻게 의미가 생겨나는지는 여전히 짙은 베일에 싸여 있다.[46)]

사실상 1980년대 이전까지 의식을 뇌로부터 이해한 과학적 연구가 전무했다는 것은 그 이전까지 의식과 뇌에 대한 연구는 실증적 증명이 부재한 사변적인 접근에 불과했음을 의미한다. 의식이 정신으로 고양된다는 철학자의 주장은 실제 인간의 정신 상태를 보면 현실성이 떨어진다. 따라서 의식이 심리학과 신경과학의 등장과 더불어 심신의 차원에서 설명되기 시작한 것은 학문적인 관점에서 의미 있는 시도로 여겨진다. 의식은 현상하는 경험에만 그치지 않고 무의식과 비교되고 여러 범주로 분석되었으며, 드디어 뇌 차원에서 논의되기에 이른다.

뇌에 대한 국소적 연구가 본격적으로 전개된 시점은 19세기 이후로 여겨진다. 외과의사 갈(F. Gall)은 두개골의 융기 모양에 따라 관련한 인물의 성격이나 특징을 맞출 수 있다고 공언한다. 특정 능력이 발달하면 그에 상응하여 기관이 커지고, 그 기관이 두개골의 표면을 눌러서, 그에 상응하는 두개골의 모양새를 갖춘다는 것이다. 그러나 그의 골상학(phrenology) 이론은 스스로에 의해서 반박되고, 뿐만 아니라 임상 자료가 제시되면서 무너진다. 갈은 당대를 호령하던 나폴레옹의 두상에서 그 어떤 고귀한 특징도 발견할 수 없다고 주장한다. 또, 언어 장애의 유형은 손상되는 부위와 그 결합의 양태에 따라 달라지는데, 골상학자들이 말한 특정한 언어 담당 융

---

46) 크리스토프 코흐, 김미선 역, 앞의 책, 2쪽.

기 자리와 관련하지 않았다.

그럼에도 갈이 뇌와 성격 사이의 관련성을 주장한 점은 뇌과학사에서 하나의 방점으로 작용하는 데 부족함이 없었다. 정작 그의 이론에 흥미를 느낀 프랑스 학술원은 생리학자 플루랑스(M. J. P. Flourens)에게 골상학의 과학적 근거를 의뢰한다. 플루랑스는 토끼와 비둘기의 뇌를 해부하면서, 뇌의 특정 부위가 특정 기능에 관여한다는 결과를 내놓는다. 대뇌를 제거하면, 지각, 운동, 판단 능력이 사라지고, 소뇌를 자르면 균형감이 없어진다. 그리고 뇌간을 없애면, 토끼와 비둘기는 죽는다. 그러나 플루랑스는 기억, 인지, 언어능력과 같은 상위의 능력을 찾아내는 데 실패한다.[47)]

마침내 갈의 이론은 1861년 의사 브로카(P. Broca)에 의해서 과학적으로 입증되기 시작한다. 브로카는 실어증을 앓고 있는 환자의 뇌를 해부하면서 좌반구 전두엽 하부에 매독성 질환이 있음을 발견했다. 그 부위는 훗날 브로카 영역이라고 지칭된다. 뿐만 아니라 의사 베르니케(C. Wernicke)는 좌반구 측두엽에 질병이 있는 사람은 단어를 소리 내되 이해하지 못하고 있음을 밝혀낸다. 이를 베르니케 실어증이라고 한다.

드디어 뇌의 특정 부위와 특정 능력 사이의 상관성 연구는 본궤도를 밟기 시작한 것이다. 곧이어 거칠지만 뇌의 특정 부위가 신체 개별 부위의 움직임을 관장한다거나, 신체 운동이 대뇌 피질에서만 국소한다는 이론이 제시되기에 이른다. 그때부터 뇌는 여러 기능들이 국소적으로 모여 있는 신경망이라는 사실은 예외 없이 당연한 것으로 이해된다.

20세기 초반에 뇌는 빈 서판(blank slate)이라는 이론이 유행한다. 뇌는 텅 빈 공간이다. 유아의 뇌에는 학습된 것이 없기 때문에 학습의 정도와 방향에 따라 그를 성장시킬 수 있다. 그리고 뇌는 전체로서 작용한다. 뇌의 기능은 특정 영역의 뇌 손실과 관련하지 않으며, 부위별로 특화되지 않았다

47) 로버트 버튼, 김미선 역, 앞의 책, 75쪽 참조.

는 것이다. 파블로프(I. Pavlov)의 이론도 자극과 반응의 뇌라고 이해될 수 있다. 또 다른 대표적인 학자로 1940년대 후반에 활동한 심리학자 래슐리(K. Lashley)가 있다.

4.2.2.2 뉴런으로서의 뇌

뇌를 하얀 보드판으로 이해하는 이론과 더불어 뉴런과 시냅스 활동에 초점을 맞춘 뇌 연구들도 진행된다. 뉴런의 축삭들은 서로를 자극하고 점화한다. 함께 점화되는 뉴런들의 연속을 우리는 기억과 사유로 경험한다. 역으로 경험이나 사유가 뉴런들에도 영향을 미친다는 상호작용설도 힘을 얻는다. 이처럼 뇌의 생물학적인 특성과 심리학적 특성이 만나 신경과학(neuroscience)[48]의 개막을 알린다. 신경과학의 가장 큰 쟁점 중의 하나는 뉴런들 사이의 연결(시냅스)이라고 할 수 있겠다.

신경과학자 헵은 뇌를 하나의 반응체로 보는 파블로프의 의견에 이의를 달면서 대신 시냅스를 통한 결과에 주목한다. 한 세포가 발화하여 인접한 이웃 세포를 자극하고, 다시 그 이웃한 세포가 자신을 자극한 그 세포에 영향을 미친다. 이런 과정이 세포군을 형성하면서 학습과 기억을 만들어 낸다. 그렇게 연속되는 세포군을 우리는 사유로 경험한다. 더불어 사유는 다시 뇌의 발달에 영향을 미친다.

유사한 시점에 스페리(R. Sperry)는 뇌의 발달은 훈련이나 반복을 통한 신경의 가소성(plasticity) 덕분이 아니라 신경계의 유전자에서 나오는 것을 알게 된다. 이미 신경계에는 일정한 특징이 있고 방향성이 내재한다. 신경망은 생리 화학적으로 경로가 코드화되어 있는 것이다. 뉴런의 분화나 이동은 모두 유전자의 지휘 아래에 있으며, 포유류 동물에는 하나의 종으로 묶을 수 있는 공통된 유전적 패턴이 숨어 있다.

---

48) 마이클 가자니가, 박인균 역, 앞의 책, 28쪽 참조.

그렇다면 학습 능력에 이미 신경적인 제약이 주어져 있음을 추정할 수 있다. 뇌는 무엇이든 학습하는 열린 물질이 아니라 특정한 종류의 학습에 맞는 신경망이 내재한 것이다. 유아에게는 부모의 유전자가 넘겨진다. 유전자에는 학습된 능력이나 법칙에 대한 이해가 담겨 있다. 이를테면 그는 자신 앞에 있는 사물이 갑자기 위로 솟구치거나, 사물이 사라지거나, 사물이 쪼개지는 현상을 단지 상상을 통해서만 표상할 수 있다. 유전적으로 결정된 지식은 우리의 지각에도 작용한다. 이를테면 시지각은 수많은 자동처리 과정이 활동한 뒤에 성립하기 때문에, 같은 사물이라도 사람에 따라 다르게 작용한다.

그러나 몇몇 신경과학자들은 개구리의 시각을 대상으로 실험하고 연구하면서, 시각 활동의 증가가 신경 발달을 촉진한다고 주장한다. 말하자면 뉴런 활동이 시냅스를 촉진한다는 "활동 의존적 과정(activity-dependent process)"[49)]에 주목한 것이다. 그래서 신경과학자 가자니가도 뇌의 전반적인 활동의 근거에는 유전자가 작동하지만, 뇌의 발달은 경험이나 학습을 통한 후천적 요인이 작용한다는 이론에서 출발한다. 뇌에는 복잡한 뉴런 활동을 하나의 의식으로 수렴하는 중앙지휘본부가 있지 않다.

여러 뉴런들은 뇌 조직 전체에서 신경망을 이루며 다양한 정보들을 생산한다. 그래서 가자니가는 뇌를 "복잡계(complex system)"[50)]라고 말한다. 여러 뉴런 모듈이 상호작용하여 더 큰 속성을 창발하고, 계속해서 새로운 속성을 만들어나간다. 가자니가도 어떤 사람이 행위하기 전에 그의 좌뇌에 있는 해석기가 활동하고 있다고 말한다. 이런 결론은 피실험자의 머리에 전선 코일을 놓아둔 실험을 통해서 증명된다. 실험을 통해 활성화하는 뉴런의 자기장이 기록된다. 하지만 복잡계를 역진하면서 이전의 속성으로 돌아갈 수 없다. 복잡계 과정은 물리학 법칙으로 설명될 수 있다. 의식은

49) 마이클 가자니가, 박인균 역, 앞의 책, 37쪽 참조.
50) 마이클 가자니가, 박인균 역, 앞의 책, 111쪽.

뇌에서 나오며, 뇌는 사령탑이 없는 병렬되고 분산된 뉴런들의 활동 장소다. 이를테면 외부 자극이 시각이나 청각기관을 통하여 시상을 거쳐 전두엽으로 이어지면서 처리된다. 그것이 지각이다.

그 뒤의 과정은 두 가지로 분리된다. 한 가지는 시상 아래의 편도체와 뇌간의 자동적 반응이다. 이런 빠른 의식 과정이 비의식이다. 뇌는 상황에 적절하게 신속한 대처를 하지만, 우리는 알아채지 못한다. 다른 하나의 대처는 느리게 진행된다. 의식은 지각으로 종료되지 않고 더 높은 수준의 정신 활동으로 연결된다. 그런데 우리는 자동적 의식이든, 시간을 필요로 하는 의식이든, 한 가지로 의식한다. 여러 뉴런 활동이 하나의 통합된 경험으로 의식되는 것이다. 왜냐하면 뇌의 복잡계가 하나의 통합된 의식으로 가는 도상에 "해석기 모듈"[51]이 작동하기 때문이다.

우뇌는 외부 자극을 그대로 받아들이며 어떤 추론도 첨가하지 않지만, 좌뇌에는 하나의 의식을 좋아하는 모듈이 있다. 뇌에 폭넓게 분산되어 있는 뉴런 모듈은 동시다발적으로 발화하지만, 좌뇌의 해석기 모듈이 그런 다양한 과정들을 걸러내고 하나의 의식으로 통합한다. 감정이나 인지는 물론이고 외부의 여러 감각적 자극이 들어와도 해석기 모듈은 상황에 적절하게 반응한다. 해석기 모듈은 혼란스러운 상황이 닥쳐와도 원인과 결과를 가려내어 질서를 만들며 적응력을 보여준다. 그 과정에서 낯설거나 자신의 모듈에 맞지 않는 것은 버린다. 불필요한 감정은 억압하고 허구나 진실도 모두 자신의 믿음으로 합리화하면서 자신을 방어해나간다. 자동적 반응도 좌뇌 활동의 결과다. 호흡하고 음식을 소화하는 것부터 시작해서 지각하고 다른 사람과 교제를 나누며, 기존의 도덕적 판단을 따르고 감수성을 갖는 것은 모두 자동적 반응에 속한다. 따라서 자아란 물질적으로 역추적해보면 뉴런의 해석기 모듈로 구성된 모자이크다.

51) 마이클 가자니가, 박인균 역, 앞의 책, 114쪽.

뉴런들이 상호작용하며 창발시킨 의식은 다시 뇌를 제약하고, 또 정신으로 고양되면서 행위에 일정 영향을 미친다. 따라서 자유의지나 결정론은 둘 다 부정된다. 뇌의 물리적 관계에서 자유의지가 출발하지만, 그 물질성에 종속되지 않기 때문이다.

그러나 각종 첨단기기의 개발을 통한 뉴런에 대한 미시적 연구는 자유의지의 존재를 부정한다. 생리학자 리벳(B. Libet)은 두 가지 실험을 통해 의식 및 행위가 어떻게 대뇌피질의 뉴런 활동과 상관하는지를 증명한다. 그는 1960년에 피험자가 어떻게 아픔을 느끼는지 기능성자기공명영상(fMRI)의 도움을 받아서 연구를 진행한다. 어떤 피험자가 핀에 손이 찔렸을 때 그에 반응한 시간은 20밀리초밖에 되지 않는다. 그러나 결정에서 행동에 이르기 전까지 뇌에 전하가 증가하는데, 이 현상을 준비전위라고 한다. 실제로 아픔을 보고하기까지 0.5초가 더 소요되는 것이다.[52]

말하자면 준비전위가 아픔을 느낄 때나 보고할 때보다 일찍 생기며, 그것을 의식하기까지 시간은 조금 더 걸린다. 이런 사실은 뇌가 항상 깨어있고 모든 상황에 맞추어 변화하는 시스템이라는 사실을 입증한다. 우리가 의식하기 전에도 이미 뇌는 꾸준히 활동하고 있는 것이다. 따라서 뇌에서 발생하는 무의식 상태는 단순히 반사적 행위일 뿐만 아니라 전략적이고 계산적일 수 있다. 그 적당한 예로 고도의 훈련을 거쳐 매우 우수한 성적을 남기는 운동선수의 찰나적인 반사 신경을 생각해보면 좋다.

리벳은 1979년에 행위의 자발성 여부를 증명하는 실험을 위해, 어떤 피실험자의 두피에 전극을 설치하고 그 전위의 변화를 EEG에 기록한다. 피실험자는 자기가 하고 싶을 때에 손목을 굽히기만 하면 된다. 그때 실제로 결심해서 벌어진 행위보다 거의 1초 전에 이미 두피에서 준비전위가 탐지된다.[53] 그럼으로써 결심 → 준비전위 → 행위의 순서가 준비전위 → 결심

52) 수전 그린필드, 정병선 역, 앞의 책, 300쪽 참조.
53) 크리스토프 코흐, 이정진 역, 앞의 책, 203쪽 참조.

→ 행위로 수정되면서, 결정론에 더욱 무게를 실어주게 된다. 뇌의 전기화학적 작용이 이미 행위를 결정하고 있으며, 결정론적 이론은 여전히 신경과학의 중요한 토대라는 점이 밝혀진다.

그러나 자유의지마저도 물질적으로 결정되었다고 진단한 그 실험의 객관성에 여러 의문이 던져진다. 준비전위와 결심을 보고한 틈이 순식간에 진행되었고, 또 행위의 원인이 준비전위였는지도 명확하지 않다. 그래서 수차례의 검증을 더 필요로 했지만, 1990년대에 리벳의 실험은 단 한 번만 반복되었다.

2008년이 되서야 리벳의 의도를 증명하는 실험이 이어진다. 뇌 연구자인 헤인스(J. D. Haynes)는 피실험자 앞에 스크린을 설치한다. 스크린에는 다양한 철자가 투사되며 0.5초마다 변화하는 그림을 담고 있다. 이때 피실험자는 fMRI 안에 누워 있고, 실험자들이 그의 뇌 활동을 시각적으로 관찰한다. 피실험자는 결심하는 순간에 설치된 스크린에 깜박였던 철자를 보면서, 오른손에 쥐어졌든 왼손에 쥐어졌든 버튼을 누른다. 실험자들이 fMRI를 분석한 결과, 14명의 피실험자가 어떤 버튼을 누를지 스스로 보고하기 전에 무엇을 결심할지 맞추었는데, 버튼을 누르기 10초 전에 70%의 정확도로 이를 예측하였다.[54] 그리고 뇌 부위 중에서도 대뇌피질의 브로드만 영역과 두정엽이 활성화되어 있음이 밝혀진다.

이 실험에서 주목되는 점은 관련 뇌 부위의 활성화 순간이다. 피실험자가 결심을 행위로 옮기기 10초 전에 이미 뇌 부위의 변화가 관찰된 것이다. 그런데 이 활동을 피실험자는 의식하지 못한다. 헤인스는 뇌를 빙산에 비유한다.

나의 뇌가 바로 나다. 우리의 생각은 빙산(氷山)과 비교될 수 있다. 우리

54) 브루스 로젠블룸 외, 전대호 역, 앞의 책, 357쪽 이하.

> 가 의식하는 것은 단지 빙산의 꼭대기다. 90%는 물의 표면 아래에 있다. 이 90%가 뇌의 무의식적 과정이다. 그러나 꼭대기도 빙산의 일부이며, 빙산의 꼭대기와 표면 아래의 빙산이 하나를 이룬다.[55)]

뇌 활동은 벌써 시작됐지만 아직 의식으로 경험되지 않는다. 이것이 신경생물학자들의 무의식 개념이다. 무의식은 두 가지로 이해될 수 있다. 첫째, 뇌는 자아가 결정을 내리기 전에 이미 활동한다. 그러므로 뇌는 의식이 아니라 무의식과 먼저 관련한다. 둘째, 무의식은 어린 시절이나 직장 생활에서의 경험, 문화적 환경, 주위의 사람들, 매체들의 영향으로 누적되어 있다. 이것들이 뇌에 잠재해 있다가 불현듯 결심으로 표출된다. '의식 안의 의식', '뇌 안의 뇌', 아니 '자아 안의 자아'가 존재하는 것으로 이해될 수 있다.

그러므로 결심을 내린다는 것은 우연이나 갑작스러운 계기가 아니라 논리적 필연성이 잠재하는 뉴런 활동에서 나온다. 뇌에 숨어 있던 것이 비로소 활동으로 등장한다. 헤인스에 따르면 자아와 사유와 뇌는 동일한 개념이다. 그리고 뇌 활동은 무의식으로 표현되며, 결심은 뇌의 무의식적 과정에서 출발하여 의식적 행위로 발현하는 모든 것을 포함한다. 그래서 뇌가 일단 결정하면 자아는 저항할 수 없다.

그럼에도 fMRI가 남긴 70%의 정확도는 더 완벽한 수치를 요구한다. 나머지 30%는 뇌의 선택에도 불구하고 자유의지의 가능성과 관련할 수 있기 때문이다. 뿐만 아니라 철학자들이 주장한 정신의 순수성은 뇌와의 관계를 고려하여 다시 정의될 필요가 있다. 왜냐하면 대뇌피질은 피험자의

---

55) Ulrich Schnabel, Der unbewusste Wille, *Die Zeit*, 2008.4.17: Mein Gehirn, das bin ja ich (…) Unsere Gedankentätigkeit sei mit einem Eisberg vergleichbar. Was uns bewusst wird, ist nur dessen Spitze. Neunzig Prozent liegen unter Wasser – das sind die unbewussten Prozesse in unserem Gehirn. Aber die Spitze gehört ja zum Eisberg dazu, beide bilden eine Einheit.

정신활동을 미리 준비하는 것처럼 보이기 때문이다. 헤인스는 자유의지란 이미 제한된 자유의지, 그러니까 우리가 이해하고 소망하는 의지에 불과하다고 말한다.

프로이트의 초기 심리학이 의식을 보는 관점도 뇌과학자가 뉴런에 대해서 취하는 태도와 유사하다. 의식이 무의식의 일부이며, 무의식은 뇌의 뉴런 활동으로 환원되는 심리와 일치한다. 프로이트는 본래 의과대학 시절부터 유기체에 물리, 화학적인 힘만이 작용한다는 고전적 역학과 에너지 보존법칙에 감화되어 있었다. 따라서 그의 연구 저변에는 기본적으로 일원론적 경향이 도사리고 있다. 왜냐하면 그는 뉴런에서 인간의 정신을 설명하려 했기 때문이다.

그 시작은 프로이트가 저명한 신경과 의사인 샤르코를 방문하여 뉴런과 심리의 인과성을 찾으면서이다. 샤르코는 히스테리와 최면에 대해서 특별한 관심을 쏟으며 그 병인을 신경 질환에서 찾던 중이었고, 프로이트도 심리를 자연과학으로 설명하고 싶을 정도로 신경해부학 및 신경 병리학에 상당한 미련을 두고 있던 차였다. 당시 뇌과학계에서는 해부학을 통하여 외부 자극을 받아들이는 뉴런 체계가 있고, 뉴런 체계 및 심리와 관련하는 회백질의 뇌의 존재는 이미 상식으로 자리를 잡아가고 있었다.[56] 프로이트도 샤르코의 신경학적 연구 주제에 착안하여 정신에 대한 연구를 시작할 수 있었다.

그러면서 신경학과 심리학의 연구는 크게 두 가지로 요약될 수 있다. 첫째, 의식은 심리 과정의 단순한 부속품이다. 게다가 의식 없이도 심리가 가능하다는 기계적 이론이 퍼져 있었다. 둘째, 의식은 심리의 주관적 측면을 말하기 때문에 의식과 심리는 서로 분리될 수 없다. 그런 두 연구를 프

56) Sigmund Freud, *Entwurf einer Psychologie*, Angela Richards, Fischer, Frankfurt a.M. 1987, 312쪽.(번역본: 지크문트 프로이트, 이재원 역, 『과학적 심리학 초고』, 사랑의학교, 1999, 41쪽 참조)

로이트는 통합한다. 뉴런 시스템은 의식의 "지각과정(w과정)"[57]에 '단층적' 영향을 미친다. 다시 말하면 뉴런 활동은 심리 활동과 동일시되지만, 뉴런의 영향력은 지각과 사유의 과정에서 배제된다.

그런 신경학과 심리학의 역설적인 관계는 프로이트가 친우이자 의사 플리스와 빈번한 서신 왕래를 통하여 완성한 글인 「심리학 개요 Entwurf einer Psychologie」(1895)에서 주장된다. 이 논문은 신경학적인 개념을 통하여 심리를 설명하는 최초의 시도로 평가받고 있다. 프로이트는 뉴런과 심리적 질환의 관계를 상술하고 난 뒤에 뉴런, 의식, 사유의 상관성을 밝히고 있다.

본래 프로이트에게 심리의 외연은 기억과 동일하지만, 나중에 지각이 추가된다. 먼저 심리는 신경조직계의 "양(量)"의 균형 파괴에서 출발한다. 심리, 즉 내면의 현실을 이루는 물질적 입자는 "뉴런"[58](신경세포)이다. 그런데 신체의 외부나 내부에서 어떤 자극이 가해진다. 그 자극은 심리의 평온한 상태를 깨고 불쾌를 야기하며, 다시 평온함을 복원하려는 뉴런 수의 증가 행위가 쾌락이자 양이다. 이를테면 신경증 환자가 있다고 치자. 히스테리나 노이로제 환자들은 지나치게 뭔가를 표상한다. 그 원인은 뉴런의 흥분에서 나온다. 그런데 뉴런의 속성은 양면적이어서, 양적인 팽창이 가능하면서도 또한 물리적 양을 내놓는 타성(惰性)의 원리도 지닌다. 배고픔이나 성욕의 자극은 분출되기 때문에 사전에 막을 수 없고, 이에 해당하는 외부의 조건이 제시될 경우에만 상쇄될 수 있다. 이처럼 뉴런은 흥분과 방출이라는 속성을 통해 균형감을 유지한다.

프로이트가 볼 때, 개별 뉴런들의 구조는 같지만, 뉴런들은 일종의 조직 형태로 구분된다. 뉴런의 세포돌기는 흥분하고, 뉴런의 축삭은 그 흥분을 방출시킨다. 그리고 조직들은 물질을 매개로 하여 서로 만난다. 이 과정에

57) Sigmund Freud, 앞의 책, 319쪽: Wahrnehmungsvorgänge (w과정).

58) Sigmund Freud, 앞의 책, 305쪽: Quantität, materielle Teilchen, Neuron.

서 일정한 경향성이 형성된다.

그리고 뉴런은 지각세포와 기억세포로 나뉜다. 지각세포는 영향을 받고 변화하는 투과성 뉴런으로, 흥분과 그에 따라 변화하는 물리적 양을 그대로 통과시켜 그 이전의 상태를 유지한다. 반면 기억세포는 기본적으로 어떤 영향도 받지 않으려는 비투과성 뉴런이지만, 흥분과 그에 따라 변화된 물리적 양을 부분적으로 통과시킴으로써 뭔가를 저장해둔다. 프로이트는 지각세포의 작동을 φ시스템으로, 기억세포의 작동을 ψ시스템으로 지칭한다.[59]

이처럼 불쾌를 수용하지 않은 뉴런(φ)과 수용하는 뉴런(ψ), 그 사이에 중간적인 뉴런(ω)이 있다고 할 수 있다. ψ뉴런은 흥분과 그에 따른 물리적 양을 받아들이면서, 계속적인 변화를 겪고 비투과적인 속성을 잃어버리며 φ뉴런과 비슷해지는 양상을 보이기도 한다. 원래 프로이트는 심리와 기억을 동일시하였다. 그러나 그는 "길내기"[60]라는 공간적 개념을 도입함으로써 심리에서 기억적 특성을 배제한다. 그럼에도 기억이 존재하는 것은 흥분과 그에 따른 물리적 양을 통한 부하가 억제됨으로서 길내기 현상이 일어나지 않는 ψ뉴런이 있기 때문이다.

이처럼 뉴런 체계는 기억 유지에만 그치지 않고 지각하는 시스템도 포함한다. φ뉴런은 외적 자극을 수용하는 지각의 토대로서 말초 신경에 연결되어 있다. 반면 ψ뉴런은 내인성 흥분이 분출되는 곳으로 체내에 연결되어 있다. 그래서 ψ뉴런은 φ뉴런 자체와 체내로부터 물리적 양의 부하를 받는다.

외부 자극은 φ뉴런을 거쳐 ψ뉴런으로 이어지는 만큼 뉴런의 양(量)은 많이 준다. 그런데 그것이 불가능하면 앞에서 언급한 것처럼 아픔이 생긴다.

---

59) Sigmund Freud, 앞의 책, 308쪽 이하 참조: 지각세포 Wahrnehmungszelle, 기억세포 Erinnerungszelle.

60) Sigmund Freud, 앞의 책, 310쪽: Bahnung.

아픔이란 투과되지 못한 과대한 φ뉴런 혹은 ψ뉴런의 양이다. 따라서 정상적인 뉴런 체계라면 아픔을 줄이려고 할 것이다.

이제 뉴런의 양은 외부 세계와의 관계를 통하여 의식으로 발전한다. 그리고 뉴런의 양에서 지각을 만드는 곳이 w뉴런(지각뉴런)시스템, 즉 "뉴런 제3시스템"[61]이라고 한다. 뉴런의 양이 의식이라는 질로 창발하는 과정에서 의식적 흥분이 생긴다. 뉴런이 흥분할 때의 주기가 지각뉴런의 특징이다. 감각기관에 들어온 자극이 신경장치를 거쳐 주기를 갖게 되며, 그 자극이 지각뉴런에 도달한다. 그 주기가 φ뉴런시스템과 ψ뉴런시스템을 거쳐 w뉴런시스템에 도달하면서, 뉴런의 물리적 양은 사라지고 질만이 남는다.

w뉴런시스템은 지각을 가능하게 할 뿐만 아니라 쾌락 및 불쾌와도 관계한다. 일반적으로 인간에게는 원하지 않는 일을 피하려는 본성이 있는데, 그것은 ψ뉴런시스템과 연관하기 때문이다. w뉴런시스템은 ψ뉴런시스템에서 보내는 뉴런의 물리적 양과 관련한다. 그것이 많으면 w뉴런시스템에 부담이 생기고, 작으면 w뉴런시스템도 편해진다.

의식은 쾌락이나 불쾌와는 다른 "질(質)"[62]로서 뉴런의 양이나 활동과 다른 차원이다. 프로이트는 지각에서부터 의식을 언급한다. 이런 양에서 질로의 전환 과정에 연속성과 유사성이 있지만, 양은 사라진다. 지각뉴런은 지각이 되며, 지각뉴런(공간적)과 지각(시간적)의 차이는 사라진다. 즉 기억세포와 지각세포의 길내기 과정을 통해서 심리(쾌락과 불쾌)가 생성된다면, 지각뉴런의 흥분적 주기(시간적)가 지각을 만든다. 이처럼 뉴런(무의식)과 의식이 어렴풋하게 구분되면서 프로이트를 위대한 심리학자로 격상시키는 무의식 이론이 서서히 태동하고 있다.[63]

한편 ψ뉴런은 외피 뉴런과 핵 뉴런으로 구분되며, 투과적 비투과성이라

61) Sigmund Freud, 앞의 책, 316쪽: ein drittes System von Neuronen.

62) Sigmund Freud, 앞의 책, 316쪽: Qualitäten.

63) 자크 데리다, 김보현 편역, 『해체』, 문예, 2011, 332쪽 이하. 342쪽. 345쪽.

는 성질을 띤다. 외피 뉴런은 φ뉴런시스템과 접촉하는 반면, 핵 뉴런의 속성은 내인성(內因性)으로 심리의 중요한 토대인 충동이 숨어 있는 곳으로 추정된다. 계속해서 내인성 자극이 쌓여가다가, 축적된 상태가 어느 정도에 도달하면 일종의 자극으로서 투과되며 다시 축적되는 과정이 반복된다. 따라서 충동의 강도는 핵 뉴런의 축적 정도와 관련한다.

그리고 충동에서 파생한 의지는 ψ뉴런에 핵 뉴런들이 과하게 충족되면서 밖으로 방출된 것이다. 이를테면 어린아이는 충동을 조절하지 못한다. 그래서 어린아이는 기억의 힘을 빌려 충동의 충족을 체험하며, 이때 회상과 충동 사이에 길내기 현상이 있다. 충동을 충족시킨 세포의 물리적 양이 방출되면서, 관련한 기억세포의 물리적 양도 많이 줄어든다.

내인성의 ψ뉴런시스템은 외부의 영향도 받는다. 즉 φ뉴런시스템을 통해 고통을 전달 받고 회상된 물리적 양을 자극하여 마찬가지로 불쾌함을 느끼게 한다. 그러므로 다시 고통으로부터 탈출이 문제가 된다. 이 과제를 담당하는 뉴런이 "열쇠 뉴런"이다. 열쇠 뉴런의 힘을 통해 불쾌함은 "감정"[64]의 형태로 해소된다. 감정은 ψ뉴런시스템을 통하여 한편에서 흥분으로, 다른 한편에서 원망으로 표현된다. 흥분과 원망은 ψ뉴런 양의 증대와 관련한다. 그러나 불쾌함은 ψ뉴런시스템에 내재하는 1차적인 방어 수단인 억압기제, 즉 자아를 통해서 기피된다. 자아는 어떤 특성한 핵 뉴런으로 구성된다.

1차적으로 불쾌함이 억압되지 못하면, 2차적으로 사유가 동일성을 그 특징으로 하여 심적인 부담감을 상쇄한다. 그러나 사유는 억압 상태의 기본적인 틀을 바꾸지 못하고, 기껏해야 위조할 수 있다. 이를 통하여 프로이트에게 사유는 불쾌함이라는 현실과 구분되는 것으로 이해되기 시작한다.

고통은 뉴런의 물리적 양과 관련하고, 흥분은 내인적인 원인에서 기인

64) Sigmund Freud, 앞의 책, 327쪽: Schlüsselneuron, Affekt.

한다. 그렇다면 사유의 에너지는 어디에서 오는가? 그것은 φ뉴런시스템에서 부하될 수도 있고, φ뉴런시스템에서도 추정하지만, 아직 확인할 수 없다.

그러나 감정적 혹은 도덕적인 금지 때문에 사유가 억압되고 왜곡되는 경우가 있다. 심지어 내부의 고통이나 흥분이 억압과 사유를 통해서 조절되지 못하는 질환도 생긴다. 히스테리 환자는 과도한 표상에 따른 정신 병리적인 강박 관념에 좌우된다. 그는 스스로가 왜 그렇게 지나친 관념에 사로잡혀 있는지를 이해하지 못한다. 그의 이상한 상태를 사유로 치료할 수 없지만, 그렇다고 질환이라고 몰아붙일 수도 없다. 정상인도 가끔은 히스테리 증상을 보이다가 없어지는 경험을 하기 때문이다. 따라서 지속적으로 히스테리를 보이는 환자가 병적이라고 할 수 있다.

만일 히스테리가 분석되어 설명될 수 있다면, 치료는 가능할 수 있다. 이를테면 A라는 표상을 의식할 때마다 눈물을 흘리는 환자가 있다고 치자. 그는 그런 현상을 알고 있지만 속수무책이다. 우는 현상과 A 사이의 관계는 부조리하다. 그러나 그 과정을 철저히 분석해보면, A표상은 항상 B표상을 동반하고 있다. 그러므로 B표상이 울음의 근본적인 원인이다. 그 관계를 종합적으로 파악한다면, B는 치료될 수 있다. 히스테리를 야기하는 하나의 체험 안에 A와 B가 함께 존재하며, A는 B의 상징이라고 할 수 있다. 그러니까 A는 B를 대리하는 표상이다.

A가 강박 관념이며, B는 의식에서 억압된 것이다. 즉 강박 관념이 있는 곳에 억압이 있게 마련이지만, B가 A에 과도하게 침입되었다고 판단될 경우에 그에 저항하는 망각 기제가 작동한다. 정상인의 경우에 A와 B의 물리적 양은 동일하다. 따라서 히스테리 환자의 경우는 B의 양이 A에 부가된 경우다. 히스테리에서 관찰되는 그런 물리적 양의 이동을 통해서 등장

한 강박 관념은 1차적으로 꿈에서 병적인 상징, 즉 "치환"[65]을 가능하게 한다.

B는 기억에 남지만 의식되지 않으며, 시간이 흘러도 지워지지 않는다. 그런 병적인 상징이나 억압 상태는 자아의 불쾌함이나 성(性)생활에서 기원한다. 게다가 자아나 사고는 불쾌함을 순간적으로 상쇄하고 난 뒤에 다시 원래의 역할로 돌아가기 때문에, B는 그대로 남는다. 그리고 B가 의식되지 않는 것은 그것이 본래 의식에서 분리되기보다 사유 과정에서 배제되었기 때문이다. B가 조금이라도 의식될 경우에 우리는 그에 저항하기 때문이다. 아무튼 억압된 B는 회상하거나 혹은 생각하고 싶지 않아도, B 자체로 드러나거나 A라는 히스테리성 강박이나 억압으로 나타난다. 특히 A처럼 상징으로 나타나는 것은 과잉이거나 정상적이지 않다. 또한 상징은 피실험자의 방어 기제가 정상인보다 훨씬 강하기 때문에 형성되기도 한다. 그리고 대표적으로 억압되는 성적인 감정은 다른 불쾌한 감정과 비교해보면 그 강도가 매우 세다.

히스테리를 2차적으로 억압하는 과정을 담당하는 주체는 자아, 즉 "뉴런 집합"[66]이다. 자아는 지각(φ뉴런시스템의 ψ뉴런시스템 채우기)과 함께 나를 구성하는 요소다. 그렇다면 자아와 지각은 어떻게 연결될까? 지각은 매번 w를 흥분시켜서 의식을 가능하게 한다. 또한 흥분된 w는 ψ로 정보를 진달함으로써, ψ가 지각에 관심을 갖도록 한다. 이것이 심리적인 주의다. 주의로 드러나지 않은 ψ는 불쾌의 이름으로 제외된다. 혹은 주의를 수반하지 않은 지각도 많다.

지각과 주의의 만남은 두 가지 사유를 가능하게 한다. 하나는 일상적인 사유이고, 다른 하나는 단순히 관찰하는 사유다. 후자가 전자보다 더 간난하다. '단순히 관찰하는 사유'란 뭔가를 지각해서, 그 지각이 의미하는 바가 무엇인지를 묻는 사유를 말한다. 이 사유를 뉴런의 관점에서 고

65) Sigmund Freud, 앞의 책, 349쪽: Verschiebung.

66) Sigmund Freud, 앞의 책, 359쪽: Neuronenmasse(das Ich).

찰하면, 지각 뉴런이 과도하게 부하되어 연상 뉴런의 자리를 대신하는 것이다. 나아가 사유를 가능하게 하는 뉴런은 회상으로 연결된다. 그럼으로써 사유 뉴런은 지각 뉴런의 현재적 성질에서 벗어난다. 사유는 차원을 달리해 어떤 인식에 도달함으로써, 지각 대상에 대한 보다 철저한 이해에 도달한다.

뉴런의 물리적 양이 질적인 의식으로 창발하며 인식을 가능하게 하는 과정에서 등장하는 것이 언어다. 언어는 ψ뉴런과 소리/연상 뉴런이 결합되어 생성된다. ψ뉴런은 외부의 영향을 받거나 다른 ψ뉴런과 만나 기억을 가능하게 하지만, 사유와 지각으로의 연결 수단을 가지고 있지 않다. 마치 지각이 선명한 상을 주는 것처럼, 언어도 사유 과정에 현실성을 부여하면서 기억을 가능하게 한다.

처음부터 주의가 언어로 향해 있는 과정을 프로이트는 자아의 "인식적 사고"[67]라고 부른다. 인식적 사고에서 지각은 평범하지만, 연상은 강조된다. 자아가 사고할 때는 운동할 때와는 달리 뉴런이 별로 유실되지 않는다. 사고에서는 지각과 기억이 함께하기 때문에 뉴런들의 활동이 과하게 많아지지만, 뉴런들 사이에 길내기가 별로 활발히 진행되지 않기 때문이다. 게다가 자아가 작용하기 때문이기도 하다. 자아는 내적인 이유를 가지며, 내적인 변화를 야기하는 "핵 뉴런들"[68]로 이루어져 있다.

인식적 사고는 세 가지로 나뉜다. 하나는 단순 사고요, 다른 하나는 실용적인 사고이며, 마지막 하나는 비판적 사고(조사하는 사고)다. 실용적 사고는 단순 사고에 주의와 지각 부하가 덧붙여진 것이다. 실용적 사고로부터 다른 사고들이 곁가지를 치는 만큼, 실용적 사고는 모든 사고의 기원이자 목표지점이다. 실용적 사고는 현실에 바로 필요한 것이 아니라, 현실을 위해 미리 준비된 것이다. 그리고 비판적 사고는 불쾌함에서 비롯된다.

67) Sigmund Freud, 앞의 책, 365쪽: erkennendes Denken.

68) Sigmund Freud, 앞의 책, 366쪽: Kern-Neuronen.

사고할 때마다 뉴런 양의 부하는 높다. 그리고 알려지지 않은 뉴런들의 움직임이 기억을 가능하게 한다. 기억은 뉴런 양보다 뉴런 양의 길내기, 그것도 특별한 수준에 도달한 길내기로 특징된다.

인식적 사고 이외에도 기억적 사고(기억)가 있다. 기억은 실용적 사고와 유사하지만, 일정한 목표가 없다는 점에서 다르다. 게다가 기억은 인식적 사고와는 달리 지각 단계로 거슬러 올라간다. 그런 역진 과정에서 인식적 사고가 포획하지 못했던 몇 가지 흔적이나 중간적인 과정이 떠오르기도 한다.

아무튼 모든 사고는 불쾌함이나 모순을 야기함으로써 잠시지만 작동을 멈추곤 한다. 이를테면 기억은 그에 상응하는 지각을 통해 불쾌함을 느끼게 했던 고통스러운 체험에 연결된다. 나아가 지각은 한편에서 감정을, 또 다른 한편에서 저항을 연상시킨다. 물론 지각은 시간이 흐르면 없어지고, 그에 해당하는 감정도 사라지며, 다른 회상과 비슷해질 수 있다. 이 과정에서 불쾌함이 상쇄되기 위해 자아의 역할이 강조된다. 더불어 자아가 회상이나 그 환각적 성향에 별다른 영향을 미칠 수 없음을 알게 된다. 기억을 통해 불쾌함이 환기될 때마다 사고에 영향을 미치고, 사고를 억제하기도 한다.

또한 실용직 사고는 어떤 목표가 정해져 있기 때문에 불쾌함에서 자유롭다. 반면 비판적 사고는 목표가 없으며 불쾌함으로 이어진다. 비판적 사고는 지적인 모순에 반대하고 생물학적 법칙을 무시한다. 한편 사고를 하면서 부각되는 운동 표상이 완전히 부하한 것을 행위라고 할 수 있다. 인간은 행위를 통하여 구속 상태와 주의 부하에서 벗어난다. 그러나 자아의 해방은 모든 행위에서 기대되지 않고, 충족 행위에서만 가능하다. 행위와 실용적 사고의 유사점도 발견된다. 지각에서 보이는 신경 흥분과 비슷한데, 차이는 풍부하지 않고 속도는 빠르며 방출도 일정하다는 점이다. 운동 표상은 지각의 특징을 띠며 의식을 깨운다.

당대 신경생물학자들의 연구는 물질주의 결정론의 연장선에서 고찰될 수 있지만, 변화 가능한 진행형이라는 점에서 결정론과 다르다. 신경생물학에서 의식을 생성하게 하는 기본은 뉴런이라는 점이 인간을 변화가 없는 기계로 이해했던 19세기 라메트리와는 다르다. 독립된 뉴런들은 물리학적으로 이해하면 지각과 기억, 사고와 활동의 원자이며, 뇌 안에 질서정연하게 포진해 있다.

프로이트는 자극과 그에 따른 물리적 양의 변화에서 산출되는 의식을 '질(質)'로 정의한다. 그래서 의식의 창발 장소로 φ뉴런시스템을 생각한다. 의식의 내용은 외부 대상이 아니라 지각과 관련한다. 하지만 지각보다 상위 의식도 있기 때문에, 의식의 외연은 지각의 외연과 일치하지 않는다. 그래서 이번에는 ψ뉴런시스템을 상정했지만, 회상이나 단순 기억은 질(質)이 없는 심리적 과정이다. 그래서 프로이트는 의식이 여러 시스템에 국소한다고 대략해서 정의 내린다.

프로이트 생전의 신경학적 연구 업적은 언어를 관장하는 브로카 영역의 발견 이외에 별다른 것이 없었다. 프로이트가 신경학을 포기하고 순수 심리학으로 관심을 돌린 가장 큰 이유 중의 하나도 신경과 의식 사이의 대응 관계에 대한 과학 진척의 미진한 현황이었다.[69] 그의 『심리학 개요』가 18권으로 이루어진 전집 중에서 19번째의 부록에 그친 이유도 바로 그것이다. 그러다가 프로이트는 『꿈의 해석』(1900)을 분기점으로 뉴런 시스템 대신에 무의식에서 의식을 이해하기 시작한다. 그는 환자의 잊혀진 심리에서 기원한 것이 히스테리라고 이해하면서 특유의 정신분석학 이론을 창안하였고, 의식과 무의식을 분리하는 이원론자로 알려진다.

프로이트의 무의식 개념은 네 가지로 요약될 수 있다. 첫째, 심리(프로이트 연구 초기에 기억, 1900년 이후 무의식으로 동일시)는 의식 없이도, 아니 의

---

69) 크리스토프 코흐, 김미선 역, 앞의 책, 110쪽 참조.

식과 독립적으로 존재한다. 우리가 의식한 것이 존재하는 의식의 전부는 아니다. 따라서 의식 범주에는 무의식 영역이 포함되어야 한다. 둘째, 무의식은 본능의 에너지가 발현한 것이다. 성적(性的)인 혹은 파괴적인 성향이 정신의 방파제와 부딪히면서 갈등을 빚게 되는데, 오이디푸스 콤플렉스가 대표적인 경우라고 할 수 있다.

셋째, 무의식은 꿈으로 현상한다. 무의식에는 충동들이 병존하고 만족을 위해 발현할 뿐, 의식의 개입 여지는 없다. 무의식은 의식의 토대로서 예술, 정치, 종교 등으로 발현한다. 이에 따라 프로이트는 정신의 구조를 충동적인 이드(본능), 균형을 꾀하는 에고(자아), 윤리적이고 초월적인 슈퍼에고(초자아)로 구분한다. 넷째, 심리는 물질적 뉴런 활동의 결과다. 그러나 『꿈의 해석』 이후에 프로이트 저작에서 뉴런 개념의 활용 빈도는 현저히 줄어든다.

인간의 정신 활동에는 의식되지 않은 무의식이 침전되어 있다. 이 부분을 설명하기 위해서 당시에는 통상적으로 최면 방법이 적용되었지만, 프로이트는 자유 연상이라는 방법으로 대체한다. 그 결과 프로이트는 정신을 의식과 무의식의 갈등 및 충돌의 장이라고 설명할 수 있었다.

그러나 프로이트 이후에 뇌를 전체에서 접근하기보다 뇌의 뉴런과 시냅스에 대한 미세한 연구가 더욱 유행한다. 뇌과학자 그린필드(S. Greenfield)는 뉴런 집단들이 의식을 가능하게 한다고 믿는다. 그중에서 감각 입력의 강도나 기존의 결합, 경쟁의 정도에 따라 대규모 뉴런 집단(논리)과 소규모 뉴런 집단(감정)으로 나뉘며, 전자가 지배적이 되어 의식을 결정한다.[70)]

1990년 1월 1일 미국의 대통령은 뇌의 10년(decade of the brain)을 선포하면서 신경과학에 대한 연구를 공시적으로 알린다. 그 뒤 뇌 연구에 대한 정부와 단체의 지원은 한층 왕성해졌고, 코페르니쿠스 전회나 다윈의 진

---

70) 수전 그린필드, 정병선 역, 앞의 책, 294쪽 참조.

화론보다 더 큰 인식의 지각변동을 기대하도록 했다.[71] 현대의 신경과학자들은 뇌 지도(brain atlas)를 구상하고, 사유를 활성화된 뉴런이나 활동전위 생성으로 환원하려고 한다. 덕분에 현재 뇌와 의식의 상관성과 관련하여 수많은 컨퍼런스가 개최되고, 5만 명이 넘는 뇌과학자들 및 인지과학자들의 논문들이 쏟아지고 있다.[72]

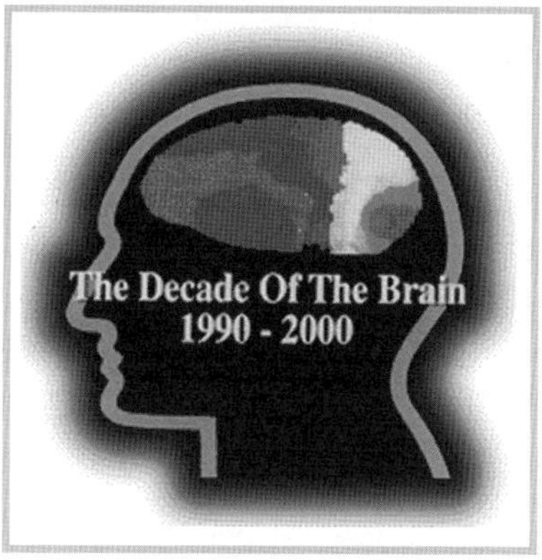

〈그림8〉 뇌의 10년 로고

그 결과 대중은 뇌와 관련하여 생경한 용어들은 물론이고 뇌 영역별 기능이나 각종 첨단기계가 보여주는 뇌 동영상을 통하여 관련 부위의 활동을 생생하게 볼 수 있게 되었다. 예를 들어 유체이탈 환자들은 자신의 자아가 몸 밖에 있는 것을 인지하는데, 이때 관자놀이-정수리 영역의 활성화 모습이 fMRI에 찍힌다. 또한 자아의 행동은 자유의지의 결과가 아니라 뉴런 활동과 관련한다는 가설이 마치 오래된 학설처럼 인정되는 분위기다. 행동은 뉴런의 결합 및 작동 방식에 따라 이미 결정되어 있으며, 논리와 이성은 실제로 행동에 직접적으로 영향을 주지 않는다. 심지어 범죄인을 그 죄과에서 면책해야 한다는 행동 결정주의에 대한 법적인 에피소드들도 심심치 않게 접할 수 있다.

아직 뇌의 수수께끼는 완전히 풀리지 않았으며, 뇌에 대한 가설은 개략적일 뿐 전체적 학설일 수 없다. 뇌에 대한 지식은 정상적인 사람이 아니라 주로 뇌질환 환자들이나 동물의 임상 결과에 의존하고 있다. 그리고 아직 침팬지와 호모 사피엔스의 뇌 사이의 변별점도 뚜렷하게 드러나지 않

71) 마르틴 후베르트, 원석영 역, 『의식의 재발견』, 프로네시스, 2007, 17쪽 참조..
72) 크리스토프 코흐, 이정진 역, 앞의 책, 85쪽 참조.

은 상황에서, 침팬지의 뇌가 주요 실험 자료로 이용되고 있다. 또, 연구자들은 청각 피질에 미세 전극을 꽂아 어느 부위가 어떤 주파수를 처리하는지에 대한 국소 해부학적인 지도를 제작하기도 했지만, 그 실험의 대상은 쥐였다. 그리고 생리학적, 화학적 과정이 의식이나 감정을 가능하게 하는지, 또 뇌 부위들이 어떻게 유기적인 관계를 통하여 전체성을 갖는지도 밝혀지지 않았다. 게다가 인간들의 뇌 간에 서로 어떤 차이가 있는지도 미궁이다.

그래서 뇌의 실체에 대한 관심이 큰 폭으로 증가했지만 뇌 본질에서 멀어지는 느낌을 주는 역설적인 상황이 자주 연출되고 있다. 그만큼 뇌는 그 실체를 잘 드러내지 않는 대단히 복잡하고 정교한 의식물질이라고 할 수 있는 것이다.

4.2.3 의식의 물질적 속성

4.2.3.1 의식, 잠재의식, 무의식

혼수상태처럼 뉴런 활동이 정지되어 완전히 의식이 없는 사람의 뇌는 죽은 뇌와 유사하다. 또 주기적으로 각성이 오락가락하는 식물인간처럼 뉴런이 지속적으로 활동하지 않는 상태도 있다. 가끔 반사적 행위와 신음 소리를 내는 등 자율 반응의 행동을 보이며 생명을 이어가는 환자나, 의식은 있지만 세계를 경험하지 못하는 환자도 의식 상태에 있다고 말할 수 없다. 반면 뉴런이 활동한다는 점에서 꿈과 의식 상태는 동일하다. 꿈을 꿀 때도 뉴런이 왕성하게 활동하지만, 활동하는 모든 뉴런을 우리가 의식하는 것은 아니다.

그러나 우리는 일반적으로 잠이나 마취에서 깬 상태를 의식이라고 말한다. 게다가 의식은 그에 대한 의문을 가질 때에야 비로소 그 존재에 관심을 갖게 되는 역설적인 상태다. 우리가 음식을 소화하거나, 심장을 뛰게 하고, 호흡하기 위해서 폐를 작동시킬 때마다 의식해야 한다면 생존 자체는 힘겨운 고역일 수 있다. 우리가 일상에서 행위나 자극에 대한 반응 행위나 습관에 대해서 별로 의식하지 않는 편은 나쁘지 않다. 만일 우리가 말할 때마다 단어와 문장을 일일이 신경 쓰다 보면 제대로 된 의사를 전달하기 힘들 것이다. 글을 쓸 때도 문법 규칙에 연연하다 보면 좋은 글쓰기가 어려워질 때가 왕왕 있다. 노련한 악사나 프로 운동선수들도 별다른 의식을 하지 않은 채 자신의 일을 하는 것처럼 보인다. 그렇다고 의식하지 않은 상태가 항상 긍정적인 결과만을 가져오지는 않는다. 우리가 의식에 이르기 전에 저지른 행위가 엉망인 결과를 낼 수 있기 때문이다.

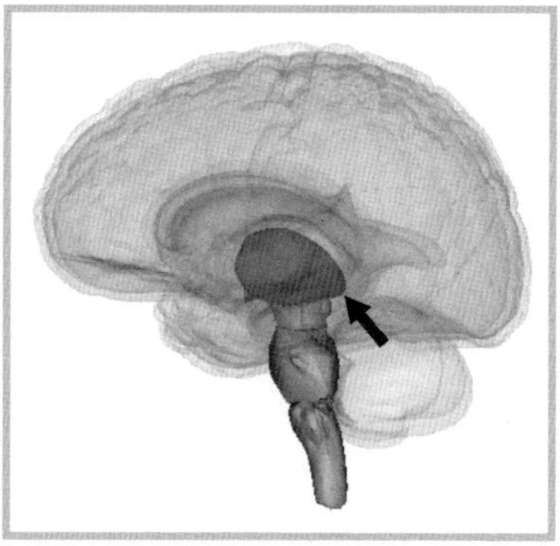

〈그림9〉 화살표가 가리키는 부위가 시상이다.

정밀한 과학적 담론에서 의식의 범위는 통상적으로 우리가 의식이라고 말하는 범위보다 훨씬 협소하다. 의식의 조건은 뉴런의 활동이다. 신경생물학자 코흐는 의식의 장소로 두 가지를 언급하고 있다. 시상(thalamus) 중에서 하나는 뇌간과 시상하부의 상부에 위치한 핵이요, 다른 하나는 시상 또는 정중선 근처에 모여 있는 수판내핵의 군집이다.[73] 시상하부의 핵은 신경전달물질을 축삭돌기에서 전뇌로 분비하며, 시상의 수판내핵은 전두엽에서 신호를 받아 대뇌피질에 퍼뜨리는 역할을 담당한다. 이 영역들에 손상이 생기면, 해당자는 영원히 의식을 잃는다.

따라서 뉴런 활동의 의식 여부에 따라 의식, 잠재의식(비의식), 무의식으로 분류될 수 있겠다. 의식은 내밀하다. 의식을 가진 사람만이 그 정체

73) 크리스토프 코흐, 이정진 역, 앞의 책, 140쪽 이하 참조.

를 알기 때문이다. 의식은 감정으로 나타나거나 학습의 시작으로, 아니면 지각이나 기억, 사유나 의지로 등장한다. 의식에서 우리는 현세적 제약을 넘어 내면의 사유를 펼쳐나갈 수 있다. 현재를 생각하고, 미래를 바라보며, 과거를 반추할 수 있는 것도 의식에서 가능하다. 의식의 범위는 우주처럼 무한하다. 그리스 시대의 철학자 헤라클레이토스는 의식을 "아무리 길을 걸어도 경계를 발견할 수 없는 광대한 공간"[74]이라고 했다. 도도한 강물의 흐름과 같은 의식은 잠이라는 휴지기를 통해서야 잠시지만 비로소 멈춘다.

데카르트의 '주관적 확신'의 시작도 의식이고, 칸트는 현실이 아닌, 가공된 사실만이 의식에 들어온다고 말한다. 또한 의식은 감각과 감정의 복합 구조라고 주장되기도 한다. 쾌락이나 공포는 물론이고 간지럼이나 치통에 이르기까지 모든 주관적 경험이 의식에서 설명된다.

의식의 장소로 제일 먼저 거론될 수 있는 영역은 단연코 뇌다. 마취된 뇌 부위조차 뉴런 활동이 정지된 부위가 단 한 군데도 없음이 확인되기 때문이다. 마취제는 뉴런들 사이의 세포막을 통한 이온의 출입을 방해함으로써 전반적으로 뇌 활동을 둔화시킬 뿐, 정지시키지 못한다. 또한 집중의 뇌, 일상의 뇌, '뇌 속의 뇌' 이론이 불거진다. 어떤 과제에 집중하고 있을 때 전두엽(frontal cortex)이 활성화되지만, 그 일에 익숙해지고 나면 전두엽의 활동은 감지되지 않는다. 그 결과 전두엽이 의식의 핵심 중추라는 것과, 일상에서 의식과 함께 잠재의식이나 무의식 상태도 공존함이 주목된다.

잠재의식은 인지적으로 볼 때 무의식적이지만, 경험이 담겨 있는 의식이다. 잠재의식은 특별히 의식하지 않아도 일상을 가능하게 하는데, 이를테면 아침에 기상하여 출근 준비를 하고, 자동차를 몰며, 동료를 만나고, 컴

74) 줄리언 제인스, 김득룡 · 박주용 역, 앞의 책, 23쪽에서 재인용.

퓨터 작업을 수행하는 것, 일을 마치고 집에 돌아와 저녁을 먹고, 신문을 보다가, 잠자리에 들게 하는 의식을 포함한다. 말하자면 일상은 마치 쳇바퀴 돌아가듯 철저히 계획된 것처럼 진행된다. 그럼에도 불현듯 비일상적인 것이 돌출하면 이에 대한 반응도 신속하게 이루어져서 무엇인가를 결정하게 하는데, 그것도 잠재의식의 역할이다.

신경학자 버튼(R. Burton)은 행위에 작용하며 뇌 메커니즘과 동일한 무의식에 대해 논한다. 의식과 무의식은 단절된 영역이 아니며, 둘 다 뇌의 신경회로에서 생긴다. 자유의지도 신경학적으로 이미 결정되어 있다. 버튼의 무의식이 지배하는 시각계, 운동계, 그 밖에 신경과 관련하는 감각 및 신체는 이성적 의식과 분리되지 않는다는 점이 새롭다. 버튼은 의식을 실제로 지배하는 "숨겨진 층"[75]을 뇌라고 말한다. 숨겨진 층도 인지되지 않은 신경망의 활동으로서 패턴화된 신경망으로 존재하여 의식을 가능하게 한다. 그 기능은 뇌 활동을 고정된 길을 따라 움직이게 함으로써 습관의 토대로 만든다. 따라서 외부의 저항이나 새로움이 있으면 우리는 그에 반대한다. 게다가 의식되지 않은 뇌 활동은 신체의 항상성에 중요한 역할을 담당하기도 한다. 심장 박동을 규칙적으로 만들고, 폐를 호흡하게 하며, 체온을 적정하게 유지시킨다. 좌뇌와 우뇌가 하지 못하는 일들을 다른 뇌 부위가 담당하는 것이다.

하지만 숨겨진 층은 정신 분열증의 원인이 될 수도 있다. 그래서 버튼의 신경적 무의식은 프로이트의 충동적 무의식과 비교된다. 버튼의 무의식은 국소적이다. 전두엽의 해당 부위가 다른 뇌 부위와 연결되는 것을 막기 위해 20세기 초반에 전두엽 절제술이 자주 시행되곤 했다. 그러나 현대의 가상현실 시대에 들어서 이런 '잘라내는' 외과수술의 불문율은 미세 뇌수술 기법이나 이식과 같이 분자생물학적인 방법으로 바뀌고

75) 로버트 버튼, 김미선 역, 앞의 책, 74쪽.

있다.

이런 진보하는 수술 기법 덕분에 두 가지가 발견된다. 첫째, 기억에서 기원하는 행위를 담당하는 뉴런이 국소하는 곳은 전두엽의 보조운동 영역이고, 움직이려는 충동은 중전두엽에 자극을 가하면 된다.[76] 둘째, 행동을 의식한 시점이 의도를 의식한 시점보다 우선한다. 이를테면 아픔을 의식하고 학습한 행위가 반사적 행위보다 늦은 것이다.

신경생물학자 코흐(C. Koch)는 의식이란 고도로 진화한 생물의 조직에서 발생하며, 어떤 원인의 결과라는 전제를 단다. 그리고 원인은 다름 아닌 뉴런이다. 심장이 있어야 고동 소리가 들리듯이, 의식 메커니즘이 작동해야 비로소 의식이 존재한다. 코흐의 입장은 그린필드의 입장과도 유사하다. 그녀도 여전히 뇌 문법에 정통하지 못하지만, 존재의 실체이자 성격과 마음의 원천[77]은 뇌라고 확신한다. 뿐만 아니라 감각이나 지각이 존재하더라도, 그것들이 상위 정신활동과 상호작용이 없다는 주장은 설득력이 떨어진다고 그는 말한다. 이 지점에서 결정론적 생각과 구분된다.

코흐나 그린필드는 의식의 시작점을 찾았고, 뇌 해당 부위의 활동을 억제하면 행위를 통제할 수 있다는 주장은 확고부동하다. 그럼에도 정작 뉴런에서 어떻게 의식이 발생하는지를 설명하지 못한다. 그들은 관련한 모든 문제는 시간이 지나면 저절로 해결될 것이라고 믿는다. 그렇게 되면 행위의 자발성은 물론이고 자유의지는 부정될 수 있다. 따라서 관념론 철학에서 말하는 자유의지의 불수의(不隨意)적 특징은 신경생물학자들이 볼 때 맹목적인 믿음일 뿐이다.

76) 마이클 가자니가, 박인균 역, 앞의 책, 174쪽.

77) 수전 그린필드, 정병선 역, 앞의 책, 13쪽 참조.

4.2.3.2 의식과 양반구

의식은 생명체의 속성이다. 그 주장이 보편적이라면, 단세포 동물의 감응 혹은 자극에 대한 반응은 생명을 보존하려는 일종의 의식으로서 이해될 수 있다. 그런데 생물계의 역사에는 진화와 변곡점이 있고, 그중에서 다른 동물군과 차별성을 만든 동력이 인간의 의식이기도 하다.

심리학자 제인스는 의식을 언어 의식으로 좁혀서 이해한다. 따라서 헤겔이 의식으로 분류한 감각적 확신이나 지각은 제인스에게 의식이라고 할 수 없다. 언어 의식은 다른 인지 능력이나 기억과의 상호작용을 통해서 인식의 확장을 경험한다. 언어, 그중에서 은유는 말과 대상의 유사 관계에서 나온다. 그래서 은유는 언어를 단순 의사소통 수단으로 한정하지 않고, 추상 개념들을 만들어 우리를 경험 이면으로 이동시키는 의식을 생성하게 한다. 따라서 언어에 대한 연구는 의식 이해의 필수 과정이다. 인류사에서 언어의 기원을 추적하면 기원전 7만 년에서 8000년 사이의 기간에 이르는데, 네안데르탈인과 크로마뇽인들이 불, 동굴, 털옷 등의 문화를 만들면서 한 곳에 정착을 시도하는 시기와 일치한다.

그들은 처음에 단순히 소리를 내다가, 차츰 "지향적(의식적) 소리내기"[78]를 시도한다. 소리가 어떤 목적을 띤 이유는 아마도 위험에 처한 동료의 행동 변화를 끌어내려 했기 때문이다. 이 소리에는 억양이 있고, 의미가 담겨지며, 명사들과 명령어들이 나온다. 당시의 화석을 보면 언어 중추가 있는 전두엽이 빠른 속도로 발달하는 과정이 보존되어 있다.

상형문자나 설형문자로 적힌 최초의 저작물은 기원전 3000년경 이집트나 메소포타미아 문명에서 발견된다. 그러나 그것들을 해독하기는 어렵다. 그래서 가장 잘 번역할 수 있는 최고(最高)의 문헌이 기원전 9세기경 호메로스가 쓴 서사시『일리아스』다. 작품의 주요 소재인 트로이 전쟁은

78) 줄리언 제인스, 김득룡 · 박주용, 앞의 책, 165쪽.

고대 그리스의 미케네인들이 활약한 지중해에서 기원전 12세기에 발발한 것으로 전해진다. 처음에 『일리아스』는 문학적 상상력의 결과물로 알려졌지만, AD 19세기에 고고학자 슐리만의 발굴을 통해서 사실적 기록으로 인정된다. 그럼으로써 사실 반영이론처럼, 그 작품에서도 고대의 의식세계를 엿볼 수 있다는 것이 중론이다.

호메로스는 작품에서 프시케(psyche, 당대: 피나 호흡, 현재: 의식으로 이해), 사이키(psyche, 생명, 숨), 투모스(thumos, 당대: 심경, 현재: 감정으로 이해), 프레네스(phrenes, 감각), 누스(noos, 지각) 등의 개념들을 쓰고 있다. 죽어가는 병사들이 입 밖으로 '프시케'를 뱉어낸다. 트로이 전쟁에 참전을 꺼려했던 아킬레우스가 친우의 전사 소식을 듣자마자 그의 가슴 속에는 '투모스'가 요동친다. 또한 헥토르가 형이 없다는 사실을 알아차린 것은 '프레네스'에 의해서, 제우스신이 오디세우스를 이해한 것은 자신의 '누스'를 통해서였다.[79]

호메로스에게 인식의 시작은 언어다. 신체를 다룰 때는 특정 부위가 강조되고 있지만 아직 전체로서 부각되지 않고 있다. 또한 정신이나 영혼, 자유의지 같은 형이상학적 개념도 등장하지 않는다. 투모스에서 분열 의식이 돋보인다면, 누스에서 통합 의식이 특징적이다. 그래서 제인스는 뇌 구조가 통합형이 아니라 이중 구조라는 대전제를 달면서, 그 근거를 양반구로 이루어진 뇌에서 찾고 있다.[80]

『일리아스』에서 분노하는 아킬레우스를 위로하는 의식은 그의 통합된 정신에서 나오지 않고 신의 말씀에 근거한다. 그리스 군대 앞에서 파리스를 보호해주는 장치도 파리스의 꾀가 아니라 신의 개입이었다. 사람들 사이에 다툼을 소상하고 전쟁을 유도하는 주체도 신이었다. 결국 신이 인간을 조종하는 역할을 수행하고 있던 것이다.

79) 줄리언 제인스, 김득룡 · 박주용, 앞의 책, 99쪽 이하 참조.
80) 줄리언 제인스, 김득룡 · 박주용, 앞의 책, 146쪽 참조.

그래서 제인스는 『일리아스』에 나오는 인물들이 기계인형으로서 정신적 주관이나 주체적 활동이 없는 피조물에 불과하다고 일축한다. 그들에게는 자아가 없기 때문에 무엇을 해야 할지를 모르고, 단지 신의 계시, 아니 환각적 목소리에 따라 행동한다. 말하자면 그들에게는 내적인 갈등이나 스트레스가 별로 감지되지 않는다. 이런 미케네 시대 사람들의 의식 구조를 제인스는 "양원적 정신(bicameral mind)"[81]이라고 명명한다. 신의 말씀이 의식의 추동력이며, 인물들에게 행위할 것을 명령하는 상명하달식의 정신 구조가 그 작품에서 분석될 수 있다.

기원전 18세기경에 메소포타미아 지방 바빌로니아의 왕은 함무라비(Hammurabi)였다. 그가 그 지역의 거의 모든 도시국가를 장악할 수 있었던 이유는 함무라비 법전으로 상징되는 마르두크 신을 가장 잘 모셨기 때문이다. 당시에 나온 양각 조각상에서 왼쪽의 함무라비 왕은 오른편 보좌에 앉아 있는 마르두크 신의 말을 열심히 경청하고 있다. 마르두크의 말은 함무라비에게 명령으로 이해되고, 함무라비의 말은 민초들에게 엄명으로 다가온다. 『일리아스』에서도 인물들의 감정과 행동이 가득하지만, 그 동기는 그들 자신이 아닌 신, 즉 다른 존재의 명령이나 거부할 수 없는 목소리다. 아래에는 생각과 행동의 시간적 일치를 주장한 수메르 속담이 있다.

> 신속히 행동하여, 너의 신을 기쁘게 하라.[82]

인간은 신의 목소리를 듣고 지체 없이 행동에 나서야 한다. 그래서 음유시인 호메로스도 양원적 정신이 지배한 미케네 시대의 트로이 전쟁을 재현한 것이다.

그러나 본격적으로 그리스 시대가 시작되면, 의식 문화(주관성)가 양원

---

81) 줄리언 제인스, 김득룡 · 박주용, 앞의 책, 107쪽.

82) 줄리언 제인스, 김득룡 · 박주용 역, 앞의 책, 246쪽.

적 문화(양원성)를 대체한다. 인간이 신과 분리됨으로써 의식이 생긴 것이다. 반면 양원적 목소리는 뇌의 좌반구와 우반구를 나누는 계기가 되며, 질병으로 이해된다. 양원적 목소리가 줄어들면서 좌반구가 우반구보다 우세 반구가 된다. 좌반구는 크게 세 가지 영역, 즉 보조운동 피질 영역, 브로카 영역, 베르니케 영역으로 구분된다.

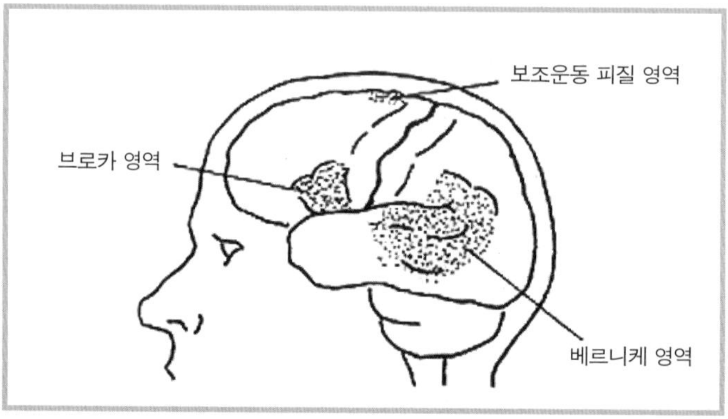

〈그림10〉 좌반구의 세 영역

보조운동 피질 영역은 전두엽의 맨 위쪽에 있으며 언어 분절과 관련한다. 따라서 이 부위를 제거하면 회복될 때까지 말을 할 수 없다. 그리고 전두엽 아래쪽의 브로카 영역은 발설이나 분절은 물론이고 어휘, 어형변화, 문법 등에도 관련한다. 마찬가지로 이 부위가 손상되면 영구적으로 아니면 일시적으로 말을 할 수 없게 된다. 또한 측두엽과 두정엽의 일부인 베르니케 영역이 손상되면 어휘, 구문, 의미, 말에 대한 이해가 불가능해진다.[83)]

이 지점에서 세인스는 언어 기능이 왜 한쪽의 반구에만 몰려 있는지에 의문을 제기한다. 왼손잡이의 경우에, 우반구가 좌반구의 일을 대신하기

83) 줄리언 제인스, 김득룡 · 박주용 역, 앞의 책, 135쪽 참조.

도 하며, 양손잡이들의 경우 양반구에 언어 중추가 있기 때문이다.

뇌를 정면에서 보면 좌우 대칭의 호두 모양이다. 그렇다면 우반구의 역할은 무엇인가? 우반구는 좌반구의 역할을 부분적으로 넘겨받을 수 있다. 하지만 우반구 조직의 상당 부분이 사고나 질병으로 인해 손상되어도 의식은 정상인 경우가 많다. 좌반구처럼 우반구에도 언어와 관련하여 세 영역이 있지만, 진화 과정을 거쳐 퇴화해온 것이다. 그래서 간질환자의 신경흥분을 막기 위해서 뇌 분리 수술을 단행하면 환자는 한동안 말을 못하지만, 1년이 지나면 다시 정상인의 삶을 영위할 수 있다.

실제로 어느 간질환자의 우반구 측두엽 베르니케 영역을 전기로 자극하자, 그 환자는 초현실적인 목소리, 중얼거리는 목소리, 음악 소리까지 들었다고 고백한다. 또 베르니케 영역 윗부분을 자극하면, 환각을 경험하기도 한다. 이 환자를 담당한 신경외과 의사는 그런 경험을 어린 시절의 단편적 기억으로 생각하고, 조금 더 긴 시간의 자극을 주면 당시의 기억을 완전히 회복할 수 있을 것이라고 가정한다.

그러나 실제로 더 많은 자극이 가해져도 더 이상의 변화는 감지되지 않는다. 말하자면 우반구의 측두엽 베르니케 영역과 그 윗부분도 기억 저장소가 아니라 인간의 청각과 시각을 가능하게 하는 부위라고 추정할 수 있다. 그리고 전교련이 우반구에서 들리는 신의 목소리를 좌반구에 전달함으로써 종교를 가능하게 한다.[84] 종교의 탄생은 양반구의 신경 차이에서 비롯되었다고 한다. 우뇌에는 좌뇌가 숭상하는 것들이 가득하다. 신탁(神託)이나 우상숭배와 같은 현상이 우뇌의 존재성을 부각하는 대표적인 경우다. 이를 통하여 인류는 자신보다 위대한 존재와 관계를 맺고, 이런 성향은 영원히 계속될 가능성이 높다.

점차로 좌반구와 우반구의 역할 비중에서 생긴 차이는 문화사에도 심대

84) 줄리언 제인스, 김득룡 · 박주용 역, 앞의 책, 138쪽 참조.

한 영향을 미친다. 신의 언어는 인간의 언어로 변화하고 좌반구가 언어와 의식을 관리하면서, 양원적 시대는 대단원의 막을 내린다.

반면 우반구의 영향력은 현저히 줄었지만, 그 흔적은 인간의 신경계와 사회 저변에 남는다. 본래 우반구에 울리는 신의 목소리는 의지를 부추겨서 행동을 유도하는 역할을 담당한다. 이제 그 소리는 인간에게 무언가를 하라고 재촉하는 내면의 메아리로 들린다. 그래서 우반구의 측두엽이 손상되면 공간적 관계를 파악하거나 전체를 바라보는 능력이 급격히 약화된다. 또한 영향력이 줄어든 우반구에 대한 기억은 하위문화나 시(詩) 운율, 음악의 멜로디와 같은 문화에서 표현되거나, 합리적으로, 또는 말로 표현될 수 없는 영역에 침전된다. 철학자 플라톤은 예술을 참다운 인식의 방해물로 보았는데, 이를테면 글 『이오』에서 그는 시(詩)의 영감을 신들림에서 찾고 있다.

> 모든 훌륭한 시인들, 서정 시인뿐 아니라 서사 시인들도, 그들의 아름다운 시를 예술로써 지은 것이 아니라 그들이 영감을 받고 신들렸기 때문에 지었다.[85)]

이성적 지성을 통해 이데아의 인식 가능성을 강조한 플라톤에게 시는 지성의 교두보가 아니라 순수 영감에서 시작되어 오히려 우리를 현혹의 굴레로 이끄는 마취제에 불과하다. 뿐만 아니라 우반구의 자취는 예언이나 종교적 제도권에 편입되지 못한 고대의 종교나 개인의 미신으로 등장한다.

---

85) 줄리언 제인스, 김득룡 · 박주용 역, 앞의 책, 433쪽에서 재인용.

〈그림11〉 베를린 국립 박물관에 소장된 『누스카 신의 제단』

뇌의 우반구 및 좌반구 모델에서 기원하는 인간의 의식에는 이중적 성격이 내재한다고 볼 수 있다. 그러나 기원전 12세기에 들어서면 양원적 정신 구조는 붕괴하기 시작하고 대신 언어와 자아에 기반한 단일 의식문화가 우세해진다. 뇌의 한 영역이 다른 영역을 억제하면서 둘 사이의 긴장과 균형이 무너지고 있는 것이다.

위의 석판에는 한 사람이 두 가지의 자세를 하고서 빈 의자를 가리키고 있다. 이 조각은 기원전 1230년경 아시리아의 독재자 투쿨티 니누르타(Tukulti-Ninurta) 1세와 그 보좌를 묘사하고 있다. 특이한 점은 왕좌에 아무도 없다는 것이다. 앞에서 설명한 함무라비의 경우처럼 신이 앉아 있어야 보통인데, 검지 손가락의 방향을 따라가다 보면 허공만 가리킬 뿐

이다. 제인스는 이 석판에서 양원적 정신의 몰락이나 신의 죽음을 읽어 낸다.[86]

더 이상 신은 인간에게 명령을 내리는 지상의 존재가 아니라 천상의 현현이자 천사가 언명을 대신해주는 절대자로 표상된다. 그만큼 인간은 자의식을 갖게 되고, 그런 나의 의식에는 신이 개입할 수 없는 내밀한 공간이 존재한다. 내면에서 울렸던 청각적 위계질서는 무너지고 대신 문자 문화와 쓰기 문화가 득세하기 시작한다.

이 흐름은 뇌 구조의 변화를 동반하고 있다. 좌반구가 우반구의 역할을 대신하기에 이르게 된 것이다. 이런 분위기를 묘사하는 또 다른 서사시가 호메로스의 『오디세이아』다. 그 작품에서는 현자(賢者) 오디세우스가 트로이에서 그리스로 귀환하면서 겪는 온갖 고난과 모험이 등장한다. 오디세우스는 『일리아스』의 주인공인 그리스 총사령관 아가멤논의 부하로서, 트로이 전쟁을 승리로 이끄는 데 결정적으로 공헌한다.

오디세우스는 승전을 이끌었지만 바로 금의환향할 수 없었다. 대신 그는 요정 칼립소의 품 안에서 고향을 그리워하는 신세가 된다. 그런 그가 이타카로 출발할 수 있었던 동기는 아테네 여신이 제우스를 설득하면서였다. 하지만 오디세우스는 다가오는 고난을 스스로 해결해야 했다. 그때마다 이테네 여신은 오디세우스에게 번뜩이는 지혜를 선물한다. 이성적 영리함으로 무장한 오디세우스는 반신들, 마녀들, 외눈박이 거인들, 사이렌 등의 위협을 하나씩 극복해나간다. 『오디세이아』에서 나오는 개념들의 빈도수를 그의 전편(前篇)이라 할 수 있는 『일리아스』와 비교해 보면, 투모스(감정)의 비율은 눈에 크게 낮아지고, 사이키(생명, 숨), 누스(지각), 프레네스(감각)의 빈도는 증가하고 있음이 수복된다.[87] 오디세우스가 겪은 10년의 모험과 항해는 자아와 정체성을 갈구하는 여정을 은

86) 줄리언 제인스, 김득룡 · 박주용 역, 앞의 책, 267쪽 참조.
87) 줄리언 제인스, 김득룡 · 박주용 역, 앞의 책, 323쪽 참조.

유한다.

사이키는 더 이상 생물학적인 목숨이 아니라 죽은 뒤의 혼을 말한다. 주인공의 꿈에는 명부에서 떠도는 혼들이 등장하고 있다. 역설적으로 사이키는 생명과 육체의 분리를 암시하며, 누스와 혼동되어 사용된다. 한편 본래 시체나 죽음을 뜻하는 소마(soma)는 신체를 의미하게 되면서, 소위 영혼과 육체의 이분법이 기원한다.

반면 양원적 목소리는 질환으로 이해된다. 시대가 흐르면서 인간이 문화를 형성하고 학습하며, 신의 목소리는 합리적이고 통합적인 의식의 지배 아래에 놓인다. 하지만 만일 양반구의 소통이 제대로 되지 않아 우반구의 소리가 더 강해질 경우에, 정신의 분열은 두드러질 수 있다. 정상인마저도 가끔 환각이나 환청을 경험하곤 한다. 당사자들은 내면의 소리에 응답하고 대화하기 시작한다. 경우에 따라서 고함을 지르거나 울먹이고 웃거나, 혹은 예언자적인 말을 전달한다. 신들림 현상을 갖고 있는 사람은 중얼거리면서도 자신이 무엇을 말하고 있는지 모르고, 나중에 기억하지도 못한다.

현대에 들어와 위와 같은 현상을 보이는 경우를 우리는 귀신들림, 이른바 정신분열증의 일종이라고 부른다. 환자는 악령의 명령을 듣고 주기적으로 환각에 빠져든다. 그의 발작은 신체 왼쪽의 경련에서 시작되어, 몇 분에서 심지어 한두 시간 가량 지속되기에 이른다. 하지만 발작이 멈추면 더 이상 당시의 상황을 기억하지 못한다.

이런 환자를 지켜보면, 자아의 지배를 받지 않는 신경체계의 활동도 있음이 증명된다. 그래서 정신분열증은 약물로 치료하게 되며, 가장 큰 원인을 감정적 스트레스에 두고 있다. 그러나 근본적으로 그에게 생생하게 다가오는 이미지나 목소리는 의학적으로 치료되지 않고 있다. 제인스는 정신분열증 환자의 신들림 증상은 우반구의 언어 영역이 재활성화된 것이라

고 확신한다.[88]

귀신들림과 유사한 질병인 투렛 증후군도 부정적인 신들림 현상으로 볼 수도 있다. 이 증상은 5세 전후의 어린아이에게서 시작되는데, 가장 중요한 징후가 욕을 퍼붓는 것이다. 이와 동반하여 경련이 있거나 혀를 내미는 등 환자 스스로 조절 불가능한 현상이 나이가 먹어서까지 계속된다. 투렛 증후군의 환자에게는 비정상적인 극파가 기록되는 것은 물론이고 중추 신경계에 손상이 오고, 특히 대부분 왼손잡이라는 공통점이 있다. 신들림 현상이 더 지속되면, 인간은 무의식 상태나 최면 상태에서 허우적거릴 수 있다.

양원적 정신과 신들림 상태에는 신경학적으로 다음과 같은 차이가 있다. 양원적 정신은 우반구에서 생성되어 우리에게 들리는 것이다. 그러나 신들린 상태는 좌반구의 브로카 영역에서 들려오고 그것을 지배하는 부위는 우반구의 베르니케 영역이다.

고대 그리스 시대에 철학자나 여러 서사시 또는 희곡 작품에 등장하는 주인공들은 자의식적인 행동의 주관자였다는 점에 그 공통점이 있다. 그런데 제인스는 자의식이 오히려 의식을 분열시키는 과정이며, 대신 전(前) 그리스 시대 인류의 모습을 통하여 어떤 이상적 인물형을 찾고 있다. 그럼으로써 제인스가 신경학적인 연구를 통해 도달한 인류학적 사상은 계몽주의 철학자의 진보적 사상과 완전히 상반된다.

이를테면 철학자 헤겔은 인류가 진전에 진전을 거듭하면서 자연과 구분되는 독자성을 획득한다고 보았다. 따라서 그는 제우스로 대표되는 올림포스 제신들이 등장하기 이전에 티탄족의 지배를 자연 및 야만의 질서로 표상한다.[89] 또한 그리스 시대에 새롭게 종교가 등장한 이유는 개인이 운명과 죽음의 고통에서 벗어나 위로를 받고 싶었기 때문이라고 말하면서

---

88) 줄리언 제인스, 김득룡 · 박주용 역, 앞의 책, 411쪽 참조.

89) 헤겔, 임석진 역, 『정신현상학2』, 한길사, 2009, 265쪽 참조.

정신의 초기 형태를 상상하고 있다. 게다가 인간의 이성이 불변의 신적 이성을 갈구했지만 가능하지 않았던 것도 종교 발생의 이유다. 신적 이성을 닮으려고 한 인물들은 하나같이 운명 앞에서 좌절하며, 자신의 의지를 부정하는 힘을 무의식의 영역으로 이해한다. 그럼에도 그들은 확실한 자의식을 드러내며 관객들에게 공포와 동정을 전달한다.

신경생물학자 코흐는 의식의 생성지가 좌반구라고 추정한다.[90] 좌반구에 의식, 우반구에 전의식이나 잠재의식, 대뇌변연계 깊은 곳에 무의식(감정)이 있다. 그래서 의식이 무의식과 접속되기 위해선 뇌량과 우반구를 거쳐야 한다. 실제로 우반구에는 언어 기능이 발달하기 전 생후 2년 동안의 기억이 담겨 있다고 한다. 그러다가 사춘기인 12~14세에 이르러 전두엽이 발달하면서 좌반구는 우세 반구로 등극한다. 하지만 우반구는 신체나 뇌의 깊숙한 곳과 연결되어 있을 뿐만 아니라, 그곳에 담겨 있는 트라우마와 관련된 기억도 쉽사리 지워지지 않음으로써, 보다 솔직한 감정과 체험을 가능하게 하는 부위로 차츰 부각되고 있다.

4.2.3.3 분할 뇌: 의식이 나뉘다

두개골 안의 뇌는 좌우 대칭 구조를 가지고 있어서 양반구 두 개, 뇌신경을 연결하는 시상도 두 개, 기저핵도 두 묶음이다. 그런데 정상적인 사람은 단일한 경험을 한다. 그래서 데카르트는 생리학적 구조와 경험의 결과가 다른 이런 역설적 관계를 고려해서, 정신의 근원지를 하나의 신경구조인 송과선으로 생각했던 것이다.

실제로 양반구 사이에는 다리처럼 두 개의 신경섬유 다발이 놓여 있다. 하나는 2억 개의 뉴런들로 되어 있는 뇌량(corpus callosum)이다. 우리가 사고할 때마다 좌반구와 우반구의 정보는 뇌량을 통해 쉬지 않고 소통한다.

---

90) 크리스토프 코흐, 이정진 역, 앞의 책, 130쪽 참조.

그런 과정을 의식으로 정의하는 학자도 있다. 두 번째 신경섬유 다발은 뇌량보다 작은 전교련(anterior commissure)이다. 전교련을 통해 후각 및 청각 정보가 전달된다.

그리고 양반구에는 각각의 특정 자극을 다른 보통의 자극보다 우선적으로 처리하는 주의력이 존재한다. 양반구는 동일한 외부 자극을 제각기 다르게 처리한다. 실험을 통해서 시공간 지각 능력이 우수한 반구는 우반구로 드러났다. 왼손이 오른손보다 색깔 블록을 쉽게 조립하거나 3차원적인 물체를 잘 만든다는 사실이 이를 증명한다. 반면 좌반구는 언어 중추로서 지적인 기능을 담당한다. 그래서 양반구의 역할은 보통 다음과 같이 구분된다.[91]

좌반구	우반구
논리적	전체적
분석적	직관적
언어적	비언어적
계산적	종합적
조직적	사교적
순차적	공간적
계획적	즉흥적

표를 통해서 본 양반구의 역할은 이항 대립적이다. 그래서 양반구를 분리하면, 엄밀히 말해 인간은 통일적으로 경험하는 대신에 이중 의식을 가질 수 있다. 좌반구에서 어떤 소리가 들리지만, 동시에 우반구에서 그와 상관없는 공간 이미지가 생성될 수 있다. 각각의 뇌는 사물을 동일하게 인

91) 에릭 호프만, 장현갑 역, 앞의 책, 53쪽 참조.

식하지 않는다. 따라서 분리 수술을 받아 뇌가 완전히 분할된 환자는 두 가지 의식을 지닌 사람이라고 할 수 있다. 그는 어떤 사물을 보면서 이중적으로 인식하고, 그에 따른 행위도 다르다.

뇌량과 전교련이 본격적으로 주목을 받기 시작한 것은 난치성 간질 환자를 치료하면서다. 뇌량 절제 수술은 그 위험성 때문에 집도하기가 쉽지 않았고, 그로 인해 이중인격이나 의식 분리가 등장할 가능성도 상존했다. 하지만 대발작을 수시로 경험하는 어느 환자의 간절한 바람에 따라 뇌량과 전교련이 한꺼번에 절단된다. 한쪽의 반구에서 발생한 이상한 전기가 다른 반구로 넘어가 전신 발작의 원인이 되는 상황을 막기 위해서다. 그 결과 환자는 분할 뇌(split brain)를 가졌음에도, 정상적인 생활을 영위해간다. 감각이나 지각 기능에 문제가 없었고, 사교성도 예전과 다를 바 없었다.

래슐리(K. Lashley)는 뇌량 없이 태어난 아이에게서 어떤 장애도 발견되지 않는다고 보고한다. 또한 난치성 간질 환자를 치료하기 위해 과감히 뇌량 절제술을 시도했지만 그 누구에게서도 심리적 변화를 감지해낼 수 없었다. 결국 래슐리는 뇌량은 뇌의 양반구를 단순히 연결한 부위라고 말하며, 오로지 피질의 무게만을 중요한 것으로 본다.[92] 신경과학자 가자니가도 분할 뇌 수술의 결과, 좌뇌가 우뇌의 정보를 받지 못해도 뇌는 전체적으로 온전한 기능을 수행하고 있음을 증명한다. 뇌의 크기가 줄었으니 그만큼 인지나 사유에도 문제가 있을 거란 생각은 기우에 불과했다.[93]

하지만 래슐리의 연구에서 간과된 점은, 전교련과 뇌량은 절단되었지만 척수와 뇌를 잇는 뇌간은 건재했다는 것이다. 뇌간이 오감과 관련한 신경에서 감각 정보와 근육, 관절, 힘줄의 신경에서 자기수용성 정보(몸이 공간에서 위치하는 정보)를 양반구로 전달하고 있는 것이다. 그래서 뇌간을 포함하여 양반구를 완전히 분리하는 실험이 시도된다. 그랬더니 동물의 분

92) 마이클 가자니가, 박인균 역, 앞의 책, 85쪽 참조.
93) 마이클 가자니가, 박인균 역, 앞의 책, 53쪽 참조.

리된 뇌에서 시각 정보는 한 뇌에서 다른 뇌로 전달되지 않았다. 왜냐하면 오른쪽 눈으로 들어온 정보는 좌뇌에, 왼쪽 눈으로 들어온 정보는 우뇌에 전달되어 처리되기 때문이다. 그러면 좌뇌는 오른손을 지배하고, 우뇌는 왼손을 조정하는 것이다. 따라서 좌뇌와 우뇌 사이에 채널이 없으면, 우뇌와 좌뇌의 정보는 서로 교환될 수 없음이 밝혀진다.

실제로 우뇌와 좌뇌는 서로가 처리하는 일을 알지 못하기 때문에 이상한 일이 발생하곤 한다. 보통 왼쪽 눈이나 신체의 왼편으로 들어온 감각 정보는 우반구에 표상되고, 오른쪽 눈으로 들어온 감각은 좌반구에 표상된다. 분할 뇌 환자가 눈을 감고 오른손에 칼을 쥐면, 칼이라고 말할 수 있다. 하지만 눈을 감은 그가 왼손에 칼을 쥐면, 언어 중추가 없기 때문에 말할 수 없다.

혹은 어떤 분할 뇌 환자의 경우, 왼손이 하는 일과 오른손이 하는 일이 완전히 분리된 채 서로 제멋대로 움직이기도 한다. 한 손으로 옷의 단추를 잠그고, 다른 손으로 옷의 단추를 푸는 그로테스크한 장면을 연출하는 것이다. 그러므로 양반구의 단절은 협력 통로의 상실을 의미한다. 그런 분할 뇌 환자에게서는 창의성 부족이 감지된다. 이를 통하여 창의성은 분석과 직관, 좌반구와 우반구의 상호 도움에서 생긴다는 것이 암시된다.

1981년 노벨생리학상 수상자 스페리(R. Sperry)는 대뇌 반구 사이의 연결이 끊긴 개구리, 쥐, 고양이, 원숭이를 세밀히 관찰했다. 그래서 그는 동물들의 반구 각각이 하나의 반응에도 서로 다르게 학습할 수 있다는 결론을 내놓는다. 뇌를 분리하면 지각이나 학습 능력도 분리되고, 말 그대로 양반구에 독립적인 의식이 생긴다.

따라서 코흐는 분할 뇌 환자가 정상적인 생활을 할 수 있었던 이유는 뇌의 적응력이 우수해서 대부분의 상황에 대처할 수 있었기 때문이라고 요약한다. 분할 뇌 환자의 뇌에 결함이 있는 것은 분명하지만, 시간이 지나면서 한쪽의 뇌가 모든 일을 대신해서 처리해준다. 뿐만 아니라 뇌 전체의 지능은 우세 반구의 지능과 크게 다르지 않기 때문에 겉으로 보면 행동의 차이는 거의 없다.

이와 같이 양반구 분리 실험을 통해서 뇌의 특징이 하나씩 밝혀졌다. 첫째, 의식을 담당하는 뉴런은 뇌 전반에 걸쳐 있다. 따라서 의식은 좌뇌에 존재한다는 에클스(J. Eccles)의 견해는 옳지 않다.[94] 둘째, 반구의 구분에 따른 기능 분리는 확실하지 않다. 양반구의 인지 및 운동 능력은 비슷하며 각 반구가 담당하는 기능들도 명료하게 구분되지 않는다. 양반구에 퍼져 있는 뉴런도 있고, 대칭적으로 존재하는 뉴런도 있으며, 한쪽 반구에만 있는 뉴런도 있다. 그래서 우세 반구와 열성 반구 정도로 구분될 수 있을 정도다. 다만 기억을 담당하는 해마나 언어를 관장하는 베르니케 및 브로카 영역에서 뇌의 비대칭적인 구조가 발견된다.

셋째, 우반구는 공간 인지, 시각적 주의, 지각, 기억 중추이고, 좌반구는 언어 중추로서 전전두 피질의 브로카 영역과 측두엽의 베르니케 영역이 언어 능력과 관련한다. 넷째, 뇌량이나 전교련이 절단되면, 감각적, 언어적 정보는 전달될 수 없지만 기쁨이나 분노와 같은 감정들은 뇌간이 있기 때문에 이동된다. 하지만 뇌간마저도 절단되면 이중인격 현상이 등장할 수 있다.

다섯째, 뇌에는 통일된 의식을 만들어내는 무소불위의 사령탑이 없다. 하나의 두개 아래에 두 가지 마음이 있다. 또한 양반구에 의식을 담당하는 수많은 하위 체계(일종의 모듈)가 피질에 퍼져서 각각 독립적인 기능을 수행한다. 따라서 우리는 단일한 경험을 하는 것 같지만, 실제로 그 안은 수많은 체계들로 나누어져 있고 그것이 통합되는 것이다. 사실적으로 표현하면, 체계들 사이에서 경쟁이 벌어지고, 결국 최후 승리자가 있게 된다.[95]

---

94) 마이클 가자니가, 박인균 역, 앞의 책, 101쪽 참조.
95) 마이클 가자니가, 박인균 역, 앞의 책, 104쪽 참조.

4.2.4 의식의 전개 양상

4.2.4.1 감각: 뉴런과 활동전위

의식을 물질에서 해명하려는 신경생물학이 탄생한 것은 학문 간의 통합을 요구하는 시대정신과도 관련한다. 신경생물학은 뇌를 물리 법칙이 적용되는 기관으로 가정한다. 신경계는 수백억 개의 세포로 이루어져 있는데, 그중에서 가장 중요한 세포가 뉴런(neuron, 신경세포)이다. 그리고 뉴런의 활동 장소는 뇌다. 그러나 뉴런의 창발 활동만으로 의식이나 정신을 설명하기에 부족하며, 그에 따라 철학이나 심리학의 도움이 요청되고 있다. 그래서 사유 과정이 뉴런들의 발화로 설명될 수 있을지, 그리고 느낌은 외부의 자극이 전기신호로 바뀌어 신경 통로를 통과하다가 뇌의 특정 영역에 도달한 결과일지 밝히기 위해서는 학문들의 협업이 요망된다.

뉴런 활동을 철학의 관점에서 통찰하는 것은 물질에서 의식을 이해하는 작업이라고 할 수 있다. 크기와 모양이 다양한 뇌는 수많은 뉴런의 네트워크로 이루어져 있다. 뇌 해부학 이론에 따르면, 뇌에는 평균 850억 개의 비뉴런 세포와 860억 개의 뉴런이 있다. 그중에 690억 개의 뉴런이 소뇌에 분포하여 운동을 조절하며, 나머지는 대뇌피질과 시상에 존재하여 의식 활동과 관련한다. 대뇌피질 $1mm^2$에는 대략 10만 개 정도의 뉴런이 있으며, 그 뉴런들은 서로 연결되어 있다.

그리고 특정 뉴런들이 군집을 이루어 특정 의식 기능을 수행함으로써, 일종의 모듈(module) 역할을 담당한다. 이를테면 단어를 들을 때마다 반응하는 모듈이 있고, 단어를 볼 때마다 반응하는 모듈, 단어를 발할 때 반응하는 모듈이 각각 다르다. 그 모듈들이 얽히고 설켜 그물망을 이루며, 외부의 자극을 받아들인다.

뉴런에서 입력을 담당하는 곳이 수상돌기(dentrite)다. 하나의 뉴런에 10

만여 개의 수상돌기가 있다. 그리고 뉴런의 출력은 축삭(axon)이 맡으며, 하나의 뉴런에 하나만 있다. 전자현미경을 통해서 뉴런을 관찰하면 뉴런이 독립 단위이며 개별 뉴런들 사이에 미세한 간격이 있음을 알 수 있다.

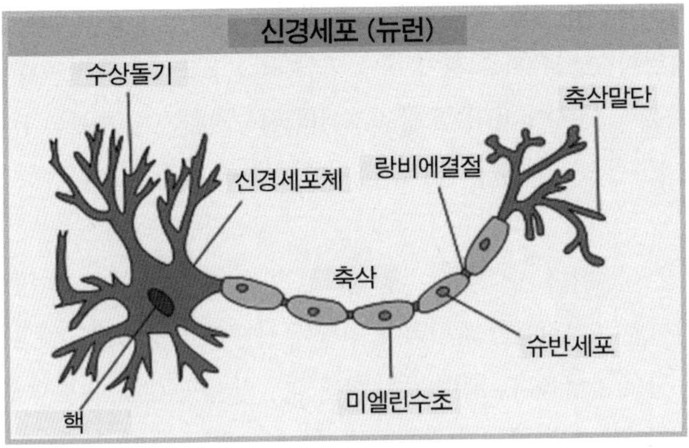

〈그림12〉 뉴런

19세기 말 신경과학자 카할(S. R. y. Cajal)은 뉴런들의 외양(이를테면 세포체, 수상돌기, 축삭말단의 형태, 위치, 크기)에 따라 뉴런들을 구분한다. 가장 많은 신경절 세포는 극소형이며, 10개 중에 하나는 파라솔 모양이다. 파라솔 형의 뉴런에 빛이 들어오면 발화가 증가하거나 억제된다.

결합하고 상호작용하며 끊임없이 성장하는 뉴런의 결합이 실제의 뉴런 개수보다 의식 활동에 더 결정적이다.[96] 뉴런은 물리학적으로 보면 원자다. 보통의 원자는 양전하를 띠는 원자핵과 음전하를 띠는 전자로 구성되어 있다. 그리고 그 둘은 균형을 이루기 때문에, 전기적으로 원자는 중

96) 수전 그린필드, 정병선 역, 앞의 책, 161쪽 참조. 마이클 가자니가, 박인균 역, 앞의 책, 54쪽 이하 참조: 인간의 대뇌피질이 침팬지보다 2.75배 크지만, 뉴런의 개수는 1.25배에 머문다. 말하자면 인간은 뉴런을 상대적으로 많이 갖고 있지 않다. 결국 뉴런의 개수보다 한 뉴런이 다른 뉴런들과 더 많이 연결되느냐가 지능을 판정할 때 중요한 점이라고 할 수 있다.

성이다. 그런데 원자 내의 전자는 전류로서 다른 원자로 이동한다. 뇌에서 전류의 역할을 이온(ion) 입자가 담당한다. 이온이 전자를 잃거나 얻으면서 양 혹은 음이라는 전기적 성질을 띤다.

또 뉴런 안에서 복잡한 화학반응이 벌어지면서 이온은 세포막을 통과하여 흐르고 멈추기를 반복하며, 그 과정에서 전위차가 발생한다. 전기 신호로 나타나는 이온의 교환이 "활동전위(action potential, 펄스, 스파이크)"[97]다. 연속되는 이온의 유입 및 유출로서의 활동전위는 1000분의 1-2초 정도 소요된다. 뉴런의 활동전위에 유전자와 혈액 안의 호르몬들이 영향을 미친다.

활동전위는 이미 화학물질이 존재하고 있는 축삭 말단에 도달한다. 이제 전기신호는 화학물질과 섞이며, 그렇게 합성된 신경전달물질(호르몬)이 다른 뉴런의 수상돌기로 전달되기 위해 내보내진다. 대표적인 신경전달물질은 아세틸콜린, 노라드레날린, 도파민, 세로토닌, 아미노산, 펩티드 등이다. 분비되는 신경전달물질은 신체의 변화를 야기한다. 심장 박동이 빨라지고, 소화가 제대로 되지 않거나, 손바닥이 땀으로 젖고, 기도가 확장되기도 한다. 그러다가 다시 신경전달물질은 전기신호로 바뀌어 다른 뉴런으로 이동할 채비를 갖춘다. 물론 이 과정에서 뉴런이 흥분(활동전위 촉진)될 수도 있지만 반대로 억제(활동전위 방해)되기도 한다. 10개의 뉴런만으로도 얼굴 하나를 식별할 수 있다는 결과가 나왔기 때문에, 피질 $1mm^2$ 안에 엄청난 표상 능력이 잠재하고 있음을 추론할 수 있다.

뉴런들 사이의 거리(1mm의 1/200000)와 그 연결 부위 및 조합을 통틀어 시냅스(synapse)라고 한다. 시냅스는 1,000조 개가량의 조직체로서, 물리학적으로 이해하면 "힘과 에너지를 소설하는 분자"[98]라고 할 수 있다. 신경과학자들은 한 뉴런에서 다른 뉴런으로 빠르게 전기 신호들이 전달되는

97) 수전 그린필드, 정병선 역, 앞의 책, 50쪽.
98) 크리스토프 코흐, 김미선 역, 앞의 책, 12쪽.

시냅스가 감각이나 지각으로 의식된다고 말한다. 즉 뉴런이 시냅스를 통해 다른 뉴런으로 연결되는 활동이 의식으로 전환된다는 것이다. 따라서 우리가 마취제를 맞고 의식을 잃어버리는 이유는 마취제가 신경전달물질에 의해 열리고 닫히는 시냅스의 이온 통로를 억제하기 때문이다. 그리고 마취된 사람의 뉴런 활동은 깨어 있는 사람의 뉴런 활동보다 덜 활발하고, 덜 선택적으로 발화한다.

뉴런과 시냅스의 활동 무대는 대뇌피질(cortex)이다. 피질에서 신경을 통해 들어온 정보가 처리되어 감각이나 지각이 창발된다. 그래서 관련 피질을 제거하면, 그에 해당하는 감각은 없고 감정만이 남는다. 이를테면 맹시 환자는 시각 정보가 해당 감각피질이 아니라 대뇌변연계에 도달하기 때문에 외부의 대상을 볼 수 없는 것이다.

감각과 지각이 뉴런 및 시냅스 활동과 동일하다는 확신을 가졌던 신경생물학자가 크릭(F. Crick)이다. 그는 원래 분자생물학자로 뉴런이 세포핵의 유전자 명령을 받는다고 말한다. 그러다가 신경생물학으로 관심 분야를 옮기면서 신경과 의식 사이의 상관성을 인과관계로 이해한다. 인간의 수많은 감정, 기억, 한 개인의 사적인 느낌이나 자유의지마저도 뉴런 활동으로 환원될 수 있다고 주장한다. 인간을 "뉴런 인간"[99]이라고 정의한다면 신경과학적 정의에 대한 과도한 맹신일까?

크릭은 의식을 경험들에 대응하는 신경활동이라고 장담하며, 그 증거물로 의식 신경상관물(neuronal correlates of consciousness, 이하 NCC)의 존재를 주장한다. NCC는 "대뇌피질 뒤쪽에 자리 잡은 고차원 감각 영역과 앞쪽에 자리 잡은 전전두엽의 계획, 의사결정 영역"[100] 사이에 있다고 한다. 자극에 상응하는 피질의 뉴런들에서 40Hz 전후의 주파수대가 20~30밀리초의 주기성을 가지고 발화하는 것이 측정된다. 관련 의식에 해당하는 뇌

99) 마르틴 후베르트, 원석영 역, 앞의 책, 13쪽.
100) 크리스토프 코흐, 이정진 역, 앞의 책, 89쪽.

부위가 바로 NCC이다.

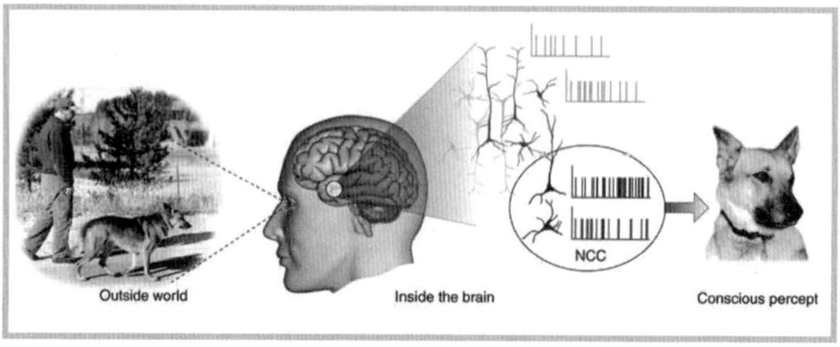

〈그림13〉 의식 신경상관물 NCC

위의 이미지에서 보면 한 사람이 개와 함께 산책하고 있음이 누군가에 의해 의식되고 있다. 지각이 가능한 이유는 산책자, 개, 그 밖의 외부환경들이 뉴런에 이미 코드화되어 뇌에 저장되어 있기 때문이다. NCC는 1차 시각피질을 비롯해서 척수, 소뇌, 망막 등에서도 발견된다.

그러나 크릭은 뉴런의 전기화학적인 속성이 감각으로 경험되기 위해서 경험의 질이 저장된 신경 부위인 "감각질(qualia)"[101]이 필요함을 언급한다. 신체는 태어나면서 세상과 마주해서 그에 관한 지식을 누적해나간다. 그런 감각질이 뉴런에 연결되어 있다. 크릭은 허니의 시각 뉴런이 다른 시각 뉴런에 어떻게 연결되고 어떤 관계를 맺는지는 뉴런의 DNA(데옥시리보핵산)가 결정한다고 본다.[102] 그에겐 1944년 왓슨(J. Watson)과 함께 배아(胚芽)의 세포에서 유전자 본질인 DNA를 발견한 위대한 업적이 있다. 그는 개체의 첫 번째 물질적 모습인 세포의 염색체에서 DNA를 발견함으로써, 더 이상 쪼갤 수 없는 원형 물질을 발견한 것이다. 오래전부터 크릭은 유전자가 뇌의 형성 및 발달에 중요한 역할을 행사한다고 믿어온 것이다.

101) 크리스토프 코흐, 김미선 역, 앞의 책, v쪽.
102) 로버트 버튼, 김미선 역, 앞의 책, 82쪽 참조.

그럼에도 대뇌피질의 일정 부위를 자극할 경우에 그 부위가 전기적으로 활성화됨으로써 의식이 국소한다는 가설은 여러 가지 의문점을 부른다. 토끼나 고양이의 뇌 실험 등 주로 동물에만 적용한 결과가 인간 뇌 활동과 직접 비교될 수 있을까? 몇 가지 뉴런의 전기 추적만으로 1000억 개 뉴런 활동을 유추하려는 시도는 무리가 있지 않은가? 뉴런들의 전기화학적 활동과 의식 사이에 일대일 관계가 성립하는가? 발화하는 뉴런들 사이에 시간적 차이는 없는가? 또한, 뇌 손상이 의식 활동 모두를 불가능하게 하는 것도 아니다. 어떤 사람이 해당 피질 부위에 외상이나 총상 혹은 뇌졸중을 당하면, 그와 관련한 경험 능력은 상실된다. 이는 감각 능력은 그대로지만, 색맹 환자처럼 대상의 어떤 측면을 경험할 수 없음을 의미한다.

4.2.4.2 지각: NCC 창발의 결과

예를 들어, 우리가 앞에 있는 대상을 보고 그릇이라고 인식한다. 어떻게? 망막으로 들어온 정보는 종합적이지만, 시각 피질의 여러 영역은 각각 기능이 다르다. 그 뉴런들은 병렬적으로 작용하면서 그릇의 색깔을, 그릇의 형태를, 그릇의 질감 등을 파악한다. 이 신호들이 결합하여 그릇이라는 통일된 지각상을 만들어낸다.

신경과학자 버튼은 감각을 신체적 감각과 정신적 감각으로 구분하고 있다. 신체적 감각이나 정신적 감각은 둘 다 물질로 계산될 수 없지만, 그 기반은 물론 뇌다. 배고픔이나 갈증, 치통은 신체가 아직 필요로 하는 것을 알려주는 뉴런들의 신호로 가정할 수 있다. 통증의 시작은 이를테면 상처나 염증과 같은 물리적인 흔적에서 비롯된다. 염증은 전기신호로 바뀌어 신피질의 특정영역에 전달된다. 여기서 방전된 전기 자극이 우리로 하여금 고통을 느끼게 하는 것이다.

뇌에서 시작된 감각들은 치료되어야 하는 고통으로 지각된 이후에 더 이상 물질성을 유지하지 못한다.[103] 통증은 우리가 의식하는 것이지만 실험실에서 해부학적으로 연구할 수 있는 성질의 것이 아니다. 우리는 통증을 측정할 수는 없지만 통증 경고 체계에서 보내는 신호를 의식하고 있으며, 이는 신체에서 기원하는 것이다.

자아의식이나 연민 혹은 동정과 같은 고상한 감정, 그리고 인간들이 의미를 추구하는 성향도 주관적인 의식 상태지만 뉴런 활동에서 시작되고 있다. 연민은 타인의 고통에 동화하는 경우다. 연민이란 타인의 고통을 자기 것으로 만드는 차원에 그치지 않고, 그의 고통을 덜어주고 싶은 마음이다. 더 나아가 보다 세련된 형태의 연민은 남의 고통을 보면서 스스로 안위에 만족하기보다 겸손해하거나 낮아지려는 열망과 관계한다. 따라서 연민은 혐오에서 두려움으로 변화하고, 두려움이 공감으로, 공감이 다시 겸손함으로 바뀌는 과정에서 성립한다고 말할 수 있다. 연민은 그 크기를 잴 수 없는 도덕적 감동이다. 연민에는 비참함을 피하고 혐오하는 태도와 더불어 타인을 돕고 그의 고통을 덜어내려는 고귀한 의식이 섞여 있다.[104]

철학자 차머스(D. Charlmers)는 의식에 독특한 관점으로 접근한다. 그에게 의식은 정보에 접근하는 것으로서, 어떤 사건에 주의하고, 무언가를 계획하고 결정하며, 기억 모두를 포함한다. 이를 알아차리는 일은 쉬운 문제(easy problem)다. 근본적으로 그는 생물학적인 뇌가 어떻게 경험을 가능하게 하는지에 초점을 맞춘다. 뉴런 활동은 의식의 물리적 역할을 담당할 뿐, 경험 전체를 대체할 수 없다. 이에 대한 해명은 어려운 문제(hard problem)[105]다. 의식은 물리적 뇌에서 출발하지만 궁극적으로 경험을 가능하게 한다. 차머스의 주장은 양자이론이 말하는 물리적 실재에는 입자적인 성질은 물론이고 파동적인 성질이 있다는 주장과 유사하게 여겨진다.

103) 로버트 버튼, 심비선 역, 앞의 책, 261쪽 이하 참조.
104) 앙리 베르그손, 최화 역, 앞의 책, 39쪽.
105) 크리스토프 코흐, 이정진 역, 앞의 책, 18쪽 참조.

따라서 의식은 물질적 설명만으로 부족하며, 더 총체적인 법칙이나 원리를 요구하고 있다.

가자니가는 원인과 결과의 일치 여부에 따라 창발(emergence) 개념을 적용한다. 창발이란 이전 단계에 없는 새로운 속성이 생기면서, 기존의 차원이 새로운 차원으로 바뀌는 것이다. 물질이 의식으로 전화되는 시점에 창발이 있다. 약한(weak) 창발은 우연한 경우들을 포함하는 복잡한 미시 구조가 새로운 속성을 지닌 거시 구조로 변화하는 상황을 말하며, 새롭게 태어난 거시 구조는 다시 미시 구조로 환원될 수 있다. 반면 강한(strong) 창발에서 새롭게 나타나는 구조와 새로운 속성은 이전 속성들의 합 이상이기 때문에, 환원은 가능하지 않다. 강한 창발의 대표적인 경우가 통합 의식이다. 여러 의식이 좌뇌의 해석기를 통해서 질서 잡힌 하나의 의식으로 변해버린 것이다. 창발은 고전물리학 법칙에 배치된다. 왜냐하면 창발은 도중이며, 더 이상 진행될 상황을 예측할 수 없고, 그 변화의 끝을 정의할 수 없기 때문이다.

코흐도 물질적 뉴런에서 이해되는 감각이나 지각이 그 의식 단계에만 머무르지 않는다고 확신한다. 의미 혹은 지향성을 가능하게 하는 뉴런이 감각이나 지각을 더 고상한 방향으로 이끈다. 코흐는 의미를 대표하는 것을 언어라고 여긴다. 그렇다면 기표와 기의를 포함하는 언어는 어디에서 왔을까? 이에 대한 물음에 대답해야만 하는 학문이 뇌와 뉴런을 탐구하는 신경의미론(neurosemantics)[106]이다. 다만 코흐는 의식을 뉴런으로 설명할 수 없는 이유로 아직 그 개념의 틀이 없기 때문이라고 자위한다. 그래서 그도 스승 크릭이 말한 감각질이라는 NCC를 재차 언급하게 된다. 코흐의 주장은 모든 뉴런들이 상호 작용하며, 그중에서 창발 NCC가 의식을 탄생하게 한다는 것이다.

---

106) 크리스토프 코흐, 김미선 역, 앞의 책, 259쪽.

뉴런과 시냅스의 활동 무대인 대뇌피질은 전문화된 여러 영역으로 나뉠 수 있다. 색깔과 관련하는 NCC가 있다면, 운동이나 얼굴과 관련하는 NCC도 있다. 외부의 형상들과 만난 NCC가 기억에 있는 NCC와 결합된다. 또한 꿈과 관련하는 NCC도 있다. 그래서 우리는 꿈을 현실과 혼동한다. 이런 현상은 실제 대상에 상응하는 NCC와 꿈을 꿀 때 그 대상에 상응하는 NCC가 일치할 가능성을 암시한다. 물론 꿈을 꿀 때 1차 시각피질의 활동은 감소하며, 반성이나 인식은 없다. 하지만 시각적 꿈을 가능하게 하는 NCC와 깨어 있는 동안의 NCC는 동일하기 때문에, 의식적 지각과 무의식적 지각의 조건을 구분하는 일은 쉽지 않다.

코흐는 우리가 뭔가를 의식할 때마다 그에 상응하는 신경적 기초가 뇌에 있다고 확신한다. 코흐는 NCC가 전뇌에 있는 뉴런들의 발화 활동과 관련이 있을 것으로 판단한다.

생성시기에 따른 뇌 구조: 후뇌 → 중뇌 → 전뇌

전뇌(forebrain)	신피질(neocortex), 기저핵(basal ganglia), 해마(hippocampus), 편도체(amygdala), 시상(thalamus)
중뇌(midbrain)	
후뇌(hindbrain)	교뇌(pons), 연수(medulla), 소뇌(cerebellum)

뉴런의 발화 활동은 흥분했을 때 일련의 펄스를 방출하는 것으로 10분의 1볼트 정도의 크기로 0.5~1 밀리초 동안에 지속된다. 이처럼 NCC 연구가 존립하기 위해서 어떤 의식적 사건이 발생할 경우에 반드시 그에 합당한 신경상관물이 있어야 한다.

코흐는 의식과 NCC의 관계를 정리한다. 뇌 영역의 앞쪽 피질이 감각 정보나 기억 정보를 보관하면서 계획을 세워 어떤 목적을 이루려는 NCC일 수 있다. 이런 진단은 전(전)두엽에 손상을 입었거나 fMRI 측정 결과로 입증된다. 혹은 하측두 피질(IT), 내측두엽, 전전두 피질(IT+브로카영역) 안에서 순환하는 극파 활동이 대상을 지각하는 NCC일 수 있다. 아니면 피질영역 MT과 전두엽 안구운동 영역 간의 반사적 활동이 시각 NCC일 수 있다.[107)]

그렇다면 뇌에 분산된 뉴런은 어떻게 하나의 의식으로 전환될까? 감각질은 물질적 뉴런에서 비물질적 의식으로의 전환을 가능하게 하는 창발의 토대다. 그래서 외부의 정보나 자극은 전기 신호나 화학 물질을 거쳐 우리에게 학습 경험으로 느껴진다. 혹은 전기 신호 및 화학 물질이 신경전달물질과 혼합되는 과정에서 우리는 기쁘거나 슬플 수 있다. 창발이란 뇌 안의 시냅스가 우리에게 뉴런 활동으로 다가오지 않고, 의식으로 경험되는 경우라고 할 수 있다.

뉴런 한 개는 1만여 개의 다른 뉴런들로부터 정보를 받으며 발화한다. 이 전기신호는 뉴런의 축삭돌기에 있는 화학 신경전달물질과 섞여서 다른 뉴런 수상돌기 사이로 방출되며, 반대편 뉴런에 도달하여 이온 통로를 연다. 학습이란 수없이 벌어진 시냅스 작용이 만들어낸 결과다.

천억 개 뉴런 사이의 복잡한 상호작용에 유전자, 효소, 호르몬이 관계하지만, 무엇보다도 뉴런들의 발화 여부가 상호작용의 중요한 조건이다. 개별 뉴런들이 집단으로 발화하여 하나의 사유를 창출하는 것으로 보이지만, 아직 그 이전까지의 조합 관계나 작동 방식은 완전히 밝혀지지 않는다.

의식이 진행될 경우에 피질의 여러 부위에서 NCC가 관찰된다. 그중에서 어떤 NCC가 다른 NCC보다 우세함으로써 의식 내용을 결정한다. 그러다가 우위를 점한 NCC는 자연스럽게 쇠퇴하거나 새롭게 입력된 정보와

107) 크리스토프 코흐, 김미선 역, 앞의 책, 265쪽 참조.

대결을 펼치면서 우위를 내줄 만큼 경쟁은 역동적으로 진행된다. 의미는 여러 NCC와의 경쟁에서 승리한 어떤 NCC가 다른 뉴런들과 시냅스를 한 이후에 생긴 것이다. 또한 대상에 대한 표상의 선명도는 NCC 연합체의 크기 여부에 의해 결정된다.

이를테면 어떤 인물을 표상하는 NCC는 그와 관련하는 다른 정보의 뉴런들과 계속적으로 연결되어 관련 뉴런들을 흥분시킨다. 명시적 표상을 돕는 연관 뉴런들이 엄청나게 존재할 수 있는데, 이 경우 어떤 인물에 대한 표상이 조금 더 풍부해진다. 반암부는 명시적 뉴런 영역 바깥에 있는 것으로 증명되지만, 차츰 명시적 뉴런이 반암부를 자신의 일부로 삼는다. 하지만 반암부만으로 의미는 산출되지 않는다. 이처럼 명시적 NCC와 암묵적 NCC로 구성된 감각질은 의식적인 경험을 모두 신경적 기호로 만들기 때문에 그 양이 무척이나 방대하다. 그리고 그 데이터들이 저장된 곳이 뇌다. 외부의 자극들, 예를 들면 어떤 색깔을 볼 경우, 그에 해당하는 감각질이 있다. 또 얼굴이나 사건에 해당하는 감각질은 조금 더 복잡해진다. 또한 상상이나 기억과 같은 정신적 이미지는 외부의 자극보다 덜 생생하다. 왜냐하면 시각피질의 V1, V2, V3의 뉴런들은 마음보다 망막의 자극에서 영향을 더 많이 받기 때문이다.

감각질이 단세포 동물인 짚신벌레나 심지어 로봇에 이식될 경우에도 의식이 가능할 수 있다. 그러나 이식된 의식은 본래의 의식과 같을 수 없다. 왜냐하면 각 개체마다 유전적 기질이나 경험이 다르며, 이식된 의식의 정확한 의미를 전달할 수 없기 때문이다. 또한 감각질은 추론과 의사 결정을 담당하는 전두엽에 영향을 미치기도 한다. 이런 의식은 성찰의 계기가 되면서, 좀비적인 행위를 불편하게 만든다.

의식이 가능하기 위해선 NCCe라는 물질적 신경조건이 선재해야 한다. NCCe가 성립하기 위해서 첫째, 혈액이 적절히 공급되어야 한다. 둘째, 뇌간과 세포 구조를 가진 40개 이상의 핵들이 아세틸콜린, 세로토닌, 도파민, 노르아드레날린, 히스타민 등의 신경전달물질을 분비한다. 셋째, 시상에서 시상핵의 활동이 충분해야 한다.[108] 시상이나 뇌간의 손상은 처음에 인지적 장애로 나타났다가 차츰 의식 활동의 교란으로 전화되고, 결국 의식을 불가능하게 한다. 시상핵과 뇌간의 뉴런들은 명시적 표상이나 자극의 방위, 형태, 색과 같은 감각적 속성들을 가능하게 하는 것이 아니다. 의식에 내용을 담는 것이 피질과 시상이다.

이상 세 가지의 신경 조건이 충족되면 피질 활동 없이도 뇌에 화학물질이 분비된다. 그러면 의식되지 않은 신체 활동인 수면, 안구 운동, 척수 활동 등이 가능해진다. 반면 NCC가 관련하는 의식으로 지각과 그 이후의 정신 활동 그리고 집중적인 의식이나 주의가 꼭 필요로 하지 않는 피질 활동 등이 있다.

뇌는 NCC가 활동하기 때문에 살아 있는 기관이라고 말할 수 있다. 뇌 운동은 화학적, 전기적 신호나 방전으로 설명될 수 있다. 뇌의 부지런한 활동 덕분에, 우리는 여기에 관심을 갖다가, 불현듯 다른 곳으로 주의를 옮기고, 또다시 다른 상념에 젖어들곤 한다. 뇌의 역동성은 우리의 집중력을 방해할 수 있으며, 죽음에 이르러서야 비로소 잠잠해진다.

공간은 몸의 기관을 통하여 지각된다. 그렇다면 시간은 무엇으로 의식되는가? 지각이라고 할 수 있다. 지각은 뇌가 역치(閾置, 지각에 필요한 최소한의 자극)를 받으면 나오는 의식의 한 단계다. 그렇다면 인간이 사물을 지각하기까지 시간은 얼마나 걸릴까? 프랑스 뇌 연구소의 보고에 따르면 피험자가 사물을 볼 경우에 두피 전위가 활성화되는 순간이 불과 0.5초도 걸리지 않는다.[109] 엄밀히 말하자면 자극에서 시작하여 NCC가 발화될 때

108) 크리스토프 코흐, 김미선 역, 앞의 책, 98쪽 참조.

109) 크리스토프 코흐, 김미선 역, 앞의 책, 270쪽 참조: 뇌는 자주 컴퓨터와 비교되곤 한다. 뇌의 뉴런이 연산하는 시각은 100 이하지만, 컴퓨터의 트랜지스터는 수백만에 이른다. 그 차이는 뇌의 병렬적 특성의 결과다.

까지 4분의 1초가량 소요된다. 망막을 거쳐 V1과 하측두 피질(IT), 시냅스 과정을 통하여 해답을 부호화한 순간은 이처럼 찰나인 것이다. 물론 의식을 동반하지 않는 좀비적 지각은 더욱 신속하다.

번개가 내리치는 순간이나 카메라 플래시가 터질 때라도 우리는 본 것을 지각할 수 있다. 또, 피질에 전극을 꽂고 최소의 전류를 보내면 우리는 통증이나 압박, 따뜻함을 느낄 수 있다. 보다 큰 전류를 보내면 지각에 더 빨리 도달할 수 있다. 모든 자극이 알파파(8-12Hz) 범위 이내라면 가능하다. 이는 우리가 순간적이거나 약한 자극이라도 어떤 최소치를 넘기기만 하면 지각할 수 있음을 말하며, 그에 상응하는 NCC가 있다는 것을 암시한다.

뿐만 아니라 사물의 여러 특징들을 일일이 지각하는 것에도 시간적 차이가 있다. 예를 들면 어떤 사물에 대한 색깔 지각은 그 사물의 운동 변화에 대한 지각보다 빠르다. 자극 간격이 20에서 120밀리초일지라도, 정상적인 지각이라면 개별 특징들을 하나의 프레임 안에서 처리할 수 있다.

지각은 동시적 지각과 연속적 지각으로 구분될 수 있다. 연속적 지각이란 한 프레임안의 여러 개별 특징들을 계속적인 시간에서 처리함으로써, 하나씩 차례대로 일어나는 것으로 경험하는 것이다. 두 프레임일지라도 짧은 시간 안에 일어나면, 뇌는 두 프레임을 연속하는 것으로 지각한다. 그리고 동시적 지각이란 한 순간에 들어 있는 여러 프레임들을 한 번에 지각하는 경우다. 프레임들에 대한 지각이 한 번에 처리되지 않으면, 신경학적 장애를 일으킬 수 있다. 이 현상을 신경학자 색스(O. Sacks)는 "영화적 시각(cinematographic vision)"이라고 요약한다. 영화의 스틸사진을 보는 것처럼, 환자는 관련 없는 사진들을 연속하는 것으로 지각한다.

> 나는 그녀에게 그림을 보든, 말을 하든, 몸짓을 하든, 표정을 짓든 그녀가 움직일 수 있다면 무엇이든 해보라고 부탁했다. (…) 내게는 그녀의

행동이 연속적으로 보이는 대신 영화가 너무 느리게 돌아가서 생기는 필름의 깜박거림, 즉 영화처럼 서로 다른 배치와 자세를 연이은 것이지만 그 사이에는 어떠한 움직임도 없는 일련의 스틸 사진으로 보였기 때문이다. 그녀는 이렇듯 기묘한 모자이크 영화 상태로 꿰어진 듯 기본적으로 분열되고 조화를 이루지 못한 채 낱낱이 흩어져 보였다.[110]

색스 자신도 신경학적 장애를 체험한다. 병리학적인 문제가 있는 색스가 외부를 지각할 때 그는 한순간 안의 프레임들을 통하여 모든 특징들을 균형감 있게 알아차리는 것이 아니라, 특징들을 낱개로 알아채는 것에 머무른다. 이런 지각방법을 색스는 시간의 요소 혹은 움직임의 요소가 사라진 영화적 시각이라고 부르고 있다. 편두통 환자들에게 시간이란 물이 흐르는 것과 같이 연속되지 않고 오래 한 곳에 머물러 있는 프레임 여러 개가 꿰어 맞추어진 모자이크 같은 것이다.

이처럼 시간의 문제는 객관적인 존재가 아닌 지각의 문제로 환원될 수 있다. 만일 지각이 색스가 말한 것처럼 불연속적 순간들의 연속이라면, 지각은 그런 프레임들의 속도와 연관될 것이다. 한 순간에 있는 프레임들의 지속 시간이 길어지면, 시간이 빨리 지나가는 것처럼 여겨진다. 반면 영화의 고속촬영처럼, 프레임의 지속시간이 짧아질수록, 훨씬 시간이 늦게 가는 것처럼 지각된다.

4.2.4.2.1 시지각(視知覺): 시각+지각

우리가 지각한다는 것은 망막에 맺힌 대상의 이미지가 전기화학적 신호로 바뀌고, 그 신호가 시신경을 거쳐 뇌의 시각피질에 전달되면서 그 대상을 파악한다는 것을 의미한다. 이 맥락에서 '파악'은 단순히 감각적 차원

---

110) 크리스토프 코흐, 김미선 역, 앞의 책, 287쪽 이하 참조.(원문: Oliver Sacks, Awakenings, Picador, London, 1973)

이 아니라 관찰자의 개념적 사유가 보는 것과 혼합된 지각의 차원이다. 물질적 대상을 보는 건 눈의 망막을 통하는 것이지만, 그것을 인식하는 것은 뇌의 특정부위다.

캘리포니아 공과대학의 신경생물학자 크리스토프 코흐(Christof Koch)도 스승 크릭처럼 의식을 뇌의 신경적 특성에서 입증하려 했다. 처음에 그도 의식이 발생하는 신경 부위인 NCC를 찾아 나섰던 것이다. 그는 의식 과정을 이해하기 위해 시각에 관심을 두면서, 그 시지각의 토대로 신경절 세포나 슬상핵, V1 등의 뉴런을 연구한다.

외부의 시각 정보는 시냅스 및 감각질과 결합하고 난 뒤 시지각으로 상승한다. 대뇌피질의 NCC는 우리에게 명시적(explicit) 표상을 주려는 경향이 강하다. 또한 암시적(implicit) 표상의 뉴런들은 의식될 수 없지만 행동에 영향을 준다. 특히 명시적 표상 뉴런이 존재한다는 것은 오직 정해진 대상에만 반응하는 뉴런이 있다는 증거다. 예를 들어 밖에 초상화를 걸어놓으면 그를 본 사람의 편도체 뉴런에서 극파 활동이 감지된다. 그렇다고 뉴런 하나가 지각을 가능하게 하는 것도 아니다. 수많은 세포들이 마치 카메라의 화소처럼 기능하고 집단으로 연합해서 궁극적으로 하나의 시지각을 형성한다.

코흐는 "인간은 시각적인 동물"[111]이라고 말한다. 5억 4,000만 년 전 캄브리아기 대폭발 이후에 두리뭉실했던 감각을 하나씩 분화시킨 기관이 눈이다. 그전까지 감지되지 못한 빛과 어두움은 신경세포에 의해 구분된다. 눈과 신경세포는 생존과 번식은 물론이고 생물이 다양해지는 현상에 큰 역할을 했을 것으로 추정된다.[112] 코흐가 여러 감각 중에서 시각을 먼저 선택한 이유는 첫째, 이미지를 받아들이는 조직이 뇌에 많은데, 대뇌피질 4분의 1이 시각과 관련하고 있다. 둘째, 시각 기관에는 풍부한 정보가

111) 크리스토프 코흐, 김미선 역, 앞의 책, 16쪽.
112) 이준호, 앞의 책, 169쪽 이하 참조.

담겨 있다. 셋째, 시각에 관해서 여러 동물을 대상으로 한 많은 연구결과들이 축적되어 있다. 마지막으로 시각은 착시 현상에서 보듯이 다른 어떤 감각보다 쉽게 현혹되는 성질이 있다.

> 시각적 착각의 신경적 기초를 알면 뇌 안에서 일어나는 의식의 물리적 기초에 관해서 많은 것을 배울 수 있다.[113)]

시각을 최종적으로 가능하게 하는 부위는 시각피질(visual cortex)이다. 신경과학자 다마지오도 시각을 의식 활동의 본체로 이해한다. 그는 의식을 핵심 의식(core consciousness)과 확장 의식(extended consciousness)으로 나눈다. 그리고 핵심 의식의 구체적 예로 시각을, 확장 의식의 구체적 증거로 자아의식을 든다. 시각은 지금 여기라는 즉흥성을 특징으로 한다. 어떤 일정한 자극 A가 망막을 계속 자극하면, 다른 자극 B가 자극 A의 영향을 시야에서 없앨 수 있다. 이것은 시각과 의식의 지향성은 별로 상관이 없다는 연구의 토대가 될 수 있다. 다시 말하면 감각과 자유의지 사이의 불연속 지점이 암시되고 있다. 반면 자아의식은 과거와 미래에 대한 의식과 관련한다.

그렇다면 시각 과정을 하나씩 분해해보자. 우리가 무언가를 볼 수 있기 위해선 빛이 눈의 각막과 수정체를 지나 망막과 만나야 한다. 망막에는 두 가지 빛을 수용하는 광수용체들이 무질서하게 퍼져 있다. 어두울 때에 활동하는 1억 개의 간상체와 밝을 때에 활동하는 5백만 개의 원추체가 바로 그것이다. 그것들은 불균질하게 퍼져 있기 때문에, 우리는 눈을 움직여서 초점을 맞춘다.

그때 망막은 세 가지 역할을 담당한다. 첫째, 망막은 순간의 섬광을 포

113) 크리스토프 코흐, 김미선 역, 앞의 책, 17쪽. 로버트 버튼, 김미선 역, 앞의 책, 79쪽 참조: 감각 중에서 시각이 뇌에서 가장 많이 연구되었다.

착한다. 둘째, 망막은 외부 대상을 역상(逆像)으로 잡는다. 그러나 망막에는 NCC가 없기 때문에 시각이 형성되지 않는다. 셋째, 망막은 광학적 신호를 전기 신호로 전환해서 뇌로 보내는 입력기의 역할을 담당한다. 전기 신호는 미세전극으로 측정할 수 있을 만큼만 조금 진동한다. 시신경을 통해 뇌에 도달한 망막의 전기 신호는 뉴런인 신경절 세포와 두 개로 갈라지는 외측슬상핵(외슬핵, LGN), 그리고 V1에 의해 처리된다.

신경절 세포의 90%가 외슬핵으로 연결된다. 외슬핵은 6층으로 구성되어 있고, 망막과 시각피질 사이에 위치한다. 아래 두 층에는 거대세포성 뉴런, 위의 네 층에는 소세포성 뉴런이 있으며, 토대에는 먼지 세포성 뉴런이 있다. 망막으로 들어온 정보는 거대세포성 뉴런과 소세포성 뉴런에 투사된다. 그런데 소세포성 뉴런은 빛에 민감하고 지속적으로 반응하는 반면, 거대세포성 뉴런은 빛에 별로 민감하지 않고 일시적으로 반응한다.

그리고 소세포성 뉴런과 거대세포성 뉴런은 별개로 존재하며 해부할 수도 있다. 만약 소세포성 뉴런이 제거되면, 색깔이나 공간 인지에 심대한 영향을 준다. 반면 거대세포성 뉴런을 없애면, 시간적 변화를 감지하는 능력이 감소한다.[114] 이런 뉴런들 이외에도 눈을 깜박이거나 응시하고, 동공을 조절하는 기능들과 관련하는, 아직 규정되지 못한 신경절 세포 등도 있다.

외슬핵은 망막으로 들어온 정보를 상구(SC)로 보낸다. 망막에 있는 10만 개가 넘는 신경절 세포 축삭들은 중뇌 상부에 있는 상구로 향한다. 상구는 안구 운동과 그 패턴 형성에 결정적인 역할을 수행한다. 우리는 하루에도 수백 번 쉬지 않고 눈동자를 움직이지만, 이를 의식적인 행동이라 할 수는 없다. 본래 어류, 양서류, 파충류의 중요한 시각처리 중추였던 상구는 포유류에서 그 역할을 피질로 넘긴다.

상구의 뉴런 정보가 V1로 전달됨으로써, 드디어 시지각이 형성된다. V1

114) 크리스토프 코흐, 김미선 역, 앞의 책, 69쪽 참조.

은 망막 정보를 최종적으로 처리하는 신피질 영역이다. 따라서 망막이나 상구가 온전할지라도 V1이 손상되었을 경우에 정상적인 시지각은 가능하지 않다. 망막과 뇌 사이에 위치한 외슬핵 때문에 V1으로 투사되는 정보는 교차된다. 즉 시야의 왼쪽 절반은 오른쪽 V1으로, 오른쪽 절반은 왼쪽 V1으로 사상(mapping)되는 것이다. 그리고 시야의 중심부가 주변부보다 중요하다. 투사된 정보는 얼핏 통일성이 있어 보이지만, 실제로 불연속적이고 불완전하다.

V1의 뉴런들은 투사된 정보의 선호도, 방향, 속도에 따라 구분될 수 있다. 어떤 세포는 밝은 것을, 다른 세포는 어두운 것을, 또 다른 세포는 그 둘 사이를 선호한다. 아니면 어떤 세포는 작은 대상에, 다른 세포는 막대 모양에 반응한다. 게다가 세포들은 들어오는 정보의 각도나 속도에 따라 발화하거나 억제되기도 한다. 또한 V1은 망막으로 들어온 정보를 역투사하거나 혹은 선택적으로 증가 혹은 억압한다. 망막 정보와 뇌의 상호작용은 망막에 들어온 정보와 시지각 사이의 차이를 암시한다. 이 차이에 대해서는 세 가지로 설명할 수 있다.

첫 번째, 망막 정보는 외부 대상을 충분히 반영할 만큼 완벽하지 않다. 그 간극은 상상력에 의해 채워짐으로써, 불완전한 상은 완벽한 상으로 변한다. 두 번째, 우리가 감각하거나 아는 것이 내면이나 뇌의 고차원 영역에서 역투사되는 것과 관련한다. 이를테면 망막을 통한 외부 정보와 전혀 무관한 대표적인 예로 꿈이 있다. 세 번째, 신경 질환이 이 차이에 영향을 미칠 수 있다. 볼 수는 있지만 의식하지 못하는 맹시 환자가 있다. 혹은 시각실인증(agnosia)이라고 하여, 외부 대상이 아니라 기억이 시지각에 영향을 주는 경우도 있다.

게다가 V1의 뉴런들은 단순 뉴런과 복합 뉴런으로 나뉜다. 전자는 특정 자극에만 반응한다. 반면 대다수 뉴런들은 복합 신경세포로서 그냥 발화한다. 그리고 V1 뉴런들은 공통적으로 시각적 자극에 따라 발달하는 가소성

(plasticity)도 갖추고 있다. 여러 가지 정보 중에서 유사한 정보는 뉴런을 거쳐 하나의 부호로 바뀐다. 그에 따라 한쪽 눈으로 들어온 정보에 반응하는 단안 세포가 있고, 양쪽 눈에 들어온 정보에 영향을 받는 양안 세포도 있다.

뉴런의 반응 여부는 전극을 통해서 확인될 수 있다. 전극이 피질에 수직으로 꽂히든 아니면 약간 비스듬하게 통과하든, 뉴런은 규칙적이고 연속적으로 변화하는 것처럼 보이지만, 자세히 들여다보면 불연속성이나 균열도 발견된다. 그러나 불균형한 뉴런이 있어도 시냅스 활동으로 상쇄되면서 시각이 성립하기에 이른다. V1은 시각을 가능하게 하는 필수 조건이자 본 것을 경험하게 만드는 중추며, V1의 NCC는 전전두엽 피질에 위치한다.[115]

V1의 시각정보들은 그를 둘러싸고 있는 2차 시각피질(V2)에 사상된다. V2는 깊이, 운동, 형태에 민감하다.[116] V2 바로 옆의 3차 시각피질(V3)은 위쪽 시야와 아래쪽 시야를 표상한다. V3 앞에는 V3A와 V4가 있다. 그들은 망막에서 직접 전달받은 표상을 가질 뿐만 아니라 V2와 V3에서 오는 개별적인 투사로부터 입력을 받기도 한다.

한편, 시지각을 가능하게 하는 NCC의 위치는 뉴런들의 극파 반응에서 찾아낼 수 있다. 그런데 그 관계는 일대일(一對一)이 아닌 일대다(一對多)다. 말하자면 망막으로 들어오는 물리적인 입력 자극에 부합하는 NCC가 있지만, 하나의 NCC가 여러 시지각을 가능하게 하는 것이 보통이다. 자아는 여러 의식 사이를 배회하다가, 단일한 의식을 놓고 고민한다. 따라서 망막에 똑같은 자극이 주어져도 여러 상이한 시지각 결과가 나타날 수 있다. 이런 경우로 양안 경쟁(binocular rivalry)과 순간 억압(flash supression)을 통한 착시가 있다.[117]

먼저 양안 경쟁은 왼쪽 눈과 오른쪽 눈으로 각각 들어오는 다른 물리적

---

115) 크리스토프 코흐, 김미선 역, 앞의 책, 115쪽 참조.
116) 크리스토프 코흐, 김미선 역, 앞의 책, 145쪽 참조.
117) 크리스토프 코흐, 김미선 역, 앞의 책, 293쪽 참조.

입력에서 기원한다. 이때 지각체는 모자이크와 같아서, 그 각각은 교대로 시각에 영향을 미친다. 하지만 결국에 하나의 지각체가 하나의 의식을 형성한다. 한쪽 상이 다른 상을 지각적으로 억압하고 지배하기 때문이다. 이처럼 한쪽 자극이 우세하게 된 원인은 피험자에 따라 다르고, 발생 빈도나 익숙함 등에 의존한다. 또한 최근의 신경학적 연구에서 주의 같은 능동적인 의식 활동이 개입하여, 관련 세포연합체를 우세한 연합체로 만든다고 한다.

그렇다면 양안 경쟁 NCC는 뇌 어디에 위치하는 것일까? 그를 위해 신경학자들은 원숭이를 실험대상으로 삼았다. 그리고 원숭이의 뉴런이 어떤 사진에 대해 활동(세포 방전율)하는지를 기록한다. 이때 혈류와 산소 공급도의 증가, 시냅스의 활성화, 뉴런의 전기 처리과정 등을 선명하게 보여주는 fMRI 장치가 이용된다.

먼저 뇌에 전극이 꽂혀 있는 원숭이에게 여러 장의 사진을 보여준다. 그 결과 원숭이의 V1과 V2의 세포들은 거의 일정하게 발화한다. 물론 방전이 증가(선호 자극)하는 사진과 감소(선호하지 않는 자극)하는 사진은 구분된다. 피질 활동이 활발하다는 것은 지각이 아니라 망막 입력이라는 자극에서 기원하는 것이라고 볼 수 있다. 또한 V4나 MT(중간 측두 영역) 가 있다. V4세포 중에서 40%가 지각과 관련하며, 선호하는 지각에 따라 발화율이 다르다. 그런데 40% 중에 절반은 자극이 억압될 때에도 발화하는 것으로 보아 아마도 무의식과 관련하는 영역일 수 있다.

결국 fMRI에 따르면 시지각이 발견된 부위는 하측두 피질(IT)과 상측두 고랑(STS)이다. 원숭이의 뉴런은 선호하는 지각체에 따라 반응했고 발화한다. 또한 이 영역에서 억압되거나 자극과 상관없이 반응하지 않은 뉴런은 없었다. 발화율은 망막 입력이 일정한데도, 원숭이의 마음에 따라 바뀌었던 것이다. 원숭이의 마음이 끌리는 곳에서 발화율이 크게 증가한다.

순간 억압을 통한 착시도 IT에서 관측된다. 이 현상은 양안 경쟁처럼 자유로운 뉴런들의 경쟁 결과가 아니라 인위적으로 만든 경우다. 한쪽 눈이 어떤 그림을 보고 있다. 그런데 다른 쪽 눈에 다른 그림을 보여준다. 그렇게 되면 처음의 상은 없어지고 두 번째 상이 두드러지게 된다.

이처럼 IT나 STS의 뉴런들은 선호하는 자극을 지각하면 활발하게 반응하며, 선호하지 않는 자극에 발화하지 않는다. 이는 외부 반응에 항상 반응하는 V1과 근본적으로 다르다. 양안 경쟁은 승자 독식처럼 하나의 상이 다른 경쟁상을 물리쳐 시지각을 가능하게 하는 것이고, 순간 억압이란 언제나 새로운 상이 낡은 상을 누르고 승리하는 경우다.

그렇다면 색깔은 객관적인 흔적일까 아니면 철학자 쇼펜하우어(A. Schopenhauer)의 견해처럼 마음이 작용한 결과일까? 코흐는 쇼펜하우어의 의견을 과학적으로 해석하면서, 색깔은 파장이나 입자와 같이 물리적인 양의 주도가 아니라 신경계의 구성물이라고 주장한다. 우리가 하나의 색깔을 말할 수 있는 이유는 시지각에서 비롯된다.

태양은 전자기파를 방출하면서 무지개 색깔을 띠고, 사물은 자신의 물리적 특성에 맞게 특정 색만을 반사하며, 사람의 눈은 원추체의 양과 그 활성화에 따라서 색깔을 동일시한다. 망막에 위치한 원추체는 빛의 스펙트럼에 대한 민감성에 따라 단파(S), 중파(M), 장파(L) 원추체로 나뉜다. 고르게 분산되어 있지 않은 세 원추체는 광자를 받아들이면서 단일한 색깔로 지각한다. 여기에 덧붙여 V4 뉴런들이 색을 선택하며, 방추 이랑은 색깔 판별에 작용한다.

이때 빛이나 전등과 같이 광원에 어떤 변화를 주어도 눈이 보는 색에 영향을 미치지 못하며, 여러 색깔이 연속해서 등장함에도 불구하고 우리는 그것을 하나의 색깔이라 말할 수 있다. 빨간 빛에 민감한 사물은 빨간색이고, 파란 빛에 반응하는 사물은 파란색이라고 부른다. 그것을 세 가지 색(빨강, 파랑, 녹색)으로 유형화한 것이 삼원색 이론이다.

그렇다면 눈동자는 움직이는데 어떻게 외부 세계는 안정되고 명확하게 보일까? 우리의 눈동자가 움직일 때 시각은 부분적으로 차단되지만, 그 순간은 빈 구간으로 남지 않고 눈동자가 운동하기 직전과 직후에 생긴 상들의 합성으로 채워진다. 그러나 이 작용을 담당하는 신경부위는 아직 알려져 있지 않다.

시각이 뇌와 상관한다는 사실은 몇 가지 이상(異常) 사례에서 더 밝혀진다. 부정적 잔상(negative afterimage)처럼 짙은 색을 보다가 다른 색을 보아도 한동안 여전히 기존의 색이 보이는 경우가 있다. 또 색청(colored hearing)과 같은 공감각처럼, 어떤 사람은 소리를 듣고도 색깔을 지각한다. 공감각이란 두 가지 감각을 한 번에 느끼는 것으로, 다윈의 사촌인 골턴(F. Galton)이 처음으로 정리한다. 공감각 현상의 예로서 색깔을 보면서도 듣고, 모양을 보면서도 맛을 보는 것 등이다. 이런 공감각은 방추 이랑에서도 발견된다. V1이나 V2에서는 그와 관련하여 아무런 반응도 드러내지 않으며, 이 흥미로운 사실은 색에 대한 지각이 V1이나 V2에 전적으로 의존하지 않음을 말하고 있다.[118)]

그 밖에 코흐는 기타 시각피질 영역들을 세분화하여 그 각각의 임무를 밝힌다. MT 영역은 운동에 대한 시지각을 가능하게 한다. MT는 무엇인가 움직이고 있을 때 그 위치 변화를 지각하는 피질의 작은 영역이다. 운동에 대한 시지각은 아래로 향하는 운동과 위로 향하는 운동을 부호화한 뉴런들 사이의 경쟁적인 상호작용에서 나온다.

한 원숭이의 MT 뉴런 발화 실험에서 평균보다 많은 뉴런이 발화하면 관련한 운동이 관찰되었고, 이에 따라 원숭이가 선호하는 운동 방향을 미리 예측할 수 있었다. 이 실험은 뉴런 활성화 측정을 위해 전극을 원숭이의 MT 피질에 삽입하며 시작된다. 원숭이가 화면에서 움직이는 점을 보고 있으며, 상행 운동과 관련한 피질을 자극하면, 원숭이는 위로 움직인다고 보고할 가능성이 높다.

---

118) 크리스토프 코흐, 김미선 역, 앞의 책, 149쪽 참조.

운동 시지각 실험을 통해 우리는 외부의 움직임을 보여주는 것은 자극에 불과하며 그보다 관련하는 뇌 영역에 대한 자극이 더 결정적임이 암시된다. 운동 지각을 이해하기 위해서 양안부등이라는 시차적 차이도 고려되어야 한다. 모든 물체의 상은 왼쪽 그리고 오른쪽 망막에 불균등하게 투사된다. 그에 따르면 MT 뉴런의 발화 강도는 다르다. 운동을 지각한다는 것은 운동이라는 현상이 망막을 통하고 V1을 거쳐 MT 안으로 들어갔다가 운동에 민감한 뇌 영역이 합세함으로써 가능하다.

PP(후두정 피질)는 눈을 3차원 세계에 적응하게 만드는 토대다. 공간에 있는 사물의 위치를 인지하기 위해서 망막과 신경망을 통하는 작업이 필요하다. 이런 위치 정보를 얻어내서 행동과 연관시키는 일을 PP가 담당한다. PP는 사물들 사이의 공간 관계를 분석하고, 눈과 손의 움직임을 조정하며, 우리가 어디에 주의를 보낼지 결정한다. 이런 사실은 신경적 반응이 순수한 반응이 아니라 뇌와 연동하고 있음을 보여주고 있다. 관련 뉴런에는 생명체의 의도나 움직임이 이미 부호화되어 있다. 따라서 PP에 손상을 입은 환자는 공간을 제대로 지각하지 못하며, 시각으로 촉발되는 행동에도 결함을 보인다.

뇌는 사물의 위치에 대한 최신 정보를 망막을 통해 들어온 정보에 따라 업데이트하지 않는다. 대뇌피질의 임무적 표상을 담당하는 신경세포에 사물의 위치가 부호화되어 있다. 이 부호들이 모여서 명시적 표상을 만들고, 안구의 위치를 결정한다. 따라서 뉴런의 반응은 한편으로 시각 자극에 의존하기도 하고, 다른 한편으로 눈의 위치에 의존한다.

하측두 피질은 대상을 인식하게 한다. 망막을 통해 들어온 정보는 V1, V2, V3, V3A, V4를 거쳐서 하후측두 피질(PIT)과 하전측두 피질(AIT)에 도달한다.[119] AIT는 시각 정보를 마지막으로 처리하는 단계로 행동 및 기

119) 크리스토프 코흐, 김미선 역, 앞의 책, 159쪽 참조.

억과 관련한다. 이 영역의 세포들은 지각되는 대상의 형태나 특징을 표상한다. 따라서 이 부위가 손상되면, 시각은 대상의 색깔과 외형을 감지할 만큼만 정상일 뿐, 시지각 장애를 보인다. 이런 장애는 시각처리 과정의 훼손이라기보다 기억력 훼손에 가깝다.

이처럼 뇌의 후두, 측두 영역의 뉴런은 색깔에, MT 영역의 뉴런은 운동에, 후두정 피질의 뉴런은 안구 운동에 민감하게 반응한다는 결과가 나온 것이다.

시지각은 망막에서 시각피질로 정보가 전달되면서 형성되기 시작한다. 시각피질은 색깔 인식 뉴런, 운동 인식 뉴런, 3차원 인식 뉴런 등 시각에 상응하는 여러 세포들의 집단으로 구성되어 있다. 이런 뉴런들은 일종의 모듈로서 관련 자극에만 발화할 뿐 그 밖에는 활동하지 않으며, 모듈도 통일된 시각상을 만들지 못한다. 시지각을 최종적으로 완성하는 것은 뉴런들이 기억 뉴런에 연결된 다음이다.

코흐가 피험자의 지각과 뉴런 사이의 정량적인 관계를 연구하면서 얻은 결론은 뇌의 신경절 세포가 발화하면서, 사람이 지각한 것과 대상 자체에 대한 지각은 다르다는 점이다. 눈은 단순하게 빛을 받아들일 뿐, 보는 것은 뇌의 작용이라는 점에서, 둘 사이에 물리학적인 등치 관계는 없다. 따라서 눈, 뇌의 시각피질 뉴런, 기억 뉴런이 협력해서 시지각을 가능하게 한다고 요약될 수 있겠다. 코흐는 자신의 연구결과를 1962년 노벨의학상 수상자인 크릭의 DNA 분자 발견과 비교한다.

4.2.4.2.2 지각을 돕는 의식

시각피질 연구 결과를 토대로 코흐는 뉴런과 의식의 관계를 추적하면서, 뉴런 대 의식의 일대일 상응관계를 언급한 스승인 크릭과는 다른 길을 걷는다. 코흐에게 중요한 것은 자유의지나 의식의 신비를 물질적으로 설명하기보다, 왜 신경 상관물이 그대로 존속하지 않고 감각을 경험하게 하거나 사람에게 경험을 가능하게 하는지의 물음에 답변하고, 그런 경험을 가능하게 하는 원리에 천착하는 것이다. 나아가 코흐는 물질과 정신의 관계를 상관관계가 아닌 인과관계로 설명하면서 이성의 최고 지향점인 윤리나 종교를 해명하려고 한다.[120] 연결되고 관계를 맺는 거대한 뉴런망은 더 이상 뉴런의 합에 그치는 것이 아니라 의식은 물론이고 목적이나 의미 등을 만들어낸다는 것이다.

> 의식은 일반적인 목적을 비롯해 미래의 활동 과정을 계획하고 숙고하기 위한 신중한 처리 방식에 접근하게 해준다.[121]

지각 이후의 정신은 더 이상 감관에 의존하지 않는다. 지각 이후의 의식은 대상의 감각적 성질을 극복하면서 개념을 만든다. 외부는 내면의 표현에 다름 아니며, 본질과 비본질의 구분이 생긴다. 대상은 개별적으로 존재하는 사물이 아니라 개념의 형식을 빌린 보편적인 존재로 승화된다. 개체의 생존을 지켜주는 본능적이고 직감적인 행위는 공동체 유지 혹은 번영과 같은 인류의 역사에서 등장한 여러 이념을 실현하는 일과 거리가 멀어진다. 인류를 문명인답게 하는 행위들, 이를테면 도덕적이고 윤리적인 행위들, 이타적인 행위들, 연대적인 행위들을 가능하게 하는 토대에는 지각 이후의 정신이 있다.

외부의 자극에 대하여 뇌 일정 부위의 반응이 일대일로 이루어지지 않은 몇 가지 예외적인 경우들이 관찰된 바 있다. 첫째, 뇌의 뒷부분에 있는 피질이 뇌의 앞부분이나 윗부분 피질로 투사되어 영향을 미칠 수 있다. 혹은 그 역으로 되먹임될 수도 있다. 둘째, 해당 피질에 들어온 자극이 충분하지 않아, 이전의 피질에 있던 정보가 보충될 수 있다. 셋째, 뉴런들 사이

120) 크리스토프 코흐, 김미선 역, 앞의 책, 359쪽 참조.
121) 크리스토프 코흐, 김미선 역, 앞의 책, 4쪽.

에 경쟁이 있다. 이를 통해 결국 어떤 뉴런 연합체가 다른 뉴런들을 제압하고 승리를 거둔다. 이 경우는 주의와 같은 의식 현상으로 나타난다.

4.2.4.2.2.1 주의

주의(attention)는 많은 대상들 중에서 오직 하나에 집중하는 인지과정이다. 뉴런의 관점에서는 뉴런들을 결합하면서도 그 경쟁 관계를 끝내는 것이기에 선택적 주의라는 개념으로 대체할 수도 있다. 우리에게 목표물이 주어지면 그를 방해하는 물건에는 주의가 가지 않는다. 이를 통하여 중심 자극과 주변 자극이 구분되며, 의식과 주의가 별개라는 점이 암시되기도 한다.

선택적 주의가 성립하기 위해선 두 가지 전제조건이 갖추어져야 한다. 첫째, 하향식(top-down) 주의(초점 주의)[122]다. 초점 주의가 작동하기 위해서 사물 그 자체와 그를 둘러싼 환경이 돋보여야 한다. 사물의 색깔, 크기, 형태, 움직임 등이 다른 사물과 구별될 뿐만 아니라 사물의 위치도 전경에 배치됨으로써 주목을 끌어야 한다. 눈동자의 움직임은 주의가 이동하는 것과 분명히 밀접한 관련이 있으며, 아울러 눈동자와 관련한 신경회로와 주의 이동과 관련한 신경회로도 상관적이라는 점이 밝혀진다.

선택적 주의와 무관한 현상들도 선택적 효과를 내는 경우가 있다. 이를테면 우리는 당장 뭔가를 보면서도 다른 사물을 표상할 수 있다. 외부의 물리적인 대상물이 인식의 계기일지라도 절대적이지 않음을 의미한다. 이를테면 눈을 통하여 수많은 정보들이 뇌로 향하지만, 뇌는 모두를 받아들이지 않고 어떤 특정한 것에 집중·주의하면서 다른 정보를 무시한다. 뉴런이 모든 감각 자료를 지각 과정으로 보내지 않음으로써 뇌의 과부하를 방지하는 효력이 있긴 하다. 또한 뉴런이 감각 자료를 선택하지 못하는

---

122) 크리스토프 코흐, 김미선 역, 앞의 책, 173쪽.

변화맹(change blindness) 혹은 부주의맹(inattentional blindness)[123] 현상도 있는데, 주의적 실수의 일종이라고 할 수 있다. 우리가 명료하게 보이는 지점을 향해 걷다가 그만 지나치는 행인과 충돌하는 경우를 생각해보면 된다. 혹은 마술사가 관객의 주의를 분산시켜서 원리적으로 불가능한 사건을 가능한 사건으로 위장하는 경우도 있다.

새로운 대상의 특징들이 모두 감각기관으로 들어올지라도 그 관련 뉴런들이 서로 무리 없이 연결된다는 보장은 없다. 그 결합은 일시적으로 있을 수 있다. 혹은 여러 대상이 관찰자 앞에 나타날 때, 뇌는 혼란스럽다. 대상의 형태나 색깔, 구도 등에 관련하는 피질의 여러 영역들이 발화하기 때문이다. 그래서 심지어 우리는 여러 대상의 실제나 사실과는 다르게 지각할 수 있다. 이런 결합 오류는 지각한 결과를 신속하게 표현해야만 할 때 등장하곤 한다.

하향식 주의는 지각을 통합하는 데 결정적인 역할을 한다. 처음에 뇌의 신경 활동은 외부 세계를 표상으로 변화시킨다. 외부의 대상, 이를테면 한 인간의 모습은 다양한 감각기관을 통하여 여러 뉴런을 활성화해서 극파를 발생시킨다. 그러나 이런 복잡한 과정을 거칠지라도 그에 대한 지각은 하나로 통일된다. 그리고 하향식 주의에 영향을 미칠 수 있는 요소에는 전수되어온 유전자가 있고, 개체가 경험한 발달 및 학습 과정도 추가된다. 특히 후자에서 이전에 한 번도 경험하지 않은 낯선 대상이나 아니면 익숙한 대상이 인지된다.

둘째, 상향식(bottom-up) 주의는 사물의 색깔이나 위치 때문이 아니라 사물 자체에 내재하는 속성이 밖으로 발현하여 주의를 끄는 것이다. 우리가 일부러 주의하지 않아도, 또한 사물이 행동하지 않아도, 그 대상이 특별한 경우에 상향식 주의는 가능하다.

---

123) 크리스토프 코흐, 김미선 역, 앞의 책, 169쪽 참조.

이처럼 특출함에 근거한 일시적인 상향식 주의와 자의성에 근거한 지속적인 하향식 주의가 하나로 합쳐짐으로써 주의가 형성된다. 상향식 주의는 자연스럽지만 일시적이고, 하향식 주의는 자의적이지만 지속적으로 작용한다.[124] 주의가 시각에 영향을 미치기까지 수백 밀리초에서 0.5초까지의 시간이 소요된다.

선택적 주의에는 요점(gist) 지각이 있다. 내 눈 앞에 매일 똑같은 일상의 환경이 펼쳐지지만, 그 장면들 모두는 세부적으로 인지되어 남아 있지 않고 스쳐 지나간다. 왜냐하면 내 의식은 모든 장면을 요점적으로 지각하기 때문이다. 요점 지각이 가능한 것은 요점 뉴런들이 있기 때문이다. 요점 뉴런들은 다른 뉴런들보다 우세하게 형성되어 있다. 마치 비네트(vignette) 사진을 보면 전경은 뚜렷하고 후경이 흐린 것처럼, 요점 뉴런들을 통해서 중심과 주변이 구분된다. 뇌에 들어오는 것은 세부가 아니라 전체다. 이미 전전두 피질 NCC가 뇌의 단순 지각 영역보다 높은 지각 영역을 자극한 상태다. 말하자면 요점이란 의미론적으로 수준이 다른 것보다 높은 표상이라고 할 수 있다.

그렇다면 주의의 신경적 토대를 살펴보자. 주의는 지각과 사유에 필요하다. 하지만 우리가 가시적인 환경을 모두 알아차리지 못하는 점도 간과될 수 없다. 셀 수 없는 정보들이 뇌로 쏟아지지만, 우리가 모두를 의식하지는 못한다. 말하자면 병존, 병렬하는 수많은 뉴런 연합체 중에서 우세한 뉴런 연합체가 의식으로 등장하는 것이다. 그러므로 주의는 명시적 뉴런 표상을 갖지 않는 대상의 특징을 결합하면서도, 여러 표상이 있을 경우에 그 사이의 경쟁을 해결한다.

대상의 특징을 결합하는 것은 하이젠베르크의 불확정성 원리와 반대된다. 즉, 뇌는 보다 많은 자극을 받을수록 더 많이 변화한다. 뇌에 보다 많

124) 크리스토프 코흐, 김미선 역, 앞의 책, 175쪽 참조.

은 자극을 주고 나면 점차 명시적 뉴런들이 확실해지고 부호화된다. 그 뒤 뉴런들은 역동적인 상호작용과 초점 주의를 거쳐서 단일 뉴런으로 변화해나간다. 그렇다면 뇌는 어떻게 순차적으로 주의와 지각을 가능하게 할까? 상향식 주의와 하향식 주의를 통해서 피질 앞부분의 연합체들 중에서 우세한 뉴런들이 살아남는다. 그리고 초점 주의가 피질 전체와 시상의 반응들을 조정한다.

주의는 망막을 제외한 모든 시각 관련 영역, 이를테면 외슬핵이나 V1은 물론이고 다른 신경망에도 영향을 미친다. 이 점은 원숭이에 대한 전기 생리학적 실험이나 인간 뇌에 대한 fMRI 영상을 통해서 증명된다. 주의는 뉴런의 발화율뿐만 아니라 극파의 발생 시점까지도 알아챈다. 하향식 주의는 전전두엽에서, 상향식 주의는 시상침핵, 두정엽, 전두엽 안구운동 영역에서 기원한다.[125] 따라서 이 부위에 손상이 오면, 주의가 제대로 이루어질 수 없다.

주의 결핍과 관련한 질병으로 무시(neglect) 현상도 있다. 무시는 실명도 아니고, 의식적으로 표상되지도 못한다. 무시병 환자는 공간의 왼편을 인식하지 못하기 때문에, 왼쪽 문에 부딪히거나 왼쪽에서 다가오는 사람을 식별할 수 없다. 또 다른 질병인 소멸(extinction)은 왼쪽 시야를 잃고 오른쪽 시야만으로 지각하는 경우다. 발린트 증후군(Balint's syndrome) 환자는 두정엽 양쪽에 손상을 입은 경우다. 그는 한 가지 대상만을 뚫어지게 보며 그것만을 인지할 뿐이다. 하지만 그것이 다른 사물과 함께 있을 때 무엇인지 알지 못한다.

4.2.4.2.2.2 기억

기억은 인간이 살아가면서 뇌에 기록된 것이다. 인간이 죽음에 이르기

---

125) 크리스토프 코흐, 김미선 역, 앞의 책, 195쪽 참조.

전에 모든 시간, 모든 경험은 기억이라는 거대한 창고로 빨려 들어간다. 기억은 경험에 의존하는 내적 표상을 일정 기간에 걸쳐서 보유한 것이나 사실과 경험의 데이터베이스라고 정의내릴 수 있다. 내적 표상은 사실과 체험으로 나눌 수 있겠다.

기억이 19세기 초반까지 철학자들의 전유물이었다면, 그 이후에 심리학과 뇌과학이라는 학문이 탄생하면서 기억 모형이나 기능성 뇌 영상을 통하여 기억이라는 복잡한 체계가 그 가시적 모습을 드러내고 있다.

기억을 뉴런 차원에서 이해하면 활동 의존적 기억(단기 기억)과 구조적 기억(장기 기억)으로 구분할 수 있다. 활동 의존적 기억은 한 묶음의 뉴런에 의해서 지속되는 극파 활동으로 특정 사물에만 발화할 정도로 선택적인 특징을 갖고 있다. 반면 구조적 기억은 뉴런들 사이 시냅스의 강도 변화에서 생기며, 해마가 상관한다. 특히 학습은 시냅스 이외에 이온이나 뉴런의 수상돌기 변화 등을 통해서도 가능하다.

단기와 장기로 구분되는 기억체계 원리는 컴퓨터 공학에서도 빈번히 활용된다. 아날로그 시대의 테이프부터 디지털 시대의 하드디스크, 램(RAM), 롬(ROM), 중앙정보처리장치(CPU) 등도 일종의 기억 장치다. 특히 활동 의존적 기억과 구조적 기억은 컴퓨터 메모리의 두 종류인 램과 롬에 비교될 수 있다. 램에는 전원이 들어온 뒤에 데이터가 일순간 기억되는 반면, 롬에는 전원이 꺼져도 데이터가 오래 저장될 수 있다. NCC의 경우에 활동 의존적 기억에 의존하고, 구조적 기억과 상관하지 않는다.

그렇다면 장기 기억(구조적 기억)은 무엇일까? 장기 기억은 정보나 체험을 의식적으로 불러오는 능력이라는 점에서 일상적으로 우리가 기억이라고 말한 것과 같다. 인간의 장기 기억 용량은 무한대에 가깝다. 장기 기억은 다시 네 가지로 구분될 수 있다.

먼저 사전 학습 여부와 관련해서 비연합적 장기 기억과 연합적 장기 기억으로 나뉜다. 비연합적(nonassociative) 장기 기억에는 적응, 습관, 민감화와 같은 학습 활동이 관련된다.[126] 적응이란 우리의 감각이 일정한 방향으로 익숙해진 경우다. 예를 들어 우리가 가로나 혹은 세로의 방향에 익숙해진 상태에서 선이 그려진 그림을 볼 경우에, 잠시 다른 곳을 보다가 그 그림을 다시 보면 적응 속도가 느려져 있다. 따라서 뉴런이 활발하게 움직이려면 다른 강한 자극이 가해져야 한다. 습관이나 민감화도 적응과 유사한데, 일정한 감각적 자극에 익숙해져 있는 상황이다. 이를테면 어떤 소리가 위협적이지 않으면 주의력은 약해져 있다. 그러다가 다른 큰 소리가 날 경우에 우리는 놀라게 되는데, 그 이유는 소리에 민감해져 있기 때문이다.

연합적(associative) 장기 기억은 한 사건이 다른 사건을 기억나게 하는 것이다. 이에 대한 고전적인 사례로 파블로프의 실험이 있다. 그는 어떤 개가 먹이 주는 사람을 보기만 하면 침을 흘리는 연구를 수행한다. 사람과 음식은 별개의 사건이지만, 개에게는 연합된 것으로 학습된다.(조건 자극) 그리고 몇 번 그런 상황을 거치고 난 뒤에 개는 사람만 보아도 침을 흘린다.(무조건적 자극) 처음에는 무의미한 사건들도 주의와 자각을 통해서 하나의 의미가 되며, 조건이든 무조건이든 하나의 연상에서 통합된다.

파블로프 실험과 유사한 경우로, 공포 조건화(conditioning) 기억이 있다. 그 기억은 외부의 어떤 감각적인 자극이 특정 소리와 결합하는 경우다. 그러면 관련한 사람의 심장 박동수나 피부에 변화가 온다. 맥락 공포 조건화 기억은 피험자로 하여금 과거의 기억을 떠올려서 기분을 나쁘게 만들었던 위치나 냄새, 광경, 소리를 의도적으로 회피하게 한다.

세 번째 장기 기억으로 절차적 기억이 있다. 우리는 단계적으로 학습하거나 오랜 연습을 통해서 습관을 갖게 되고 기술에 숙련된다. 이것이 성공하면, 습관은 평생 지속될 수 있을 정도로 시간의 흐름에서 자유로워진다. 이런 습관은 언제부터 내 것이 됐는지 생각하지 못할 정도로 굳어 있다.

126) 크리스토프 코흐, 김미선 역, 앞의 책, 203쪽 참조.

이를테면 어떻게 혼자서 걸을 수 있었는지 혹은 언제부터 자전거를 탈 수 있었는지 등을 예로 들 수 있겠다. 이 경우를 암묵적 혹은 비서술적 기억이라고도 하며, 담당 뇌 부위는 피질, 선조체와 관련한 기저핵, 소뇌이다.

마지막 장기 기억인 서술적(declarative) 기억은 의식적으로 기억에 접근하는 상태를 말한다. 서술적 기억을 하는 사람은 사실과 사실이 아닌 것을 구분할 수 있다. 서술적 기억은 일화 기억과 의미 기억으로 나눌 수 있다. 일화 기억은 피험자가 사실, 사건, 행위, 이력 등이나 시간과 장소를 단편적으로 기억하는 것을 말하며, 관장 부위는 측두엽 피질이다. 의미 기억은 일화 기억에 2차적으로 덧붙여진 경험이나 추상화와 같이 과거를 이야기 스타일로 구성하는 것인데, 주관적인 사실들의 관계나 의미 등이 추가된다. 의미 기억을 못하는 사람은 시간과 장소를 기억하지 못한다.

그렇다면 기억과 관련한 뇌 부위를 알아보자. 어떤 간질 환자를 치료하기 위해서 내측두엽(MTL)을 잘라냈더니 2년 전부터 방금까지의 기억이 사라진다. 심지어 조금 전에 무슨 음식을 먹었는지도 기억하지 못한다. 그러나 그 이전까지의 기억은 온전했다. MTL 손상은 부분적인 기억 상실을 유발하지만, 기억 모두를 없애지는 않는다.[127] MTL 손상 환자의 사례를 통하여 절차적 기억과 서술적 기억을 담당하는 뇌 부위가 다르다는 점이 밝혀진다. 그 환자의 경우는 절차적 기억 체계에 이상은 없지만, 서술적 기억 체계는 망가졌음을 증명하고 있다.

측두엽은 관자놀이 근처에 위치한다. 그리고 MTL은 해마와 그 근처의 후각 내 피질과 후각 주위 피질을 말한다. MTL 손상 환자에게는 여전히 기억 능력이 있기 때문에, 주변이 어떤지 그리고 지금 눈앞에 무슨 일이 벌어지는지를 설명할 수 있다. 그는 학습할 능력도 없고 어떤 사건에도 영향

127) 수전 그린필드, 정병선 역, 앞의 책, 132쪽 참조.

받지 않지만, 현재를 즐길 수 있다.

해마는 측두엽 아래에 있으며, 통상적으로 기억 저장소로 알려져 있다. 해마는 위치나 방향 감각과 관련하여 사실 기억을 그대로 저장하고 있다. 그리고 해마는 감각기관으로 들어온 정보를 통합하여 대략 2년 정도 저장하고 있다가 영구 보존을 위하여 측두엽 피질로 옮기는 역할도 수행한다. 하지만 가정이나 개념, 가치 등과 관련한 서술적 기억은 다른 뇌 부위와의 소통을 필요로 한다. 뿐만 아니라 시상 손상 환자도 2년 동안의 기억을 한동안 망각한다. 또한 알츠하이머병에서 밝혀지는 것처럼 전뇌기저부의 뉴런이 사멸하면 치매와 기억상실을 야기하기도 한다.

정확히 말하면 해마는 모든 기억의 저장소가 아니라 기억 저장의 토대 역할을 한다고 볼 수 있다. 그렇다고 기억의 최종 저장소를 대뇌피질의 측두엽 및 전전두엽이라고 규정할 수 없다. 그래서 신경심리학자 래슐리는 특정한 기억 중추는 없으며, 뇌 모든 부위가 기억과 관련한다고 말하는 반면, 약리학자 그린필드는 기억 관련 부위는 뇌의 몇몇 부위라고 주장한다.[128)]

한편 단기 기억(immediate memory)은 당장의 임무를 처리하기 위한 기억과 관련하기에 활동 의존적 기억이라고도 말한다. 단기 기억은 정보를 일시(수십 초) 저장한 것으로, 장기 기억에 비해 용량도 제한되고 불안정한 특성이 있다. 단기 기억은 컴퓨터 램과 같이 일시적이기 때문에, 심리학자들은 이를 작업 기억(working memory)이라고 부르기도 한다. 작업 기억은 신경회로의 활성화에 전적으로 의탁하기 때문에 지속 시간이 짧다. 그래서 반복하지 않을 경우에 작업 내용은 1분 이내에 사라지며, 이런 점에서 주의와 유사하다.

---

128) 수전 그린필드, 정병선 역, 앞의 책, 147쪽 참조.

그렇다면 작업 기억을 담당하는 뇌 부위는 어디일까? 감각 정보가 사라지면 뉴런 활동도 약해지는 것이 상식이다. 그러나 전전두피질의 뉴런은 외부의 시각 정보가 없더라도 계속 활성화되면서, 지연이나 방해 공작을 극복하여 의도된 것을 기억하게 한다. 하지만 그린필드는 뇌의 두 부분 이상이 활성화되면서 작업 기억과 관련한다고 말한다.

또한 작업 기억보다 더 짧은 기억으로 도상 기억(iconic memory)이 있다. 도상 기억은 1초 이내에 정보를 저장하는 것인데 정보가 남긴 "신경적 잔광(neuronal afterglow)"[129]에 기인하기 때문에 그 진위 판단은 불안하다. 신경적 잔광은 눈을 감은 상태에서 존재하기 때문에 아무런 자극도 망막을 통과하지 않는 상태에서 뉴런들을 활동하게 한다. 그 영향이 망막에는 60밀리초, IT영역에는 300밀리초 지속되며, 피험자에게 순간적인 기억으로 경험된다.

시지각을 위해 필수적인 도상 기억은 피질은 물론이고 시상핵과도 관여한다. 그런데 도상 기억의 정보는 근본적으로 불완전하며, 더 강한 자극이 보완되지 않으면 희미해지는 특징이 있다. 서서히 사라지는 기억은 주의와 만나면서 뚜렷해진다. 상향식 주의 혹은 하향식 주의가 가세하면서 NCC를 형성하고 작업 기억에 저장된다.

4.3 인지 신경과학: 내 안에서 다른 음성이 들리다

4.3.1 의식되지 않은 뇌 활동

인지는 감각, 지각, 행동으로 구성된다는 명료한 의견이 있다. 현실적으로 인지가 그렇게 전개된다면 정신적 문제라는 단어는 사라질 것이다. 그

129) 크리스토프 코흐, 김미선 역, 앞의 책, 218쪽.

러나 우리는 인지 부조화가 뇌질환에서 기원하고 있음을 알고 있다. 뇌에 대한 정보와 지식이 많아질수록, 뇌질환을 치료하려는 욕망은 증가한다. 뇌졸중이나 바이러스 감염 등은 외과적으로 치료될 수 있지만 그 정신적 외상은 잔존할 수 있다. 특히 손상이 제한적이고 확정적으로 잘 치료되었음에도 불구하고 사고나 큰 병을 치른 뒤에 마음대로 자신을 가눌 수 없는 경우들이 많다. 색맹이나 맹시처럼 시각피질에 문제가 있는 사람은 제대로 볼 수 없다.

신경생물학자 코흐는 정신적 외상의 원인을 대뇌피질의 특정한 신경조직 덩어리의 손상에서 찾고 있다. 평소에 잘 알던 사람이 낯선 사람으로 다가오던가, 세상이 온통 회백색으로 보이는 경우들이 그렇다. 코흐는 문제가 되는 뇌 영역의 위치를 정확히 안다면, 약물이나 수술 등을 통하여 치료는 물론 부작용마저도 없앨 수 있다고 확신한다.

인간은 감각적 성질들, 이를테면 시각 이미지나 내면의 언어로 표상된 것을 의식한다. 신경이 활성화되면서, 내면은 외부 자극보다 약하더라도 그 영향은 계속된다. 그런데 외부 자극이 내면보다 신경에 더 강한 영향을 미치기 때문에, 마음의 눈은 제대로 활동할 수 없다. 우리는 외부 대상에 대하여 신경학적으로 받아들인 것만을 사유한다고 말할 수 있다. 따라서 사유는 직접적인 인식이 아니다.

사유는 대상에 대한 것이 아니라 사유의 반영물이며, 대상의 실체는 지각 능력 너머에 있다. 그래서 코흐의 신경생물학에서는 외부 세계를 직접 알 수 없을 뿐만 아니라 사고와 개념으로 이루어진 내면도 알 수 없다고 말한다. 따라서 신경학적인 불완전함이 불가지론적 인식을 낳았고, 철학으로 이어졌으며, 플라톤의 철학이 신경학적으로 설명되는 것이다. 이데아(원상)가 존재하지만, 우리가 실제로 인식한 것은 이데아의 그림자에 불과하다. 우리는 사물 자체가 아니라 기껏해야 동굴 벽에 비친 사물의 영상만을 알고 있을 뿐이며, 신경학적으로 보면 심상의 영향이 약하기 때문이다. 그러나 심상의 영향은 사라지지 않으며, 그 예가 프로이트의 무의식이다.

코흐는 인지 구조의 복잡성, 아니 근본적인 이원화에 대해서 말한다. 즉 물리적 대상에 대한 주관적 표상 이외에 의식되지 않고 내면에 숨어 있는 사고나 개념과 관련하는 NCC가 있다. 코흐가 말한 의식의 불완전함을 인지학자 자켄도프(R. Jackendoff)는 의식의 중간적 성격으로 이해한다. 의식은 신체나 물리적 세계에 속하지 않으며, 그렇다고 사고나 개념으로 이루어진 내면을 대변하지도 않는다. 의식은 외부 세계에 대한 표상과 내부 세계에 대한 표상의 접점에서 등장한다.

의식의 중간적 속성은 물리적 뇌, 계산적 마음, 현상학적 마음으로 나타난다. 물리적 뇌의 작용은 뉴런, 시냅스, 활동전위로 설명될 수 있다. 계산적 마음은 마치 로봇처럼 감각 정보가 인간의 내적 상태를 변화시켜서, 운동을 가능하게 한다. 그리고 현상학적 마음은 감각질을 경험하면서 느끼는 것이다. 그러면서 자켄도프는 개념적 혹은 추상적 사고가 의식되지 않는다고 믿었다. 결정, 계획, 창의성과 같은 고차원적인 의식은 인지되지 않지만 운동계로 전달된다. 그리고 사고하면서 의식되는 감각적 표상이 있는데, 음조나 혼잣말 그리고 약간의 육체적 느낌들이 그것이다.[130] 신경학적 관점에서 살펴보면, 피질은 대상을 직접 의식하지 않고, 그에 대한 시각적인 표상을 산출한다. 말하자면 명시적인 표상을 만들어내지만 감각적 표상에 머무른다. 여기에는 감각은 물론 회상이나 상상도 포함된다.

의식되지 않은 직감적 운동이 일상의 많은 과제를 처리하곤 한다. 이것은 뇌의 우수한 학습 능력 때문에 가능하다. 뛰어난 운동선수의 경기력에서 눈과 손의 협응 혹은 근육의 유기적인 상호작용을 잘 관찰할 수 있다. 더 이상의 의식적 노력이 필요하지 않을 때, 반복적 행위는 다음에 무슨

130) 크리스토프 코흐, 김미선 역, 앞의 책, 322쪽 이하 참조.

일을 해야 하는지 생각하지 않아도 자동적으로 이루어진다.

평생에 걸쳐 뉴런은 전기력을 띤 채 활동하며 극파를 형성하지만, 극파가 의식되는 것은 아니다. 그것을 측정할 수 있는 것은 최첨단 장비다. 전극을 두피에 붙여서 활성화된 전기를 측정하는 방법이 뇌파검사(EEG, 뇌전도)다. 주파수 대역 혹은 패턴에 따라 뇌파는 다섯 가지로 구분된다. 델타파(dalta wave), 세타파(theta wave), 알파파(alpha wave), 베타파(beta wave), 감마파(gamma wave)가 있다.

가장 느린 델타파는 혼수상태나 깊은 수면에서 나타나며, 세타파는 충동, 감정, 꿈에서 측정된다. 여기까지의 뇌파는 무의식 상태이며 뇌 깊숙한 곳과 관찰된다. 알파파는 무의식에서 의식으로 넘어가는 문지방의 주파수로서, 의식은 뚜렷하지만 아무 활동도 하지 않을 때 측정된다. 베타파는 정신이 집중한 상태에서 기록되며, 감마파는 가장 빠른 뇌파로 고도의 집중력과 고차원 정신에서 등장한다.[131)]

이를테면 명상은 알파파를 촉진하고 베타파나 세타파를 억제함으로써, 뇌의 각 영역이 조화로운 활동을 하도록 한다. 중간 대역의 주파수인 알파파의 활성화는 생각을 통제하면서 가능해지며, 마음을 고요히 관조하는 명상의 상태에서 최고점에 이른다. 사람들은 명상 속에서 정신적, 신체적으로 이완되고, 트라우마나 억입된 감정에 의식적으로 접근해서 그것들을 통합한다.

앞의 다섯 가지 뇌파는 뇌 구조의 진화 순서를 암시하고 있다. 잠에 들면서 신피질 활동은 줄어들고 알파파는 서서히 사라진다. 그러면 델타파만 활성화되어 생명 유지의 기능을 담당한다. 잠에서 깰 때, 그 역순으로 뇌파가 활성화된다. 꿈을 꾸고 있을 때 측정되는 세타파 활동은 잠잠해지고, 대신 신피질이 활동하면서 알파파 혹은 베타파가 기록된다.

131) 에릭 호프만, 장현갑 역, 앞의 책, 73쪽 참조.

뇌파검사(EEG)는 두피에 설치되어 뇌의 신경활동을 측정한다. 수면에 든 사람의 두피에 설치된 EEG는 수면의 강도를 네 가지로 기록한다. 깨어 있으나 눈을 감고 있을 때, 잠에 들 때, 본격적으로 수면에 들어가는 초기, 그리고 깊은 숙면이 그것이다. 그 이외에도 렘(REM, rapid eye movement) 수면 상태가 있다. 이 과정에서 눈이 앞뒤로 매우 빨리 움직이며, 뇌파의 밀도와 진폭은 의식 상태와 흡사하지만 렘 피험자들은 꿈을 꾼다고 말한다.[132] 렘 수면은 의식과 무의식의 중간적 형태를 띤다.

네 단계의 수면 상태와 렘 상태에선 EEG 측정 결과 뇌파의 진폭과 밀도가 다르다. 그 주된 이유는 외부의 입력이 적고 그에 따른 뉴런의 활동이 강하지 않으며, 신경전달물질의 분비가 시시각각 다르게 나타나기 때문이다.

무의식 상태의 뇌파처럼 의식도 그런 세밀한 분류작업이 가능하다. 이를테면 양전자방출단층촬영(PET)에서는 방사성 원자들을 인간의 혈액 속에 주입한다. 그 뒤 컴퓨터가 원자들의 활동을 분석하고, 뇌의 어느 부위에서 산소 수요가 증가했음을 알아낼 수 있다. 뇌과학자들은 이런 현상을 의식적 지각이라고 추정하고 있다.[133] PET보다 한 단계 더 개량된 장치가 자기공명영상(MRI)과 기능성자기공명영상(fMRI)이다. 특히 후자는 방사능과 관련이 없으며, 뇌에서 어느 부위가 더 많은 산소를 필요로 하는지 측정하는 것이다. 기억이나 언어, 감각 등과 관련된 각각의 뇌 부위가 fMRI의 컬러 이미지를 통해서 명료하게 보인다. 이만큼 뇌과학 기술은 영상의 힘을 빌려서 뉴런의 활동전위를 측정하고, 뉴런들이 활성화되는 지점을 보여줄 정도로 발달해왔다. 그것은 의료 차원은 물론이고 뉴런 및 의식과의 관계를 해명하는 데에 쓰이고 있다.

그러나 EEG도 뇌의 어느 부위에서 의식 활동이 벌어지는지에 대해서

132) 수전 그린필드, 정병선 역, 앞의 책, 295쪽 참조.
133) 브루스 로젠블룸 외, 전대호 역, 앞의 책, 365쪽 참조.

상세히 알지 못하고 있다. 그만큼이나 여전히 규명되지 않은 의식 질환도 적지 않다. 최면, 유체이탈, 자각몽, 환각 등은 물론이고 치매 같은 인지 부조화 상태도 있다. 하지만 이를 단순히 정신 이상이라고 통칭하고 있다. 따라서 지금의 신경과학 기술이 지속적으로 발달하여 의식 신경상관물을 영상으로 보여준다면, 질병이나 의식에 대한 이해는 물론이고 질병 예방이나 의식에 대한 개입 · 조작도 가능해질 수 있다. 또한 극파 패턴이 정확히 복제될 수 있다면, 감각이나 지각을 인공적으로 가능하게 할 수 있다. 신경과학자들은 의식의 신경상관물 연구를 토대로 환자의 세포 기질을 변형할 수 있다. 혹은 NCC 활동을 조절함으로써 유전자 변형 동물을 만들거나, 의식 질환이나 정신병을 치료할 수도 있다.

4.3.2 인지 부조화: 의식적인 행위가 불가능하다

20세기 초반에 수학자 튜링(A. Turing)은 지능 기계(intelligent machine)를 만들기 위해서 튜링 테스트를 시행한 적이 있다. 실험자는 컴퓨터 자판을 통해 뭔가를 입력하면서 상대방(컴퓨터)과 다양한 주제로 일종의 대화를 나누고자 한다. 그래서 대화가 정상적으로 진행되면, 상대방은 지능적인 존재라고 할 수 있다. 그런데 컴퓨터의 반응은 예측할 수 있다.

일반적으로 인간은 의식적으로 말하거나 행동하기 이전에 시간적 지연을 보여준다. 말하자면 컴퓨터처럼 입력된 감각 정보에 따라 바로 반응이 나오지 않는다. 그렇다면 지연 현상이 의식의 조건인가? 지연이 있다는 것은 입력된 정보가 저장되면서 의식이 진행되고 있음을 에둘러 말한다. 이 과정에 다른 특출한 정보가 들어오면, 우리의 주의는 다시 그쪽으로 향한다. 지연이 의식적 행동과 자동적 행동을 구분하는 기준이라면, 그것이 불가능한 컴퓨터는 좀비 작동체에 불과할 것이다.

코흐는 뉴런 활동 모두가 의식의 필터를 거치지 않고 행동으로 표출되는 경우가 있다고 말한다. 반복되고 정형화된 행동인 좀비는 현대인의 일상에서 자주 나타나곤 한다.[134] 본래 본능적인 혹은 자동적인 반응이나 감각적인 행위 혹은 생리적 현상이 좀비 행위인데, 신경학적으로 설명하면 피질 반사에 불과할 뿐이다. "좀비 작동체(zombie agents)"[135]는 모든 감각적 자극과 그에 대한 즉각적 반사로 이루어져 있다. 좀비 작동체에서는 지각과 행위가 시간적 지연을 두고 발생하는 것이 아니라 동시에 등장하기 때문에 단기 기억의 도움도 필요하지 않다. 마치 반사작용과 흡사한 좀비 행위에는 상응하는 NCC가 존재하지 않는다. 좀비 행위의 가장 간단한 예로 안구 운동, 몸의 균형을 잡는 행위, 언덕의 기울기를 예상하며 내려가거나 어두운 지역에서 조심스럽게 걷는 일 등이 있다. 또한 눈앞에 무언가가 나타날 때 눈을 깜박이거나, 코에 이물질이 들어갔을 때 기침을 하거나, 예상치 못한 움직임에 놀라거나 하는 것 등이다.

좀비 행위는 지금(시간) 여기(공간)라는 조건에만 관심이 있다. 노인들의 일상적 행동 대부분은 의식의 경계선 밖에서 자동적으로 수행된다. 습관화된 행동은 의식하지 않아도 뇌에 잘 관리되어 있기 때문이다. 또, 일상적인 행동이나 잘 훈련된 근육 운동은 의식적으로 생각하지 않을 때 훨씬 잘 수행된다. 아침에 일어나서 치아를 닦고 직장에 출근하는 일은 물론이고 취미 활동을 반복적으로 할 때, 신경과학자들은 의식의 지배에서 벗어난 좀비 작동체가 있다고 생각한다. 심지어 신경 자극의 95%가 무의식적으로 진행되고, 오직 5%만이 의식된다는 결과도 발표되었다.[136]

그런데 인류는 진화하면서 간편한 좀비적 행위보다 불편해 보이는 의식적 행위를 선택한다. 자동적이고 무의식적인 행위가 선택하고 숙고하는 행위로 바뀐 것이다. 인류는 좀비적 원시인에서 이성적 주체로 발전하면서 우발적인 상황에 대처하고 미래를 설계하며 유연한 처신을 할 수 있

134) 크리스토프 코흐, 김미선 역, 앞의 책, 4쪽 참조.
135) 크리스토프 코흐, 김미선 역, 앞의 책, 222쪽.
136) 마르틴 후베르트, 원석영 역, 앞의 책, 93쪽 참조.

다. 신경해부학적으로 미래 계획을 수립하는 영역은 전두엽에 있다. 개화된 인류는 어떤 자극에 자동적으로 반응하는 NCC가 없다고 할지라도 주어진 상황을 처리할 수 있다. 반대로 그들의 의식 NCC가 파괴되면 지연된 반응은 더 이상 관찰될 수 없다. 이런 의식의 근저에는 경험 및 감각적 상호작용으로 이루어진 기억이 있고, 그에 상응하는 뉴런들의 시냅스 활동과 이를 통해 기호화된 감각질이 있다.

흥미로운 점은 의식적이면서도 주관적 느낌이 없는 좀비들이 있다는 것이다. 이들은 겉으로 보면 정상인처럼 행동하지만 주관적인 느낌이 없다. 바로 비의식(nonconscious) 상태다. 뇌 활동은 정상이지만 감각, 느낌, 기억 기능이 조화롭게 진행되지 못하고 있다. 코흐는 정상인에게서도 좀비적인 요소를 발견하는데, 가장 대표적인 사례로 철학자 니체와 심리학자 프로이트가 남긴 연구 주제를 들었다. 니체는 권력자를 다른 사람을 지배하려는 욕망으로 가득한 좀비로 보고 있다. 그리고 프로이트의 억압된 욕구에 시달리는 존재도 자유로운 표현이 불가능한 사람이다. 무의식적인 결정인자들이나 어린 시절에 겪었던 경험들이 시간이 흘러 성인이 되어도 여전히 그의 행동을 결정하기 때문이다.

그렇다고 좀비 작동체들이 오로지 무의식 상태의 행동과 관련하는 것은 아니다. 그것들은 신경망을 대상을 인식하는 지각과 연결될 수 있다. 반응은 자동적으로 벌어지지만, 바로 지각으로 넘어가는 경우가 그렇다. 그래도 좀비 작동체들은 운동 반응이나 즉각적인 행동과 깊은 상관성이 있을 정도로 의식이 뚜렷하지는 않다.

게다가 자극과 반응의 관계가 비대칭적이어서 원활하지 않은 인지 부조화와 관련한 많은 질환들(시각 실인증, 맹시, 간질 등)도 있다. 첫째, 시각 실인증은 망막에 손상이 없고 정신적으로 퇴화하지도 않으며 주의 장애가 없는데도 색깔, 운동, 얼굴, 형태 등 특징적인 면을 지각하지 못하는 질환이다. 혹은 촉각이나 청각은 정상인데 시각 능력에 치명적 문제가 생겨서 사물을 인식하지 못하기도 한다. 프로이트는 이런 질병을 "영혼실명(Seelenblindheit)"[137]이라고 불렀다. 구체적인 실례로 색맹, 운동 지각 불능, 얼굴 인식 불능 등이 있다. 그 원인은 앞의 지각적 속성을 가진 NCC가 대뇌피질의 명시적인 기둥 구조에 없다는 것을 의미하며, 일산화탄소 중독으로 인한 산소 결핍에서 야기된다. 이런 환자들의 특징은 방금 본 것을 그대로 재현하지 못하지만, 한동안 시간이 지나면 기억의 정도는 이전보다 훨씬 좋아진다. 결국 시각 실인증은 보기는 하지만 지금 여기를 인지하지 못하는 것과 관련한다.

둘째, 맹시(盲視, blindsight)는 환자가 분명히 대상을 가리키거나 색깔 혹은 방위를 보지만, 스스로는 보이지 않는다고 말하는 병이다. 망막에는 시각적 영상이 만들어지지 않는 맹점(blind spot)이 있다. 이곳에는 광수용체와 NCC가 없기 때문에, 상이 맺혀지지 않는다. 그런데 맹시 환자는 대상을 보지 못한다고 하면서도 손으로 잡을 수 있다. 그는 대상에서 나오는 빛의 방향으로 대충 손을 뻗을 수 있기 때문이다. 이런 현상은 모든 시야가 아닌 일부 시야만이 제한되기 때문에 발생한다. 맹시는 뇌졸중의 여파가 제일 큰 원인이며, 망막이 들어오는 빛을 통과시키지만 V1이 그 정보를 수용하지 못하는 상황에서도 연유한다. 손상된 V1을 피해 나간 빛은 관련 뉴런을 지나 피질 아래 뇌간이나 상구를 거쳐 선조 외 시각피질로 들어감으로써, 환자는 대상물에 손을 댈 수 있다. 이런 운동은 생존을 지키는 자율적 반사운동의 차원에서 논의될 수 있다. 맹시는 뇌 메커니즘이 작동하지만 아무것도 보이지 않는 것이라고 할 수 있다. 맹시는 시각과 지각은 반드시 의식과 관련하고 있음을 보여준다. 특히 의식하는 뇌도 있지만, 의식 없는 뇌도 있다는 점이 암시되고 있다.

세 번째, 간질이란 측두엽 부위의 비정상적인 전기 방전이 NCC의 연합

137) 크리스토프 코흐, 김미선 역, 앞의 책, 236쪽.

체를 파괴하면서 발생한다. 갑자기 발생한 이상한 감각(전조 aura)[138]이 환자를 의식에서 해방시키고 자신의 느낌과 존재성에서 자유롭게 하며, 심지어 전신 경련으로 발전할 수 있다. 간질 발작이 일어나는 동안 뇌의 여러 부위에서 장애가 나타나지만, 뇌섬엽 상태의 변화는 없다. 간질은 정상적인 뇌 활동이 불가능한 경우로서 대발작과 부분발작이 있다.

대발작의 경우에 근육 경련이 동반되면서 의식은 완전히 사라진다. 해당자는 발작을 전혀 기억하지 못하며, 발작이 지나면 깊은 수면에 빠진다. 심한 경우 전신경련으로 이어져서 약물을 투여해야 하거나 대뇌변연계 관자엽의 해당 부위를 수술해야 하는 상황에 이른다.

부분발작은 작가 도스토예프스키의 사례처럼 해당자가 의식이 있으면서도 이상한 맛, 냄새, 느낌은 물론이고 종교적인 낙원을 경험하는 경우다. 그는 소리를 내어 웃거나, 소리를 지르고, 입맛을 다시거나 혹은 다른 곳으로 정처 없이 갔다가 서서히 의식을 되찾는다. 그의 행위는 겉으로 보면 의식이 있어 보이지만, 실제로 부자연스럽고 비자발적이며 무언가에 홀린 특성이 있기 때문에, 의식적인 행위와 분명히 구분될 수 있다. 간질환자의 자동증 증상에서는 여러 모로 좀비 작동체의 흔적이 느껴진다.

넷째, 몽유병이 있다. 몽유병 환자는 깊은 수면 상태에 있는데도 의식이 있어 보인다. 그는 제대로 잘 걷지 못하고 누군가 말을 걸어오면 대답하지 못한다. 그에겐 힘은 있지만, 좀비작동체가 그렇듯 감각이나 감정이 없고, 눈에는 초점이 없으며, 움직임은 자동인형처럼 서투르다. 그는 다시 의식을 차렸을 때 이전의 기억을 되살리지 못한다.

이처럼 뇌에는 의식과 관계하지 않는 비의식적인 좀비 작동체가 있다. 좀비 작동체는 반사와 운동을 매개하고, 의식과 상관하지 않는 영역에서 활동하며 행동을 가능하게 한다. 그래서 행동과 관련하는 뇌 부위가 배측

---

138) 안토니오 다마지오, 임지원 역, 앞의 책, 222쪽.

경로에, 반면 의식적 지각과 관련하는 영역은 복측 경로에 있다고 얘기된다.[139] 혹은 좀비 작동체를 NCC와 무관한 것으로 생각해볼 수 있다. 감각적 말초인 망막에서 자극이 시작되지만 그 자극은 일시적이어서 뇌에 발화를 일으킬 정도로 충분하지 않은 경우라는 것이다.

이런 특징이 NCC와 어떤 관계가 있는지에 대한 설명은 여전히 부족하지만, 좀비는 신경학적 결함에서 발생하고 있는 것으로 추정된다. 이를 보다 정확히 해명하기 위해선 뇌에 대한 실험과 모든 가변적인 성질과 시간 문제를 다루어야 하는데, 윤리적 문제로 인하여 쉽지 않다.

4.3.3 의식 질환: 나는 남극 대륙의 황제?

인지 부조화 문제는 주로 치료나 수술이라는 의술적인 차원에서 해결되고 있다. 의학 기술의 발달로 인류는 고령화 시대에 접어들고 있다. 따라서 달력나이와 비교되는 건강나이가 생활 방식의 변화에 따라 가능하다는 주장, 그리고 뇌는 임계점을 알지 못한다는 주장은 장수 시대에 모든 현대인의 관심을 받을 수밖에 없다.[140]

세간에는 노화론, 즉 뇌와 신체 기능이 30세에 정점에 이르고 그를 지나면 떨어진다는 이야기가 퍼져 있다. 뇌는 나이가 들면서 위축되는 경우가 많다. 즉 뉴런이 줄어들거나 죽고 그에 따라 시냅스 활동도 감소하면서 혈관도 막히고 피질도 얇아지기 시작해, 인지 능력이나 기억력이 예전과 같지 않게 된다. 단기 기억과 학습력을 관장하는 해마와 정보를 처리하는 전두엽에 이상이 생기기 때문이다. 그래서 뇌의 IQ를 측정할 경우, 10년마다 5%씩 기능이 떨어지는 사례가 발견되는 것이다. 심지어 1990년대까지만 해도 뇌의 성장은 아동기에 멈추고 뇌 구조는 고정된다는 주장이 일반적이었다.

---

139) 크리스토프 코흐, 김미선 역, 앞의 책, 245쪽 참조.
140) 마지드 포투히, 서정아 역, 『좌뇌와 우뇌 사이』, 토네이도, 2014, 5쪽 이하 참조.

하지만 50대가 되어도 기억력과 판단력이 전혀 떨어지지 않은 경우도 보고되고 있다. 즉 30세 이후에도 뇌 건강은 생활 습관에 따라 얼마든지 개선할 수 있다는 점이다. 왜냐하면 뇌는 가소성, 말하자면 위축과 성장 가능성 둘 다 보유하고 있기 때문이다. 스트레스가 많은 직업을 가진 사람이나 다섯 시간 이하로 수면하는 자의 뇌 건강은 일주일에 닷새 이상을 산책하거나 매일 명상을 하는 자의 그것과 분명 구분된다.[141)]

그럼에도 시급히 정복되어야 할 숙제는 치매성 질환이다. 암이나 심장 질환처럼 생명과 관련하면서도, 의식 능력을 서서히 마비시키기에 더욱 치명적인 알츠하이머병과 파킨슨병, 코타르 증후군 등에 특효인 약물이나 수술 방법이 없는 상황은 뇌에 대한 전폭적인 지원 및 관심을 독촉한다.

뉴런 연구를 통해서 뇌의 국소적 기능이 분석되고 있지만, 인지 부조화에 대한 신경학적 설명은 부족한 상황이다. 맥박과 심장이 뛰고 있는데, 정상적인 의식 활동을 할 수 없다면, 우리는 살아 있다고 말할 수 있을까? '나는 생각한다. 고로 존재한다'라는 데카르트의 철학적 명제는 불치성 신경퇴행성 환자가 급속도로 증가하는 요즈음에 더욱 함축적으로 울린다.

건강한 인생이라면 제대로 작동하는 인지 활동, 아니 생물학적 노화나 임계점에 도달하기 전의 뇌 기능을 전제로 한다. 그러나 인지 활동이 제대로 이루어지지 않는 수다한 사례들이 열거될 수 있다. 첫째, 자기 망상에 빠진 환자가 있다. 노벨경제학상 수상자 내시(J. Nash)는 유명 대학 교수직을 수락할 수 없는 이유가 "남극 대륙의 황제가 될 일정이 잡혀"[142)] 있기 때문이라고 변명했다. 그는 내면에서 들리는 낯선 소리에 강한 확신이 있었기 때문에, 외부의 제안을 별로 신뢰하지 않는다.

둘째, 감각과 느낌이 제대로 대응하지 않는 경우다. 보통의 경우에 인간은 시각, 청각, 후각 등을 통하여 외부세계를 받아들인다. 시각은 눈과 그

141) 마지드 포투히, 서정아 역, 앞의 책, 6쪽, 73쪽 참조.
142) 로버트 버튼, 김미선 역, 앞의 책, 59쪽.

에 상관하는 시각피질이 만드는 신경생리학적 사실이다. 그러면 인간 내면에도 감각기관을 거친 정보에 친숙하거나 낯설거나, 실제이거나 비실제, 맞거나 틀리다는 느낌으로 대응하는 뇌 메커니즘이 작동한다. 그런데 감각과 느낌이 제대로 대응하지 않는 경우들이 있다. 이를테면 신(神)을 정말로 대면했다고 주장하는 사람들이 있다. 그들은 마취 상태가 아니었는데도, 자신을 초월하여 영적인 경험을 했다고 말한다. 그러나 이런 유일무이한 상황을 설명할 수 있는 사람은 당사자 자신뿐이다. 그는 그것을 계시이자 종교적 각성의 순간으로 이해하며, 심리학자 제임스(W. James)는 이것을 지식의 상태라기보다 느낌의 상태라고 말한다.

실증할 수도 없고 그렇다고 반박할 수도 없는 인지 부조화 상황을 뇌과학자들은 규명하려고 애쓴다. 더불어 히스테리나 분열성 인격 장애 등을 심리학적 관점에서 설명하려는 시도도 병행된다. 신경생리학자들은 초월적 느낌이 뇌의 대뇌변연계가 활성화하면서 발생한다고 말한다. 그들은 빈번히 대문호 도스토예프스키의 발작을 대표적인 예로 들곤 한다. 그는 1870년 부활절에 경험한 간질 발작을 일기에 남기고 있다.

> 나는 천국이 땅으로 내려오는 것을, 그리고 그것이 나를 집어삼킨 것을 느꼈다. 나는 정말로 신을 만졌다. 그렇다, 그는 나 자신 안으로 들어왔다. 건강한 사람들인 당신들 모두는 간질이 오기 직전에 우리 간질 환자들이 느끼는 행복을 상상도 할 수 없다... 이 더없는 행복이 몇 초, 몇 시간, 또는 몇 달이나 지속될지 모르지만, 장담컨대, 인생이 가져다줄 수 있는 모든 기쁨을 준다 해도, 나는 이 기쁨을 그것과 바꾸지 않을 것이다.[143)]

143) 로버트 버튼, 김미선 역, 앞의 책, 43쪽에서 재인용.

신경생리학자들은 뇌의 해당 영역을 자기력으로 자극하면 종교적 체험을 할 수 있다고 주장한다. 제임스도 마취제, 이를테면 클로로포름, 에테르, 아산화질소 등과 같은 화학 약품을 통해서 신비 체험이 가능하다고 말한다. 황홀경이란 신의 직접적인 계시가 아니라 순간적이며 비정상적인 뇌의 흥분에 불과할 수 있다는 것이다.

19세기 후반에 발견된 코타르 증후군(Cotard's syndrome)은 뇌손상이나 뇌졸중이 그 원인으로 거론된다. 환자의 증세는 자기를 부정하는 것인데, 자신의 육체가 없다고 생각할 뿐만 아니라 자신은 죽었고, 거기에 어떤 망상증이 덧붙여진다. 그래서 자신의 의견이나 믿음이 옳지 않더라도 결코 포기하지 않는다. 이 망상적 착오 증후군 환자는 다른 사람의 합리적 설득력을 인정하면서도 자신의 느낌을 그대로 따른다. 코타르 증후군 환자는 논리와 느낌 사이에서 후자를 따르는 경우다. 그는 친숙함이나 기시감, 실제에 대한 감각, 신념 등을 지식보다 더 추종한다. 공포심은 뇌의 편도가, 기시감은 관자엽이 담당한다. 이런 맹목적인 의식의 향방도 실제에 대한 감각적 정보와 상관하지 않는 인지 부조화의 대표적 사례라고 할 수 있다.

의식에 대한 육체의 상관성은 임사(臨死) 체험자와 마취제 체험자의 유사성에서도 밝혀진다. 심장마비로 생사의 문턱을 넘나든 사람은 마치 정맥에 케타민 주사를 맞은 사람의 경험과 비슷한 상황을 묘사한다. 그들은 하나같이 우주 만물의 이치를 통달한 것처럼 초월적 정신의 세계를 보인다. 이 상황을 신경생리학적으로 풀어 쓰면, 뇌에 산소가 부족한 상태로서 그 정도가 심하면 신경이 죽을 수 있다.

내시의 자기망상, 도스토예프스키의 간질, 코타르 증후군, 마취제 체험 등의 사례들을 통해서 건강한 의식 상태와는 다른 기괴한 의식 질환들이 존재하고 있음이 밝혀진다. 그리고 그 병들은 대뇌변연계와 관련한다는 점에서 공통점이 있다. 그것은 대뇌변연계를 전기로 자극했더니, 앞에서

서술한 느낌들이 등장했다는 결과로 증명된다.[144)]

한편 치매는 기억을 없애면서 의식을 혼란스럽게 하는 뇌질환이다. 치매 중에서 뇌의 건강을 위협하는 가장 대표적인 병이 파킨슨병과 알츠하이머병이다. 파킨슨병과 알츠하이머병은 여타 뇌질환과 그 성격이 다르다. 이를테면 정신분열증 환자는 황당한 생각의 틀에 매여 있고, 뇌졸중 환자는 뇌세포가 산소 부족으로 죽어가면서 수족 마비나 언어 능력의 상실을 경험한다. 하지만 두 질병 모두 점차적으로 회복을 기대할 수 있다.

그러나 파킨슨병과 알츠하이머병의 경우 환자의 뉴런이 서서히 죽어가는데, 그 과정을 근본적으로 막을 방법은 아직 없다. 두 질병 모두 노화가 가장 큰 원인으로 알려져 있다. 물론 파킨슨병과 알츠하이머병은 부족한 화학물질을 보충함으로써 그 증상을 완화할 수 있지만, 뉴런이 퇴행하면서 사멸하는 현상은 계속된다.

반면 두 질환의 차이점이라고 한다면, 알츠하이머병 환자의 경우 손상된 기억 능력이 전반적인 의식 활동을 불가능하게 한다. 뇌과학적으로 살피면, 뇌의 내부에 문제가 발생해서 측두엽 안쪽으로 퍼지다가 결국 대뇌피질의 파괴로 이어진 것이다. 반면 파킨슨병은 두뇌나 지능에 별다른 영향을 미치지 않고 근육 위축이나 손동작의 경련을 낳는다. 파킨슨병은 환자의 운동 능력을 서서히 감소시키고 의식 활동을 위축시켜서 자신감을 한없이 떨어트린다.

본래 파킨슨병이 발견된 시점은 18세기였지만 원인 규명은 1960년대에야 비로소 이루어진다. 과거에 정의할 수 없었던 파킨슨병이 신경퇴행성 질환임이 증명된 것이다. 파킨슨병 환자가 경직되거나 의도된 운동을 할 수 없는 이유는 중뇌 안쪽의 흑질(substantia nigra)의 색깔이 변하면서 뇌의 회로에 있어야 할 신경전달물질 도파민이 제대로 분비되지 않기 때문이

---

144) 로버트 버튼, 김미선 역, 앞의 책, 36쪽 참조.

다. 도파민이 부족한 뇌는 운동을 마음대로 관장할 수 없다. 이에 대한 치료는 도파민 알약을 투여함으로써 시작된다. 그러면 환자는 자유롭게 활동하고 그의 수명은 5년에서 12년 정도 늘어난다. 또한 흑질과 그와 결합된 뇌 구조를 수술하면, 다수의 파킨슨병 환자들이 운동 능력을 회복한다. 이런 사실은 운동 중추를 독점하는 곳이 흑질은 아니라는 점을 증명하기도 하지만 궁극적으로 흑질 세포의 사멸을 막을 수 없다. 결핍된 도파민을 보충해주어도 효과는 잠시 후에 멈춘다. 파킨슨병 치료제는 증상을 완화하는 역할에 만족하고 있는 것이다.

그렇다면 운동 중추는 어디일까? 지금까지는 대뇌피질이라는 것이 중론이다. 피질 실험은 1920년대부터 두개골에 전극을 붙이면서 시작된다. 소위 뇌파도(Electroencephalogram, EEG) 방법인데, 피험자가 잘 때나 꿈꿀 때, 그리고 그 밖에 뇌질환이 있을 때 측정한다. 실험자는 극파를 측정함으로써 운동 중추가 어디에 있는지를 알게 된다. 운동이 수행되기 1~2초 전에 피질의 두정엽에서 극파의 유형이 바뀌고, 그다음 피질 앞부분, 그리고 바로 뒤에서 극파가 측정된다.[145] 그럼으로써 뇌는 특정 역할과 상관하는 기능 중추들로 구분될 수 있다는 가설이 가능했다.

그러나 특정 행위가 특정 뇌 부위에서 결정된다는 주장을 반박하게 된 전환점은 과학기술의 발달로 인하여 두뇌 활동을 찍는 사진영상 기술이 개발되면서이다. 컴퓨터단층촬영법(CT), 양전자방사단층촬영법(PET), 자기공명영상법(MRI), 핵자기공명촬영법(NMR) 등은 살아 있는 사람의 뇌를 아무런 고통 없이 촬영하는 획기적인 사진영상 기술이다. 이 방법에 따르면 행위란 뇌의 여러 영역이 활성화하면서 생긴 결과라고 볼 수 있다. 하지만 그 결과에 대한 반론도 있었는데, 행위는 감각이나 기억 혹은 감정의 결과물일 수 있다는 주장으로 이어진다. 또한 도파민 같은 화학물질이

145) 수전 그린필드, 정병선 역, 앞의 책, 30쪽 참조.

행위와 관련된다고 주장될지라도, 그것만이 전부는 아니다. 왜냐하면 도파민은 복측피개야 부위에서 생성되는데, 여기에 문제가 생기면 당사자는 파킨슨병이 아니라 정신분열증에 시달리게 된다.

파킨슨병을 치료하기 위해서 아주 작은 전극을 뇌간에 이식하고 낮은 강도에 높은 주파수의 전류를 흘려주는 치료가 진행되면서, 우연히 정서와 느낌이 어떤 뇌 부위에서 발생하는지가 발견된다. 어떤 65세의 여성 파킨슨병 환자 뇌간의 네 군데에 전극을 꽂고 한 곳에 전류를 흘려보낸다. 전류가 흐르면서 환자는 정상인들처럼 자신의 생각대로 움직일 수 있었다. 그런데 갑작스럽게 그녀는 슬퍼하며 흐느끼다가 심한 우울증 증세와 절망감을 호소한다. 의사가 전류 공급을 중단하자, 곧 그녀는 평온한 상태로 되돌아온다.

이 사례는 뇌간에 들어간 전류가 운동 조절 부위를 자극하는 대신에 슬픔이라는 정서를 만들고 그를 표현한 근육을 움직이게 하고 있음을 입증한다.[146] 환자의 슬픔 생성의 순서를 살펴보면 1. 슬픔이라는 정서 → 2. 슬픔에 대한 느낌 → 3. 슬픔에 대한 생각 순이었다. 이처럼 정서, 느낌, 생각은 연쇄적으로 발생한다. 슬픈 정서, 슬픔에 대한 느낌, 그리고 슬픔에 대한 생각은 표정, 발성, 가슴의 움직임 등으로 이어진다.

정서와 느낌은 그 시간적 순서를 규정하기 힘들 만큼 동시적으로 발생하며, 뇌에서 생성되는 것으로 사료된다. 이런 가설은 사진영상 기술의 도움에 힘입어 가시화된 뇌의 오른쪽 두정엽의 활성화가 증명하고 있다. 그리고 정서와 느낌은 생각과 연관하면서도 독립적으로 발생할 수 있다. 마치 연극배우가 무대에서 등장인물 역할을 수행하는 것처럼, 외부 자극 없이도 슬픔을 산출할 수 있는 경우는 배우 자신의 기억이나 학습과 관련한다.

---

146) 안토니오 다마지오, 임지원 역, 앞의 책, 85쪽 참조

정서와 느낌의 측정은 뇌간의 해당 부위에 전극의 정확한 접촉 여부와 관련한다. 중추 신경계의 아주 작은 부위인 뇌간에는 수많은 핵과 신경세포가 분포되어 있으며, 정서를 생성하기 위해 중뇌와 다른 핵들을 끌어들인다. 그리고 동물 실험을 통하여 수도관 주위의 회색질이라는 핵이 정서의 유발과 관련하고 있음도 밝혀진다.[147] 하지만 쪽집게처럼 정서와 느낌이 생성되는 정확한 뇌 부위를 말할 수는 없다. 의식 활동이란 뉴런들과 그 다양한 메커니즘의 관여에 따른 것이라고 할 수 있기 때문이다.

한편, 알츠하이머병의 첫 증상은 기억 장애로 나타난다. 이 병은 환자의 기억을 부분적으로 없애고 학습한 모든 것을 잃어버리게 하면서도, 어린 시절의 기억을 떠올리게 하고 의식의 혼란을 일으키다가, 궁극적으로 환자의 사유를 불가능하게 한다. 그 원인은 흑질 아래에 위치한 전뇌기저부의 손상으로 알려져 있다. 이 손상 때문에 각성을 촉진하는 신경전달물질 아세틸콜린이 시상과 해마로 제대로 분비되지 않는다.

그런데 아세틸콜린이 기억이나 학습을 규정하는 화학 물질이 아니라는 주장도 대두된다. 두뇌의 다른 부위에 아세틸콜린이 부족해도 알츠하이머병이 진단되는 것이 아니기 때문이다. 또 다른 알츠하이머병의 병인은 양반구의 소통이 원활하지 않은 것이다. 언어를 담당하는 좌반구가 정서를 지배하는 우반구에 접근하기가 어려운 것이다.

마지막으로 소개할 인지적 장애의 주요 사례로 뇌졸중이 있다. 뇌졸중은 뇌동맥에서 뇌로 가는 혈류가 차단되면서, 산소와 영양소를 받지 못한 뉴런이 파괴되는 상태다. 뇌졸중은 몸 한쪽의 감각을 마비시키거나 언어능력 혹은 운동 장애를 야기하며 심지어 생명을 앗아가기도 한다. 또한 뇌간 핵이 울음 및 웃음과 관련한다는 점은 뇌졸중 환자의 사례에서 다시 증명된다. 점차 호전되고 있던 어떤 뇌졸중 환자가 별안간 특별한 원인이

147) 안토니오 다마지오, 임지원 역, 앞의 책, 91쪽.

나 동기가 없이 울음과 웃음을 반복하면서 이를 통제하는 데 어려움을 겪는다. 이 현상은 "뇌간과 소뇌의 핵으로 이루어진 신경시스템"148)의 손상이 야기한다. 이를 바탕으로 뇌간은 웃음 및 울음을 발생시키는 곳이고, 소뇌는 웃음 및 울음을 조절하는 장치라고 할 수 있다.

4.4 감정 신경과학: 감정은 생존의 다른 이름

4.4.1 코나투스: 생명체 보존 성향

로봇학자들은 학습 과정을 뇌의 뉴런과 활동전위로 설명하며 인간의 음성이나 동작을 흉내 내는 기계를 만들지만, 기계에겐 감정이 없다. 그렇다면 감정은 무엇일까? 르네상스 시대를 대표하는 셰익스피어의 희곡이 지금도 무대에 상연되고, 작가들의 모범은 물론이고 독자의 필독서로 사랑받는 이유는 그가 인간의 감정을 생생하게 표현했기 때문일 것이다. 그중 비극 『맥베스Macbeth』에는 시대를 주름잡던 주인공이 한순간 욕망과 불안에 사로잡혀 마침내 파멸하는 과정이 사실감 넘치게 표현되고 있다.

스코틀랜드의 장군 맥베스는 전쟁에서 혁혁한 공을 세우며 국왕의 총애를 독차지한다. 그런데 갑자기 마녀들이 출몰하여 그가 새로운 국왕이 될 것이며, 그의 계승자는 다른 장군의 자손이 될 것이라고 예견한다. 맥베스는 그들의 말을 신탁으로 이해했지만, 그의 안색과 마음은 어두워지고, 충성심과 용맹스러움은 단번에 야심과 두려움으로 돌변한다. 예언대로 그는 왕을 시역하고 왕좌에 오르며, 자객을 보내 동료 장군마저 죽인다. 그러나 지속적인 부귀영화에 대한 그의 욕망은 심리적 초조함과 불안함으로 이어진다.

---

148) 안토니오 다마지오, 임지원 역, 앞의 책, 96쪽 참조.

맥베스: 불안 속에서 식사를 하고 잠을 자며, 밤마다 저 악몽에 시달리며 고민할 바에야, 차라리 만물의 사개는 무너지고 하늘과 땅 두 세계는 멸망해 버리라지. 양심의 가책 아래 미칠 듯이 불안하게 사느니보단 차라리 우리 자신의 평화를 구하여, 평화의 나라로 보내 버린 죽은 자와 동거함이 더 낫겠소.[149]

맥베스는 한 나라의 최고 권력자가 되었지만, 그의 왕위가 찬탈될 수 있을 것이라는 불안과 조바심은 그를 정신착란자이자 극악한 폭군으로 전락시킨다. 심지어 그에게만 보이는 죽은 자의 망령이 나타나서 그를 괴롭히며, 그의 범행을 변호하던 부인마저도 몽유병자가 되어 궁궐을 헤맨다. 이에 쇠약해질 대로 쇠약해진 맥베스는 다른 장수와의 대결에서 살해되고 만다.

감정은 만물 중에서 인류만의 특수한 표현이다. 그런데 감정이 지나치면 맥베스처럼 마음의 병이 되어 몰락을 자초할 수 있다. 그런 감정은 최근까지 과학적 연구의 대상이 아니었다. 그래도 감정에 관한 전문서적을 꼽으라면, 두 가지를 언급할 수 있다. 스피노자는 『에티카Ethica, ordine geometrico demonstrata』(1677)에서 감정을 분류했고, 다윈은 『동물과 인간의 감정 표현The expression of the emotions in man and animals』(1872)에서 세계를 여행하며 인간의 감정이 얼굴 표정으로 어떻게 드러나는지를 세심하게 기록한 적이 있다. 다윈은 표정이 학습과 무관하고, 감정에 대한 표정은 만국에서 동일하며, 이것이 뇌에 저장되어 있다고 마무리한다.[150]

신경과학자 다미지오는 정신병의 원인을 규명하다가, 그 원인이 뇌의 신경 질환에 있음을 알게 된다. 그는 애초에 뇌 치료를 목적으로 하다가,

149) 셰익스피어, 김재남 역, 『베니스의 상인. 맥베스』, 신원, 2009, 183쪽.
150) 수전 그린필드, 정병선 역, 앞의 책, 176쪽 참조.

연구 방향을 정서와 느낌 그리고 사유의 상관성으로 전환한다. 그는 환자들이 연민이나 부끄러움을 느끼지 못하면, 신경계의 문제라고 결론을 내린다. 그는 느낌과 그 토대에 있는 정서를 신경생물학적으로 규명함으로써, 통증이나 고통은 물론이고 우울증의 치료를 확신한다.

뇌는 내수용기적 신호(신체의 장기나 체내 환경)와 외수용기적 신호(감각기관)에 따라 활동하기 시작한다. 그리고 신호들을 전달하는 중요한 두 채널은 체액성 경로와 신경성 경로다. 혈액 속의 화학 분자가 체액성 경로를 통과하면서 뇌실 주위를 활성화한다. 반면 신경성 경로로는 뉴런 및 시냅스 활동에서 발생한 전기화학적 신호가 지나가고 있다. 화학 분자와 전기화학적 신호가 정서와 느낌의 물질적 토대를 이루고 있다.[151] 뇌는 혈액의 화학분자와 신경 통로를 통해 전달되는 전기화학적 신호에 따라 작동하는데, 그 점에서 신체의 다른 장기와 다르고, 그 목적은 생명체 보존 성향인 코나투스(conatus)와 관련한다. 이 개념은 곧 상론된다.

다마지오의 관심은 정신 자체가 아닌 정신의 토대에 있다. 그는 이성의 근저에 있는 정서와 느낌, 그에 대한 물질적 대응체인 신경을 설명하려고 한다. 이성적인 성향은 정신의 상부구조이고, 정서와 느낌은 그 하부구조인 것이다. 그는 인간이 실제로 느끼고 생각하는 심적인 사건을 그때까지 물질적으로 설명하지 못한 이유로서 정신의 자율성을 강조하는 철학 담론이 우세한 형국에서 본다. 그래서 신경과학이라는 새로운 학문 분야의 등장은 기존 관념론적 연구와 균형을 이루는 시도라고 설명할 수 있다.

시각과 뇌 혹은 기억과 뇌의 상관성에 대한 연구는 근대 철학의 뇌에 대한 사변적 연구와는 다른 가치중립적이고 실증주의적 방향으로 전개된다. 실증주의는 기원을 강조한다. 관념론자가 자유의 토대에서 주장한 사유가 일정한 경향성을 갖는다면, 신경과학은 그런 주장을 비과학적이라고

151) 안토니오 다마지오, 임지원 역, 앞의 책, 128쪽 참조.

일축하면서 사유는 자유롭지 않다고 주장한다. 다마지오는 정서(감정)가 논리를 통제한다고 본다. 이 주장을 신경과학적으로 옮기면, 정서의 탄생지인 대뇌변연계는 논리를 가능하게 하는 대뇌피질로 연결되어 있다. 그런데 대뇌변연계와 대뇌피질의 관계는 일방향이다. 즉 대뇌변연계의 편도가 대뇌피질에 주는 영향이 그 반대 방향보다 훨씬 강하기 때문에 정서가 이성을 지배한다는 결론이 나올 수 있었다.[152]

뇌에 국소하는 정서에 슬픔과 웃음이 있다. 신경과 의사인 프리트(I. Fried)는 간질 환자를 치료하기 위해 뇌수술을 감행했다. 그는 수술하기 전에 대뇌피질 지도를 만들 요량으로 뇌의 각 부위를 전류로 자극했다. 그 과정에서 환자 좌반구의 두정엽 인접 부위에 전기 자극을 가하자, 별안간 그는 웃으며 즐거워했다. 웃음은 울음처럼 대뇌피질의 해당 부위를 전기로 자극할 때마다 터져 나온다. 따라서 뇌간 핵의 슬픔 부위와 웃음 부위를 번갈아 자극하면, 서로 상반되는 감정과 느낌이 자연스럽게 나올 수 있다.

정서와 느낌이 연속적으로 등장하기 전에 대뇌피질과 피질 하부 영역의 자극이 우선한다. 말하자면 자극의 수용이나 정서의 유발은 대뇌피질에서 담당하고, 울음이나 웃음처럼 정서가 실행될 경우에 피질 하부 영역이 활동한다. 말하자면 웃음이 국소하는 곳은 "내측 및 복측 전전두엽 영역"이고, 울음은 "내측 및 복측 전두엽 영역"이다. 그리고 다시 "뇌간 핵"[153]이 주요 실행 부위가 된다.

반대로 느낌이 정서를 증폭시킬 수도 있다. 우리는 어떤 배우가 주어진 역할에 감정 몰입하면서 극중 인물로 변신하는 과정을 표상하거나 혹은 비극적 사건을 생각하면서 무언가를 느낄 수 있다. 또한 자연스러운 웃음과 가짜 웃음을 지을 때도 마찬가지다. 이와 같은 경우에 뇌는 자극에 대

152) 수전 그린필드, 정병선 역, 앞의 책, 199쪽 참조.
153) 안토니오 다마지오, 임지원 역, 앞의 책, 94쪽 참조.

해서 알지 못한다. 이런 감정의 자극과 반응의 모델 이외에 그린필드(S. Greenfield)는 유년기에 형성된 소규모 뉴런 집단이 감정 생성과 관련한다고 본다. 감정은 현재의 욕구나 쾌락에 따르면서 기복이 심하기 때문에 논리적으로 설명할 수 없다.[154)]

앞의 사례들은 자극, 정서, 느낌이라는 연쇄적 고리도 각각 분리해낼 수 있음을 증명하고 있다. 특히 과학기술이 발전한 시대에, 인공적으로 생성된 외부의 전기 자극이 대뇌피질로 전달되면서 자연스러운 신경 자극을 대체할 수 있음을 암시하기도 한다. 이는 감정에 대한 인위적 조절 가능성을 열어둔다. 사실 이전에도 여러 가지 인공물 투여의 가능성이 회자되어 왔다. 헤로인, 코카인 등의 마약은 물론이고 알코올은 뇌에 영향을 미쳐서 정상적인 의식에 제동을 걸 수 있다. 그리고 신경전달물질이나 호르몬, 향정신성 약물은 시냅스 전달을 억제하거나 촉진하면서, 뉴런의 다른 조합을 이끌어낼 수 있는 가능성이 점쳐진다.

그러나 화학물질은 신체에 부작용을 낳을 수 있다. 우울증을 치료하기 위해서 프로작을 투여하면 신경전달물질 세로토닌이 증가하지만, 식욕 부진이나 불면증처럼 신체에 좋지 않은 영향을 미친다. 더 나아가 뇌에 화학물질이 부족할 때마다 항우울제를 투여해야 한다면 인생 자체가 녹록하게 진행되지 않을 것이다. 특히 항우울제는 의식의 비정상 상태가 자연적으로 정상 상태로 올라올 때까지 도움을 줄 뿐, 실제로 별다른 관여를 하지 않은 것으로 증명된다.

그래서 우울증 환자에게는 또 다른 치료 방법이 추천된다. 대화를 통해 환자가 자신의 문제에 새로운 관점으로 다가갈 수 있으며, 이는 세로토닌의 수치를 상승시키는 효과를 가져온다. 전기경련 요법도 활용되며, 완전히 다른 신경전달물질, 이를테면 펩티드가 발견됨으로써 다른 각도에서의

154) 수전 그린필드, 정병선 역, 앞의 책, 294쪽 참조.

치료가 시도되기도 한다.

다마지오의 연구를 통해 고통과 쾌락 사이의 여러 느낌이 신경과학적으로 규명되기 시작한 점은 의미가 있다. 느낌은 정서와 다르다. 정서가 심리 생리적이고 일시적인 반응이라면, 느낌은 정서에 동반하는 의식적 감정으로서 특정한 신체 상태를 특정한 사고방식과 결합한다. 따라서 신체가 정서를 통하여 느낌으로 이어지고, 다시 고차원적 의식 활동에 영향을 미치고 있음을 추정해볼 수 있다.

다마지오는 느낌을 주사(走査, scanning)하고 분석한다. 정서는 호르몬 분석이나 전기 생리학적 파동 패턴을 관찰해서 파악될 수 있다. 그리고 느낌은 가장 은밀하고 특별한 현상이며, 그 근원지는 뇌로 추정된다. 그래서 그가 얻은 결론은 다음과 같다.[155] 첫째, 손상된 뇌 부위에 따라 각각의 느낌이 억제되거나 완전히 없어질 수 있다. 둘째, 느낌은 뇌의 한 부위에서 모두 관장되지 않고 관련한 특정 부위에서 조절된다. 셋째, 정서는 신체적이고 느낌은 정신적이다. 순서로 보자면 정서가 선행하고, 느낌이 그 다음이다. 넷째, 특정 느낌을 잃어버렸더라도 그에 대한 정서는 존재할 수 있지만, 보통의 경우에 정서가 없으면 느낌은 없다. 다섯째, 정서는 표현되지 않으며, 겉으로 드러나는 것은 느낌이다. 여섯째, 정서와 느낌은 생명 유지에 일조한다는 점에서 근본적으로 같은 것이다.

정서는 신체에 기초하면서 생명 활동과 관련한다. 물론 느낌도 생명 활동과 관련하지만 그보다 더 고차원적인 마음에서 기원한다. 그런 정서와 느낌은 이성에 지대한 지배력을 행사한다. 정서는 신체적 현상이다. 한편 느낌은 생명체의 몸과 마음의 상태가 좋은지 아닌지를 반영하면서도, 다른 한편으로 생명체가 균형을 유지하기 위한 노력이라고 할 수 있다.

신체와 정신으로 이루어진 인간은 신의 양태다. 인생은 신에 의해 예정

155) 안토니오 다마지오, 임지원 역, 앞의 책, 10쪽 이하.

되어 있고 어떤 특정한 목적을 향하여 움직이고 있다. 인간과 다른 개체들은 신 없이 존재할 수 없고 생각될 수도 없다. 모든 개체에겐 정도의 차이만 있을 뿐 영혼이 있다. 자연은 신이 배태했지만 그에 머무르지 않고 더 나아간다. 자연은 신의 영역에서 멀어졌기에 우연이자 자의라고 할 수 있다. 그런 자연법칙을 인간이 따른다. 인간의 정서와 행동은 자유의지나 자율 영역에 속하지 않고 자연 안에서 결정된다.

인간은 사유함으로써 신의 속성을 보여주지만, 삶의 과정은 자연 질서를 따른다. 스피노자는 의지, 욕망, 사랑 등을 생산하는 자연(natura naturans)으로, 오성(intellectus)을 생산된 자연(natura naturata)으로 설명한다.[156] 오성은 사랑이나 욕망과는 또 다른 사유의 한 양태다. 인간이 열정에 지배된다는 것은 신이 아니라는 것을 방증한다. 신에게 정서는 없기 때문이다. 게다가 정서의 원인을 알 수 없는 상황에서 더욱 그렇다. 스피노자의 경우, 신의 속성이 무한히 변용되면 신의 속성과 단절된다고 보았다. 따라서 정서는 유한하며 일정한 외연을 가진 다른 원인에서 유추될 수 있다.

그렇다면 자연 질서는 무엇인가? 자연 질서는 늘 동일하게 적용되는 자연의 힘과 능력을 반영한다. 자연에는 위계질서가 있다. 인간을 제외한 개체들의 영혼은 신체에 대한 관념이 부족하기 때문에 인간의 영혼보다 우수하지 않다. 또한 자연에는 인과법칙이 작용한다. 기억이나 의식에는 그 원인이 있다. 또한 증오나 분노, 질투와 같은 정서에도 그 원인이 있다. 결과가 있는 원인이 명료하게 인식되면, 그것을 타당한 원인이라고 말할 수 있다. 반면 결과에 대한 원인이 제대로 제시되지 않으면, 그것은 타당하지 않거나 부분적인 원인이라고 한다. 정서는 신체의 움직임을 촉진하거나 저해하는 근본 원인이다. 반면 부분 원인이 전체의 원인으로 이해될 경우에 수동적으로 영향을 받는다고 할 수 있다.

---

156) 스피노자, 강영계 역, 앞의 책, 59쪽.

사물이나 신체의 원인에는 신의 간섭이 있다. 사물은 신의 양태이기 때문에 신의 존재와 능력을 표현한다. 그리고 사물은 현존을 긍정하며 계속해서 남으려고 한다. 이런 "성향(conatus)"[157]은 인간에게 이미 주어진 것이다. 정신의 원인은 신체의 관념들에서 찾을 수 있다. 이 관념들 중에서 어떤 관념은 타당하고 다른 관념은 타당하지 않다. 타당한 관념들이 정신에 많을수록 정신은 능동적으로 작용하며, 타당하지 못한 관념들이 많으면 정신은 수동적으로 작용을 받는다. 일반적으로 정신은 타당한 것으로 알려져 있지만, 혼란스러운 것이 없다고 말할 수도 없다.

이성에서 자기보존 성향이 돋보일수록, 정신은 이성과 잘 구분된다. 이성을 명료한 인식을 가능하게 하는 수단으로 국한하는 것이 정신이다. 정신은 이성을 통해 사물에 대한 확실한 이해를 얻으며 어떤 인식에 도달한다. 따라서 이성은 사물을 필연으로 파악하고 정신을 영원으로 자극하는 매개체로 이해된다. 그럼으로써 정신은 미덕이나 이성적 인식을 지나 신적인 인식에 도달하게 된다. 신(神)은 절대적이고 무한한 존재다.

그런데 정신은 신체의 변용이기도 하기 때문에 코나투스 성향을 가진다. 정신도 존재를 지키기 위해 외부의 파괴적 원인에 저항한다. 그러니 신체의 존재를 부정하는 관념은 정신 안에 있을 수 없고, 혹시 있으면 정신의 본질과 상반되는 것이다. 코나투스 성향이 정신과 관계할 때 의지(voluntas)라고 지칭하며, 그 성향이 정신과 신체에 동시에 관계하면 충동(충동이 의식적이면 욕망appetitus이라고 함)이라고 말한다.[158]

4.4.1.1 감정 ⊃ 정신

신체의 활동이 증가하거나 감소할 때, 혹은 촉진되거나 방해받을 때, 관념으로 구성된 사유 활동도 같은 정도로 증가, 감소, 촉진, 방해받는다. 정

157) 스피노자, 강영계 역, 앞의 책, 163쪽.
158) 스피노자, 강영계 역, 앞의 책, 165쪽.

신의 존재는 신체의 존재와 비례하고, 정신의 소멸은 신체의 사멸과 관련한다.

스피노자는 정서(affect)를 신이나 자연처럼 필연적인 요소로 생각하지만, 어떤 목적을 가지고 있지 않다고 말한다. 정서의 원인으로 충동을 거론할 수 있지만, 충동의 원인은 정확히 알 수 없다. 그는 정서를 인간의 본성이자 수동성이 강한 것으로 이해한다. 정서는 거부할 수 없는 신체 상태의 존재를 말하는데, 이를 직접 겪어보거나 어린 시절의 한 순간을 생각만 해도 증명될 수 있다. 아이의 신체는 작은 자극에도 동요하면서 평형상태를 유지하려고 하기 때문에 본성의 특징을 파악할 수 있는 본보기로 적당할 수 있다. 아이는 남의 행동을 모방하고, 타인이 즐거워하는 것을 따라한다. 혹은 성인은 불쌍한 사람에 연민을 느끼고, 행복한 사람을 보며 질투한다. 또 타인이 자신에게는 없는 것을 갖고 있다고 여기면 증오와 질투를 느낀다. 혹은 상대방이 웃거나 울기만 해도 비슷한 반응을 보인다.

스피노자는 정서를 48가지로 구분하고 각각에 정의를 내린다. 정서는 욕망, 기쁨, 슬픔, 경탄, 경멸, 사랑, 미움, 경향, 싫음, 헌신, 조롱, 희망, 공포, 신뢰, 절망, 환희, 후회, 연민, 호의, 분노, 과대평가, 멸시, 질투, 동정, 자기만족, 겸손, 후회, 오만, 소심함, 명예, 치욕, 동경, 경쟁심, 감사, 자비심, 분노, 복수심, 잔학함, 두려움, 대담함, 불안함, 당황, 공손함, 명예욕, 미식욕, 음주욕, 탐욕, 욕정으로 요약된다.

이 중에서 기본 정서는 욕망, 기쁨, 슬픔이다. '기본'이란 여러 정서들이 분화 혹은 변종되기 전의 최초 감정이다. 욕망은 "의식을 동반한 충동"[159]으로서 자기를 지키려는 시도다. 욕망은 선과 악을 인식하면서 생기기 시작하며, 선에서 생성되는 욕망이 악에서 나오는 욕망보다 강하다. 충동도 생존과 관련하며, 이런 점에서 욕망과 별반 차이가 없다. 또한 의지나 본

159) 스피노자, 강영계 역, 앞의 책, 219쪽.

능도 명칭만 다를 뿐 욕망과 동일하다. 욕망은 인간의 본성으로서 사람에 따라 다른 성향을 보인다.

외부 원인에서 자극된 기쁨, 슬픔, 증오, 사랑도 욕망을 부추길 수 있다. 욕망도 자극의 다양성이나 강도만큼 다층적이다. 하지만 욕망은 외부 대상이나 관념과 상관하지 않는 본성이라는 점에서 앞에 열거된 정서와는 다르다. 향락욕, 음주욕, 정욕, 탐욕, 명예욕 등이 욕망이 구체적으로 발현한 경우다. 혹시 욕망이 그 정도가 지나치면, 그런 과도한 발산을 막아주는 것은 여타 정서가 아닌 정신에서야 가능하다. 이를테면 향락욕은 절제가, 음주욕은 금주가, 정욕은 정조가 제어할 수 있다.

기쁨과 슬픔은 기본 정서다. 기쁨과 슬픔은 생존의 속성이며, 정신과 신체에 동시에 관계하면서 충동이나 욕망으로 이해될 수도 있다. 기쁨은 "작은 완전성에서 큰 완전성"으로 이행하는 도중에 있으며, 슬픔은 "큰 완전성에서 작은 완전성"[160]으로 가는 과정이다. 두 정서의 공통점은 완전하지 않고 진행 중에 있다는 것이다.

기쁨은 정신을 더 큰 완전함으로 이끈다. 이를테면 사랑이란 외부 원인(사물, 사람)의 관념을 동반하는 기쁨이라고 할 수 있다. 기쁨이나 사랑에 근거한 정신은 그와 관련하는 사물 혹은 사람을 표상하려고 한다. 또 기쁨을 가져오는 것을 현존의 것으로 생각한다. 그리고 증오의 대상이 없어지는 것을 표상하는 일도 기쁨을 가져온다. 기쁨에 이르기 위하여 인간은 행위하며, 이런 점에서 정신과 사유도 본질적으로 같다.

슬픔은 정신을 더 작은 완전함으로 인도한다. 예를 들어 증오는 외부 원인(사물이나 사람)의 관념을 동반하는 슬픔이다. 슬픔이나 증오에 근거한 정신은 그와 관련한 사물이나 사람을 표상하기를 피한다.

그렇다고 기쁨과 슬픔을 야기하는 대상이 뚜렷하게 구분되는 것은 아

160) 스피노자, 강영계 역, 앞의 책, 220쪽.

니다. 말하자면 관련 정서를 부르는 대상과 어떤 유사성이 있으면, 우리는 사랑하거나 증오할 수 있다. 그러니까 기쁨을 부르는 대상에 대한 표상이 슬픔을 일으키는 대상에 대한 표상과 유사하면, 우리는 관련한 대상에서 증오와 사랑을 동시에 느낀다.

두 가지 대립되는 정서를 동시에 느끼는 정신 상태는 심정의 동요이자 의혹이다. 둘 사이의 구분은 정도의 차이에서 나온다. 이처럼 하나의 표상이 두 가지 정서로 구분되는 원인도 두 가지다. 첫째, 신체의 지체들이 같은 대상에 대해서 상이하게 반응한다. 둘째, 같은 사물이라도 다른 방식으로 신체를 자극해서, 상반된 정서를 낳는다.

정신은 근원적으로 자신과 신체 능력을 증대하면서 완전함으로 나아간다. 정신은 신체에 대해 이전보다 더 큰, 혹은 더 작은 실재성을 표현하는 관념을 형성한다. 정신이 보다 큰 완전함으로 아니면 보다 작은 완전함으로 이행하는지의 여부는 기쁨, 슬픔, 욕망과 관련한다. 세 정서는 대상의 속성이나 관념과 관련하며, 수많은 대상만큼이나 종류도 다양하게 세분된다. 정서는 정신 활동과 비교하면 분명히 수동적이며, 정신은 능동적인 것으로 이해될 수 있다. 정서가 있다는 것은 신체의 영향을 증명하는 것이다.

기본 정서 이외에도 스피노자는 제2, 3, 4, 5차 정서를 구분한다. 제2차 정서는 사물에 대한 표상이 우리에게 정서를 불러일으키는 경우다. 그런 이미지를 통해 사물의 존재가 긍정되기도 한다. 그 예로 희망, 안도, 환희/공포, 절망, 낙담 등을 거론할 수 있다. 제3차 정서는 타인과의 관계에서 비롯된다. 인간이 다른 사람의 불행에서 슬픔을 느끼는 연민이 있다. 그리고 선을 행한 사람에 대한 사랑을 호의라고 하며, 타인에게 악을 끼친 사람에 대한 증오를 분개라고 한다. 그 밖에 질투, 시기, 자비, 명예욕, 정중, 찬미, 비난 등이 있다.

제4차 정서는 윤리와 관련한다. 스피노자 철학의 가장 큰 특징 중의 하나가 신체적 정서와 윤리의 직접적인 관련성이다. 여러 정서에 기반해서

선(善)과 악(惡)에 대한 판단 기준이 정해진다. 선은 기쁨과 그 원인, 그리고 동경을 만족시키는 신체적인 것에서 기원한다. 반면 악은 슬픔과 그 원인, 그리고 동경을 방해하는 신체적인 것에서 나온다. 이처럼 선악이나 유용성 문제는 정서로 결정된다. 사람들은 정서에 따라서 무엇이 좋고 나쁜지를 판단한다. 탐욕적인 사람은 재산 축적을 선으로, 재산 상실을 악으로 생각한다. 혹은 명예욕을 추구하는 사람은 명예를 선으로, 치욕을 악으로 여긴다.

제5차 정서는 정신이다. 우리는 어떤 대상을 표상하다가, 다른 대상을 생각하고, 그러다가 다른 대상을 기억하는 등 활발하게 의식 활동을 전개할 수 있다. 그 과정에서 이전에 전혀 알지 못했던 어떤 특수한 것을 표상하기에 이르는데, 그것을 신체의 변용, 즉 정신이라고 할 수 있다. 정신은 자기의 왕성한 활동능력을 기쁨이라는 정서로 바꿀 수 있으며, 생존을 지향하기 때문에 욕망이라는 정서로 표현되기도 한다. 반면 슬픔은 정신활동을 감소시키거나 방해한다.[161)]

신체와 관련하는 정신을 정신력이라고 하며, 그에 용기와 관용이 속한다. 용기는 이성의 명령이자 생존 욕망이기도 하다. 침착함은 용기에서 근거한다. 반면 관용도 이성의 명령이자 타인을 돕고 우애로 결합하려는 욕망이다. 예의나 온화함도 관용의 실례다. 용기가 자신과 관련하는 것이라면, 관용은 다른 사람들의 이익도 돌본다는 점에서 둘 사이에 차이점이 있다.

정신의 첫 번째 특징은 관심을 쏟았던 것에 계속해서 집중하는 것이다. 우리가 대상에 집중한 표상이 그 대상에 대한 사랑으로 상승한 경우를 경탄이라고 말할 수 있다. 반면 그 대상을 두려워하면 경멸이라고 한다. 그런데 그 대상이 우리가 평소 두려워하는 것이라면, 그로부터 야기된 정서

161) 스피노자, 강영계 역, 앞의 책, 216쪽 이하 참조.

는 공황이다. 그리고 우리가 경탄하는 것이 우리에게 없는 똑똑함이나 성실성이라면, 그것은 존경이다. 반면 다른 사람의 우둔함에 대한 실망에서 모멸감이 생긴다. 아니면 우리가 타인의 분노와 질투를 경탄할 경우에, 그것은 전율이라고 한다. 우리가 다른 사람의 똑똑함이나 성실성을 사랑한다면, 헌신이라고 할 수 있다.

정신의 두 번째 특징은 우리가 경탄하거나 경멸하거나 혹은 두려워하는 대상이 구체적으로 존재하지 않는다면, 존재하지 않는 것에 대해서 심오한 사유를 수행한다.[162] 그리고 세 번째 특징은 성찰이다. 인간은 자신을 되돌아봄으로써 더 완전한 존재가 되는 기쁨을 얻는다. 네 번째 특징은 할 수 있는 것과 할 수 없는 것을 잘 구분한다. 다섯 번째 특징은 더 이상 행위할 수 없음을 깨닫게 되면서 무능함이나 슬픔을 느낀다. 우리가 자신의 약함을 알면서 느끼는 슬픔은 겸손이다. 그러면서도 우리 스스로를 고찰하며 생기는 기쁨이 자기애 혹은 자기만족이다.

정신이 정서 조절에 실패할 경우에 예속이라고 한다. 예속당한 사람은 선이나 더 좋은 것, 더 완전한 것을 보지 못하며 악이나 운명, 즉 더 불완전한 것 혹은 더 나쁜 것으로 강제당하는 사람이다. 정서에 사로잡힌 정신은 신체 활동 능력의 감소나 증대를 경험하게 된다. 이에 따라 정신 능력은 이전보다 강하거나 약해진다.

스피노자는 인간의 실체도 본성에서 이해하고 있다. 선이란 우리가 본성에 접근하고 있음을 알아가는 것이고, 악이란 본성에 접근하는 과정이 방해되고 있음을 알아가는 것이다. 선은 자기보존에 도움이 되고 활동 능력을 증대시키는 것이며, 반면 악은 자기보존을 방해하거나 활동 능력을 감소시킨다. 선은 기쁨이고, 악은 슬픔의 동의어라고 할 수 있다.

따라서 선과 악의 개념을 신체 언어로 환언할 수 있다. 선은 신체 영역

---

162) 스피노자, 강영계 역, 앞의 책, 208쪽 참조.

들의 운동과 정지 비율이 일정하게 유지되는 것이다. 신체가 형태를 유지하면서 다른 것의 자극을 받기도 하고 다른 것에 자극을 주기도 한다. 반면 악은 신체 영역들의 운동과 정지 비율이 서로 다른 비율을 갖는 것이다. 이를 통해 신체는 파괴되고, 자극에 무감각해진다. 그래서 스피노자는 신체가 악에 빠져 운동과 정지 사이에서 균형감을 상실했을 때를 죽음이라고 말한다.

4.4.1.2 신체적 정신: 정신은 신체의 일부

스피노자의 사상을 읽어 내려갈 때, 신체란 몸은 물론이고 충동과 정서까지도 포함하는 비유로 이해된다. 그리고 정신은 신체를 반영한 사유를 비롯하여 상기나 기억까지를 포함한다. 신체를 드러낸 것이 관념이다. 신체는 관념의 대상으로서 정신과 결합되어 있다. 신체란 우리가 느끼는 대로 존재하며 정신과 별로 구분되지 않는다. 신체는 영향을 받기도 하고, 다른 것에 작용하기도 한다. 신체에서 일어나는 모든 일을 정신은 지각한다.

신체적인 지각에 따라 정신은 풍요롭거나 빈약해진다. 보통 우리가 불완전하다 혹은 나쁘다고 말하는 것은 정서가 아닌 사유에서 기원한다. 사유는 객관적인 평가 기준이 아니라 관념이나 유형에 부합하는지의 여부에서 출발하고 끝을 맺는다. 그런데 사유는 신체 상태에 근거하지 않고 표상에서 나오는 것이라 혼란스럽다. 표상의 오류와 편견은 그대로 정신의 오류로 연결되기 때문이다. 또한 사유에서 나온 선이나 악 개념도 사물 자체에 있지 않고, 비교를 통해 형성된 개념이다.

스피노자는 신체의 특징을 여섯 가지로 정리한다. 첫째, 신체 각 부분은 매우 복잡하고, 그 본성도 제각기이다. 둘째, 신체 각 부분은 유동적이거나, 연약하거나, 단단하다. 셋째, 신체는 외부의 물체에서 다양한 방식으로 자극을 받는다. 넷째, 신체 유지를 위해서 다른 물체가 필요하다. 다섯째, 신체의 유동적인 부분(정기精氣)은 연한 부분(뇌수腦髓)의 표면을 변화시

킨다. 여섯째, 신체는 외부의 물체를 움직이거나 정리할 수 있다.[163)]

특히 스피노자는 다섯째 특징에 대해서 상세하게 거론한다. 정기가 뇌수를 자극하자 뇌수는 반응하여 그 결과를 다시 정기로 방출한다. 이 연속하는 운동을 통해서야 의식은 비로소 외부 대상의 존재를 알게 된다. 뿐만 아니라 외부 대상 없이 신체의 정기가 자발적인 추동력에 의해 뇌수를 자극해도, 정신은 외부 대상의 현존을 인식한다. 정신은 존재하지 않는 사물에 대하여 표상 능력을 갖고 있다. 이처럼 정신은 외부 물체뿐만 아니라 인간 내면에서 자극을 받아 뭔가를 표상해낸다.

신체가 다양한 방식으로 자극을 수용하거나 사물을 감각한 것이 사유로 발전해나간다. 감각 및 지각의 대상은 외부 사물이거나 사유 자체다. 그러다가 하나의 표상이 갑자기 완전히 다른 표상으로 바뀐다. 이것이 기억이다. 기억의 순서는 사물에 대한 표상을 신체 안에 질서 지은 습관에 따른다. 하나의 상이 원인이 되어 다른 상으로 연결된다. 기억은 신체의 본성과 외부 물체의 본성을 포함하면서, 여러 관념들을 연결한다. 기억은 사물의 본성을 말하는 관념이 아니라 사물의 본성과 신체의 연관성을 말한다.

따라서 신체의 본성을 알면 관념을 보다 잘 알 수 있고, 관념의 구성물인 정신의 특징도 파악할 수 있다. 왜냐하면 관념의 대상이 신체이고, 정신은 신체 안에서 벌어진 일을 지각하는 것이기 때문이다. 혹시 관념이 혼란스럽다고 한다면, 그것은 제대로 지각하지 못한 결과라고 할 수 있다.

모든 만물에는 아무런 목적이 없다. 따라서 기독교적인 목적론은 인간의 상상력에 의존한 결과로서 전도된 법칙에 불과하다. 환원의 환원, 원인의 원인으로 집요하게 파고들어 가도, 그 끝에 신의 의지가 도사리지 않는다. 굳이 목적론이 있다고 주장한다면, 그 원인에는 자연이나 본성이 있다. 인간은 자기에게 유쾌한 것 혹은 유용한 것에 따라서 "선, 악, 질서, 혼

163) 스피노자, 강영계 역, 앞의 책, 103쪽 이하 참조.

란, 따뜻함, 추움, 아름다움, 추함"[164] 등과 같은 개념을 만들어낸다.

위의 여덟 가지 개념은 단순 표상의 결과다. 물체에 대한 상은 신체 안에서 형성된다. 이를테면 선은 한편으로 건강에 도움이 되고, 다른 한편으로 신의 경배에 이로운 것을 말한다. 반면 그에 반대되는 것이 악이다. 질서도 사물의 본성을 이해하지 않고 가치판단을 유보하면서 사물을 감각적 표상으로만 이해한 결과이기 때문에 쾌적함과 관련한다. 그 반대가 혼란이다.

아름다움은 감각적 자극 중에서도 시각 신경이 외부 사물을 정상적으로 받아들이는 경우로서, 그 반대가 추다. 그 밖에 향기와 악취의 구분은 후각에서 비롯되며, 달다 또는 쓰다, 혹은 맛있다 또는 맛없다 등은 미각에서 기원한다. 촉각은 단단하다 또는 부드럽다, 거칠다 또는 매끄럽다의 근거가 되며, 마지막으로 청각은 시끄러운 소리, 울리는 소리 또는 화음의 기준이 된다.

표상은 사람에 따라 다를 수 있다. 이를테면 인간에 대한 표상은 다양하다. 그가 똑바로 걷는 모습에 경탄하는 사람은 그를 직립한 동물이라고 부를 것이고, 인간의 웃음을 좋아하는 사람은 그를 웃는 동물, 아리스토텔레스 같은 경우는 인간을 이성적 동물, 플라톤은 인간을 두 발을 지닌 날개 없는 동물이라고 정의한다.[165] 이런 다양한 표상 덕택에 하나의 대상에 대해서도 많은 논쟁이 있었던 것이다. 이런 모든 표상은 "뇌의 상태"[166]에서 기원한다. 하나의 사건이나 사물에 대해서도 다양한 취향이나 다양한 의견이 제기될 수 있다. 이는 뇌가 오성에 따른 인식의 근거점이 아니라 감각적인 표상의 출발점임을 암시한다. 왜냐하면 수학적 입증처럼 사물을 오성적으로 인식하는 경우에 그 결과는 모두 같기 때문

164) 스피노자, 강영계 역, 앞의 책, 68쪽.
165) 스피노자, 강영계 역, 앞의 책, 127쪽 참조.
166) 스피노자, 강영계 역, 앞의 책, 75쪽.

이다.

사물에 대한 모든 개념들은 표상의 결과이기 때문에 사물의 본질을 드러내지 않는다. 그만큼 표상에 따른 논증은 쉽사리 반박될 수 있다. 또한 사물의 본질은 사물 자체에 의해서만 평가되어야 한다. 그러므로 칭찬과 비난, 죄과와 공적 등의 개념들은 자유로운 개념 생성활동에서 파생되어 나온 것이다.

이런 스피노자의 주장을 하나의 학설로 받아들인다면, 관념의 순수성에 대한 성찰이 필요해 보인다. 왜냐하면 관념이나 정신활동에 영향력을 행사하는 주요 원인은 다름 아닌 신체이기 때문이다. 이를테면 선(善)이란, 선이 먼저 있는 것이지, 우리가 그를 향하여 노력하고 의지하며 충동을 느끼는 것이 아니다. 오히려 우리가 무엇인가에 충동을 느끼기 때문에 선이라고 말한다. 혹은 인간이 스스로 자유롭다고 믿을 만한 객관적 근거는 없다. 자유의지를 믿는 사람들은 행동을 보고 자유를 의식할 뿐, 그렇게 만든 원인은 보지 못하고 있다. 그러므로 자유의지도 다르게 정의되어야 한다. 애초부터 자유의지는 신의 본질과는 차원이 다르며, 그렇다고 우리가 막연히 표상하는 정신의 자유라고 할 수 없다.

물론 외부 대상의 자극을 받아 탄생한 관념들도 있다. 관념의 대상에는 신체 이외에도 연장된 물질이 있기 때문이다. 또한 관념에는 외부 대상의 본성뿐만 아니라 신체의 본성도 포함되어 있다. 그럼에도 외부 대상에 대한 관념에는 신체의 상태가 외부 대상의 본성보다 더 많이 들어가 있다.[167)]

정신과 신체는 같지 않다. 그러나 정신을 사유로 연상하게 한 것은 신체가 아니며, 신체를 운동이나 정지로 결정한 것도 정신이 아니다. 정신을 사유로 결정한 것은 사유에서 나왔으며, 신체의 운동과 정지도 다른 물체의 영향을 받는다. 정신과 신체를 사유 혹은 연장으로 파악하려는 이전의 시도

---

167) 스피노자, 강영계 역, 앞의 책, 105쪽 참조.

는 정신 혹은 신체 구조, 신체 기능을 모두 정확히 알지 못해서 나온 결과다.

정신은 신체를 좌우하지 못한다. 인간의 명민함을 뛰어넘는 동물의 장점이나 몽유병자의 도발적 행위는 정신으로 설명할 길이 없다. 이런 현상들은 신체의 지배자가 정신이 아니라는 점을 암시하고 있다. 오히려 신체 활동이 적당하지 않을 경우에 정신은 제대로 활동할 수 없다. 신체가 잠들어 있거나 정지해 있으면, 정신도 무의식 상태에 머무를 가능성이 높다. 이는 신체 활동이 정신에 지대하게 영향을 미치고 있음을 입증한다.

우리는 충동이 정신으로 제어되기가 쉽지 않은 상황을 자주 경험한다. 충동은 기억의 통제를 받지 않는다. 사람들은 식욕을 드러내거나, 분노를 표출하거나, 겁을 먹는 것, 그리고 심지어 취중의 언행이 자유의지에서 나오는 것이라고 믿는다. 자유의지를 시도 때도 없이 언급하는 것은 그 원인을 알지 못하기 때문인데, 실제로 앞의 행위들은 충동에서 기원하는 경우가 대부분이다. 정신적 결단이나 행위 결정은 충동이나 신체의 변화에서 나오는 것, 즉 동일하고 동시적인 것이라고 할 수 있다. 심지어 상기나 망각도 자유로운 정신에서 나오지 않고 신체의 자발적인 운동에서 나온다. 또한 꿈을 꾸면서 우리가 감히 일상에서 할 수 없는 일을 하는 것도 정신이 활동하는 것이 아니라 신체의 움직임과 관련한다.

스피노자의 신체적 일원론을 따라가다 보면 정신은 충동이나 정서를 지배하지 못한다고 여겨지며, 정신 우위의 논증은 설득력이 떨어진다. 그의 개념들은 전통적 철학의 틀이나 목적에서 자유롭기 때문에, 선과 악, 질서와 혼란, 미와 추를 신에 대한 숭배나 인간의 정신에서 산출된 것이라고 말하지 않는다. 오히려 대립적인 개념의 쌍들은 사물의 원인을 알지 못하는 인간이 자신의 이해관계에 따라 충동을 의식하고 있는 상황에서 만들어진다.

4.4.2 정서: 뇌로 들어간 호르몬

뇌를 단순히 뉴런의 집합체로만 설명하지 않고, 신체 기관에서 연결되는 무수한 신호와 관련한다는 점을 강조할 수 있을 때 정서를 말할 수 있다. 인간은 당황하면서 얼굴이 상기되고, 불안해하면서 손에 땀이 배기며, 공포를 느끼면서 생리적 현상을 잊는다. 이 과정을 뇌신경학적으로 풀어내면, 감각적인 입력 신호가 호르몬 분비를 유발한다고 말할 수 있다. 호르몬이라는 화학물질이 피를 통해서 뇌로 들어가면, 뇌가 통제하는 감정이 신체에 변화를 가져온다.

뇌 연구자 로트(G. Roth)는 대뇌변연계가 대뇌피질을 규정하기 때문에, 감정이 이성적 의식과 행동을 규정한다고 주장한다. 뇌의 결정자는 대뇌변연계이며, 인간의 합리적 행동이라는 것도 사실상 감정이 밖으로 드러난 결과다.[168]

다마지오는 정서를 배경 정서, 1차적 정서, 사회적 정서로 구분한다. 배경 정서는 행위나 몸짓의 근간이다. 배경 정서는 매번 다른 양상을 보이는 예측할 수 없는 복합적인 표현으로서 열정, 활력, 흥분, 불쾌함 등으로 드러난다. 1차적 정서는 두려움, 공포, 슬픔, 행복 등을 말한다. 사회적 정서는 배경 정서와 1차적 정서의 상부에 있다. 배경 정서나 일차적 정서가 직접적으로 표현되지 않고 언어적 표현이나 지적인 반응 등으로 드러나는데 비해, 사회적 정서는 흔히 위계질서가 철저한 동물의 세계에서 체면 및 위엄을 보이는 행위를 통하여 잘 드러난다. 이런 사회적 정서의 촉발과 실행은 뇌와 유전적 소질 혹은 무의식과 관련한다.

정서는 그 밑에 깔려 있는 욕구 및 충동과 상호작용한다. 공포는 식욕이나 성욕 등을 억제하지만, 행복은 식욕이나 성욕 모두를 촉진한다. 거꾸로 충동이 충족되면 행복한 감정이 고조된다. 의식은 자극과 반응 관계를 조

168) Gerhard Roth, *Das Gehirn und seine Wirklichkeit*, Suhrkamp, Frankfurt a.M. 1994, 10쪽.

절함으로써 자극에 대한 반응을 억누르거나 무시할 수 있다. 혹은 특정 정서와 특정 대상 사이의 관계를 통제할 수도 있다. 그러나 정서, 욕구, 충동 사이의 상관성은 궁극적으로 생명체 보존이라는 목표를 잊지 않으며, 이런 확고함이 뇌에 축적된다. 이 점이 뇌의 신경계에 각인되어 자동적인 반응을 이끌어낸다. 뇌를 지닌 복잡한 생물은 자신의 안녕에 필요한 원인과 그렇지 않은 원인을 판별하고 통제함으로써, 좋은 결과를 이끌어내길 원한다. 그래서 과거에 보았던 동일한 대상을 다시 보게 되면, 그 당시와 유사한 혹은 같은 정서를 느끼며 반응하는 것이다.

그렇다면 정서는 어떻게 촉발되는가? 정서는 외부 대상이나 기억과 같은 내면 자극에서 시작된다. 외부 대상은 뇌에 시각 혹은 청각 이미지로 표상된다. 이런 이미지들이 수많은 정서 촉발 부위로 전달되어 활성화된다. 이런 상태를 신경과학적으로 설명하면, 특정 형상에 대한 신경신호는 뇌의 경로를 통해서 전달된다. 그러면 신경신호를 수신한 편도(amygdala)가 활성화되며, 다시 편도가 신호를 다른 부위로 전달하면 정서가 생성된다.[169] 이를테면 시각적 혹은 청각적 자극을 받아들인 편도는 공포나 분노를 일으킬 수 있다.

전류를 포함한 전기화학적 신호는 다른 특정한 뇌 부위를 자극하며 여러 정서를 촉발할 수 있다. 정서를 산출하는 부위로는 편도를 비롯하여 전두엽 일부, 복내측 전전두엽 피질(cingulate cortex) 등이 있다. 복내측 전전두엽 피질은 불행한 일을 겪은 타인에 대한 동정, 당혹감, 절망 같은 정서나 사회적 행위와 관련하며, 오른쪽 부위가 왼쪽 부위보다 부정적인 정서에 관여한다.

특정 정서는 해당 뇌 부위가 활성화되며 나온 결과다. 뉴런은 자극이 가해지고 0.12초 후에 반응한다. 자극들이 너무 빨라서 우리가 관련한 정서를

169) 안토니오 다마지오, 임지원 역, 앞의 책, 73쪽 참조.

느끼지 못한다고 하더라도, 관련 뇌 부위는 활성화되며, 우리는 의식하지 못할 수 있다. 물론 특정 뇌 부위가 손상되면, 관련한 정서도 가능하지 않다. 이런 식으로 촉발된 정서는 신경을 거쳐 정서 실행 부위와 연결된다. 이 부위에는 "시상하부, 전뇌(forebrain) 기저부, 뇌간(brain stem)"[170]이 속한다.

시상하부는 정서를 구성하는 수많은 화학적 반응의 최고 실행기관으로서 신체의 환경을 변화시키는 옥시토신, 바소프레신, 도파민, 세로토닌과 같은 신경전달물질을 혈액으로 전달한다. 이 호르몬들이 애착이나 보살핌 등과 같은 정서나 즐거움을 느끼게 하는 행동을 유발한다. 그리고 전뇌, 시상하부 핵, 뇌간의 화학 물질은 얼굴, 혀, 목, 후두의 움직임과 애정, 웃음, 울음 등의 정서를 가능하게 한다.

정서는 일정 시간 신체 내부에 변화를 가져올 뿐만 아니라 특정 행동을 일으키는 신경 및 화학 반응이다. 이렇게 촉발되고 실행된 정서는 궁극적으로 뇌에 합당한 기질을 마련하는 것으로 나타난다. 그리고 정서가 느낌에 도달하게 되면서, 정서는 마음의 상태로 바뀐다.

4.4.3 느낌: 쾌락과 고통 사이

느낌이 발생하기 위해서는 첫째, 뇌와 신경계가 있어야 하고, 둘째, 의식이 있어야 한다. 살아 있는 식물은 햇빛이나 수분이나 영양분 등을 자극으로 받아들이지만 느끼지 못한다. 뇌를 비롯한 신경계가 없기 때문이다.

느낌의 전단계인 정서는 내수용기성 신호와 외수용기성 신호에서 기원한다. 신체 내부에 흐르는 혈액의 화학분자들을 수용한 내수용기성 신호가 뇌를 통해 체내 환경이나 장기 등을 자극할 수 있다. 반면 외부 대상과의 접촉은 뇌의 특정부위에 화학물질을 분비하고 신경을 통해 전기화학적 신호로 전달되면서, 신체 장기, 얼굴 표정, 목소리, 자세, 행동 등의 변화로

---

170) 안토니오 다마지오, 임지원 역, 앞의 책, 78쪽.

이어진다.

그렇다면 느낌은 뇌에서 모호하게 떠도는 걸까, 특정 부위에서 나오는 걸까 아니면 뇌 부위들의 협업을 통해 생겨나는 것일까? 이를 밝히기 위해 한 가지 실험이 수행된다. 먼저 실험자가 피험자들로 하여금 행복이나 슬픔이나 공포 혹은 분노를 유발하는 이야기를 기억하게 하고 재현하도록 한다. 그들은 그런 정서를 되새길 때마다 손짓을 해야 한다. 더불어 심장 박동이나 피부 전도도 등의 생리적 요소들이 기록된다. 피부 전도도의 변화는 항상 느낌보다 먼저 나타난다. 이 현상은 정서가 느낌보다 먼저 온다는 것을 암시한다.

느낌은 뇌의 체성감각 피질(somatosensory cortex)과 관련한다. 느낌은 신체에 대한 지각으로 고통과 쾌락 사이에서 진동한다. 그런데 혈액량의 변화를 측정하는 PET 장치가 투입되면서, 느낌이 있기 전에 신체의 변화가 있음이 밝혀진다. 우리는 체온, 홍조, 가려움, 근육의 움직임 등을 느낄 수 있으며, 이를 가능하게 하는 부위는 체성감각 피질, 그중에서 뇌섬엽 피질이다.[171] 기쁨이나 슬픔과 같은 심적인 경험은 신체 변화보다 늦게 등장하여 2~20초간 지속된다.

이처럼 지연된 느낌은 실제의 신체 상태에서 기원하는 것을 의미하지 않을 수 있다. 슬픔을 느낄 때 전전두엽 피질은 활성화되지 못하는 반면에, 행복을 느낄 때 그 영역은 활성화된다. 이것은 우리가 슬픔보다 행복을 느낄 때, 생각을 더 많이 한다는 것을 말한다.[172] 또, 통증이나 고통은 체성감각영역 뇌섬엽에 변화를 준다. 갈증에 대한 느낌도 뇌섬엽 활성화와 관련한다. 소변을 보고 싶다는 느낌도 대상 피질과 관련한다. 성적인 욕망은 대상 피질, 뇌섬엽 피질, 안와 전두엽 피질과 선조체 등을 활성화하고, 특히 남자의 경우에 시상하부를 변화시킨다. 그러므로 느낌은 뇌의

171) 안토니오 다마지오, 임지원 역, 앞의 책, 117쪽 참조.
172) 안토니오 다마지오, 임지원 역, 앞의 책, 122쪽 참조.

신경계와 그 생리적, 화학적 작용으로 환원될 수 있는 가능성이 열린다.

느낌은 신체의 특정 상태에 대한 지각으로서 쾌락과 고통 혹은 그 유사한 것들로 구성되어 있다. 우리가 슬픔을 느끼는 것은 몸이 아프거나 기력이 허약한 상태만이 아니라 생각이 슬픔에서 빠져나오지 못하고 그 언저리에 머물러 있음을 의미하기도 한다. 욕정이나 배고픔, 갈증은 물론이고 사랑이나 긍지도 생리적인 변화와 관련한다. 여기에 외부적 대상이나 기억이 신체의 변화를 가속시킨다. 체내 환경에 화학적 변화가 있고, 혈액의 흐름이 바뀌며, 심박과 호흡은 빨라지고, 근육에 긴장감이 온다. 또, 옥시토신이나 바소프레신 분비를 중단시키면 성행위는 가능하지만 정신적인 사랑은 불가능해진다.

그러면서 뇌에는 긴장되거나 이완된 근육, 심장 박동이 빨라질 때와 느려질 때, 혈액 내에 있는 화학물질 분자 농도의 정도 등이 기록된다. 이미 느낌이 각인된 뇌는 새롭게 들어온 정서 자극을 그대로 받거나 없애고 혹은 다른 정서를 산출한다.

체성감각 피질의 패턴이 느낌을 주관하지만, 뇌의 다른 부위가 개입하면서 그 패턴을 숨기고 거짓된 느낌을 줄 수도 있다. 이를테면 몸은 아픈데 정작 뇌는 아픔의 신호를 보내지 않는다. 혹은 위급할 때는 평소에 심하던 통증마저 느껴지지 않는다. 만신창이의 어떤 병사가 치열한 전투를 앞두고 결전의 의지를 각오한다. 아니면 히스테리나 다른 심리적 압박이 정상적인 신체 상태를 병들게 하는 경우도 해당한다.

이처럼 고통은 억제될 수도 있다. 뇌는 느낌을 관장할 뿐만 아니라 위조할 수도 있다. 마치 아스피린이나 모르핀이 투여되거나 국소 마취 상태에서 느낌을 한동안 잃어버리는 것과 비슷하다. 외부에서 들어온 화학물질은 마치 뇌가 느낌을 마비시키는 것과 똑같은 역할을 담당한다. 코카인이나 엑스터시, 헤로인 등을 복용하면, 체성감각 피질에 변화가 감지된다. 아름다운 음악을 들으면서 전율을 느끼는 것은 뇌에 내인성 아편 물질이 생기고 있음을 말한다. 또한 발륨 약물이 투여되면, 통증 정서와 통증 느낌이 구분될 수 있다. 그러면 통증은 극복 대상이 된다.[173] 이처럼 화학물질이 신체에서 출발한 신호와 만나 뇌에 작용하면, 특정 활동 유형을 만들어내서 신체 상태를 변화시킨다.

혹은 체성감각 피질 이외의 뇌 부위가 관련하는 특정 느낌이 있다. 타인에 대한 공감(sympathy)이 감정이입(empathy)으로 전환되는 경우가 있다. 타인의 사고 소식이나 남의 서러운 이야기를 알게 되면서 그 느낌이 자신에게 실제로 전달된다. 이것은 체성감각 피질에 신호를 보내는 전전두엽 피질의 "모방 신체 고리"[174] 메커니즘에 의해 이루어진다. 그리고 이를 담당하는 뉴런도 최근에 확인된다. 이것들이 뇌에 신호를 보내서 타인의 감정을 표상하고 시뮬레이션한다. 대뇌 피질에 손상을 입은 피험자들도 정서적 공감을 일으킬 수 있는 사진을 보여줄 경우에 대부분 감정을 이입한다. 다만 두 가지 예외 부류가 있는데, 한 부류는 시각피질이 손상된 환자이고, 다른 부류는 오른쪽 체성감각 피질이 손상된 환자다. 특히 후자의 손상 부위는 타인의 감정을 그대로 모방하는 데 결정적인 역할을 하는 부위임이 밝혀진다. 또한 좌반구의 해당 영역이 손상된 환자가 별다른 무리 없이 감정이입을 한다는 것은 첫째, 우반구의 체성감각 피질이 우선한다는 것이며, 둘째, 좌반구의 체성감각 피질은 주로 언어 기능에 관련하고 있음을 암시하고 있다.

뇌가 느낌을 사실적으로 전달할 뿐만 아니라 실제와 거리가 먼 느낌을 가능하게 할 수 있다는 역설적인 정체성을 갖는 이유도 "코나투스(conatus)"[175], 즉 자아보존을 꾀하기 때문이다. 타인에 대한 감정이입이 슬픔의 느낌으로 바뀌는 것은 정서적 공감 능력의 근저에도 생명제의 항손

173) 안토니오 다마지오, 임지원 역, 앞의 책, 125쪽 참조.
174) 안토니오 다마지오, 임지원 역, 앞의 책, 138쪽.
175) 안토니오 다마지오, 임지원 역, 앞의 책, 48쪽.

경향이 작동하고 있음을 말하고 있다. 생명체는 고통과 죽음이 자신의 행복한 상태를 파괴할 것에 대비하여 이를 예방하고 새로운 균형의 상태로 나아간다. 생명체는 자신을 보호하기 위해서, 느낌이 부정적인 상태라면 긍정적인 상태로 가기 위해 노력할 것이고, 긍정적인 상태라면 항상성을 지나 최적의 상태로 나아가려고 할 것이다.

의식이나 기억은 고통이나 죽음이 가져온 상황을 기쁨으로 지양하려는 성향과 깊은 관련이 있다. 또한, 지성도 한 개체가 자신을 유지, 보존하려는 것과 관련한다. 그가 고통과 죽음이라는 한계에 부딪혀 더 이상 돌파구를 찾아내지 못하면, 불멸이나 영생, 구원이라는 종교적 개념을 통해서 저승에서의 안락과 편안함을 상상한다.

> 자기를 보존하려는 노력은 사물의 본질 자체이다.[176)]

다마지오가 언급한 생명체의 항상성 개념은 철학자 스피노자의 코나투스에서 힌트를 얻는다. 인류는 고통이나 죽음에 대하여 감정이입이나 기쁨 혹은 슬픔과 같은 감정을 배운다. 스피노자는 부정적 정서와 긍정적 정서를 구분한 적이 있다. 그는 부정적 정서에는 내성을 키우고, 반면 긍정적인 정서를 생성하라고 말한다. 생명의 항상성 성향을 스피노자는 직접 언급하지 않았지만 다마지오가 보기에 뇌에 새겨진 것이다.

이처럼 정서가 신체적 신호라면, 느낌은 그에 대한 뇌의 답변으로 쾌락과 고통 사이에서 시계추처럼 진동한다. 쾌락은 기쁨, 고통은 슬픔이라는 심적 상태의 저변에 있다. 느낌을 통하여 우리는 자신의 건강한 생명 여부를 체크할 수 있다. 보통 균형적이지 않을 때 우리는 염려나 조처를 통해 자신의 부족한 부분을 보완한다.

---

176) 스피노자, 강영계 역, 앞의 책, 265쪽.

기쁨은 생물이 더욱 완벽한 상태로 변하는 과정으로서 생리적으로 보면 최적의 상태이자 생명의 조화로운 상태이다. 반면 슬픔은 생물이 덜 완벽한 상태에 있는 것으로 자신을 보존하려는 경향에서 단절되어 있음을 말하고 있다. 만약 생명 활동이 부진해서 생리적으로 고통이나 질병, 부조화의 징후가 나타나면, 심한 경우에 생명체는 죽음에 도달할 수 있다. 그 방지책으로 적당한 약물을 통해 치료를 시도한다. 심지어 중독성 약물을 생체 내의 세로토닌 시스템에 투입해 우울한 상태에서 벗어나 행복한 도취감으로 가기도 한다. 분노와 공포도 생명의 항상성을 위협하는 요소로 작용할 때가 적지 않다.

기쁨에 도달하지 못한 느낌은 깊은 슬픔으로 전환될 수 있다. 생리적인 느낌 이외에 의식이나 기억도 슬픔을 가져온다. 의식은 우리에게 경험으로 가득한 자아를 제시하며, 기억은 과거의 슬픈 정황을 되짚어준다. 지속적인 슬픔은 주로 뇌의 손상과 관련할 수 있다. 뇌의 전전두엽에 손상이 오면 맡겨진 업무를 수행하거나 지적인 면에서는 거의 변화가 없지만, 사회성과 관련하여 도덕률이나 관습을 무시하거나 주위 사람들을 무시하는 경우가 많다. 인지적으로 문제는 없으나 결정이나 활용능력에서 문제점을 드러낸 것이며, 다마지오는 이를 정서 및 느낌의 결함으로 이해한다.

제대로 작동하지 않는 정서 및 느낌은 판단이나 결정 능력에 영향을 미칠 수 있다. 왜냐하면 정서는 경험의 문제이기 때문이다. 과거에 선택했던 행동이 어떤 결과를 가져왔는지, 고통이었는지 쾌락이었는지 아니면 슬픔인지 기쁨이었는지는 기억에 남아 있다. 이처럼 이성적 정신활동이 작동하기 전에 느낌은 행위를 결정하는 중요한 단계라고 할 수 있다. 사회적인 행위, 이를테면 윤리에 따르고 법을 준중하는 행위를 전두엽에 손상을 입어서 정서적으로 정상적인 반응을 할 수 없는 사람들이 하기는 힘든 일이다. 그래서 윤리도 코나투스의 일부라고 다마지오는 주장한 것이다.

> 윤리라는 것은 어쩌면 생명 조절이라는 전체 프로그램의 일부로 시작된 것일지도 모른다. 윤리적 행동의 씨앗은 대사 조절, 충동 및 동기, 다양한 정서와 느낌을 제공하는 모든 의식적이고 자동적인 메커니즘을 포함하는 진행 과정의 또 한 단계일지도 모른다.[177]

윤리적 행위에는 생물학적인 근거가 있기에, 이성이 아니라 본능이나 느낌에서 나온 것이라고 할 수 있다. 개체들은 자신의 생명을 보존하고 사회를 온전하게 유지하기 위해서 뇌를 반응시킨다. 그 과정은 유전자에 각인되고, 그 유전자가 대대로 전해져 내려온다. 그러나 역사에서 개체와 집단은 서로 배타적이고 때때로 전쟁이나 폭력으로 비화되었으며, 이제 새로운 문명의 힘이 폭력적인 유전자와 조우해야 한다.

그렇다면 윤리 중추는 있을까? 다마지오는 윤리적 행위가 전전두엽 피질과 같은 특정 뇌 부위와 관련하지만 이 부위가 윤리를 좌우하지는 않는다고 말한다. 대신 생명의 항상성을 목표로 작동하는 느낌이 전면에 등장한다. 문명의 발달과 더불어 인류의 추론하는 능력도 무한대로 모순적이게 된다. 다른 누군가 고통받는 장면을 직접 목도하면 동정을 느끼면서도, 수천 명이 죽었다는 신문 보도에는 별로 관심을 보이지 않는다. 이는 전적으로 신경 자극의 문제다. 개인의 슬픔에는 가슴 아파하면서도 수많은 사람들이 전쟁 중에 사라져가는 모습에 무덤덤한 것은 위선으로 보일 수 있지만, 실제로는 "윤리적인 착각"[178]에 불과하며, 다른 한편 신경학적인 접근을 통해서 보면 윤리적인 정당함을 갖추고 있다. 성서의 '내 이웃을 사랑하라'라는 계명은 신적 명령이다.

사회적 관습이나 윤리는 생명체의 항상성에 대한 의도가 사회와 문화의 차원으로 확장된 것이라고 보는 견해도 있다. 느낌은 자기보존을 지향하

---

177) 안토니오 다마지오, 임지원 역, 앞의 책, 190쪽.

178) 슬라보예 지젝, 이현우 외 역, 『폭력이란 무엇인가』, 난장이, 2012, 79쪽.

며 슬픔이나 고통을 피하는 것에 맞추어져 있고, 이런 경향성이 개체뿐 아니라 집단에 잠재하고 있다는 것이다. 스피노자도 다음과 같이 일갈한다.

> 어떤 덕도 이것(즉 자기를 보존하려는 노력)보다 앞서서 생각될 수 없다.[179)]

자아는 자기보존이라는 원칙에 매여 있다. 자기를 보호하려는 요구는 자연스럽게 자기를 둘러싼 환경에 관심을 가질 수밖에 없다. 이 점이 덕(德)의 1차적 기반이다. 배려는 종교적이거나 도덕적 기반에서 기원하지 않고 신경생물학적인 토대에서 나온 것이다.

따라서 선과 악의 구분은 이성적인 목적이 아니라 느낌이라는 뇌의 배선에서 나온다. 악은 불쾌를 촉발한다. 반면 선은 기쁨을 가져오며, 우리에게 완전함을 향하는 행위를 가능하게 한다. 이는 자연적으로 협력이나 이타적 관심으로 이어지면서, 궁극적으로 상대방은 물론 자신에게도 좋은 결과를 남긴다.

정서와 느낌에 대한 연구에 근거해서 다마지오는 심신(心身)이 하나의 실체라고 주장한다. 단순한 대사 반응에서 시작하여 느낌을 거치는 모든 의식 구조는 뿌리, 줄기, 잎으로 이루어진 한 그루의 나무와 같다. 다마지오는 자신의 신경이론에 결정적인 계기가 된 철학서로 스피노자의 『에티카』를 든다. 스피노자의 직관적 사유는 그대로 현대 신경생물학자의 철학적 토대가 된다. 그의 핵심 개념인 코나투스는 특정 방식의 생물학적 구조로서 모든 생명체는 자신의 보존과 행복한 상태를 위해서 행동한다는 것이다. 따라서 뇌도 생명체의 항상성 보존을 위해 출현한다.

고통이나 죽음이라는 상황에 직면했을 때 인간에게는 자신의 생명을 지

179) 스피노자, 강영계 역, 앞의 책, 265쪽.

키려는 자연스러운 충동이 일어난다. 다른 예로, 몸에 상처가 나면 피부는 다시 원상으로 돌아가려고 화학물질을 방출한다. 그것이 충분하지 못하면, 우리는 아스피린을 복용한다. 그런데 아스피린은 상처 부위를 아물게 하는 대신에 상처에 덧나는 염증에 효능을 발휘하며, 뇌에 들어오는 화학물질을 차단하는 데 작용한다. 또 다른 강력한 진통제인 모르핀, 쾌감마저 선사하는 헤로인도 뇌에 작용하는 것이다.[180)]

여러 약물이 고통을 경감시켜 주고 심지어 중독자나 내성(耐性)을 만들 수 있던 이유는 바로 뇌의 특정 신경전달 물질과 결합했기 때문이다. 통각 과정에는 뇌가 관련한다. 외부의 자극은 신호로 바뀌어 축삭을 따라 척수에 도달하고 그 뒤 뇌로 들어간다. 그런데 생명체의 원상복귀 노력이 성공하지 못하면 이 상황은 깊은 슬픔으로 느껴진다. 또한, 약물 실험을 통해서 어떤 감정을 유발할 수 있는지 시험할 수 있다. 신경전달 물질, 화학물질, 약물이 뇌와 작용하면서 감정을 탄생하게 한다.

코나투스는 생명 유지를 위해 신체가 담당하는 일체의 중도(中道)적 노력이다. 생명 보존 성향은 욕구와 정서를 반추하는 느낌에서 시작된다. 기쁨과 슬픔을 통해 우리는 생명의 현 상태를 파악할 수 있다. 느낌은 자동적인 정서와 달리 조절될 수 있고, 이로운 것과 해로운 것을 구분하면서, 기억 및 사유의 기초를 형성한다. 개념들의 질서도 몸의 질서와 동일하며 몸과 마음은 동일한 실체에 속하는 평행하는 속성이라는 것이 스피노자의 결론이다.

모든 생명체가 마음과 몸의 기능을 보다 완전한 상태인 기쁨으로 끌어올려서 자기를 보존하려는 시도는 자연스럽다. 그리고 이런 행위는 무의식적으로 진행된다. 단세포 생물에서 원시인에 이르기까지 항상성(homeostasis) 경향은 뇌의 존재 유무와 상관없이 작동한다. 어떤 생명체라

---

180) 수전 그린필드, 정병선 역, 앞의 책, 223쪽 이하 참조.

도 자동적으로 자신을 지키기 위해서 먹이나 에너지를 구하고, 외부의 공격에 저항한다.

인간의 생명 활동이란 부단한 대사 작용, 반사 작용, 면역 작용의 생리학적 총괄 개념이다. 이를 바탕으로 만일 우리의 신체에 상처가 나거나 질병 등과 같은 문제가 발생하면, 시토카인과 같은 화학물질이 분비되면서 우리는 소위 통증을 경험한다. 또, 우리의 신체에 아무런 문제가 없고 좋은 기분을 느끼게 된다면, 이는 엔도르핀이라는 화학물질의 생성과 연관이 있다.

통증이나 쾌락 위에 충동이 형성된다. 충동은 "욕구(appetite)"다. 여기에는 배고픔, 목마름, 호기심, 탐구, 놀이, 성행위 등이 포함되며, 이런 것들이 의식된다면 "욕망(desire)"[181]이라고 할 수 있다. 이런 충동들 위에 정서가 형성된다. 정서에는 기쁨, 슬픔, 공포, 사랑은 물론이고 자랑스러움, 부끄러움, 죄책감, 공감이 있다. 그리고 정서에 느낌이 따라온다. 다마지오는 충동, 동기, 정서, 느낌 모두를 감정(affect)이라 통칭하고, 그 바탕 위에서 마음을 이해하고, 궁극적으로 인간 존재를 음미한다.

이처럼 여러 자극/반응부터 느낌까지의 생명 활동은 학습보다 유전자와 상관하면서 생명체의 생존을 최종적으로 도모하고 있다. 생명체는 외부의 변화에 적응하기 위해 스스로를 변화시키면서 여전히 보존이라는 확고한 목표를 잃지 않는다. 이를 도식으로 표현하면 다음과 같이 나타낼 수 있다.

대사, 반사, 면역작용 → 통증, 쾌락 → 충동(욕구, 욕망) → 정서 → 느낌

〈생명체의 항상성을 위한 활동〉

181) 안토니오 다마지오, 임지원 역, 앞의 책, 45쪽 참조.

뇌는 통증이나 쾌락, 충동 등이 아닌 정서나 느낌과 관련하지만, 본질적으로 개체의 안녕을 추구하는 점에서 생명 활동의 연장선에 있다. 뇌는 진화론적인 관점에서 볼 때, 생명체가 항상성을 유지하기 위해 보다 정교한 방법을 모색하는 장소이라고 본 것이다.

과거에 마음은 몸이라는 물질적인 실체와는 다른 실체라고 주장되면서, 마음은 느낌이나 여러 가지 감각을 통해서 경험되는 비물질적 실체로 파악되었다. 그러나 17세기에 소위 '학문'이 본격적으로 모습을 드러내면서 전통적인 사상과 새로운 사상 사이의 충돌이 빈번해진다. 베이컨은 『학문의 진보』를 썼고, 갈릴레이는 수학과 과학을 통해서 세계를 다시 이해하게 했다. 갈릴레이는 실험을 통해 기존의 철학적 설명을 수정했고, 모든 것의 측정가능성을 강변하면서 정량적 방법을 선호한다. 당시 해부학은 하나의 학문으로서 막 태동하고 있었지만, 아직 생리학이나 신경생물학은 정식 학문 분과는 아니었다.

데카르트는 초기에 심신이원론을 주장하다가, 말년에 이르러 뇌와 몸을 포함한 물리적인 실체와 마음의 작용을 포함한 비물리적인 실체의 연관성을 주장한다. 마음은 물리적 실체와는 달리 공간을 차지하지 않으면서도 몸에 영향을 미친다는 점은 데카르트 철학의 모순으로 이해될 수 있다. 데카르트는 몸과 마음의 상호작용이 뇌의 송과선에서 일어난다고 주장한 것이다. 그러나 실제로 송과선은 뇌의 기저부 중심선에 위치하는 작은 조직일 뿐, 몸과 마음의 관계를 조절할 만큼 제대로 발달하지 못했다.

데카르트의 동시대인 스피노자도 몸과 마음이 상이한 실체가 아니라 하나의 실체에서 태어났다고 주장한다. 그는 몸 안에 마음이 존재하며, 인간의 마음이 몸에 대한 관념이며, 마음은 인간의 몸에 대한 인식이라고 덧붙인다. 마음은 몸의 거울이며, 사유(관념)마저도 더 이상 순수한 지적 활동이 아니라 몸의 반영으로 이해하게 한다. 그렇기에 지각도 정신의 출발점이라기보다 외부의 수많은 자극을 받아들일 수 있는 몸의 능력이며, 지각한다는 것은 이미 몸의 변화를 의미한다. 지각의 바탕 위에 어떤 관념(1차적 관념)이 형성된다. 1차적 관념은 지각된 대상에 대한 관념과 지각을 통해 변화하는 몸에 대한 관념으로 구분된다. 그 뒤 관념에 대한 관념(2차적 관념)이 만들어진다. 2차적 관념은 의식을 가능하게 하고 자아의 형성으로 이어진다.

스피노자를 통해 철학의 주안점은 마음에서 몸으로 이동한다. 마음은 외부 세계에 대한 이미지나 추상적인 관념이 아니라 몸에 대한 이미지, 표상 혹은 사유로 이루어져 있다. 스피노자는 신을 제외한 모든 물체를 다음과 같이 정의한다.

> 고정된 형태를 지닌, 길이와 넓이와 폭을 가지는, 고정된 형태를 지닌 특정한 양(量)[182]

몸도 물체와 같은 속성을 띠기 때문에, 물리적인 외연과 무게를 지니며, 피부의 경계를 통해서 외부와 구분된다. 계속해서 스피노자는 몸이 여러 세부 영역으로 구분되고, 부드러운 부분과 강한 부분으로 나뉘며, 외부의 영향을 받는다고 말한다. 그리고 몸은 자신을 유지하기 위해 다른 물체를 필요로 하며, 유동적인 부분이 외부 대상의 영향으로 부드러운 부분에 영향을 주고, 외부 대상을 배열할 수 있음을 거론한다. 스피노자의 심신일체설은 당시 유행한 영혼불멸 및 신체필사(身體必死)에 바탕을 두면서 이분법적 사념을 펼친 관념론적 사상가들이나 기독교 근본주의자들과는 비교될 수 있다.

생명제의 자기보존적 행동이 이타적 행동으로 나타날 수 있는데, 스피노자가 보기에는 여기에도 생물학적 동기가 작용한다. 그렇다면 윤리 및

182) 스피노자, 강영계 역, 앞의 책, 38쪽.

자유 개념이 생명이나 감정의 동의어일까? 헤겔은 『정신현상학』에서 의식은 절대지(예술, 종교, 철학)로 향하는 과정에서 점차 물질이라는 조건에서 벗어난다고 말했다. 헤겔은 정신을 단일한 현상으로 파악하지 않고, 다양한 의식 양태가 상승하는 과정으로 보고 있다. 이후 단계의 의식이나 정신이 이전 단계의 의식이나 정신의 특성을 보존하면서도 그것과 같지 않으며, 볼륨이 보다 커지면서 절대지로 향하여 움직이고 있음을 암시한다. 헤겔은 정신이 감각적 지각의 상태에 머물기보다 이성적 상태로 나아가면서, 궁극적으로 인간이 신체라는 한계를 뛰어넘는 과정을 분석했던 것이다.

정신의 등장은 한 개인의 사유 전개뿐만 아니라 인류사의 알레고리로 이해될 수 있다. 원시인에서 현대인에 이르기까지 추상 능력은 고도화되고, 모든 개념도 계속적인 수정을 거친다. 지각의 착각이나 윤리적 착각처럼 우리는 직접 보는 것에 즉각적인 신뢰나 연민을 보이지만, 동일한 사건에 대해 간접적으로 보고 듣는 것에는 별로 동정을 느끼지 않는다. 정서적으로 반응하는 것은 똑같지만 윤리적인 수용은 그와 같지 않고 계속적으로 변화한다.

그러나 20세기에 들어와서 왕성해진 실험 과학, 그중에서도 신경생물학은 의식의 동일성 문제에 뇌를 매개로 접근한다. 마음도 몸의 다른 기관이나 조직처럼 뉴런에서 발생한다는 것이다. 그 결과 심신이원론은 다음과 같이 공격을 받는다. 몸과 마음의 상호작용이라는 말이 무색해지고 대신 뇌와 마음의 인과관계가 부각된다. 그만큼 신경과 뇌의 위상이 강조된다. 특정 신경체계가 손상되면, 정서와 느낌은 물론이고 의식 활동도 제대로 전개될 수 없다. 그럼으로써 의식의 외연은 마음의 외연과 같지 않다는 점이 제기된다. 현대 신경생물학은 심신이원론 체계에 변화를 가져온다. 마음과 뇌가 동일한 개념으로 쓰이고, 그리고 뇌를 제외한 모든 신체 기관이 몸으로 이해되면서, 마음과 몸의 경계는 차츰 허물어진다. 다마지오는 감정(affect = 정서emotion + 느낌feeling)이 뇌의 부위와 어떻게 조응하는지 연구했고 이런 측면에서 정신 질환의 치료 가능성을 추구한 점에서 그의 연구는 현대인에게 시사하는 바가 크다. 또한 고통과 번민에서 해방된 자아에 대한 관심을 강조한 점에서 철학적 주장과도 교차하고 있다. 다마지오는 스피노자의 심신일체론을 뇌의 신경패턴으로 대체하고 있다.

다마지오가 볼 때, 의식 활동은 신체 내부나 감각기관 활동을 통한 신체 변화에서 기인한다. 그리고 신체 변화는 혈액을 통해 전달된 화학적 신호나 신경 경로를 거친 전기화학적 신호와 뇌가 만나 가능해진다. 그럼 신경 신호는 어떻게 우리에게 표상으로 바뀌는가? 다마지오는 이에 대한 연구가 아직 진행되지 않고 있다고 설명한다.[183)]

다만 그는 인간이 신체 및 감각기관에 의한 이미지를 가지고 있다고 전제한다. 신체에 대한 이미지는 생명체 내부의 많은 화학적 조건과 내부 장기에 대한 신경 패턴에서 생긴다. 반면 감각기관에 의한 이미지는 외부의 물리적인 영향이 감각기관에 의해 포착되어 신경 활동의 변화를 일으킨다. 뇌는 빈 공간이 아니다. 이미 유전을 통하여 뇌에는 선험적인 지식과 자동화된 자극 및 반응 양식이 존재한다. 거기에 덧붙여 나라는 존재가 세상에 태어난 순간에 뇌는 외부 환경에 적응하기 시작한다. 예를 들면 몸에 영양분이 부족할 경우 뇌는 배고픔의 신호를 보낸다. 그러나 우리는 직접 먹을 것을 찾는 대신에 그 충동을 사유로 발전시킨다.

이런 의식 활동이 현실과 만나 현실을 재구성한다. 사물이나 사건에 대한 뇌의 신경 패턴이 이미지를 형성하여 실제를 인식하는 것이다. 뇌의 생성물은 외부 복제가 아니라 몸과 뇌가 상호작용한 결과다. 예를 들면 소리는 달팽이관에서 이미 청각 신호로 바뀌고, 시각 이미지의 생성 과정에서도 사물의 모습은 망막에 비치면서 물리적인 전환기를 거쳐 신호로 바

183) 안토니오 다마지오, 임지원 역, 앞의 책, 229쪽 참조.

뀐다. 따라서 대뇌 피질에 도착한 신호는 더 이상 외부 대상과 물리적인 동일성을 갖고 있지 않다.

이를 통해 인간의 의식 구조가 신경 구조와 다르다는 것을 알 수 있다. 마음은 자동화된 신경적 반응을 조절하고 생존에 필요한 모든 상황을 고려한다. 이 과정에서 감각적 이미지들이 생기고, 기억 이미지들이 통합된다. 생명 보존이라는 큰 틀에서 느낌이 태어나고, 자아라는 자각도 생겨난다. 의식 구조는 신경 이상의 설명을 요구한다. 그래서 데카르트적 정신의 도움이 필요한 것이 아니라 생물학적이며 물리적인 "생물리학(biophysical)"[184]적인 융합연구의 필요성이 더욱 대두된다.

---

184) 안토니오 다마지오, 임지원 역, 앞의 책, 240쪽 이하 참조.

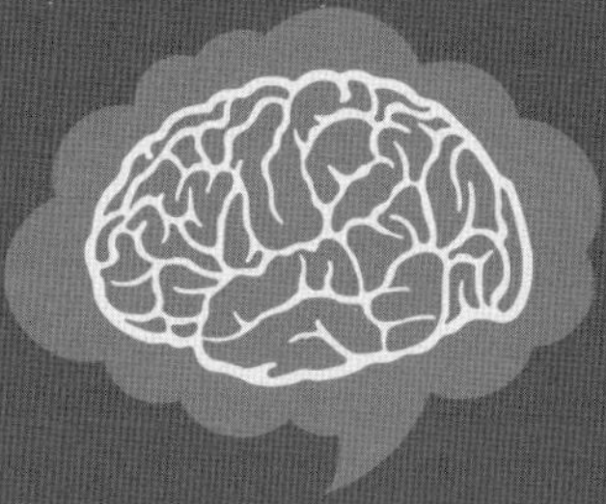

5

가상현실과 〈매트릭스〉 그리고 뇌

5.1 포스트휴먼 시대가 오다*

현대의 과학기술은 실체에 대한 정의를 여러 번 수정하게 한 가장 중요한 원동력 중의 하나다. 1957년에 소련의 인공위성 스푸트니크 1호가 우주를 비행하며 바라다본 지구는 통념과 달리 왜소했다. 뿐만 아니라 지상에서 우리의 육안에 비친 세계가 우주의 전부는 아니었다.

> 가시적인 세계는 더 이상 현실이 아니고 눈에 보이지 않는 세계는 더 이상 꿈이 아니다.[1)]

과학기술은 인류의 문명을 편리하게 이끄는 견인차 역할에 머무르지 않고 새로운 철학적 문제를 제기한다. 그러면서 우리가 당연하게 여겼던 실체에 대한 정의가 지속적으로 수정된다. 인공지능, 유전자 조작, 로봇, 사이버스페이스 등의 시뮬레이션 기술은 기상천외한 것으로 여겨진 공상을 실제로 만들고 있으며, 컴퓨터 과학기술 덕분에 인류는 생물학적이고 시공간적인 한계를 뛰어넘어 인류에 대한 근원적 질문을 던진다.

---

* 5장은 서요성, 「공상과학영화 〈매트릭스〉의 인문학적인 시사성」, 『독일어문학』 44집, 한국독일어문학회, 2009를 수정 · 보완한 것이다.

1) 마셜 맥루언, 김성기 · 이한우 역, 『미디어의 이해』, 민음사, 2008, 74쪽.

특히 최첨단 과학기술이 가능하게 한 가상현실(virtual reality)은 본 연구와 관련하여 매우 함축적이다. 양자이론에서 말한 것처럼 물리 법칙이 계속적으로 수정된 가장 중요한 원인 중의 한 가지는 의식이다. 우주에 대한 불확실성은 이론의 불완전함에 앞서 인간의 의식에서 나온다. 가상현실은 1989년에 컴퓨터 학자 레니어(J. Lanier)가 처음으로 도입한 개념이다. 가상현실이 작동하기 전에, 인간의 뇌는 완벽히 지배되어야 하고, 가상현실은 알고리즘의 법칙에 따라 설계되고 완전히 제어될 수 있어야 한다.

이와 관련하여 워쇼스키 남매(Wachowski Siblings)가 시나리오와 감독을 도맡은 〈매트릭스The Matrix〉[2)]에서 인공지능 및 기계의 발전이 임계점을 지나 포스트휴먼 시대의 절정으로 치닫고 있는 상황이 묘사된다. 가상현실은 더 이상 기발한 착상이나 게임이 아닌 도처에 편재하는 현실로 다가오는 점이 대단히 암시적이다. 아니 가상현실이 진짜 현실로 이해되는 과정은 오래전부터 물질과 인식의 관계를 통찰했던 철학의 과제와 너무나 닮아있다. 뇌를 조작하면, 현실과 가상에 대한 기존의 구분은 무의미해진다. 현실은 객관적 실제가 아니라 과학기술에 의해 얼마든지 조작될 수 있다. 특히 영화에서 소개된 과학기술은 뇌의 원리만 이해하면 인간 의식이나 외부 세계를 지배할 수 있다고 확신한다. 이처럼 공상과학영화 〈매트릭스〉는 미래 과학기술의 상황을 앞당겨서 반영하고 양자물리학의 이론을 되짚으면서, 의식의 정체를 말하고 현실에 대한 정의를 다시 묻는 알레고리다. 따라서 존재와 비존재의 구분에 진력한 전통적인 철학 담론은 새

---

2) 윌리엄 깁슨(William Gibson)은 1984년 사이버펑크 소설 *Neuromancer*(김창규, 『뉴로맨서』, 황금가지, 2008)에서 "매트릭스'라는 용어를 처음으로 사용한다(이인식, 『지식의 대융합』, 고즈윈, 2008, 326쪽). DNA를 재조정할 수 있고 로봇과 홀로그램이 만연한 도쿄에서 마약을 일삼고 흉악한 범죄를 저지르는 주인공 케이스는 가상에서 삶의 의미를 찾으려고 한다. 그는 꿈속에서 "색깔 없는 공허 속에 펼쳐진 그 환한 격자들"(14쪽)을 보고 그것이 실제에 나타나기를 열망하였고, 그 뒤 사이버스페이스 덱을 통하여 의식은 육체에서 탈출한다.

로운 인용문을 만나게 된다.

의식의 장소로서 뇌를 상상하는 불문율적인 전통은 컴퓨터 발명에도 큰 영향을 미친다. 1940년대 수학자 매컬로크(W. McCulloc)는 뉴런 개수만큼의 진공관을 설치한 기계를 상상하고 뉴런의 활성화 여부를 컴퓨터의 온/오프 작동원리와 비교한다. 또한 수학자 위너(N. Wiener)는 "인공두뇌학"[3]개념을 만들어 뇌 기능과 유사한 기계를 고안했고, 폰 노이만(J. von Neuman)은 컴퓨터에 프로그램을 내장하는 방식을 창안하기에 이른다. 인공 지능의 권위자인 민스키(M. Minsky)는 의식이 많은 요소들의 자동적이고 복잡다기한 상호작용에서 등장하듯이, 컴퓨터의 장점도 숫자들의 복잡한 상호작용에서 기원한다고 생각했다.

컴퓨터의 처리능력은 인간의 의식 활동과 잘 비교되어 왔다. 인공지능 프로그램이 뇌의 작동 방식을 암시하며, 프로그램의 수학 방정식은 들어온 정보에 답을 준다. 답이 바뀌면 연결 관계들도 바뀌게 된다. 연속되는 답의 관계들은 뇌의 학습과 유사하다. 튜링(A. Turing)은 컴퓨터와 인간에게 질문지를 던진다. 컴퓨터는 난해한 질문일수록 반사적으로 반응하는데 비해, 인간은 기민하고 독창적으로 답변한다. 하지만 인간이 속 시원한 대답을 하지 못할 때, 컴퓨터는 성공적으로 대처한다. 따라서 컴퓨터도 인간처럼 상대방과 의사소통을 할 수 있다는 가능성이 제기된다.

또한 수학자 펜로즈(R. Penrose)는 컴퓨터의 지능과 인간 의식의 우열을 따진다. 체스 컴퓨터인 딥 소트(Deep Thought)는 체스를 하면서 왕을 중요하게 생각하지 않고 졸로 상대방을 잡는 데 집중했다. 반면 인간은 왕을 졸 뒤에 위치하면서 지지 않으려는 전략에 강조점을 두었다. 그 결과 딥 소트는 패배했다. 컴퓨터는 알고리듬이라는 단계적 지시 체계에 따르지만, 반면 인간은 규칙을 따르면서도 상대방에게 승리하려는 의지가 강하

3) 수전 그린필드, 정병선 역, 앞의 책, 154쪽.

게 작용하고 있음이 증명된다. 딥 소트의 다음 버전은 IBM사의 인공지능 '딥 블루'(Deep Blue, 1989)였다. 이 컴퓨터는 인간 체스 세계 챔피언들과 승부를 펼친다. '딥 블루'는 고성능 프로그램 덕분에 승리를 거두지만 아직 의식을 가진 것으로 평가받지 못했다.

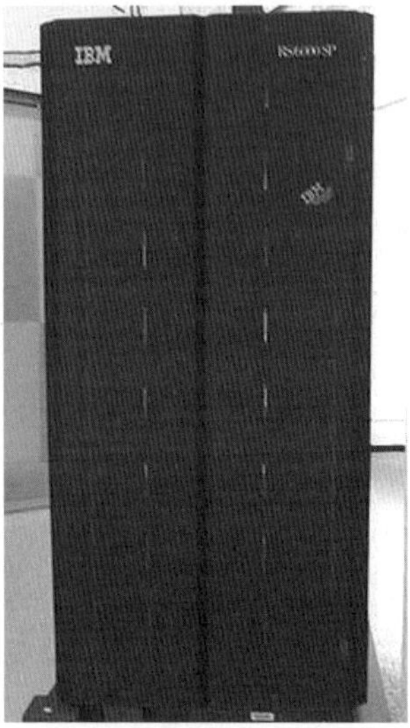

〈그림14〉 박물관의 Deep Blue

인류는 위험한 작업을 대신 처리해주는 로봇의 현재 위상에만 만족하지 않고 자신과 동등한 인공적 인격체를 상상한다. 그래서 의식 및 감정 능력이 있는 인공지능(AI) 개발이 진행되고 있다. 공상과학영화 〈AI〉나 〈아이로봇〉(2004)에서는 인간과 진실한 대화를 나누고 인간의 섬세한 감정을 배우려는 인공지능의 미래가 그려진다.

또한 신경학자 더글러스(R. Douglas)는 실리콘 뉴런을 제작한다. 이 뉴런은 자극을 받으면 뉴런의 활동전위처럼 발화할 수 있다. 하지만 뉴런 내부의 엄청난 화학적 반응들과 신경전달물질의 다양함은 복제될 수 없었다. 하지만 심리학자 핑커(S. Pinker)는 인간의 의지나 욕망을 비알고리듬적인 특징으로 수렴하지 않는다. 그는 인간의 사유나 감정도 뉴런들의 "계산할 수 있는 일련의 복잡한 현상"[4]이라고 말하면서 물질로의 환원 가능성에 큰 믿음을 선사한다. 과학기술이 뇌를 뉴런으로 설명하거나 인간 능력을 대신하여 기계적인 자연을 만들어내는 상황에서, 윌슨(E. Wilson)은 인간의 역사과정을 물리적 역사과정에서 분리할 만한 근본적인 차이[5]를 발견하지 못하며, 로봇

4) 수전 그린필드, 정병선 역, 앞의 책, 160쪽 참조.
5) 에드워드 윌슨, 최재천 · 장대익 역, 앞의 책, 43쪽.

공학자 모라벡(H. Moravec)은 2050년이 되면 로봇이 지구의 주인[6]이 된다고까지 장담하기에 이른다.

미래의 과학기술은 인간의 의식과 감정 복제에 멈추는 것이 아니라 그 원리를 완전히 체화해서 인간이 아닌 다른 피조물을 꿈꾸게 한다. 과학기술은 인간종의 특성들, 예를 들면 출생, 죽음, 육체, 번식을 대체하면서, 150년 전에 철학자 니체(F. Nietzsche)가 한 예언, 즉 인간이라는 존재의 한계를 극복하는 "포스트휴먼"[7] 시대를 꿈꾼다. 인간이 기계와 결합해서 진화의 마지막 단계를 뛰어넘는 시간이 다가오고 있는 것이다.

포스트휴먼(posthuman) 시대에 들어서면, 근대를 규정했던 시간과 공간의 선험적 질서는 그 절대성이 흔들린다. 고대나 근대 휴머니즘 시대의 가상 개념에는 부정적 뉘앙스가 짙었다. 그나마 헤겔은 "가상"[8]을 없지만 존재하는 것으로 이해하며 인식과 관련하여 그 기능을 제한적으로 인정하지만, 자의식이 이성으로 고양되는 과정에서 실체 없는 대상인 가상을 걸러내는 일은 필연적이라 보았다.

〈매트릭스〉[9]의 가상현실 시퀀스에서 시공간을 극복하는 장면이 자주

---

6) 이인식, 『지식의 대융합』, 고즈윈, 2008, 385쪽 참조.

7) 닉 보스트럼, 이수영 · 민병직 역, 「시뮬레이션 논쟁, 우리는 매트릭스 안에 살고 있나」, 『우리는 매트릭스 안에 살고 있나』(글렌 예페스 엮음), 굿모닝미디어, 2003, 322쪽. 과학소설 작가인 버너 빈지는 기계가 인간보다 우월해지는 시점을 포스트휴먼 시대의 시작이라고 말한다. (이인식, 『지식의 대융합』, 고즈윈, 2008, 422쪽) 포스트휴먼 문명에 대해서는 닉 보스트럼, 「시뮬레이션 논쟁, 우리는 매트릭스 안에 살고 있나」, 이수영/민병직, 『우리는 매트릭스 안에 살고 있나』(글렌 예페스 엮음), 굿모닝미디어, 2003, 322쪽 이하 참조.

8) G. W. F. Hegel, *Phänomenologie des Geistes*, Meiner, Hamburg 1952, 110쪽: Schein

9) 〈매트릭스〉 1편은 1999년 개봉 첫 주에 5천만 달러를 벌어들이면서 영미권에서 가장 많이 팔린 DVD 타이틀이 되었다. 뿐만 아니라 영화의 인기는 2003년 2편의 후속편 제작이 보여주듯 기복 없이 지속되었다. 그러나 2000년 아카데미 위원회는 〈매트릭스〉에 특수효과(시각과 음향), 음악, 편집 부문에 상을 수여했을 뿐, 나머지 분야에는 후보에도 올려주지 않았다.(참조, 폴 폰테너, 이수영 · 민병직 역, 「매트릭스에 신은 있는가」, 『우리는 매트릭스 안에 살고 있나』(글렌 예페스 엮음), 굿모닝미디어, 2003, 220쪽) 특히 〈매

묘사된다. 이를 상징적으로 보여주기 위해 영화에서는 물질과 에너지로 이루어진 기존의 세계에 정보(information)가 제3의 물리적인 크기로 추가된 시대를 설정한다. 디지털 정보들로 이루어진 가상현실은 등장인물들에게 더 이상 게임이나 특수효과에 그치는 것이 아니라 지속적인 실제로 받아들여진다.

이미 21세기의 컴퓨터게임 매니아들은 사이버 공간을 취미 차원의 유희공간이 아니라 사회적 가상세계로 진지하게 받아들이고 있다. 가상현실은 규칙과 통제, 경계나 국경이 없는 세계다. 그들은 과거의 인류가 되기도 하고 낯선 세계를 정복하기도 하면서 현실의 시공간을 뛰어넘어 새로운 인류가 되려고 한다. 실제에서 탈출한 그들은 가상 커뮤니티를 형성한다. 현실 세계의 관행이나 규제가 없는 가상현실에는 전통적인 가족이나 이익사회와는 다른 디자인된 실제가 있다. 나노물리학자인 헥클(W. Heckl)은 최첨단 과학기술을 통하여 인공과 실제 사이의 간격이 좁혀지고 있음을 대변한다.

> 바이오테크놀로지와 나노테크놀로지는 서로 점점 가까워지고 있으며, 인공적인 것과 자연적인 것 사이의 경계도 점차 사라지고 있다.[10)]

트릭스〉 1편은 "가장 철학적인 영화"라는 평가를 받고 있다.(이정우, 「〈매트릭스〉와 운명의 문제」, 『철학으로 매트릭스 읽기』, 이룸, 2003, 18쪽) 심지어 이 영화를 "하이테크 플라톤"이라고 부른 분석도 나와 있다.(파트리샤 피스터르스, 정민아, 『시각문화의 매트릭스』, 철학과현실사, 2007, 34쪽) 하지만 〈매트릭스〉가 포스트모던 문학의 상호텍스트성을 이용하여 네오라는 메시아의 탄생을 중심으로 여러 이야기를 짜깁기한 결과이거나 지적인 허세일 뿐이라는 비판도 끊임없이 제기되고 있다.(앤드류 고든, 이수영 · 민병직 역, 「포스트모더니즘 사상인간 지적 허세인가」, 『우리는 매트릭스 안에 살고 있나』(글렌 예페스 엮음), 굿모닝미디어, 2003, 119쪽 이하 그리고 133쪽)

10) Christiane Kruse, *Nach den Bildern*, Bilderfragen, Hans Belting, Wilhelm Fink, München 2007, 175쪽: Biotechnologie und Nanotechnologie nähern sich immer mehr einander an, die Grenzen zwischen Künstlichem und Natürlichem verwischen sich zunehmend.

유전자 이식이나 지도를 통하여 인간의 치명적인 병을 고치거나 원자나 분자 상태의 미세한 수준의 물질을 조작하는 새로운 기술들이 속속 등장하고 있다. 과학적 복제 및 시뮬레이션 기술은 구체적인 실제로부터 출발해서 추상적인 진리에 도달하는 인간의 의식 지도를 수정하고 있다. 컴퓨터 게이머는 사이버 공간에서 현실적으로 불가능한 활동을 체험할 수 있다. 〈매트릭스〉에서 실제의 인물이 가상의 아바타가 되어 시공간의 한계를 뛰어넘는다던가, 복제 프로그램이면서도 인간과 똑같은 외양, 지능, 언어를 구사하는 스미스 요원이 등장하는 시점은 더 이상 먼 미래의 이야기가 아니다. 아니면 뇌를 복제하고 정신세계를 완전히 파악한 전자 뉴런이 이식된 가상인물을 상상해볼 수도 있다. 매트릭스의 설계자 아키텍트의 예언대로 인간의 능력보다 우월한 시뮬레이션된 존재는 더 이상 공상이 아니다.

가상현실이 〈매트릭스〉 감독들의 상상처럼 끝내 현실을 완전히 대체하면 어떻게 될까? 매트릭스 설계자가 고안한 세계는 뇌를 완전히 지배하고, 현실의 규칙이 없거나, 게이머와 아바타의 구분이 사라짐으로써 플레이라는 상호작용도 없는 균질화된 게임 세계다. 본 영화에서 갓 태어난 모든 신생아에게 주어진 세계는 그런 가상현실이 전부다. 따라서 정신 및 인간에 절대적 지위를 부여했던 기존의 가치관에 필연적인 변화가 따라 올 것임은 분명해 보인다. 과학적 자제력이 상실된 시대에 가치질서나 패러다임의 전환을 떠맡을 정도로 무한 비약하고 있는 것이 과학기술이다. 과학은 기술과 결합하여 지각된 세계 및 일상적인 경험이 확대될 수 있음을 지적하고 있다.

예전까지만 해도 과학기술은 생활을 편리하게 하고 인간의 시야를 확장했지만 표피적인 영역에 머무르고 있다고 늘 비판되었다. 문화비평가 아렌트(H. Arendt)는 과학기술이 인간의 인식 능력을 확대하거나 해방 수단이라고 말하지 않는다. 오히려 인공적인 것이 인간의 실존 조건에 더 추가

되어 새로운 제약으로 다가오는 상황을 우려한다.

> 우리는 기계와 방법적 지식의 무기력한 노예가 될 것이다. 즉 기술에 의해 만들어진 부품에 좌우되는 사유하지 못하는 피조물이 될 것이다. 이 기술은 자신이 얼마나 살인적인가에 대해서는 상관하지 않는다.[11)]

일반적으로 과학자는 진리를 추구한다는 명목으로 수학적 기호를 쓰지만, 언어와 사유를 통한 정치적인 주장에는 인색했다. 또한 문화이론가 리오따르(J. Lyotard)가 예언한 총체적 해방 과정은 과학과 무관[12)]하다는 지적도 있었다. 물론 과학 만능 시대에도 우리가 실체에 대하여 명료한 표상을 갖기는 쉽지 않다. 아키텍트의 고백처럼 매트릭스는 인간 뇌 활동을 모방한 기계 환경에 불과하며, 인간의 정신도 뇌나 생명으로 간단히 환원될 수 없다.

그러나 이제 다시금 생각해보아야 한다. 인간 종을 말살할 수 있는 가능성이 암시되고 있기 때문이다. 포스트휴먼 시대의 과학기술에 대한 비판적인 사유는 문명의 운명이 과학기술에 넘겨진 현 상황을 비추어보면 현실에 둔감한 지적이라고 할 수 있다. 이제 우리가 공상과학영화에서 주목할 대목은 주인공 네오가 가상현실과 실제를 구분할 수 없었던 이유가 일시적인 혼란에서 연유한 것이 아니라 가상현실이 어떻게 인간의 의식에 무리 없이 흡수되었는지의 문제다.

고대와 근대에 인간 생존의 필수적인 조건이 자연이라면, 현대에 빼놓을 수 없는 새로운 자연은 과학기술이다. 〈매트릭스〉에서 상징되는 과학기술은 점차 학제적(interdisciplinary), 다학문적(multidisciplinary), 범학문적

---

11) 한나 아렌트, 이진우 · 태정호 역, 앞의 책, 52쪽.
12) 장 프랑스와 리오따르, 유정완 외 역, 『포스트모던의 조건』, 민음사, 1994, 111쪽.

(transdisciplinary) 방식[13]의 도움을 등에 업고 본질에 접근함으로써 예전에 제기된 인문학적 의문에 답을 주고 있다. 전통적으로 실제란 주체가 감각기관을 통해서 받아들인 외부 세계를 의미한다. 플라톤의 「동굴의 비유」에서 실제란 감각을 가능하게 하는 매개적인 존재이자 실체를 파악하는 도중에 지각되어야 할 필수적인 것이다. 그러나 플라톤은 실제를 이데아적인 실체와는 구분했다. 아리스토텔레스는 인간이 만지거나 느낄 수 있는 개별적인 실제가 진정한 실체라고 말함으로써, 지각 외부에 독자적인 존재가 있음을 암시한다. 실제는 존재하는 것과 지각되어야 하는 것 사이에서 진동하고 있는 것이다.

그러나 포스트모던 시대 이래로 실제는 역사적으로 구성된 것이나 조작된 것으로 이해되는 경향이 더 농후해진다. 실제는 다시 객관에서 주관의 영역으로 이동한 것이다. 사이버스페이스 철학자인 하임은 실제를 우리가 무엇을 인식해야 하며 어디에 관심을 기울여야 할 것인지에 대한 물음으로 정의한다.[14] 따라서 21세기에 실제는 시뮬레이션 정보가 매체에 의해 중개되어 인간의 지각기관에 도달한 것까지를 포함한다.

이렇게 실제가 외부의 대상에서 주관의 문제로 변화하는 과정에 결정적인 역할을 수행한 것이 물리적 환경을 극복한 과학기술의 진전이다. 맥루언(M. McLuhan)은 『미디어의 이해』(1964)에서 전신, 전화, TV, 컴퓨터 등이 발명되면서 당대의 낡은 인쇄매체를 대신하게 되는 변화를 통찰한 적이 있다. 그러면서 그는 미디어의 범주를 초역사적인 매체로 확장한다.

> 우리가 미디어를 사고의 대상으로 삼았던 것 훨씬 이전부터 미디어는 이미 우리 생활 속에 들어와 있었다. 사실 미디어를 우리의 생활과 떼어놓으면 미디어에 대해 사고할 수 있는 가능성 자체가 사라져버릴 것

13) 최재천, 「옮긴이 서문」, 『통섭』(에드워드 윌슨 지음), 사이언스북스, 2008, 21쪽.
14) 마이클 하임, 여명숙 역, 『가상현실의 철학적 의미』, 책세상, 1997, 192쪽.

이다.[15)]

맥루언에게 세상은 그 자체로 전달되지 않고 미디어로 중개되어 체험된다. 현대인들은 실제를 직접 대면하지 않고 미디어를 통해 변형된 대상을 지각하는 것이다. 즉 현대인들의 감각기관에 당도한 것은 미디어가 선별하고 가공한 정보로 국한된다. 그래서 맥루언은 인쇄매체 시대에 인간의 지각형태가 시각적, 순차적, 작용적, 연속적, 문자적이었다면, 전기미디어 시대에는 촉각적, 동시적, 반작용적, 불연속적, 그래픽적으로 바뀐다고 말한다. 이런 변화는 인간의 신체를 확장하다가 마비시키고, 공간과 시간을 무력화하며, 세계를 무중력적인 미디어 지배의 통합 공간으로 재편한다.

맥루언은 미디어를 통한 인간의 지각 변화를 내파(implosion) 개념으로 이해한다. 이전까지 인간은 물리적 공간의 확장에 주력해왔다. 그러나 미디어는 신경조직과 의식에 침투하여 그것들을 확장시킨다. 이때 미디어는 형식과 내용의 이분법적인 구분이 아니라 그 자체로 통합된 전체로 이해되어야 한다. 사회에는 수많은 미디어가 넘쳐나면서 인간의 지각은 그 영향권에서 벗어날 수 없게 된다.

철학적인 인식론과 관련해 보면, 미디어를 통해 실제와 가상을 구분하는 일은 무의미해진다. 뇌는 영화관의 스크린이나 컴퓨터의 모니터, 사이버스페이스라는 가상현실을 진짜 실제로 인식하고 있다. 소설 『뉴로맨서』에서 암시된 사이버스페이스도 그 추종자들에게는 단순 허위가 아닌 소여된 자연으로 다가온다. 원자와 유전자 대신에 비트(bit)가 만물의 근본에 위치하고, 그 디지털적인 정보가 실제 사물이나 대상의 역할을 대신한다. 물질 세계가 정보와 데이터로 이루어진 프로그램 세계로 변형되었다 하더라도, 그것을 받아들이는 수용자에겐 똑같이 실제다. 가상현실에서 실제

15) 마셜 맥루언, 김성기 · 이한우 역, 앞의 책, 92쪽.

는 모방의 출발점으로서만 중요하다. 그래서 가상현실이 완성되면 실제는 필요하지 않게 된다. 실제는 외부 대상의 질을 배제한 채 수용자의 의식만으로 완성될 수 있는 것이다.

〈그림15〉 매트릭스

하지만 〈매트릭스〉의 등장인물 사이퍼가 재미있게 들여다본 미녀 선발대회의 미인들은 실제로 무질서한 문자와 숫자로 가득한 컴퓨터 모니터의 점일 뿐이다. 혹은 가상현실의 네오가 꿰뚫어 본 스미스 요원의 실체는 문자와 숫자로 이루어진 기호들의 전류일 뿐이다. 매트릭스 시스템은 실제의 모든 대상들을 2진법 숫자들로 환원하고 수직적인 녹색 띠로 거른다. 그러면 물질성 여부에 상관하지 않는 뇌는 대상의 질을 고려하지 않고 현실과 똑같은 정보로 처리한다.

그러나 〈매트릭스〉에서 가상현실 시스템은 궁극적으로 실패한다. 가상현실이 와해되기 시작한 시점은 주인공의 정신, 즉 실제를 알고 싶은 갈망이 있게 되면서다. 매트릭스의 설계자 아키텍트도 인간의 능력을 모사해서 가상현실을 만들었지만, 네오나 모피어스와 같은 돌연변이의 출몰을 사전에 막지 못한 시스템 결함을 고백하고 있다.

따라서 본 연구자가 완결된 〈매트릭스〉 후속편을 상상해본다면, 훨씬 완벽해진 매트릭스와 첨단 능력의 컴퓨터에 기반하는 시뮬레이션 세계가 등장할 것이다. 매트릭스 프로그램의 최후 버전은 프로그램의 패턴에 따라 인간의 우연성, 순발력, 정신까지도 모조리 시뮬레이션하고 제어하는 시스템일 것이다. 아키텍트는 실재에 대한 인간의 관심마저도 예정된 프로그램에 주입할 것이다. 새로운 매트릭스 시스템은 한순간의 미몽(迷夢)으로 끝나지 않고 현실 세계는 물론 인간의 의식마저도 완전히 대체할 것이다. 매트릭스가 지각된 환영으로 기능하기 위해서 사이버스페이스는 인간의 유전자적인 본능을 충분히 수용하고, 인간의 자유로운 정신 활동마저도 포용해야 한다. 아키텍트가 완벽하게 디자인한 프로그램을 인간의 뇌에 이식함으로써, 가상현실은 이미 실제 세계로 둔갑되어 있을 것이다. 스미스 요원은 무덤덤하게 '진화야 (…) 미래는 우리 세상이야'라고 말하면서 인간종의 몰락과 동시에 가상인간의 버전 업을 예견한다. 포스트휴먼 시대에 가상현실이나 로봇은 진화할 것임이 분명하다.

아날로그 문명에서 디지털 문명으로의 변화에 관해 문화이론가 지젝(S. Zizek)은 가상현실이 만들어낸 "모호성"[16)]이라는 중립 지대를 주목한다. 첨단 디지털 기계는 가상현실을 창조하여 인간의 경험을 위조하지만, 인간을 황량하고 치열한 현실에서 탈출시킨다. 그래서 가상현실의 공간이 개인과 집단이 확장된 형태이며 현실과 똑같이 소중한 곳이라고 두둔되기에

16) 슬라보예 지젝 외, 이운경 역, 『매트릭스로 철학하기』, 한문화, 2003, 284쪽.

이른다. 디지털 정보가 전체화되는 포스트휴먼 시대가 본격적으로 전개되면, 인류를 유일무이한 존재로서 찬미한 휴머니즘은 먼 훗날 우주의 한 편린으로 추억될 것이다.

이처럼 포스트휴먼 문명은 다음과 같이 인간에 대한 메타 물음을 제기한다. 자연을 지배하고 문명을 이끌었던 인간의 의식 활동의 실체는 도대체 무엇이란 말인가?

5.2 뇌 원리를 모방하는 가상현실

컴퓨터는 편리한 이기(利器)에만 머무르지 않고 맥루언의 내파 개념에서도 암시된 것처럼 인간의 정신과 육체를 수동적으로 만드는 주요 원인이 된다. 자연이 데이터로 정리되면서, 점차 주어진 것과 가공된 것 사이의 차이는 사라진다. 그리고 인터넷이나 온라인 게임공간에서 스크린의 물체를 옮기는 것은 스틱의 작동이나 키보드의 클릭을 통해서다. 그런데 손가락이 명령을 내리는 신호는 컴퓨터라는 매개물 때문에 그 실제적인 의도와는 다른 결과를 사이버 공간에 낳는다. 가상공간에서 물체의 이동을 가능하게 한 것은 인간의 손이 아닌 컴퓨터 메커니즘이다.

첨단 테크놀로지는 단순한 편의 수단에 그치지 않는다. 가상현실이 디지털 폐인들에게 하나의 실제가 되고 있는 상황에 대하여 기존 아날로그 세대가 내린 평가에는 부정적인 것이 많다. 왜냐하면 기성세대는 디지털 기계를 접하면서 직감적으로 인간의 지배적 위상이 위축되고 육체의 능력이 점차 상실되고 있음을 느꼈다. 그래서 디지털 세대가 단순 놀이에 빠져 자칫 현실의 질서와 법칙을 무시하는 사회적 폐인이 되지 않을까 하는 우려를 갖고 있다. 플루세르(V. Flusser)는 현대인들에게서 실제와 허구의 구분을 가능하게 했던 비판 기능이 상실되는 현상에 따른 편집증적인 징후를 읽어낸다. 말하자면 오성적 범주들의 경계가 희미한 그들은 간단히 두 부류, 즉 모든 것을 허구로 생각하는 회의론자와 모든 것을 실제로 생각하는 순진한 사람으로 분리될 수 있다.[17)]

영화 〈매트릭스〉에는 세 인물군이 나온다. 첫 인물군은 뇌에 접속된 정보에 따라 사유하고 행위하는 인물들로, 대중을 상징하고 있다. 그들은 자극과 반응이라는 단순한 행동 패턴을 따를 뿐이다. 두 번째 부류의 대표자는 불평분자인 사이퍼(Cypher)다. 그는 가상공간을 자신의 해방구로 이용한다. 그는 매트릭스 세계가 가상현실(인공지능 신경상호작용 시뮬레이션)임을 알고 있지만, 가짜 세계에 남아 있기를 강력히 원한다. 세 번째 부류의 대표자는 네오(Neo)와 모피어스(Morpheus)다. 그들은 영화의 주인공으로서, 매트릭스에서 벗어나 진짜 인간들이 사는 세계를 건설하려 한다.

신경생물학적으로 살피면 첫 부류의 정신활동은 뇌에 들어온 정보와 완전히 합치하고 있음을 가정한다. 반면 두 번째, 세 번째 부류는 정신과 뇌의 분리를 대변한다. 둘 사이의 차이점은, 두 번째 부류는 감각적 경험에 만족하기 때문에 굳이 현실로 되돌아가지 않는데, 세 번째 부류는 정신의 저항성을 추구한다는 점이다. 주인공은 세 번째 부류에 속하는 네오와 모피어스다. 그들은 가축처럼 사육되어온 자신의 지난 모습에 전율하며 보이지 않는 속박에서 벗어나려고 한다. 그러면서 네오나 모피어스는 매트릭스로 상징되는 반(反)휴머니즘 문명에 저항하는 전사로 우뚝 선다. 그들은 해방을 꿈꾸며 잃어버린 실재를 자신의 이상으로 설정한다.

매트릭스 세계에서 고통과 죽음은 여전히 극복되지 않는다. 네오가 슈퍼맨이 되기 위한 훈련 도중에 빌딩에서 떨어져 아픔을 느끼면서 가상에서의 죽음이 실제의 죽음으로 이어지냐고 묻자, 모피어스는 육체(body)는 정신(mind) 없이 살 수 없다고 간략하게 대답한다. 그리고 정신은 뇌에 들

17) 빌렘 플루서, 김성재 역, 『피상성 예찬』, 커뮤니케이션스북스, 2005, 180쪽.

어온 정보가 대신할 수 있다. 매트릭스가 신체의 사멸을 뇌에 신호로 전달하면, 실제로 오장육부의 활동은 중단되고 육신에 죽음의 기운이 깃든다. 따라서 가상현실에서 네오가 느끼는 육체적 고통은 직접적 사인(死因)이 되면서 현실 세계에도 작용하는 것이다. 이처럼 진짜 세계 대 가상 세계의 경쟁 구도에서 주도권은 매트릭스의 질서로 넘겨지고 있다.

더불어 기꺼이 매트릭스 시스템에 갇혀 있으려는 사이퍼의 의도가 독특하다. 느부갓네살 함선의 그는 종속이나 압제에 반대하지 않고 대신 욕구의 충족 여부에 따라 움직이는 전사다. 그는 함선 구내식당의 메뉴에 불만투성이며, 남몰래 네오의 연인 트리니티를 짝사랑하지만 이루어지지 않고, 대장인 모피어스에게 복종해야 하는 현실에도 지쳐 있다. 이런 상황이 변하지 않을 거라고 확신한 그가 새로운 정체성을 구할 수 있는 유일한 곳은 매트릭스 세계다. 매트릭스의 설계자도 모든 사람들의 뇌를 장악한 환경을 제공함으로써 사이퍼를 포함하여 모든 인간들을 수하에 둘 수 있다고 생각한다.

사이퍼는 진짜 세계와 매트릭스 세계를 의식적으로 넘나든다. 매트릭스 안에 있을 때, 그는 자기 앞의 접시에 담긴 스테이크가 가짜임을 알지라도 맛있게 먹는다. 왜냐하면 매트릭스 시스템이 맛있는 신호를 사이퍼의 뇌에 보내주기 때문이다. 스테이크는 뇌에만 존재할 뿐, 스테이크 자체의 육질이나 양념의 정도는 실제로 음미되지 않는다.

> 사이퍼: 난 이 스테이크가 존재하지 않는다는 걸 알지. 이걸 입 속에 넣으면 매트릭스가 내 뇌에 쫄깃하고 맛이 있다고 말하는 거요.[18]

사이퍼는 앞에 차려진 음식이 가짜임을 알면서도 진짜인 것처럼 만끽하

---

18) 영화에서: I know this steak doesn't exist. I know that when I put it in my mouth, the Matrix is telling my brain that it is juicy and delicious.

며, 진짜와 가짜를 구분하면서도 가짜를 선호하는 어쩌면 동시대적 인물이다. 매트릭스처럼 그도 뇌의 회로를 잘 알고 있는 것으로 보인다. 사이퍼는 자신의 욕구만 충족된다면 그 나머지를 별로 중요하게 생각하지 않는다. 그는 매트릭스 세계에서 비로소 자신이 원하는 일을 할 수 있고 더 나아가 이미지들인 스미스 요원들과 계략을 짤 수 있다. 그에게 매트릭스는 진짜 세계와 진배없다.

> 나는 아무 것도 기억하고 싶지 않소. 아무 것도. 이해되나요? 그리고 난 부자에다가 중요한 사람이 되고 싶소. 배우처럼.[19)]

좌우명이 '모르는 것이 약'인 사이퍼는 실제 세계로 되돌아가기를 단연코 거부한다. 사이퍼에게 현실의 이성적인 질서는 불편하고 불평등하며 역겹기까지 하다. 그는 의식 외부나 경험 밖에 있는 실재가 무엇인지에 대해선 전혀 고민하지 않는다. 그런 사이퍼가 매트릭스에 머무르기 위해 할 수 있는 일은 범죄다. 함선의 여러 동료를 살해하고, 모피어스를 배신하며, 인공지능 프로그램인 스미스와 모종의 거래를 터서 시온의 도시에 들어갈 수 있는 코드를 몰래 넘긴다. 그는 느부갓네살 함선에서 모피어스의 명령을 따라야 하는 세속적인 질서에 염증을 느낀 만큼 가상세계에 절대적 신뢰를 부여하고 있다.

신경생물학에서 의식 및 정신활동의 시작은 뇌다. 정신은 뉴런 간의 상호작용 결과이며, 뇌 회로들의 개폐에 영향을 주는 경험의 총합이자 도덕이나 가치를 담당하는 뇌의 한 영역으로 여겨진다. 휴머니즘 문명시대에 일종의 성역이었던 정신이 포스트휴먼 시대에는 물질로 환원되고 있다. 그래서 우리가 실제라고 지칭하는 것은 〈매트릭스〉에 따르면 뇌의 해석으

---

19) 영화에서: I want to remember nothing. Nothing. You unterstand? And I want to be rich. You know, someone important. Like an actor.

로 치환될 수 있다. 실제는 주어진 것이 아니라 뇌가 작용한 결과이며, 객관적 존재가 아닌 뇌의 문제로 수렴된다.

일반적으로 뇌는 감각, 감정, 언어, 운동, 기억 영역으로 구성되어 있는 것으로 알려져 있다. 그래서 신경생물학자들은 뉴런 활동에 의해서 여러 의식이 가능해진다고 보고 있다. 예를 들면 눈에 비친 대상은 비물질적인 신호로 변하여 시신경을 통해 뉴런에 전달된다. 뉴런은 활동전위라는 펄스 형태의 신호를 만든다. 그러면 뉴런의 조합인 시냅스가 의식을 만든다.

그런데 〈매트릭스〉의 주제는 실제 세계가 아닌 어떤 것일지라도 미세한 뉴런만 자극한다면 의식이 등장할 수 있다는 점이다. 의식은 외부 정보나 대뇌변연계의 기억 활동 없이도 전기적으로나 화학적으로 유발될 수 있다. 시각의 경우에, 전극이 시신경에 자극을 주며 발생한 인공적인 신호가 대뇌피질로 전달되면서 완성된다. 뉴런의 작동 방식에 대한 구체적인 답변이 나오기 전에, 신경생물학자 코흐는 발화하는 뉴런들을 근거로 신경적 사건과 의식적 지각 사이의 관계를 인과관계로 설정한 바 있다. 관련 NCC를 자극하면, 우리는 자연적으로 자극된 것과 똑같은 지각을 할 수 있다. 반대로 관련 NCC의 발화를 막으면, 지각은 불가능해진다.

이런 신경세포 원리를 적극적으로 이용한 매트릭스 시스템이 컴퓨터 프로그램을 네오와 사이퍼를 비롯하여 모든 인간 저항군의 목덜미에 장착된 바이오 포트(bio port)를 통해 뇌에 접속한다. 바이오 포트의 섬세한 전선들이 대뇌피질에 수천 개의 작은 전극으로 자리를 잡으면, 매트릭스 컴퓨터에서 주는 신호를 인간이 지각하게 된다.

인간은 맛, 색깔, 모양, 소리 등과 같이 사물의 감각적이고 질적인 특징을 알지 못할 지라도 느낄 수 있다. 이처럼 가상현실 시대의 등장인물들이 미각, 촉각, 청각 등을 알게 된 것은 매트릭스를 통해서다. 사이퍼가 스테이크를 맛나게 먹을 수 있는 이유는 매트릭스 시스템이 혀에서 코까지의 신경을 활성화시켰기 때문이다.

뉴런과 시냅스 활동을 설명하기 위해 신경과학은 물론이고 철학, 심리학, 인공지능, 언어학, 인류학 등 학제간의 연구가 동원된다. 덕분에 정신의 이상(異狀) 상황을 치료하는 등 중요한 성과를 남기면서도, 다른 부수적 효과도 동반한다. 철학계에서는 뇌를 조작할 경우에 발생할 수 있는 문제를 집중적으로 다루는 신경윤리학(neuroethics)이 등장했다. 인지장애 등을 치료할 경우에 생기는 윤리학적인 문제점들이 논의되고 있는 것이다. 또한 뇌 영상은 소비자의 구매 욕구를 파악하려는 신경마케팅(neuromarketing)에도 활용되고 있다. 우리가 인터넷 서점에 처음 로그인하여 책을 검색하면서 내용, 출판사, 서평 등을 철저히 찾는 반면, 다른 어떤 책은 그 일부만 파악하던가 표지만을 읽고 넘어간다. 그러나 다음에 로그인하면 인터넷 서점의 인공신경망은 이미 소비자의 선호도를 학습했기 때문에 흥미로울 만한 책들을 추천한다. 또 뇌 영상은 범죄 수사에서 거짓말 탐지기로 활용되거나, 뇌 강화 프로그램을 통해 다양한 욕구(식욕, 성욕 등)를 조절할 수도 있다.

5.3 저항: 정신의 참모습

〈매트릭스〉의 주인공 앤더슨은 컴퓨터 회사의 건실한 프로그래머지만, 퇴근 후에는 마약을 즐기며 '네오'라는 아이디의 해커로 변신한다. 어느 날 그는 컴퓨터 모니터에서 낯선 메시지를 수신하고, 테크노 파티장에서 정체불명의 여인을 만난다. 그리고 택배로 전달된 발신 불명의 노키아 핸드폰은 앤더슨에게 실시간으로 다가오는 생명의 위협을 경고한다. 결국 그는 검은 양복의 요원들에 의해 영문도 모른 채 어딘가로 끌려가는 신세가 된다. 그러나 곧 미지의 여인과 저항군의 지도자가 그를 구출한다. 탈출 과정에서 지도자 모피어스는 앤더슨이 살고 있는 세계는 가상현실이라고 말하며, 진짜 세계를 해방시켜줄 구원자로 그를 지목한다. 다시 앤더슨은 혼란에 빠진다. 이 시퀀스까지만 살펴보면, 앞으로 블록버스터 영화들에서 자주 선보이는 격전 구도가 기대된다.

그런데 이후에 등장하는 여러 화려한 액션 장면들은 철학적인 난제들, 즉 비연속적인 시공간의 문제나 실제 여부에 대한 논란, 자유의 문제 등을 보여준다. 모피어스는 갑자기 캐럴(L. Carroll)의 소설 『이상한 나라의 앨리스』에서 깊은 토끼굴에 빠진 앨리스의 선택을 인용한다. 앤더슨이 파란 알약을 집으면 가짜 세계에 남게 되고, 빨간 알약을 삼키면 진짜 세계에 입장할 수 있을 거라고 말한다. 앤더슨이 빨간 알약을 먹자 그는 자신이 1999년이 아닌 2199년에 살고 있을 뿐만 아니라 실제 세계에서는 젤과 물이 혼합된 매트릭스의 생체 에너지원에 불과함을 알게 된다. 매트릭스 프로그램 안에서 진짜와 가짜가 착종되어 있다는 사실에 네오(Neo, 매트릭스에서 앤더슨의 아이디)는 어리둥절해 한다.

모피어스는 실제란 주어진 것에 대한 지각이나 혹은 객관적인 실제와 관련하는 것이 아니라고 말한다.

> 실제가 뭐지? 실제를 어떻게 정의 내리나? 만일 느끼고, 맛보고, 냄새 맡고, 보는 그런 것들을 실제라고 하는 거라면, 네가 말한 모든 것은 그저 뇌에서 해석해 받아들인 전기 신호에 불과하다네.[20)]

그는 매트릭스에서 감각된 것은 실제 감각과 다르며, 지금까지의 세계는 인간의 뇌를 교묘하게 자극한 거짓이라고 말한다. 매트릭스는 개개인의 감정과 사유 권리를 강탈한 시스템이자 인류 스스로 자신이 노예라는

---

20) 영화에서: What is real? How do you define real? If you're talking about your senses, what you feel, taste, smell, or see, then all you're talking about are electrical signals interpreted by your brain.

진실을 볼 수 없도록 만든 베일이다. 모피어스는 실제가 주관적 감각이라면, 실제는 뇌가 해석하는 전자 신호에 불과할 뿐이라고 말한다. 이는 의식 및 실제의 외연을 뇌의 작용으로 축소할 수 없다는 역설이다. 모피어스에게 매트릭스 밖의 세계가 실제이자 진실이다. 차츰 앤더슨도 자기가 살았던 세계는 감시된 세계였음을 이해하기 시작한다.

모피어스가 네오에게 보여준 진짜 세계의 전경은 여타 SF영화에서 묘사된 디스토피아(〈토털 리콜〉이나 〈터미네이터〉 시리즈)의 모습과 흡사하다. 모피어스는 네오에게 그 동안의 과학기술 발전사를 소상하게 설명한다. 20세기에 인간의 지능을 시뮬레이션한 인공지능(aritificial intelligence)이 탄생하고 난 뒤 기계가 자의식을 갖게 되면서 인간과 기계의 주종관계는 역전된다. 기계가 역사의 주체로 등극하자, 인류는 기계의 에너지원인 태양을 공격하며 반란을 일으킨다. 그 뒤 인류와 기계의 전쟁은 계속되어왔다는 것이다.

네오와 모피어스가 불의를 깨닫고 해방을 추구하는 과정은 마치 칸트가 『순수이성비판』에서 분석한 이성적 사유과정을 통한 자유의 실천을 보여주는 듯하다. 칸트는 행위의 원인을 자연 혹은 자유로 생각한다. 자연은 감성 세계의 다른 이름으로, 감관을 직접 자극하는 행동 혹은 동물의 행위를 연상하면 된다. 이때 어떤 상태와 그것을 뒤따르는 상태의 연결이라는 시간이 조건으로 작용하여 인과성을 형성한다. 반면 자유는 자연이 아닌 자기 자신에서 시작되며, 시간을 초월한 순수 이념으로서 경험 세계와 무관하다.

자유는 자발성이 그 에너지이기 때문에 충동에 의한 강요와는 무관한 영역으로서 벗어나고자 하는 의지가 내포되어 있다. 자유를 실천하는 행위는 당위적인 특징, 즉 일어나는 것이 아닌 일어나야만 하는 속성을 갖는다. 따라서 실천적 자유를 포기하는 것은 초월적 자유를 누리지 않겠다는 말이다. 경험의 한계를 넘어 자유로 비상하려는 시도는 "생리학적(자연학적)인 것이 아니라 초월(론)적"[21]이다. 네오와 모피어스의 해방에 대한 염원은 경험 세계의 인과법칙이 아니라 이성적으로 이해될 수 있다.

물론 인간은 자연적 원인의 지배를 받으며 경험 세계를 받아들인다. 경험 영역은 자연 법칙에서 설명된다. 인간은 감관을 통해 자연을 수용하지만, 그것의 결과나 작용에는 지성 및 이성이 개입한다. 이성은 대상들을 이념들에 따라 고찰하고 그에 따라 지성을 규정하며, 지성을 통해서 원인을 찾고 더 나아가 당위적인 영역을 개척한다. 지성은 자연을 수용해서 과거와 연결시켜 미래의 행동을 계획한다.

> 이성은 경험적으로 주어진 근거에 굴복하지 않고, 현상에서 자신을 드러내는 사물들의 질서를 따르지 않으며, 완전한 자발성을 가지고 이념들에 따라 고유한 질서를 만든다. 이성을 이 질서에 경험적인 조건들을 들어 맞추고, 이 이념들에 따라 심지어는 아직 일어나지 않았고, 어쩌면 일어나지 않을 행위 작용까지도 필연적이라고 천명한다.[22]

당위의 영역에서는 자연에서 관찰되지 않는 필연성이 발견된다. 당위의 근거는 자연이 아니라 개념이기 때문이다. 그런데 〈매트릭스〉의 내용은 기계에 저항하는 인간의 해방 운동의 묘사에만 머무르지 않고 실제 세계와 매트릭스 세계의 시공간을 병렬적으로 보여줌으로써 신체와 정신의 상관성을 설명한다. 앤더슨의 목 뒤에 장착된 바이오 포트 장치를 통해 컴퓨터 프로그램이 자유롭게 뇌에 접속된다. 주인공은 사이버스페이스(cyberspace)에 들어가서 구원자가 갖추어야 할 기량을 연마하기 시작한다. 프로그램 안의 네오는 가상훈련을 통해 일당백의 무술 실력을 갖추게 되고, 제트기처럼 공간을 이동하며, 난사되는 총탄을 막아내는 초능력을 소

21) 임마누엘 칸트, 백종현 역, 『순수이성비판2』, 아카넷, 2010, 726쪽.
22) 임마누엘 칸트, 백종현 역, 앞의 책, 736쪽.

유하게 된다.

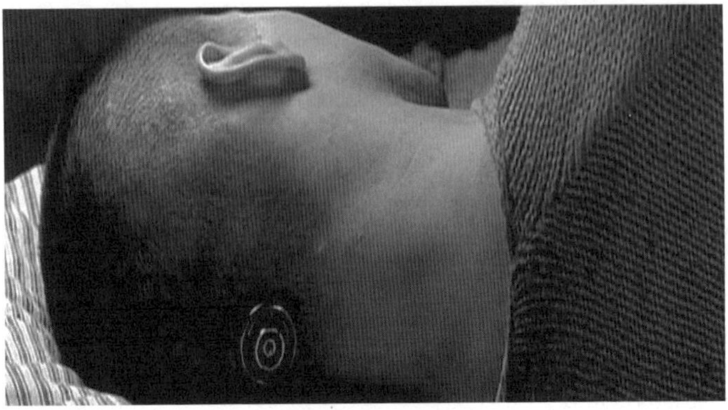

〈그림16〉 바이오 포트

이처럼 가상현실에서 네오는 현실이나 시공간의 지배에서 벗어난다. 그는 가상현실에서도 실제 세계와 똑같이 사유하고 자기동일성을 의식하지만, 물리 법칙의 한계를 뛰어넘어 새로운 세계를 경험한다. 그러나 그는 실제와 가상 사이에서 혼란을 느낀다. 왜냐하면 그는 분명히 실제 세계와는 다른 차원에 있지만, 개념이나 인식 작용은 여전히 실제 세계와 동일하기 때문이다. 매트릭스에서 총상을 입은 함선의 동료나 관통상에 고통을 호소하는 애인 트리니티는 끝내 죽음에 이른다. 무기의 위협이나 공간의 이동 앞에서 스미스 요원마저도 완전히 자유롭지 못하며, 예언자 오라클이나 매트릭스 설계자 아키텍트도 불완전한 프로그램에 불과하다. 반대로 진짜 세계의 함선에 있는 어떤 전사가 매트릭스에 있는 동료 아바타의 접속 플러그를 뽑는 것은 그 아바타에게 치명적이다.

영화에서 의식과 육체의 분리가 불분명한 것처럼, 가상현실과 진짜 세계의 구분도 어렵다. 다만 매트릭스 논리에 따라 만일 한 조종사가 컴퓨터 시뮬레이션을 통해 비행을 하다 사고가 나면, 그 결과는 단순 의사(疑事) 비행으로만 그치지 않는다. 매트릭스 세계를 통해 감각이 무한 확장된 인간과 비트로 정리된 매트릭스의 인간도 한쪽의 질서만으로 설명될 수 없다.

5.4 컴퓨터의 미래: 정신을 지배한다면…

19세기 이래로 의식 활동을 규명하려는 심리학적인 시도는 계속 진행되었다. 분트(W. Wundt)를 중심으로 진행된 구성주의 심리학은 "내관법(introspection)"을 통해서 의식을 관찰했다. 그러나 의식이 개별 지각들의 총합 이상이라는 게슈탈트 심리학의 반대에 부딪혔고, 또한 행동주의 심리학은 자극과 반응처럼 관찰 가능한 것만 연구했다. 그럼으로써 의식 활동은 심리학의 연구 대상에서 한동안 제외된다.

제2차 세계대전 중에 인지심리학자들은 신경과학을 이용하여 뇌손상 환자들의 인지적인 이상 현상을 관찰하면서 의식을 포함한 모든 심리를 신경 과정으로 설명하려고 한다. 또한 정보와 의식을 비교한 사이버네틱스(cybernetics) 이론은 정보를 지각하고 해석하면서, 의식을 기억에 저장하고 사용하는 정보 처리과정으로 정리한다. 정보는 비트(bit)라는 0과 1 혹은 전기적 상태 유무로 정의됨으로써, 인간은 의미를 만들어내는 동물이 아니라 데이터를 처리하는 기계로 연상된다. 따라서 인지 기능, 즉 지식, 사고, 추리, 문제 해결과 지각, 언어, 기억, 학습으로 범주화된 다양한 의식 활동들은 모두 정보처리 과정으로 이해되곤 했다. 특히 사이버네틱스는 기계, 동물, 인간 연구를 하나로 통합하는 중요한 계기가 되면서 드디어 자연생명과 인공생명 사이에 원칙적인 차이가 없음을 증명하려고 한다.

대중에게 처음으로 선을 보인 컴퓨터는 정확한 입출력 연산장치로서 정보를 빠르게 처리하고 인간의 업무 스트레스를 덜어주며 생산성을 향상시키는 수단이었다. 입 · 출력이라는 간단한 도식은 컴퓨터는 물론이고 뇌 활동의 원리에도 적용되는 것처럼 보였다. 그런데 뇌는 의식 활동의 장소이기도 했다. 컴퓨터가 없는 상황을 상상할 수 없게 된 최첨단 테크놀로지 시대에 자극과 반응의 뇌 원리는 다른 분야에도 활용된다.

> 뇌가 지니고 있는 능력의 큰 비밀은, 수용 기관의 부분을 자극했을 때 생기는 효과가 상호작용할 수 있게 하는 굉장한 기회를 제공하는 데 있다고 할 수 있다. 우리가 대부분의 다른 동물보다 훨씬 높은 정도로 전체로서의 세계에 반응할 수 있는 것은 이러한 상호작용, 또는 혼합작용을 할 장소가 있기 때문이다.[23)]

뇌가 의식 활동과 밀접한 관련성이 있다는 것은 주지의 상식이다. 그런데 점차 뇌과학자들은 고정적인 패턴에 따라 작동하면서 실체를 제외하고 명료한 것만을 선호하는 컴퓨터의 위상에서 숭고한 정신활동의 정체성을 추론하기 시작한다.

그러나 〈매트릭스〉의 완결편인 〈매트릭스 3: 레볼루션〉에서 매트릭스 시스템이 궁극적으로 네오에게 패배한 것은 컴퓨터의 한계이자 정신활동의 불가지론으로 이해된다. 가상현실의 원리만으로 설명되지 않는 영역인 정신이 인간에게 아직도 존재하는 것이다. 칸트는 『실천이성비판』에서 인간은 감정적 충동에 반응하지 않으며, 도덕적 법칙에도 맹종하지 않는 자유의지를 갖고 있다고 말한다. 전통적으로 정신이란 실제를 변화시키는 자율 영역으로서 수수께끼 같은 성역이며, 그에 대한 탐구는 주로 철학자의 사변을 통해서였다. 정신은 비트의 조합처럼 통일적, 연속적, 반복적이지 않으며, 인간의 지각이나 언어능력은 인공지능보다 우세한 것으로 보였다.

---

23) 마셜 맥루언, 김성기 · 이한우 역, 앞의 책, 346쪽.

따라서 컴퓨터 버전업의 전범은 정신의 자율성을 얼마만큼 수용할 수 있느냐에 달려 있다. 컴퓨터는 정신의 복잡한 메커니즘을 자기 것으로 만드는 단계에 몰입한 적이 있다. 그래서 학자들은 그 원인이 프로그램 작동방식의 결함이 아니라 프로그램에 내장된 정보의 양이라고 생각했다. 그래서 부족한 지식을 보충한 인공지능은 인간의 행동을 시뮬레이션하면서 전문지식이 필요한 경우에는 우수한 처리능력을 보였지만, 또다시 일상의 순발력 있는 상황 대처나 상식적인 추론에는 한계를 드러낸다.

이런 미궁에서 벗어나기 위해 등장한 신경과학(neuroscience)은 뇌의 뉴런 및 시냅스 연구를 통해서 의식 및 정신 활동을 물질 활동과 등치시키려고 한다. 그러나 1,000억 개 혹은 심지어 1조 개로 추정되는 뉴런, 그리고 뉴런들 사이의 조합인 100조 개 시냅스의 결과를 예측하기란 쉽지 않다. 그럼에도 신경생리학적인 조합이 학습으로 경험된다고 주장되며, 그 과정을 모방한 결과물이 인공신경망이다. 인공신경망의 프로그래머는 어떤 지향점이 없는 방정식들을 제공하지만 그 결과는 예측할 수 없는데, 이와 같은 정보와 수학적 부호와 그 연결이 "숨겨진 층(hidden layer)"[24]을 구성한다. 숨겨진 층의 정보에 따라 지각의 결과가 다르고 선호하는 패턴도 달라진다. 만일 이런 패턴들이 축적되면, 인간의 어떤 특정 감각이 어떻게 특정 기억을 낳고 그에 따라 판단하는지를 예측할 수 있다. 그래서 사람들에게 같은 대상을 주었음에도 감정이나 지각이 다른 이유, 나의 관념이 당신 혹은 그의 관념과 다른 이유가 설명될 수 있다.

또한 병렬적인 처리방식을 선호하는 인공지능을 보완하며 다층적인 연결 처리방식을 우선하는 인지과학(cognitive science)도 선보인다. 인지과학에서는 계산, 즉 컴퓨터가 기호를 처리하는 과정이 인간의 의식 및 정신활

24) 로버트 버튼, 김미선 역, 앞의 책, 64쪽.

동으로 이해된다. 다양한 정보들의 계산과 그 알고리듬의 통합체계가 정신이라는 것이다.

제2차 세계대전 이후부터 인공생명과 관련해서 "자기증식 자동자"[25]에 대한 연구 결과들이 속속 발표된다. 생물체를 구성하는 요소를 제외하고 생물체의 논리 구조를 모방한 기계의 자기증식이 연구되었으며, 1970년대 이래로 컴퓨터의 자기증식 능력을 이용하여 생명의 합성물인 인공생명 가능성이 타진되기 시작한다. 이렇게 인간종의 특징과 기계적인 특징이 만나서 자기복제 프로그램, 진화하는 소프트웨어, 로봇공학 등으로 실현된다. 컴퓨터 바이러스가 생명체 바이러스처럼 증식하고, 돌연변이와 유전자 재조합 법칙을 따르는 소프트웨어뿐만 아니라 동물의 행동을 모방한 로봇이나 기계와 생명체의 합성물인 사이보그 등이 속속 개발되어왔다.

인공생명 및 인공지능의 발달과 더불어 IT기기를 누구나 소유할 수 있는 디지털 정보화 시대에 접어들면서, 인간과 컴퓨터의 경계면인 인터페이스가 수없이 형성된다. 초기에는 컴퓨터 모니터에 2차원적 그래픽이 제시되다가, 차츰 3차원적 이미지도 가능해진다. 헬멧, 특수 안경, 데이터 장갑을 쓴 사용자가 키보드나 마우스, 조이스틱 등으로 입력한 것이 3차원 입체 애니메이션 이미지를 이동시킬 수 있게 되었고, 사용자는 그 촉감까지 느낄 수 있었다.

사용자들은 인간의 절대적 한계 조건이었던 시간과 공간을 떠난 가상현실에서 마치 실제에 있다는 착각을 일으킨다. 그 뒤 가상현실은 컴퓨터 게임, 영화, 비디오 게임 등에서 상품화되고, 군인들의 시뮬레이션 훈련이나 신체를 디스플레이하는 NMR(핵자기공명촬영법), 차량의 내비게이션 등에도 활용된다. 예를 들면 컴퓨터 게임은 주변기기나 스크린을 통하여 컴퓨터와 인간 상호작용의 결과로 실제 세계를 모방하고 약속된 규칙을 강

25) 이인식, 앞의 책, 265쪽.

조한다. 사용자는 한동안 가상현실에 몰입하여 일상의 고통에서 탈출하는 만족감을 느낀다.

> 게임이란, 참여하는 사람들이 일시적으로 꼭두각시가 되는 데 동의할 때 비로소 움직이는 기계이다. 개인주의적인 서구인들에게, 사회에의 〈순응〉이란 다분히 집단적 요구에 개인이 굴복하는 성격을 띤다. 게임은 우리에게 이러한 순응을 가르쳐주는 동시에, 우리가 그러한 순응으로부터의 해방을 얻을 수 있게 도와준다. 게임의 결과가 확실하지 않기 때문에 그 게임의 규칙과 절차가 기계처럼 엄격해야만 된다는 합리적인 이유가 생긴다.[26)]

게임은 유희나 여가활용 영역에만 머무르지 않는다. 그것은 인간에게 실제는 무엇인지를 돌아보게 함으로써 실제성을 증가하는 인터페이스로 이해될 수 있는 장점이 있다. 게임도 세계의 모방적인 재연이자 모순된 현실세계에서 해방되려는 문화다. 그래서 3차원적 애니메이션 세계인 가상현실은 우리에게 습관화된 패턴과는 전혀 다른 것을 경험하게 함으로써 예술의 가상성과도 비교되곤 한다.

역설적으로 〈매트릭스〉에서 인간도 과학기술의 힘을 빌리지 않고는 기계를 제압할 수 없는 상황이 연출된다. 네오나 모피어스, 트리니티에게 초능력을 부여해주는 환경은 다름 아닌 가상현실이다. 또한 기계들과의 최후 결전을 가능하게 한 것은 시온의 인간들 스스로가 아닌 그들이 조종하는 로봇들이다. 철학자 데카르트가 불가능한 것으로 여겼던, 인간처럼 사고하는 기계인 인공지능은 1956년에 발명되었고, 인간 복제(human cloning)에 대한 가능성이 밀레니엄 전환기에 주목을 받던 때에 제작된 영화 〈매트

26) 마셜 맥루언, 김성기 · 이한우 역, 앞의 책, 334쪽.

릭스〉는 기발한 발상의 공상과학영화로만 평가될 수 없다. 외부의 물리적 자연을 설명했던 과학기술이 이제 방향을 틀어 인간의 몸과 의식마저도 정보로 대체하고 있다.

인간은 컴퓨터 스크린을 마주하는 시대를 지나서 사이버스페이스의 가상공간을 의식 활동의 대상으로 삼는다. 인터넷 커뮤니티의 공간이 차츰 사용자들의 의식의 정체를 드러내는 장소로 드러나고 있다. 사용자들은 컴퓨터를 통해서 한정된 시간이나 폐쇄된 공간에 제한되지 않고 실제에서 가상으로 그리고 다시 역으로 자유롭게 넘나드는 극단의 스릴감을 체험한다. 소설 『뉴로맨서』의 주인공 케이스처럼, 사용자들의 뇌의 소켓에 전극을 꽂음으로서 컴퓨터가 마련한 가상공간으로 여행할 수 있는 분위기가 형성된다.

이 과정에서 뇌는 실제 세계를 대면하는 것과 같은 반응을 보인다는 점이 주목된다. 뇌과학적인 관점에서 실제를 해석하는 뇌나 가상을 해석하는 뇌는 그 결과에서 별 차이가 없다. 심지어 뇌 연구자 이나스(R. Llinás)는 꿈이나 현실 모두를 "뇌가 만들어내는 가상 실제"[27]라고 말한다. 꿈과 현실은 객관적으로 실재하지 않고 개체의 뇌가 만들어낸다. 그 결과 우리는 지각 자체의 변화를 통해 실재에 대한 지각을 변형시키는 단계에 접어든다.

뇌는 비선형적으로 상호작용하는 구성요소들의 자율적인 법칙에 근거하며 개별적인 구성요소들의 합 이상이라는 "복잡계"[28]에 속한다는 의견이 제시된 적이 있다. 그에 따라 고전적 물리법칙에서 벗어난 우연적인 사건을 설명하기 위해 카오스 이론이 등장했다. 이것은 이상 기류나 소용돌이와 같은 자연현상의 불규칙적인 성격도 규칙으로 이해하려는 시도로서, 뉴런들의 복잡한 활동 질서를 읽어내는 노력과 부합한다.

---

27) 박문호, 『뇌, 생각의 출현』, 휴머니스트, 2008, 375쪽.

28) 에드워드 윌슨, 최재천 · 장대익 역, 앞의 책, 168쪽 이하.

그럼에도 여전히 정신은 자신의 정체를 모두 드러내지 않는다. 인간의 의식은 아직 설명되지 않았을 뿐, 가장 기본적인 단계까지 분해하면 그 복잡성을 이해할 수 있다는 알고리듬적 뇌의 작동 원리는 아직도 정신의 외연을 가늠할 수 없는 것이다. 신경과학계에서도 알고리듬 연구에 전념했을 뿐 계산에 해당하는 지각 과정을 등한시했다는 내부 비판이 나오고 있다. 생리학자 에클스(J. Eccles)가 말한 것처럼 뇌의 활동은 억제와 흥분으로 전환할 수 있으며, 컴퓨터의 온/오프 기능과 비교할 수 있다는 말도 정신 활동에 대한 지나친 단순화로 판단된다.[29)]

〈매트릭스〉는 진짜와 가짜의 인식론적 문제뿐만 아니라 의식에 관한 전반적인 문제를 제기한다. 의식의 시작은 물질의 창발적 요인에 있다. 〈매트릭스〉에선 정신이 프로그램의 규칙적인 알고리듬과는 다른 무정형적인 특징을 갖고 있음을 암시한다. 따라서 기계적 요소의 집합체인 인공생명은 단백질이나 DNA의 분자간의 복합적인 상호작용의 유기체인 인간과 같을 수 없다는 분석도 나오고 있고, 뇌지도가 광활한 정신세계를 대체하는 것은 불가능하다는 평가도 있다. 즉 뇌에 대한 물리학적 접근만으로 정신활동을 설명할 수 없다는 것이다. 신경생물학자 코흐도 20년이 넘는 자신의 뉴런 연구를 다음과 같이 요약한 적이 있다.

> 의식이 발현 현상이라면 궁극적으로 신경세포들의 상호작용으로 환원될 수 있으며, 몇몇 동물은 의식적이고 그 외의 동물은 의식이 없다고 밝혀질 것이다. (…) 그러나 시간이 지나면서 생각이 바뀌었다. 주관성은 물리적 기반에서 일어난 발현 현상과 근본적으로 다르다.[30)]

코흐는 정신을 뉴런의 방전으로 밝히려 했던 크릭과 자신의 시도가 벽

29) 수전 그린필드, 정병선 역, 앞의 책, 162쪽 이하 참조.
30) 크리스토프 코흐, 이정진 역, 앞의 책, 229쪽.

에 부닥쳤음을 깨닫는다. 뉴런의 전기활동은 객관적으로 분석이 가능하지만, 감각은 그 자체이지 다른 어떤 것에서도 유래하지 않는다는 것이다. 의식은 더 이상 나눌 수 없는 궁극적 실체인 "모나드"[31]다. 코흐는 고급한 정신은 물론이고 초기 의식에 대한 정체성 해명 작업마저도 신경상관물에 근거한 물질적 접근만으로 부족함을 자인한다. 따라서 마지막 장에서 본 연구자는 신경생물학자들이 말하는 의식의 신경상관물을 넘어 정신이 구체화된 몇 가지 경우를 소개할 것이다. 정신은 뇌가 조종하는 마리오네트 인형이 아니다.

31) 크리스토프 코흐, 이정진 역, 앞의 책, 240쪽.

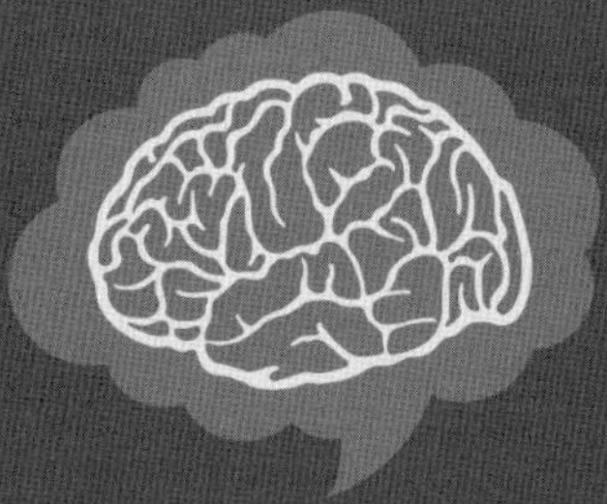

6

정신, 물질의 지배를 넘는 초월성과 순수성

6.1 초월적 정신

20세기 철학자 하이데거(M. Heidegger)는 정신(Geist)을 "불꽃"[1)]이라고 정의한 바 있다. 불꽃은 스스로를 태우면서도 그 주변마저 연소시킨다. 불꽃을 통하여 심지는 재가 되면서도 그 타오르는 찬란함과 강렬함을 통하여 외부를 변화시킨다.

본 연구의 2.1.1에서 소크라테스의 영혼론이 소개되었다. 그는 그리스 젊은이들의 자유로운 정신 활동을 장려한 대가로 재판을 받고 사약을 마신다. 그가 사형 판정을 받을 정도로 체제에 큰 위협이 된 이유는 소크라테스의 정신이 활동적 삶으로 연결되어 대중의 미개한 의식을 자극했기 때문이다. 그는 외부의 조건들에 구애받지 않고 계몽적인 주장을 설파했지만, 폴리스 체제와 갈등을 일으킨다. 탄생과 죽음 사이에서 여러 갈등, 분열, 사건을 만드는 것은 행위에서 비롯된다. 불멸성을 구한 소크라테스의 영혼은 인간은 죽지만 그것은 생물학적인 이유일 뿐임을 강변하고 있다. 그럼으로써 인간은 우주에 흔적을 남기는 신적 본성을 가진 존재임을 증명한다.

시대는 흘러 데카르트는 개인의 평범함에서도 위대한 정신의 잉태 가능

1) 자크 데리다, 김보현 편역, 앞의 책, 287쪽.

성을 찾는다. 그는 짧은 글 「자연의 빛에 의한 진리 탐구」에서 폴리안데르라는 순수한 이성의 소유자를 상정한다. 그는 천성적으로 좋은 소질을 지녔지만, 감각에 의존하거나 좋지 않은 교육을 받고 거짓에 빠질 수 있다. 이런 위험에서 벗어나기 위해 그는 올바른 교육적 지도를 받아야 한다. 데카르트는 '자연의 빛'이라는 비유를 통해 계몽되고 있는 시대적 상황을 그 누구도 피할 수 없다고 장담한다.

건강한 사람이란 무학인 사람도 아니고, 그렇다고 모든 학문을 섭렵한 학자도 아니다. 그는 그릇된 믿음을 따르거나 판단을 내리지 않는 보통의 사람이다.[2] 그는 조금이라도 미심쩍은 것이 있으면 참이라고 말하지 않는다. 그렇게 계속 자신의 소신과 상식을 견지하면서 선입견을 멀리하면, 설사 나쁜 길에 들어섰더라도 금방 올바른 길을 찾는다. 따라서 데카르트가 말한 의심은 자유의지의 한 가지 방식이라고 말할 수 있다.

그렇다면 인간은 외부의 물리적 상황에 대응하고 자유의지를 의식하고 있는데, 어째서 실제로는 그러지 못하는가? 그렇다고 아렌트는 동물 실험을 통해서 인간 행위의 원인과 결과를 찾는 시도에 적극 반대한다. 대신 그녀는 인류를 신인동형동성론(anthropomorphism)에서 찾으며, 신과 인간을 가장 행복한 존재로 이해한 것이다. 최고(最古)의 서사시 『일리아스』에서 패장 헥토르의 장렬한 죽음은 다음과 같이 묘사된다.

> 그는 아주 훌륭한 인간이었다.
> 그는 죽어야만 하는 인간의 아들 같지 않고
> 신의 아들인 것 같았다.[3]

『일리아스』의 마지막 권은 야만적인 복수 행위를 마다하지 않으며 승리

---

2) 르네 데카르트, 이현복 역, 앞의 책, 128쪽 참조.
3) 아리스토텔레스, 조대웅 편역, 『니코마코스 윤리학』, 돋을새김, 2008, 181쪽에서 재인용.

를 거머쥔 명장 아킬레우스에게 향하지 않고, 소국(小國) 트로이의 왕자로서 당당히 그리스 적장과 대결하고 목숨을 거둔 헥토르의 숭고함에 바쳐진다. 왜냐하면 그에게서 위대한 정신이 살아 숨 쉬고 있기 때문이다. 그러나 근대에 이르러 인류가 반인반수(theriomorph)의 가치로 떨어진 이유는 인간의 행위 규준이 동물의 그것으로 환원될 수 없음에도, 동물로부터 인간을 설명하기 때문이다.[4)]

정신의 속성은 환원을 거부하며 주어진 한계를 뛰어 넘는 것인데, 이미 17세기부터 자유의 무한성은 의심을 받는다. 정치사상가 홉스(T. Hobbes)는 주저 『리바이어던』에서 백성은 감정과 자기애에 매달린 근시안적인 집단이기 때문에 그들의 저항은 단순 불평불만에 그친다고 비난했다. 이미 백성은 군주의 힘을 빌려 전쟁의 공포로부터 벗어나 신체적 자유를 얻었는데, 자유를 더 달라고 외치면 그것은 불합리한 요구에 불과하다. 홉스는 자유가 존재하기 전에 백성이 주권을 주권자에게 넘겨준 예속된 상태를 자연으로서 상정하고 있다. 그래서 자유란 의지나 의욕의 자유가 아니라 외부 저항이 부재한 상태다.[5)] 그렇다면 자유를 무한히 요구하는 것은 국가를 우선하는 홉스가 볼 때 비현실적이고 사치스럽다. 그러나 아렌트는 『인간의 조건』에서 인간이 사물을 인식하고 결정할 수 있어도, 자신에 대해서는 신 이외에 그럴 수 없다고 단정한다. 그래서 인간의 본질 규정은 철학자나 신의 몫으로 넘어간다. 인간 실존의 조건들, 이를테면 생물학적 특징, 죽음, 공간 등은 우리가 누군가라는 질문에 명료하게 답해줄 수 없다. 왜냐하면 그 조건들은 절대적이지 않기 때문이다.[6)]

정신은 신체적 아픔을 극복한다. 이를테면 우리가 어떤 목표를 정하고 매진하면서 극심한 고통을 참아내는 경우가 있다. 고지를 목전에 둔 병사

---

4) 한나 아렌트, 김정한 역, 『폭력의 세기』, 이후, 1999, 95쪽 이하 참조.
5) 토머스 홉스, 진석용 역, 『리바이어던』, 나남, 2008, 280쪽 참조.
6) 한나 아렌트, 이진우 · 태정호 역, 앞의 책, 60쪽 참조.

가 심한 부상에도 개의치 않고 적진을 향해 달려가는 영화 한 컷을 상상해볼 수 있다. 그는 고통의 역치(閾値)에 도달했지만 개의치 않다가, 역치가 더 심해지면 신체를 움직일 수 없거나 의식을 잃을 수 있다.

앞 장에서 언급한 아인슈타인의 뇌와 관련해서도, 단순히 뇌의 구조나 뉴런 활동만으로 그의 천재성을 증명할 수 없었다. 말하자면 뇌의 물리적 형태 혹은 뉴런 활동을 세밀하게 분석하는 것만으로 천재의 자격을 확인하지 못한다. 오히려 생전에 아인슈타인이 어떻게 지적인 성취에 도달하고 지성인적인 사회 참여에 활발했는지는 전체적인 관점에서 보아야 할 것이다. 정신의 외연을 2011년에 세상을 떠난 애플 사(社) CEO인 잡스(S. Jobs)의 상징인 창의성이나 IQ의 측면만으로 돌리면 너무 좁아 보인다.

정신의 본질은 이타적 행위에서 파악될 수 있다. 그리고 그 시작을 모방에서 보는 학자들이 있다. 어린 아이는 이미 사람과 동물의 행동을 구분하면서, 전자의 움직임을 따른다. 이런 모방 능력은 인간의 뇌에 해당 신경회로가 존재하기에 가능하다고 예상된다. 1990년대에 이르러 원숭이 관찰을 통해 (대뇌)피질에서 "거울 신경(mirror neuron) 또는 공감 뉴런"[7]이 발견된다. 우리는 무의식적으로 다른 사람의 행동과 감정을 흉내 낼 수 있다.

더불어 인간은 사회적 교류 능력을 타고난다. 14개월 된 아기에게서도 타인의 실수를 감싸고 위로하는 능력이 발견된다. 그리고 세 살 무렵부터 자연스러운 이타적 행위를 자제하고 그 대상을 선별하기에 이른다. 아기는 타인의 행위를 모방하면서도 그의 행위에 협조한다. 그리고 뇌에 설치된 모듈에 맞추어서 판단하고 행위한다.

진화론자인 조셉(C. Joseph)은 인간과 침팬지 연구를 통해 다섯 가지 도덕 모듈을 발견한다. 고통(남을 해치지 않음), 호혜(공정함), 위계(노인 공경), 공동체 의식(집단에 충성), 순수성(전염을 멀리하고 성적인 행위에 부끄러워함)

---

7) 마이클 가자니가, 박인균 역, 앞의 책, 243쪽.

이다.[8] 이런 도덕적, 윤리적 의식은 생존을 위해 필요하며, 그런 의식이 강한 개인과 집단은 번성한다.

페어(E. Fehr)는 전기 자극을 통해서 오른쪽 전전두피질 기능을 중단하면 정의로운 행동을 하다가, 그 자극을 멈추면 다시 이기적인 욕망을 감추지 못한다는 연구를 내놓는다. 뒤이어 다마지오도 어린 시절에 입은 그 신경 조직의 손상이 성인이 되어서 도덕적 판단에 결함을 가져온다고 첨언한다. 이처럼 사회적 환경에 적응하고 극복하는 신경계는 이미 주어진 것이며, 게다가 진화한다. 이런 뇌가 마음을 조종한다.

수많은 신경생물학자들이 의식의 정체를 밝히기 위해 야심차게 뉴런 연구를 가동시켰고 여러 첨단 기기의 발명으로 연구에 박차를 가했다. 그래서 신경생물학은 의식을 연구하는 과학 중 가장 주목받는 한 분야로 우뚝 설 수 있었다. 덧붙여 인지과학, 철학, 물리학 등이 합세하면서 꽤 주목할 만한 성과를 내고 있다.

> 신경과학은 오래된 과학으로 뇌의 특정 영역을 특정 정서 기능 및 인지 기능과 연관시키려고 한다. 좌측 전두엽과 측두엽은 언어 기능과 관계가 있다는 것이 그 예다. 철학자들은 이런 문제를 의식에 관한 쉬운 문제라고 부르는데, 이 쉬운 문제는 거의 해결되었다는 데에 대체로 동의하는 추세다. 지각, 언어, 학습, 기억 등 수많은 뇌 기능을 자연과학의 측면에서 이제 모두 설명할 수 있다.[9]

철학자 차머스(D. Chalmers)가 말한 '쉬운 문제'는 풀렸다. 기억력 증가나 문제 해결력을 관장하는 뇌 부위는 밝혀졌다. 또한 로봇도 마치 의식이 있는 생명체와 같은 정보처리 능력을 보이고 있다. 최첨단 뇌 기술 장비들은

---

8) 마이클 가자니가, 박인균 역, 앞의 책, 260쪽 참조.
9) 에릭 호프만, 장현갑 역, 앞의 책, 31쪽.

뇌에서 발생하는 물질대사와 전기화학적 활동을 영상을 통해서 잘 보여준다. 그러나 로봇은 주관적인 경험을 할 수 없고, 진정한 감정도 표현할 수 없는 좀비의 일종이다. 로봇이 주관적 감정과 정신을 갖춘다면 '어려운 문제'는 사라진다. 그러므로 뇌에 국소하는 의식은 제한되고 기능적인 의식임이 밝혀진다. 환원적 물질론은 감각질의 뇌세포 활동이 어떻게 우리에게 정신으로 현상하는가와 관련한 질문에 대답하지 못하고 있다.

신경생물학자 크릭은 의식이 뇌 활동의 산물로서 전기화학적 과정으로 환원할 수 있다는 물질론에 기대고 있다. 그의 제자 코흐는 기존 신경이론을 넘어서, 정신의 물리적 기초란 뉴런과 시냅스의 존재가 아닌, 그들 사이의 상호작용에서 기원한 창발적(emergent) 성질에 있다고 주장한다. 코흐가 정신활동과 뉴런 사이의 비대칭성을 염두에 두는 이유도 창발 NCC 때문이다. 그래서 시지각에 중요한 하측두 피질과 신피질 중에서 제일 최근에 발달한 전전두엽이 이성적 판단과 행위의 물질적 근거라고 추정한다.

하지만 지금의 뇌에 대한 융합적 연구는 정신의 초월성을 설명하지 못한다. 정신의 신경생물학적 연구와 관련하여 우선적으로 해결되어야 할 핵심적인 문제를 생각해보자. 진화생물학자들이 뇌를 생존의 중심으로 이해하고, 문명화 이후의 모든 인류의 행위와 사유를 생존의 다른 이름으로 파악했음에도, 인간에게는 희생의 정신이나 초월적인 사유가 있고 이타적 행위가 존재한다. 그와 같이 정신의 특수성은 도대체 어디에서 오는가?

이 물음에 철학, 특히 칸트의 『순수이성비판』은 대답하고 있다. 일체의 지식은 물론이고 불쾌와 쾌락, 욕망이 배제되며, 건전한 판단력만이 남아 정신을 형성한다. 그럼으로써 뇌에서 결정되는 것은 정신에 전혀 영향을 미치지 못하지만, 정신은 뇌를 규정한다. 인간은 탄생과 죽음이라는 결정론에 갇혀 있음에도 불구하고, 그의 정신은 자연 법칙에 종속되지 않으며 기계적인 순환의 지배권을 벗어나 초월적인 삶을 가능하게 한다. 인간의 정신은 가장 고급한 동물의 마음에서조차 설명할 수 없는 것이다. 정신의 불가지론적인 지점이 분자나 세포의 결합, 혹은 물질로 소급하거나 자연도태의 원리로만 말할 수 없는 동물과 인간 사이의 불연속 지점이다.

그러기에 뇌에서 정신활동을 연구할 수 있다는 신경생물학적 확신은 과학기술의 발전에도 불구하고 많이 누그러져 있다. 심지어 신경 활동이 의식의 전부를 설명할 수 있는지에 대한 의문은 의식의 물리적 원인을 찾는 일은 실패할 것이라는 비관적인 생각을 갖게 한다. 또한 뉴턴 물리학을 추종하든, 양자 물리학을 따르든, 물리학자들은 자신의 학문을 물질과 정신의 가교이자 모든 학문의 기초로서 자부했지만, 정신을 해명하는 과제 앞에서 한계를 자인한다. 의식이 어떻게 생성되는지와 정신의 정체 등은 알 수 없다는 것이다.

6.2 순수기억과 순수지각

플라톤과 데카르트의 이원론적 개념 구도는 19세기 이후에 상관이론으로 바뀐다. 관념론의 정신과 물질의 선명한 대립구도는 실제로 마음과 신체의 작동 관계에서 그렇게 견고한 것으로 적용되지 않는다. 사유 과정의 정체성을 실증적으로 연구한 심리학과 생리학의 발달이 기존의 관념론을 성찰하게 하면서 인간의 정체성을 다시 파악하도록 한다. 정신과 물질의 상관성에 대한 상상력을 구체화하면서도 기억의 존재와 그 순수성을 주장하는 학자가 앙리 베르그손(Henri Bergson, 1859~1941)이다. 그는 정신과 물질 모두를 지양하는 기억에 천착한다. 기억의 토대 위에 정신과 물질이 있다.

기억의 중요성에 도달하기 위해 베르그손은 평범한 의식 현상들을 탐구한다. 의식은 감각이나 감정, 열정이나 노력이 언어를 통해 등장한 것이다. 언어는 주체와 대상, 대상과 대상을 구분하며, 나아가 의식을 묘사한다.

그런 점에서 언어는 공간적이다. 공간은 크거나 작을 수 있으며, 큰 공간은 작은 공간을 포함한다. 만약 의식도 약하거나 강하거나 혹은 덜하거나 더하거나와 같이 언어로 구분할 수 있다면, 강한 감각은 약한 감각을 포함하고, 감각의 강도는 크기로 치환될 수 있다.

우리는 의식의 강도를 원인의 수나 크기로 소급시키거나, 심지어 원인만으로 결과를 예측하기도 한다. 그러나 의식의 원인과 결과는 서로 일치하지 않은 경우가 많으며, 특히 심층적인 심리 사실들은 외부의 원인과 상관하지 않기에 더욱 그렇다. 혹은 의식의 강도를 역학이론이나 운동으로 설명하려는 시도도 있다. 그때 의식은 뇌와 밀접한 것으로 제기된다.

> 모든 의식의 상태는 뇌수의 분자와 원자들의 일정한 진동에 대응하며, 감각의 강도는 그러한 분자운동의 폭과 복잡성, 또는 범위만큼의 측정치를 가진다.[10]

이런 주장은 불완전한 가설에 그친다. 왜냐하면 우리는 감각을 강도로서 감지하지, 분자 운동으로 느끼지 않기 때문이다. 마찬가지로 근육 운동은 감각이나 노력과 같은 표면적인 의식 현상에 동반할 뿐, 의식 현상을 모두 설명할 수 없다. 결과적으로 의식의 강도는 언어로 적절히 표현될 수 없다. 특히 심오한 기쁨이나 슬픔, 성찰적인 열정이나 미적 감정은 영혼의 심층에 자리를 잡으며 어떤 환원이나 외부의 연관성도 거부한다. 또한 표면적인 의식 현상이 영혼으로 승화되는 경우도 있다. 예를 들면 욕망이 심오한 열정과 섞이거나 지각이나 기억에 침투하면 대상이 색다르게 보인다. 이렇게 변화하며 형성되는 동적인 표상은 여러 심리상태들이 공존하면서 서로 연결되어 있음을 암시한다.

---

10) 앙리 베르그손, 최화 역, 앞의 책, 23쪽.

베르그손은 우리가 경험할 수 없는 순수기억에서 내면세계의 무한함을 묘사한다. 잠재태로 존재하는 순수기억은 현실태인 습관기억과 정도의 차이만 있지 유사하다. 베르그손의 논의는 자아의 의식을 지각과 기억으로 설명하면서 계속해서 삶으로 더욱 다가간다. 아니, 일상적인 사유가 경험하고 있는 상황을 부단히 해명한다. 따라서 그의 순수기억 논증은 정신을 물질적 환경의 한계를 극복함으로써 이상적인 세계를 주도하는 핵심으로 이해한 철학자 헤겔의 정신현상학보다 더 실증적이다. 헤겔은 근대적 자아는 주체적 성인으로 성장하여 모든 것들을 지배함으로써 조물주의 능력을 전수받는다고 말한다.

그러나 베르그손에게 자아는 근대적 인간에 대한 통념과는 달리 주체적으로 행위하지 못하는 것이다. 기억은 이성이나 병리적 치료라는 방호벽을 무색하게 한다. 기억은 일종의 내성(耐性)처럼 자아 안의 또 다른 자아로 확고히 자리를 잡음으로써 나를 내가 조종할 수 없도록 한다. 베르그손은 주체 안에서 또 '다른 주체' 역할을 하는 기억에 주목함으로써, 이성적 정신활동의 지배적 위상에 가린 생명체의 심층에 관심을 집중시킨다. 정신과 물질의 분리를 지양하는 기억은 시시각각으로 자아의 사유에 침투한다. 삶의 매순간은 기억되며, 기억은 우리의 현재적 지각에 끊임없이 들어와서 사유를 팽창시키고 수축하며 정체성과 실존을 형성한다. 따라서 베르그손의 기억은 근대적 자아 개념과 이성적 사유에 성찰의 계기로 사료될 필요가 있다.

베르그손의 기억은 지각과 감각들이 축적된 시간이다. 예전에 기억은 과거를 상기(想起)하거나 회상하는 의식 능력의 일부분이며 주로 심리 영역에서 논의되었다. 그런데 베르그손은 기억을 의식과 동연적 위치에 배치함으로써 생명체 의식 활동의 핵심으로 격상시킨다. 물질의 실재성은 관념론적인 표상이나 실재론적인 독립된 사물로 환원될 수 없고, 오로지 기억에서 증명되는 것이다. 우리가 태어나면서 모든 기억은 영혼에 새겨진다. 기억은 뇌에 보존되는 것도 아니고 망각되는 것도 아니며 의식과 더불어 지속된다. 다만 기억이 망각되었다고 느끼는 것은 우리가 삶에 주의·집중하면서 기억이 무관심의 영역에 머무르기 때문이다.

기억은 비선형적인 시간에서 형성된다. 시간은, 특히 과거는 그의 첫 저서인 『시론』에서 밝혔듯이 단절되지 않고 지속적이며, 그 강도는 현재와 미래, 어느 때라도 유사하다. 이런 토대 위에 두 번째 저서인 『물질과 기억』에서 과거가 기억에 지속되면서 어떻게 외부 대상을 인식할 때 작용하는지 상술된다. 과거가 자아의 현재적 지각 및 표상 안으로 밀려들어 옴으로써, 외부대상을 인식할 때 지대하게 관련한다.

베르그손은 기억이 시간에 보존된다고 생각함으로써, 기억이 뇌에 저장된다는 공간적 이론을 자연스럽게 비판하게 된다. 굳이 뇌와 기억의 관계를 찾아야 한다면 뇌의 손상이 기억이 현실화되는 과정에서 어떤 흠이나 장애를 가져올 수 있다는 점을 근거로 들 수 있다. 일례로 난청을 앓는 환자에게서 청각 능력의 상실이 관찰되지 않으며, 정신맹 환자에서도 보는 능력에 문제가 발견되지 않는다.[11] 시각 중추가 있지만 시각적 이미지를 형성하지 못한 채 죽는 선천성 시각장애인이 있다. 세 환자의 공통점은 자극을 수용하되 해석할 수 없는 데 있으며, 그 원인은 기억에 있다. 그들에겐 기억이 없기 때문에 외부 대상이 제대로 표상될 수 없다.

기억이 작용해야 이미지가 산출되고 지각이 가능해진다. 지각보다 기억이 의식과 사물의 접촉 순간을 보다 정확하게 인식한다. 지각은 무수한 순간들을 담은 기억을 포함한 채로 일정 시간 지속된다. 그래서 기억은 인식의 주관적인 측면을, 반면 지각은 인식의 객관적인 측면을 대표하는 것이라고 볼 수 있다.

그렇다면 지각에 기억이 결합하는 과정을 살펴보자. 우리가 사물을 처

11) 앙리 베르그손, 박종원 역, 앞의 책, 218쪽 이하 참조.

음 접하고 그것을 아는 것이 지각이다. 그 뒤 사물을 다시 보면 그에 따라오는 이미지가 연합된다. 이 순간이 식별이다. 식별에는 특별한 지각활동을 동반하지 않고 자동적으로 사물을 인식하는 기계적 식별이 있다. 또 습관적 의식에서 벗어나려는 노력이나 복잡한 사물을 접했을 경우의 주의적 식별도 있다. 주의적 식별을 통해 우리는 현재에서 과거를 다시 포착하는 구체적인 작용으로 현재 지각된 이미지와 닮은 과거 이미지로 향한다. 그래서 과거 이미지의 외연이 지각된 이미지보다 넓으면, 지각의 결과는 새롭고 풍부해진다. 그러나 그렇지 못하면 지각은 다시 기억의 심층으로 내려가서 필요한 기억을 찾아내려고 한다.

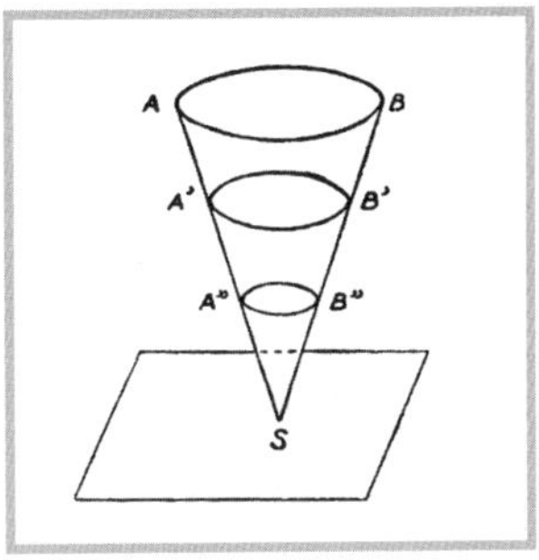

지각이 대상의 핵심적 윤곽을 그려내는 운동들을 가능하게 한다면, 기억은 지각을 과거의 이미지로 이끈다. 대상을 이해하는 의식에는 지각과 기억이 있다. 베르그손은 『물질과 기억』에서 거꾸로 서 있는 원뿔 모형을 두 번 언급한다. 원뿔 전체(SAB)가 우리의 기억이며, 꼭지점(S)은 기억의 현실태를 보여준다. 그리고 직사각형(P)은 자아의 현재적 표상을 나타낸다. 원뿔의 바닥인 AB는 잠재하는 순수기억, 즉 총체적인 과거다. 순수기억은 망각된 채로 아니면 잠재해서 활동하기 때문에 무의식적으로 행위에 작용하며, 감각이나 이미지 기억의 작용과는 다르게 나타난다.

근본적으로 자아는 순수기억에 도달할 수 없다. 혹시 순수기억이 드러났다면, 이미 그 본질은 변질되어 있는 상황이다. 기억 이미지들의 합산은 순수기억이 되지 않는다. 이처럼 AB는 무의식적인 양상을 띤 실체이며, 형이상학적으로 바라보면 절대적인 것이지만 프로이트적으로 접근하면 무의식이다. A'B'나 A''B'' 등의 외연은 AB의 다양한 단면 중의 하나로 수축되어 있지만 그것도 순수기억에 포함시킬 수 있다. 그래서 베르그손은 순수기억이 잠재적 상태에서 현재적 상태로 이행되는 과정을 다음처럼 비유한다. 자아가 "사진기의 초점 맞추기"와 같은 촬영 준비를 할 때 순수기억은 "구름처럼 나타나서 응축"[12]된다. 그리고 의식은 순수기억이 지배적인 기억들을 중심으로 체계적으로 구조화된다.

그렇다면 순수기억이 어떻게 현재의 지각을 통하여 밖으로 드러나는가? 순수기억은 현재의 행위로 이동하여 변질되면서, 현재의 표상(P)으로 등장할 수 있다. 이렇게 현재의 자아는 순수기억이 배후에 있는 기억과 외부 대상에 대한 지각과의 상호작용을 통해서 인식과정을 거쳐 간다. 도식으로 풀어보면, S가 도약하여 AB에 갔다가 A'B'나 A''B''를 거쳐 서서히 다시 꼭지점으로 내려오는 것을 말한다. 이 과정은 하강운동이 아니라 왕복운동이자 팽창하고 수축하는 이중운동이다.

또한 순수기억은 그 자체로 완결되었으면서도, 지각으로 등장하려는 경향을 버리지 않는다. 이 맥락에서 수축운동이란 AB가 A'B'나 A''B''를 거쳐 응축되면서 그 지배적 기억들이 현재로 이동하는 경우이며, 병진운동이라고 할 수 있다. 반면 팽창운동이란 현재의 감각 운동체계가 원하는 기억만을 이미지 기억으로 선별하는 경우로 순환운동이라고 할 수 있다. 이때 선별하려는 현재의 의식은 기억의 심층을 반복해 돌아 나오면서 주의를 강화시킨다.

주의의 정도에 따르면, AB로 갈수록 정신은 이완된다. 이런 경향의 사람들은 과거에 침잠한다. 반면 S에 접근하면 습관이나 감각 운동에 집중한다. 이 사람들은 자동화된 행위를 보임으로써 특별한 의식을 필요로 하지 않는다. 한편 정상적인 사람들은 두 극단 사이에서 의식 활동을 전개한다.

기억은 병진 수축운동과 순환 팽창운동의 이중운동을 통해서 현재의 의식에 영향을 미친다. 물론 병진 수축운동은 현재와 미래로, 순환 팽창운동

---

12) 앙리 베르그손, 박종원 역, 앞의 책, 230쪽 이하.

은 과거로 향하는 것이다. 기억과 지각의 동시성에 있는 우리는 현재에서 과거로 거슬러 올라가 해석을 하고, 다시 과거에서 미래로 나아가며 창조해낸다.[13] 그럼으로써 기존의 시간 개념도 자아의 의식 활동에서 재정립할 필요가 있다. 과거, 현재, 미래는 직선적인 연속선상에 있지 않고 동시간, 아니 전도 가능한 것이다. 그러면서 과거는 팽창하는 현재의 지점이자 미래로 향하는 수축의 지점으로 거듭난다.

베르그손은 기억을 습관기억과 이미지기억으로 나눈다. 『물질과 기억』 2장에서 습관기억은 자아의 정체성과 행위로 전화되어 직접적으로 드러나는데, 구절을 암기하거나 익숙한 지역을 걷는 것처럼 습관이 신체에 새겨진 경우다. 습관기억은 감각 운동체계로 나타나서 의식의 현재를 보여준다. 과거의 경험이 신체에 축적되었다가 특별한 의식적 노력 없이 자동적인 행동으로 재생되는 기억이다.

반면 이미지기억은 과거의 경험이 자연스럽게 이미지의 형태로 남아 있는 경우로서, 비신체적으로 보존되어 순수성을 띠며, 행동으로 드러나지 않고 표상된다. 이미지기억은 다시 순수기억과 기억이미지로 세분될 수 있다. 순수기억은 의식의 배후에 머물러 있는 기억이미지의 심층에 깔린 잠재태로서, 존재의 본질이자 자율적 회상의 형태로 남는다. 기억이미지는 순수기억의 현실태라고 할 수 있다.

이미지기억과 습관기억은 하나의 기억이 현실화되면서 갖게 되는 차이일 뿐, 본질상 유사하며 정도의 차이만 있다. 그러기에 기억의 존재 양상에 따른 구분이 더 설득력 있다. 말하자면 기억의 현실태인 이미지기억과 습관기억, 그리고 기억의 잠재태인 순수기억이다. 두 기억 양상은 수축과 팽창의 운동을 통해 서로 만나면서 생동감 있는 기억과 창조적인 기억으로 기능한다.

---

13) 김재희, 「베르그손의 기억 개념과 시간의 역설에 대하여」, 『철학연구』 63집, 2003, 175쪽 참조.

이미지기억은 무의식적인 형태로 현재를 지각한다. 베르그손에게 연속하는 이미지가 사유다. 그는 이미지를 사물과 표상 사이의 존재로 규정한다. 이 맥락에서 '사이의 존재'란 둘 간의 대립을 선명히 하는 공간적인 것이 아니라, 그들 사이를 매개하는 시간적 과정을 말한다. 이미지는 연장적인 사물과 표상적 의식이 지속적으로 만나면서 발생시킨 형태 없는 존재다. 사물은 지속하는 시간과 자아의 지각 경험을 통해 이미지라는 형태로 우리에게 다가온다.

이미지는 이전 이미지를 연장해서 후속 이미지를 파생시킨다. 지금의 이미지는 고립되지 않고 뒤에 나오는 이미지에서 계속되는 것이다. 이미지의 연속이 사유의 내밀한 본성이다. 그 지속 논리에 따르면, 시간은 흐르지만 그 과정은 기억으로 보존된다. 그러기에 기억은 진행 과정이며, 물질은 변화하는 존재로 정의될 수 있다.

> 물체는 매순간 형태 변화를 하고 있다. 아니면 차라리 형태는 없는 것이다. 왜냐하면 형태는 부동적인 것에 속하며 실재는 운동이기 때문이다. 실재적인 것은 연속적인 형태 변화이다. 즉 형태는 변전 위에서 취해진 순간성일 뿐이다.[14)]

계속적으로 운동하는 이미지에서 따로 떼어낸 것들이 있다. 이 고립된 이미지가 표상(representation)으로, 그 대표적인 경우가 공간 표상이다. 공간 표상은 연장하는 존재가 아니고, 선험적 직관형식도 아닌 사물을 이해하는 자아의 단순한 프레임이다. 이미지가 표상으로 전환되기 위해서 대상의 모든 측면들 중에서 몇몇 측면들이 절단되고, 나머지 측면들이 하나의 그림이 되어 분리된다.

14) 앙리 베르그손, 황수영, 『창조적 진화』, 아카넷, 2005, 447쪽 이하.

따라서 사물이란 물질이 아닌 이미지의 총합이다. 사물은 연장적이지도 않고 경직되거나 절단된 물체도 아니다. 그런데 베르그손의 사물 및 표상은 경향성을 띤 존재로 이해된다. 그래서 베르그손의 철학은 일원론적 이원론으로 정리될 수 있다. 베르그손은 감각 운동체계(신체)의 발생을 공간 표상에서, 정신의 실체인 순수기억이 현상하는 곳을 지속되는 이미지에서 찾는다. 이런 순수기억과 감각 운동체계의 대비와 상호작용이 궁극적으로 의식을 형성한다.

그렇다면 지각, 감정, 행동의 발원지인 신체 이미지를 통해서 다른 이미지를 정리해보자. 신체는 변하지 않기 때문에 변화하는 이미지들과 구분되는 특수 영역이다. 신체는 유입신경, 신경중추(뇌), 유출신경의 이미지로 구성되어 있다.[15] 신경계는 자극을 받아들여 운동을 가능하게 하고, 물리적 진동을 감각 운동으로 전환시킨다. 감각 운동의 중추인 뇌수와 척수의 임무도 신경계의 그것과 동일하다. 신체는 지각의 실체로서 내면을 외부세계와 연결시키고, 행위의 중심으로서 사물을 변화시키는 실제적인 업무를 담당한다.

신체의 관점에서 이미지를 지각 이미지와 기억 이미지로 단순화하자. 첫째, 이미 존재하는 기억 이미지가 있다. 이것은 뇌 활동이나 지각을 통해 산출되지 않고 신체와 독립되어 있다. 보통 우리는 대상에 대한 지각과정에서 이미지의 탄생 순간을 생각해보지만, 베르그손은 기억 이미지가 이미 주어져 있다고 본다. 둘째, 지각중추들의 활동과 관련하는 지각 이미지가 있다. 먼저 외부의 대상들이 감각기관에 도달하고 유입신경의 분자 운동을 통해서 의식적 이미지로 바뀐다. 그리고 이것이 유출신경을 진동시켜서 행동에 연결된다.

---

15) 앙리 베르그손, 박종원 역, 앞의 책, 40쪽 참조: 베르그손은 대상 없이는 이미지가 없다고 확신하면서, 이미지가 뇌의 직접적 작용 결과라는 지적에 대해서는 "알지 못한다"(같은 책, 80쪽 이하)로 일관한다.

그런데 지각은 뇌의 분자 운동이 아니라 우주라는 거대한 틀에서 자신의 몫을 찾아가는 운동이다. 우리를 둘러싼 사물들에 대하여 지각은 생명체의 자발적인 운동을 보여준다. 지각 과정을 시신경학적으로 설명해보면 사물이 눈과 시신경을 거쳐 뇌에 연결되는 순간에서 시작된다. 그러면서 외부세계나 내부세계의 대상이 외부적인 감각기관들이나 내면을 통하여 직접적으로 의식[16)]된다. 지각은 대상에 대한 의식상태다.

본래 지각은 헤겔의 『정신현상학』에서 인식활동의 일부일 뿐이다. 헤겔은 의식(감각적 확신, 지각, 오성)이 자의식과 이성을 거쳐서 정신으로 향하는 과정을 순차적으로 분석한다. 이때 지각은 인식적 관점에서 잠정적이거나 혼란된 인식이기에 뒤에 따라 나오는 정신에 의해서 지양된다. 사변적 관점에서 보면 지각은 불완전한 대상의식이다. 관념론 철학에서 지각과 사물의 불일치는 지각 다음의 의식 단계에서 지양된다.

하지만 베르그손은 헤겔의 정신분석 과정이 너무 단계적이고 사물들[17)] 처럼 고정된 것이라며 비판한다. 베르그손은 지각의 영역을 확대함으로써 이성적 인식과정의 한 단계라는 기존의 평가를 반박한다. 생명체가 외부에서 오는 자극에 맞추어 반응을 준비하는데, 이 반응에는 의지와 선택이 섞인다. 이런 지각의 행동적 속성을 증명하기 위해서 그는 지각의 탄생에 진화론적으로 접근한다.

인류가 등장하기 훨씬 오래전부터 식물세포와 동물세포가 있었다. 이 둘에겐 분리의 역사보다 공존의 역사가 더 길다. 그래서 식물의 특징은 동물에서, 반대로 동물의 특징은 식물에서 관찰될 정도로 친근성이 있는 것이다. 단지 차이점이라면 특성의 비율 배분에 있다.

---

16) Georgi Schischkoff, *Philosophisches Wörterbuch*, Kröner, Stuttgart 1991, 766쪽 참조: das Bewußtwerden eines außenweltlich oder innenweltlich Wirklich-Gegenständlichen durch die äußeren Sinne oder durch den inneren Sinn unmittelbar.

17) 앙리 베르그손, 박종원 역, 앞의 책, 218쪽.

하나의 생명체가 동물과 식물로 분기하는 지점은 영양섭취의 방식에서 갈린다. 식물은 주위의 대기, 물, 흙에서 자신의 생존에 필요한 광물인 탄소와 질소를 만드는 능력을 보유한다. 게다가 식물은 유기물을 직접 만들고 원형질을 보호하는 셀룰로오스 막을 갖고 있기 때문에 자극에는 아예 반응하지 않는다. 이런 상황은 식물의 의식을 내재적으로 만든다. 그러므로 식물의 특성은 무의식적이라고 할 수 있다.

반면 동물은 식물을 통해 유기물을 간접적으로 흡수하는 운동을 한다. 아메바도 유기물을 포획하기 위해 운동기관을 움직이며, 고도의 신경계를 가진 고등동물들도 감각기관을 활발하게 작동한다. 대부분의 동물 운동에는 조금이나마 의식적인 요소가 함께한다. 동물은 영양분을 섭취하기 위해 의식적으로 이동한다. 신경계가 발달할수록 운동 양상은 다양해지고, 의식도 더욱 예민해진다. 그러나 신경계가 우선적으로 있어야만 운동이나 의식이 가능한 것은 아니다. 다만 신경은 생명체의 활동을 일정 방향으로 집중시켜, 그 활동 수준을 더 고차원적인 수준으로 이끈다. 하등동물일수록 신경중추는 더 단순하고, 심지어 신경계가 존재하지 않기도 한다.

의식을 갖춘 생명체는 과거를 보존하고 미래를 지향한다. 여기에 신경계는 생존을 위한 수단으로서 외부의 자극에 대하여 반응하거나 활동에 지성적인 성격을 덧붙인다. 반응을 위해선 척수나 연수가 필요하고, 의지적 활동을 위해선 뇌수가 필요하다. 척수나 뇌수는 자극을 운동으로 연장시키는 점에서 그 기능이 동일하다. 그리고 여기에 투입되는 신경물질은 그 관계를 촉진하거나 억제한다. 그런데 반응이나 의지 활동은 구분되지 않고 혼합된다. 이처럼 지각은 외부에 작용하여 대상들을 움직이는 출발점이다.

지각은 운동 중추와 감각 중추의 복잡한 관계에서 존재하거나 대상 안에 있는 것이다. 베르그손은 지각을 기억이 없는 순수지각과 기억이 함유된 의식적 지각으로 구분하지만, 둘 다 운동을 지향하는 점에서 동일하다.

순수지각은 이론적으로 존재하며, 정신의 가장 낮은 단계다.

> 지각을 나의 구체적이고 복합적인 지각이 아니라, 즉 나의 기억들이 부풀리는, 그리고 언제나 일정한 두께의 지속을 제공하는 지각이 아니라, 순수한 지각, 사실적이라기보다는 오히려 권리적으로 존재하는 지각, 즉 내가 있는 곳에 위치하고, 내가 사는 방식으로 살지만, 현재 속에 매몰된, 그리고 모든 형태의 기억을 배제시킴으로써 물질로부터 직접적이면서 동시에 순간적인 영상을 얻을 수 있는 존재가 가질지도 모르는 지각으로 이해할 것을 요청한다.[18]

지각의 밑바닥에서 지각을 완결시키는 것은 기억이다. 기억과 지각의 상호작용이 의식 활동의 근간이다. 지각의 의식적 성격을 완성하는 것은 기억이다. 외부 대상이 감각기관 등을 통하여 우리에게 지각될 때, 과거 경험의 내용들도 함께 작용한다. 심지어 기억은 지각 과정을 대체하기에 이른다. 말하자면 과거의 이미지들은 지금 여기에 주어진 대상이나 사건에 대한 표상을 단순히 신호로만 인식한다. 그렇게 해서 지각은 편리해지고 신속해진다.

그렇다면 기억을 배제한 지각은 존재하는가? 순수지각은 대상에서 직접적이며 순간적인 형상을 얻는 지각이다. 그런 순수지각은 대상의 직접적인 형상을 갖지만, 현재에 매몰된다. 우리에게 물질에 대한 직접적인 상을 갖도록 하는 것이 순수지각이다. 순수지각은 물질과 정도의 차이만 있을 뿐 본성상 서로 동일하기 때문에, 물질의 본성이라고 할 수 있다.

반면 의식적 지각은 생리학적인 측면과 어느 정도 관계를 갖는다. 보통 외부대상이 유입 신경에 진동을 각인하고, 그 진동들을 받아들여 뇌수에

18) 앙리 베르그손, 박종원 역, 앞의 책, 65쪽.

서 분자적 운동들로 바꿈으로써 의식적 지각이 가능하다.

> 모든 지각 속에는 신경들을 통해서 지각 중추들에 전달되는 진동이 있다.[19)]

분자 운동들은 척수를 거쳐 신체의 일부분이나 전체로 실어 나르는 유출신경 등으로 흘러가며, 의식적 지각은 뇌의 외양을 변화시킨다. 신경계와 그 내적인 운동들이 특정한 대상의 이미지를 만드는 경우에, 산출된 이미지들의 전체는 우주를 표상하게 한다. 그러나 뇌에 들어오는 유입신경들을 절단하면, 우주와의 특수한 관계는 사라진다. 왜냐하면 뇌에 닿는 신경회로가 차단되었기 때문이다. 그럴 경우에 잠재적 혹은 가능적 행동들이 불가능하다.

지각 과정은 의식이 활동하기 전의 자극 및 반응 메커니즘과 유사하다. 베르그손은 지각과 행위의 밀접한 상관성에 대한 보기로서 원시 동물들의 반응과정을 살펴본다. 아메바는 외부의 자극에 단순 반응한다. 원생동물의 지각은 직접적인 접촉에서 발생하며, 먹이를 포획할 경우에 지체 없이, 그리고 위험에 처했을 경우에 바로 몸을 숨긴다. 이때 지각은 기계적인 자극/반응과 일치한다.

그런데 하등 생명체는 환경에 준비하고 적응하면서 고등동물로 진화하기 시작한다. 이때 시각이나 청각과 같은 감각들을 담당하는 뉴런의 변화를 동반한다. 이를 통해 생명체는 멀리서 다가오는 다른 생명체들과 관계를 맺는다. 지각 영역이 확대되어가는 것은 신경계가 예민해짐을 말하며, 자극과 반응 사이의 관계는 점점 간접적인 쪽으로 변한다. 말하자면 하나의 자극은 다양한 반응과 연결되거나 혹은 즉각적인 반응으로 이어지지

---

19) 앙리 베르그손, 박종원 역, 앞의 책, 173쪽.

않는다. 더불어 생리적 작업들이 여러 기관으로 분담되는 현상도 목격된다. 척수와 뇌수의 기능 분화가 시작되는 순간도 이때부터다. 자극에 의한 진동들은 척수의 뉴런들을 매개로 해서 근육의 수축을 가져오는 운동으로 반사된다. 척수는 자극에 대한 자동적인 운동의 중추로서 자리매김한다.

신경계의 발달은 뉴런 숫자와 그 조합 가능성들을 증가시킴으로써, 지각은 다양화되고 행동 선택의 폭도 확대된다. 생명체가 어떤 선택 앞에서 망설이거나 주저할 때의 지각이란 이미 의식된 것이다. 그래서 베르그손의 세 번째 저서인『창조적 진화』에서는 인간의 신경계가 진화함으로써 행동의 비결정성이 확대되고, 서서히 정신이 출현하고 있음을 밝히고 있다. 인간은 행위를 성찰하면서 세계와의 관계를 새롭게 시도하며 영장류의 으뜸으로 태어난다. 그럼으로써 잠재했던 이미지들이 가능한 실재로 등장한다.

하지만 베르그손은 지각의 심층에 유기체가 생존하기 위해서 불필요한 것을 제거하려는 원시적인 행위가 자리하고 있다는 사실도 놓치지 않는다. 지각이란 주어진 것에 뭔가를 덧붙이는 행위가 아니라 주어진 모든 이미지로부터 내 신체가 행할 수 있는 행동을 분리하는 것이라고 할 수 있다.

6.3 순수감정

순수감정은 영혼의 심층에 위치한다. "깊은 슬픔과 기쁨, 숙고한 열정, 미적 감동" 등은 다른 어떤 외부적인 것과 관계하지 않은 "순수한"[20] 것이다. 그런 감정들은 우리가 자주 체험할 수 없는 영혼 저 깊은 곳에 나타나

20) 앙리 베르그손, 최화 역, 앞의 책, 25쪽.

는 심리적 사실들이며, 그 외연은 한정될 수 없다. 심리적 사실들은 신체적 징후들을 동반하지 않기 때문에, 근육의 수축이나 이완과 같은 신체적 징후를 야기하는 보통의 기쁨이나 슬픔과 비교된다. 또한 순수한 심리 상태들은 비신체적이고 질적인 것이기 때문에, 외부의 원인에서 기원하는 감각과도 다르다. 그리고 그것들은 서로 비교될 수 없으며, 새롭고 강렬하다.

베르그손이 파악한 순수감정들을 하나씩 들추어보자. 순수 기쁨은 미래로 향하여 있기 때문에, 감각과 사유를 빨리 연결시키고 행동을 보다 민첩하게 한다. 우리는 극한의 기쁨에 도달하면 존재의 경이로움을 느낀다. 극한의 기쁨은 보통의 기쁨에서 그 강도가 천천히 상승한 것이나 하나의 감정 안에서 크기가 이동한 것이 아니라 각각 질적으로 상이한 형태를 보여주는 것이다. 반면에 순수 슬픔은 과거로 향하며 무(無)를 갈망한다. 미래가 열려 있지 않기 때문에, 우리의 사유나 감각이 무력해지며, 행복에 대한 노력이 더 이상 의미가 없어진 무원한 단계다.

또한 순수한 미적 감동에도 여러 가지가 있다. 그중에서 우아함은 어떤 예술가의 동작이나 자세의 편안함에 대한 느낌이다. 여기에 음악이 곁들여지면 율동의 규칙이나 박자의 반복처럼 예측이 가능하고, 부담스럽지 않은 편안함이나 자연스러움을 느낄 수 있다. 우아함과 율동은 우리의 의지와 사유를 사로잡으면서 신체의 일부나 심지어 정신의 상태와 공감한다.[21] 미적 감동도 정도의 변화가 감지되기 때문에, 앞에 발생한 것이 뒤에 발생한 것을 모두 흡수할 수 있다. 미적 감정은 질적 변화를 의미하며, 우리는 그것을 크기의 증감으로 느낀다.

순수한 미적 감동의 또 다른 한 가지는 아름다움이다. 아름다움 자체에 대해서는 아직 정의가 마련되지 않았고, 주로 작품의 특징을 분석적 용어로 요약하면서 아름다움의 본질에 접근해왔다. 아름다움의 감정을 자극

---

21) 앙리 베르그손, 최화 역, 앞의 책, 31쪽 참조.

하는 예술은 정신을 잠재운다. 음악의 소리는 자연의 소리와 비교된다. 자연의 소리는 직접적인 반면 음악의 소리는 암시적이다. 이미지와 운율로 이루어진 시(詩)는 우리를 복종으로 이끈다. 또한 조각상의 부동성이나 건축물의 대칭성 등은 우리의 일상적인 지각 능력을 넘어선다. 말하자면 예술작품이 관찰자에게 촉발한 감수성은 그의 지각 능력이라는 대항력을 무효로 만들고 우리의 영혼을 가득 채운다.

예술 작품에 대한 미적 감동은 서서히 농도가 짙어지면서 내면에서 여러 국면을 거친다. 그런데 이것은 예술 작품이 우리를 사로잡는 마력에서 비롯되기보다는 우리의 감정 자체가 풍부하고 다양하게 존재하기 때문이다. 말하자면 우리가 감정의 세기, 깊이, 높이를 구분하는 이유는 본능적인 것이고, 예술 작품은 그런 감정의 다양함을 보여주는 계기를 마련한다.

물론 말초적 감각만을 자극하는 예술 작품도 적지 않지만, 미적 감정은 감각 이외에 사유들을 내포하기 때문에 감각과는 다르다. 미적 감정은 유일무이하고 주관적인 것이며, 특히 우리가 그렇게 감동한 사람 본인이 아니고서는 알 수 없는 것이다. 이처럼 미적 감정의 강도 변화는 우리 내면의 변화에 상응한다.

20세기의 문화예술사가 벤야민(W. Benjamin)은 논문 「기술복제시대의 예술작품」에서 예술작품에 대한 감상자의 수용을 아우라(Aura)라는 개념으로 설명한 적이 있다. 아우라는 영화나 라디오라는 본격적인 매체가 없던 시대의 오리지널한 예술작품과 감상자 사이에서 벌어지는 신비한 교감과 호응이다.

본 연구의 맥락에서 벤야민이 말한 관람자의 아우라에 관하여 신경학적으로 접근할 수 있다. 관람자가 작품을 바라보며 감동하기 위해서 외부 환경은 우호적이어야 한다. 그는 서늘한 바람, 부드러운 햇살, 청명한 하늘을 배경으로 안락한 의자에 앉아서, 저 멀리 지평선에 걸려 있는 자연풍광을 한가로이 쳐다본다. 그의 호흡은 부드럽고, 근육도 이완되어 있으며, 몸도 부유하는 것처럼 가볍다. 내부의 장기도 원활하며, 몸을 움직일 에너지는 충만하고, 여기에 머무르고 싶은 기분도 평온을 이루고 있다.

이런 온전한 기분이 몸의 어디에서 벌어지는지 알기는 힘들다. 말하자면 몸과 마음의 구분이 흐려지는 순수한 영적 상태, 아니 갈등과 대립이 없는 안온한 감정이 피 안에 솟구쳐 올라오는 영혼의 순간이 바로 그 느낌이다. 마음은 단순히 편안함 이상으로 느껴지며, 어떤 숭고함으로 상승한다. 벤야민의 아우라는 순수감정의 다른 이름이라고 할 수 있다.

6.4 이성적 자유인

스피노자가 감정을 세부적으로 분류하면서 인간을 감정적 존재로 이해한 것은 얼핏 보면 동시대 철학의 거장인 데카르트와 상반되는 결론을 내놓은 것으로 보인다. 그러나 스피노자는 『에티카』 말미에서 정서적 행위로부터 벗어나 이성을 강조하기에 이른다. 이성적 행위에서 기쁨과 선이 함께할 수 있기 때문이다.

> 삶에서 무엇보다 유익한 것은 가능한 한 지성이나 이성을 완전하게 하는 것이며, 오로지 이것에 인간의 최상의 행복, 즉 지복(至福)이 존재한다.[22]

이런 인식에 도달하기까지 스피노자는 감정에 주목한다. 그는 인간이 건전한 판단력과 이성의 지시에 따라 행동하지 않고 선과 악, 그리고 그 토대에 있는 정서에 따라 움직이고 있다고 말한다.

22) 스피노자, 강영계 역, 앞의 책, 316쪽.

나는 더 좋은 것을 보고 그것을 타당하다고 여기지만 더 나쁜 것을 따른다.[23)]

우리는 빈번히 감정에 휘둘려서 행동한다. 하지만 이성에 따라 행동한다면, 모든 감정은 존재 이상의 가치를 상실한다. 이성은 정신처럼 무한하지 않다. 왜냐하면 이성은 자연의 요구를 완전히 거역할 수 없기 때문이다. 따라서 이성은 자기애를 우선하고, 자기 이익을 전면으로 내세우며, 자기를 더 큰 완전함으로 이끈다. 이성적인 사람들은 자신의 이익을 추구하지만, 성실하며 정직하다. 그들은 이성의 지도에 따라 자신의 이익을 추구한다. 그런 사람이 인간의 본성에 가장 부합하게 행동하며, 타인의 본성과도 일치한다.

인간은 악한 감정에서 자극을 받아 행위로 옮길 수 있다. 우리가 분노해서 누군가에게 폭력을 가할 경우, 감정적인 측면에서 보면 덕(德)이라고 할 수 있다. 하지만 이성의 측면에서 접근하면 모든 감정적인 행위는 맹목적이다. 또한 이성을 통하여 우리는 기쁨이나 슬픔이 신체의 일부와 관련하며, 욕망도 현재 지향적이며, 인간 전체의 이익을 고려하지 않는 이기적인 성향을 가지고 있음을 알게 된다.

특히 이성에는 중용과 절제의 속성이 있어서 욕망이 지나치지 않고 조절될 수 있다. 반면 보통의 정서에서 생기는 욕망은 이성의 제어가 없으면 맹목적일 뿐이다. 이성의 관여가 없는 기쁨과 슬픔은 오히려 악이 될 수도 있다. 이성은 양자택일의 순간에 비교와 만족의 정도를 고려하여 합리적인 선택을 가능하게 한다. 두 가지 선에서 더 큰 선을, 또 두 가지 악에서 더 작은 악을 따르게 한다. 또한 작금에 실현될 선보다 미래에 실현될 더 큰 선을 고려하며, 미래에 다가올 큰 불행보다 현재의 작은 악을 선택한다.

23) 스피노자, 강영계 역, 앞의 책, 260쪽.

반드시 결단해야 할 순간에 그만 감정에 갇힌 사람은 "노예"이고, 반면 이성의 인도에 충실히 따르는 사람은 "자유인"[24]이다. 자유인은 이성의 확신 속에서 결코 죽음의 공포에 압도당하지 않으며 자기보존과 자기 이익을 추구한다. 이성적 자유인은 타당한 관념에 따라 행동하기 때문에 선과 악의 개념은 중요하지 않게 된다. 이 맥락에서 스피노자는 구약의 에덴동산 일화를 삽입한다. 하느님은 아담과 이브에게 선악과를 먹지 말라고 명령했다. 그러나 그들은 조물주의 말을 듣지 않았고, 그 뒤 생명보다 죽음을 두려워하기 시작했다. 또한 아담은 자연에서 여성을 최고의 것으로 알았고 짐승의 유혹을 따랐기 때문에, 자유를 잃고 만다. 그러나 이성적 자유인들은 이성의 명령에 따라 자기의 이익을 추구하고, 이를 위해 공동의 이익을 고려한다. 그들은 더 자유롭게 살기 위해 국가를 원하고 법을 제정하기에 이른다.[25]

이성의 명령에 따라 좋은 행동을 하는 사람의 욕망이 도의심이고, 다른 사람과 사귀려고 하는 욕망이 단정함이다. 반면 그런 우정을 훼방하는 행위를 비열하다고 말한다. 그럼에도 이성의 원칙을 따르는 사람은 많지 않다. 대부분의 사람들은 악이나 질투를 느끼고 상대방에게 손해를 끼치고 서로 대립한다.

이성적 자유인은 정서를 조절할 수 있다. 그는 타인에 대한 미움, 분노, 경멸 등을 사랑이나 관용으로 바꿀 수 있다. 이성은 선을 향하기 때문에 악이나 미움의 정체성을 바꾼다. 그러나 그에게 과대평가나 멸시는 이성과 모순되기 때문에 악이라고 할 수 있다. 또한 연민도 근원적으로 슬픔이기 때문에 그 자체로는 악이다. 그래서 이성적 자유인은 연민과 거리를 두려 하지만 예외의 경우도 있다. 불행에 빠진 사람을 구제하려는 시도는 이성의 명령에 의해서만 가능하다.

24) 스피노자, 강영계 역, 앞의 책, 308쪽.
25) 스피노자, 강영계 역, 앞의 책, 313쪽 이하 참조.

이성적으로 관찰할 때 최고의 정서는 자기만족이다. 이성적인 사람은 자신의 활동 능력을 가장 명료하게 판단할 수 있고, 그래서 자기 이외에 어떤 다른 목적도 가지고 있지 않다. 자기만족적인 사람은 명예심을 최고로, 반면 치욕을 가장 참기 힘든 정서로 이해한다.[26)]

6.5 헤겔의 '정신'을 되새기다

6.5.1 정신의 조건

데카르트는 의식과 정신을 구분하고, 의식을 심장과 뇌, 정신은 뇌의 송과선과 관련시킨 바 있다. 그는 정신에 대하여 이원론적으로, 경우에 따라서 일원론적으로 접근함으로써, 정신의 자율성에 대한 논증은 그 철저한 일관성을 잃는다. 뇌가 몸도 제어하고 정신의 근원이라면, 세계를 이분법적으로 구분한 그의 시도는 모순에 부닥친다. 데카르트 이후 철학자들도 육체와 정신은 다르다고 주장했지만, 실증적인 근거에서 나온 것이 아니다. 관념론 철학의 이원론적 특징은 칸트의 철학에서 더욱 주관화된다. 칸트는 시간과 공간을 사물의 속성으로 보지 않고 관찰자가 인식하기 위한 선험적 조건으로 이해한다. 시간(내적인 직관 형식)과 공간(외적인 직관 형식)은 의식에서 기원하듯이, 인간이 경험하는 세계는 사물에 내재하는 질서로 이루어진 세계와 다르다.

칸트의 주관은 헤겔(G. W. F. Hegel)의 철학에서 세밀한 분석의 대상이 된다. 그 결과 물질과 의식이 정신에서 통합된다. 헤겔은 의식이 감각적 확신과 지각이라는 대상 의식에 머무르지 않고 이성과 절대지로 향하고 있음을 설파한다. 데카르트가 말한 실제는 헤겔에게 정신의 계기로 이해

---

26) 스피노자, 강영계 역, 앞의 책, 295쪽 참조.

된다. 헤겔은 의식 활동을 단계적으로 분석하면서 어떤 지향성을 발견한다. 그는 의식이 완만하지만 상승하는 경향에 주목한다. 그럼으로써 존재의 영역에 매개적 사유를 통하여 창조된 실체를 포함시키기에 이른다.

그렇다면 헤겔이 말한 대상 관련 의식 활동(감각적 확신, 지각, 오성)을 살펴보자. '감각적 확신(sinnliche Gewißheit)'은 본격적인 의식의 시작이다. 감각적 확신은 자신 앞에 있는 대상을 직접적으로 안다는 의미지만, 개념을 통하여 접근한 것은 아니다. 아직까지 자아는 대상에 대해 어떤 관계를 갖고 있지 않기 때문에, 대상은 순수하게 그저 있을 뿐이다. 그러나 의식은 감각의 영향권에만 머무르지 않고 대상의 본질에 대한 의문을 발동시킨다. 지금 그리고 여기의 대상은 다른 시간, 다른 장소에서 이전까지의 성질을 갖지 않을 수 있다. 수많은 지금이 합쳐지고, 셀 수 없는 여기가 모이면서, 비로소 대상을 말할 수 있다. 따라서 진정한 인식의 시작은 직접 보거나 듣거나 하는 활동부터임이 틀림없지만, 인식의 관점에서 감각적 확신은 피상적이고 불완전하다.

감각이 참다운 지식을 구하는 첫 과정으로 이해된다는 것은 의식은 초기 상태에 머무르지 않고 변증법적인 상승을 하고 있음을 암시하고 있다. 의식이 감각적 확신에 만족하지 않은 이유는 그것이 보편성을 띠지 않기 때문이다. 보편적인 여기와 지금을 말할 수 있는 상태는 '지각(Wahrnehmung)'에서 가능하다. 지각에서 자아는 존재하는 대상을 보편적이고 필연적인 것으로 받아들인다. 대상이 지각을 통해 성질로 변용됨으로써 대상이 감각적 확신을 거쳤다는 것을 확인할 수 있다. 지각은 대상을 다양하게 파악하고 구별한다. 그렇다고 대상의 감각적인 특징이 사라지는 것은 아니다. 감각적이고 직접적인 것으로 여겨진 대상이 성질이나 속성으로 파악된다. 직접성이 매개나 부정을 거쳐서 보편성으로 지양되는 것이다.

하지만 지각의 배타적 성질 때문에 대상을 잘못 판단할 근거는 여전히 남아 있다. 대상은 단일한 존재지만 그 안에 서로 무관한 수많은 성질이 섞여 있다. 그러나 지각은 대상을 통합적으로 보지 못함으로써 타인의 지각과 충돌한다.

대상은 독자적으로 존재하면서도 타자를 통해서 존재하기도 한다. 독자 존재와 타자 존재가 통합되어 대상이 개념을 통해 보편적 존재가 될 때야 비로소 우리는 '오성(Verstand)'의 단계에 들어선 것이다. 오성은 외부 대상에 일정한 틀을 주고 그 성질을 부여하는 정체성 의식이다. 오성의 단계에서 대상에 대한 지식은 차츰 초감각적 의식으로 바뀌고 대상의 내면으로 파고 들어간다. 아낙사고라스는 존재를 가능하게 하는 의식을 '누스(Nous, 오성)'라 말했고, 아리스토텔레스는 존재를 '에이도스(Eidos, 형상)', 플라톤은 '이데아(Idea, 이념)'[27]와 동일시한다.

오성의 첫 번째 특징은 현상계를 파악할 뿐, 대상의 속성인 변화에 관해 알지 못한다는 것이다. 오성은 끊임없는 사유에 머물면서, 대상을 평온하다고 생각한다. 오성으로 생성되는 법칙은 초감각적 세계에 머무른다. 지각 상태에서 자기 동일적인 것들이 이제는 비동일적인 것이 되며, 거꾸로 자기와 동일하지 않았던 것이 자기와 동일한 것이 된다. 혹은 경멸되었던 것은 존경스러운 것이 되고, 존경받던 것은 경멸된다. 나아가 명예스러웠던 것이 불명예스러워지고, 불명예스러운 것은 명예스러운 것으로 바뀌며, 범죄였던 것이 선한 것으로, 선한 것은 악한 것으로 여겨진다. 이렇게 해서 자아와 대상이 비본질과 본질로 분리되어 있는 지각 상태는 지양된다. 현상과 내면이 소통하면서 대립 관계는 사라지고, 상대방의 존재에 의존한다.

오성의 두 번째 특징은 내면의 실체를 알지 못한다는 점이다. 오성의 단계에서 내면은 순수한 피안으로 남는다. 의식은 의식 저편에 있는 것을 인식하지 못한다. 그럼으로써 무한성 자체도 낯설어진다. 구별과 구별되지

27) 헤겔, 임석진 역, 『정신현상학1』, 한길사, 2005, 93쪽 이하 참조.

않은 것이 지양된 무한성을 설명해야 하는 것이 학문인데, 오성은 학문의 능력이 제한된 것으로 안다. 오성은 대상을 구별하면서, 다른 한편으로 사유를 통해 사유를 경험한다.

6.5.2. 자의식: 자아, 사유

대상에 종속되었던 의식은 이제 그 한계를 넘어 정신으로 비상한다. 그럼으로써 순수한 내면세계와 그 순수한 내면을 투시하고자 하는 사유는 하나가 된다. 의식이 현상계를 지나 드디어 자기 자신을 의식하게 될 때, 우리는 자의식(Selbstbewusstsein)에 도달한다. 자의식은 외부세계에 대한 감각적, 지각적 관심에서 벗어나 관찰자에게로 복귀하는 의식 운동이다. 그 계기는 외부세계의 타자에 대한 반성에서 시작된다. 타자를 파악하는 것은 무엇보다도 의식이 있기에 가능하다는 사실을 깨닫게 되면서다. 그러나 자의식이 감각이나 지각과 다른 점은 자아와 타자의 구분이 없다는 것이다. 헤겔은 자의식에서 "진리"[28]가 시작된다고 주장함으로써, 진리와 자의식의 연관성을 암시한다.

자의식은 신체와 별도로 존재하는 실체로 보이지 않는다. 그럼에도 자의식은 뇌의 신경생리학적 과정에서 기인하지도 않는다. 주관적이고 섬세한 의식은 뉴런 활동으로 수렴하기가 불가능한 것이다.

자의식을 통해서 대상은 자아가 빚어내는 의식과 동일해진다. 자아와 타자의 관계를 논할 때, 자의식을 통해 타자의 속성은 보존되지만, 타자라는 자립적 존재는 사라진다. 감각적인 존재나 지각의 대상인 개별성과 보편성, 공허한 내면세계는 무의미한 것으로 의식되며, 대상이 의식에 대해 자립적으로 존립한다는 측면에 대한 이해는 없어진다.

따라서 초기 의식이 자의식으로 변화하는 과정에서 욕망의 모습으로 나

28) 헤겔, 임석진 역, 앞의 책, 210쪽.

타난 자의식은 대상을 부정할 수 있다. 욕망은 타자가 있어야 스스로 존재할 수 있음을 알지만, 욕망을 통해 타자는 사라지고, 욕망은 대상과 달리 개별적임을 알게 된다. 그래서 궁극적으로 욕망은 욕망을 재생산하고, 대상도 재생산되기에 이른다.

자의식을 통하여 대상은 죽은 것이 아니라 꿈틀거리는 생명체가 된다. 생명체란 대상 내부에 "순수한 운동을 행하는 단일하고 유동적인 실체"[29]가 움직이고 있음을 의미한다. 그리고 생명체는 여러 기관들로 구성되어 있다. 기관들은 각각 독립적이지만, 전체는 하나의 통일을 이룬다. 생명체는 자족적인 생명체와 먹이가 되는 생명체로 구분된다. 자족적인 생명체는 무기적인 자연에서 영양소를 흡수하여 자기 보존을 우선한다. 반면 먹이가 되는 생명체는 영양분이 됨으로써 타자와의 대립을 지양하게 된다. 이처럼 자연계에는 분열, 해체, 통일의 순환 운동이 펼쳐진다.

자의식은 무한 운동 속에서 일체의 타자를 없애기 시작한다. 처음에 개인과 개인의 대립은 피할 수 없다. 쌍방은 각자의 확신을 진리로 주장하다가 심지어 생사를 걸며, 대립하는 타자를 죽음으로 몰아넣을 수 있다. 하지만 서로 맞서 있는 자의식이 영원히 지속되지 않는다. 자의식을 통하여 타자와 관계하는 의식이 등장하기 때문이다. 타자의 필요성을 깨닫고 다시 타자를 인정하는 역설이 성립된다. 한쪽에는 자립적 의식이 있고, 다른 한쪽에는 타자를 우선하는 비자립적인 의식이 있다. 앞의 것이 주인 의식이고, 뒤의 것이 노예 의식이다.

주인 의식과 노예 의식의 차이는 사물에 대한 태도에 달려 있다. 사물의 속박에서 벗어날 수 없는 노예가 탈출하는 방법이 노동이다. 노동은 노예에게 주인 및 죽음에 대한 공포에서 벗어나 자의식을 갖게 한다. 반면 주인은 사물에 큰 의미를 두지 않으며 그를 지배하기에 이른다. 노예는 사물

29) 헤겔, 임석진 역, 앞의 책, 214쪽.

을 직접적으로 다루지만 가공에 그치며, 주인은 노예를 매개로 하여 사물을 향유한다.[30] 노예는 사물을 부정할 수 없어 주인에 종속되고 주인의 능력을 인정한다. 주인은 사물에 주체적으로 다가가지 못하는 노예의 위상을 이해한다. 이런 사물에 대한 태도를 통하여 주인은 노예를 지배한다.

자의식이 점차 뚜렷해지는 과정에서 자아라는 순수한 추상이 생긴다. 자아는 독립적이고 자유로운 의식을 펼쳐 나가는데, 이것이 사유이다. 사유는 외부의 대상에 대하여 독자성을 드러낸다. 사유를 통해 대상은 개념으로 다가온다. 그럼으로써 자아는 대상과 통일된다.

사유 과정에서 비참한 현실은 의미를 잃어간다. 주인과 노예의 구분은 물론이고 예속 상태마저 없어지며, 외부의 억압에도 자의식의 인간은 교양을 갖출 수 있다. 이처럼 사유는 일상에 대한 적응과는 달리 늘 자체 내로 복귀한다. 왜냐하면 내면의 개념 운동은 현실과 유리된 추상적 활동이기 때문이다. 사유는 자유로움, 즉 부정의 사유에 확신을 가지며 그것을 진리로 고양시키면서 혼란이나 무질서에 노출되기도 한다. 비동일성에 자주 빠지는 의식은 그 탈출 방안으로 절대자를 구한다. 개별자로서의 개인은 불행한 의식에서 벗어나기 위해 신과의 합일을 추구하는 것이다. 그에게 신의 모습은 분열된 자의식이 불행을 겪어온 길을 되짚어가는 것이다. 말하자면 신은 "자기분열을 자각하는 존재"이며, 개인은 "불변자의 육화작용"[31]의 결과로 파악된다.

사유가 신과 하나가 되는 과정에서 사유는 불변하는 피안에 속하는 것으로 여겨진다. 하지만 개인이 절대자와 일체성을 추구하더라도, 여전히 현실이나 사물은 사유와 대립된다. 그러면서 개인은 절대자와의 동일화가 현실에서 불가능함을 깨닫는다.

신과 일체화된 사유에 욕망과 쾌락이 연결될 수 있다. 욕망과 쾌락은 하

30) 헤겔, 임석진 역, 앞의 책, 229쪽 참조.
31) 헤겔, 임석진 역, 앞의 책, 248쪽.

찮은 것에 예속되면서 사유의 한계성을 지적한다. 따라서 신적인 의식과 쾌락적 의식 사이에 제3의 의식이 결정의 자유나 행위의 책임을 떠맡는다. 이 과정에서 자의식의 자립성이 포기되면서 불행을 느낄 수 있다. 그래서 사유는 피안이 아닌 현실에서 개별 의식으로 완성되기 위해 이성을 필요로 한다. 이성은 개별 의식으로서 그 자체가 실재라는 확신에서 나온다.[32) 자의식이 타자와 대립하며 통일되는 과정에서 이성의 개념이 떠오르기 시작한다. 이성에 도달한 자의식은 완전한 자유와 독립성을 지니며 외부와 대립하면서도 통일을 경험한다.

6.5.3 이성

6.5.3.1 합목적적 신체

인간의 정신은 자의식에서 왜 신으로 귀의하지 않고 현실에서 이성을 찾을까? 헤겔은 그 필연적인 이유로 신체와 뇌라는 인간의 자연적 요소를 들고 있다. 그리고 인간을 자연적 근거와 대립시키지 않는 것이 이성의 역할이다. 자연 질서와 부합될 경우에 인간은 합목적성을 갖는다.

자연은 도덕적 정신에 대립하는 개념이다. 자연은 자신만의 법칙으로 지배되는 완결된 세계다. 외적인 자연이 인간의 내면과 관계할 때, 그것이 감각이다. 그리고 감각이 의지의 형태를 띠면 충동이나 경향으로 부를 수 있다. 따라서 도덕성이 제대로 발휘되기 위해선 감각과 도덕의식의 통일이 전제되어야 한다. 그러나 둘 사이의 조화는 불가능하다. 왜냐하면 도덕은 감각을 부정하는 것이고, 반대로 인간이 감각에 빠지면 야만의 세계에 들어서기 때문이다. 그러므로 도덕의 완성 이면에는 모순이 있기에, 소위 도덕과 자연의 진정한 조화를 말하는 "최고선"[33)]은 미완의 과제로 남겨진다.

---

32) 헤겔, 임석진 역, 앞의 책, 263쪽.

33) 헤겔, 임석진, 『정신현상학2』, 한길사, 2009, 187쪽.

원시적 인류를 정신적 인간으로 개조하는 것은 역설적으로 자연이다. 인간의 유기적 특징인 "감수성, 반응력, 재생능력"[34]에는 자기 목적이라는 공통점이 있다. 식물에는 감수성과 반응력이 있고, 동물에는 그 위에 재생능력이 덧붙여진다. 감수성을 관장하는 신경조직은 유기체의 자기복귀를 의미하고, 반응력을 관장하는 근육조직은 자기복귀와 외적인 활동을 가능하게 한다. 재생능력은 감수성과 반응력을 포함하며 유(類)로서의 활동으로 유기체를 재생산하는 일인데, 내장이 관장한다. 헤겔은 감수성, 반응력, 재생능력이 이미 신체 내에 갖추어진 요소라고 생각한다. 즉 그것들은 관련하는 조직에 더 많이 침투해 있으며, 작용과 반작용의 메커니즘과 그 통일로 드러난다.

본래 감수성과 반응력은 대립하는 것처럼 보이지만, 그 질적인 크기는 같다. 고도의 감수성은 고도의 반응력과 동일하다. 하지만 감수성과 반응력이 양적인 크기로 측정될 경우에 서로 반비례할 수 있다. 그러다가 재생능력이 등장해서 감수성이나 반응력 중에서 어느 한 가지와 결합하면 법칙을 정하기가 어려워진다.

앞에서 언급된 유기체의 세 가지 특징은 각각 별개이며 비교될 수 있지만, 해부학에서처럼 세 갈래의 특정한 조직으로 구분될 수 없다. 유기체의 내면적 요소를 하나의 형태에서 분리해내어 법칙으로 만들 수 없는 것이다. 그러므로 헤겔은 해부학을 학문의 영역으로 설명하지 않는다. 왜냐하면 해부학은 신체의 개별 부위를 생명 없는 물체처럼 다루기 때문이다.[35] 또한 해부학은 신경이나 근육에 대한 기술적이고 몰개념적 논의에 만족하면서 그 목적성을 간과한다.

헤겔은 정신이 공간에 국소하지 않을 뿐만 아니라 어떤 특정한 형태로도 실재하지 않는다고 말한다. 정신은 소질과 무관하며, 다른 기관이나 뼈

---

34) 헤겔, 임석진, 『정신현상학1』, 한길사, 2005, 300쪽.

35) 헤겔, 임석진 역, 앞의 책, 34쪽 이하 참조

와도 상관하지 않는다. 의식이 없는 신체 부위들은 사물과 같다.

신체를 통하여 자기가 드러날 수 있다. 말하자면 현실이 개인과 관계를 맺어 낸 결과가 특수한 용모로 나타난다. 따라서 신체는 생래적 속성에 덧붙여 의식이나 행위와 같은 후천적이고 내면적인 특징이 함께한 것이다. 물론 외면이나 신체 기관으로 내면의 활동이 드러나긴 하지만, 실제 밖으로 표현된 것은 내면보다 과도하거나 미흡할 수 있다. 뿐만 아니라 자기의 본성이 말이나 노동으로 외화(外化)되면, 그 결과는 자신의 의도와 다른 것이 된다. 관상학자들은 자의식이 신체에 영향을 미친다고 주장한다. 대표적 신체 기관인 간(肝)에는 노여움이 있고, 그리스 시대에 간은 예언이나 신통한 발언의 근원으로도 추정된다. 그럼에도 관상학은 외면을 자의적으로 판단하여 내린 결과라고 할 수 있다. 또한 점성술이나 수상학도 각각 천체의 운행이나 손금을 운명과 연결한 것이지만 둘 사이에 필연적 관계는 없다.

신체의 원인은 다름 아닌 신체다. 헤겔의 저술에서 신체는 기관으로 비유된다. 그럼에도 그는 내면과 외면의 관계를 인과로 상정함으로써 다시 난관에 부딪힌다. 그는 신경 조직만이 외부로 향할 태세를 갖춘 의식 기관이라고 주장한다. 그 밖에 손이나 생식기 같은 기관은 의식과 대상 사이에서 도구 역할을 수행할 뿐이다. 또한 뇌와 척수는 자의식을 밖으로 대상화하지도 않고, 안으로 향하게 하지도 않는다.

> 뇌와 척수가 정신의 신체적 독자성을 나타내는 존재라고 한다면 두개와 척추는 독자존재에서 분리되어 또 하나의 극을 이루는 고정된 부동의 사물이다.[36)]

---

36) 헤겔, 임석진 역, 앞의 책, 349쪽.

척추는 등의 주요 축일 뿐이다. 그러므로 정신 담론은 뇌와 두개의 관련성에서 펼쳐진다. 그러나 두개는 머리를 감싸는 "죽은 존재"[37)]다. 이 생명 없는 존재 안에서 뇌 활동이 정신과 관련할 수 있다. 두개는 뇌에 영향을 미치지 못하지만, 독자 존재로서 뇌 활동은 두개의 형태를 바꿀 수 있다.

하지만 당시에는 뇌의 활동을 육안으로 확인할 수 있는 방법이 전무했기 때문에, 헤겔 스스로도 정신의 발달 정도와 그에 따른 뇌 기관 형태의 변화 사이의 인과 관계를 해명할 수 없었다. 다만 그는 자의식의 본거지로 뇌를 상정하고, 성격이나 의식 행위가 독자적인 자체 내 존재로서 뇌에 둥지를 틀고 있을 뿐이라고 상상한다.

관상학이나 골상학에서 두개가 뇌의 보호막이고 뇌 활동이 두개의 형상에 영향을 미친다고 말하는 것처럼, 헤겔에게 뇌도 정신을 감싸주는 역할을 할 뿐 그 이상은 아니다. 혹은 당시 뇌 섬유가 정신의 소재지로 주장됐지만, 그것은 생명 없는 대상으로 여겨진다. 물론 이런 그의 진술은 여전히 해부학이나 영상 기술이 제대로 발전되지 않은 당시의 과학적 상황을 감안해야 한다. 그때는 뇌 기능 연구보다 두개의 형태에 관한 고찰만이 가능했다. 하지만 두개는 뼈로 이루어진 생명 없는 대상일 뿐, 활동기관이 아니다. 두개는 순수한 물질이자 신체의 일부에 지나지 않는다. 그 안에 있는 뇌의 활동이 (이를테면 사유에 빠져 있거나 감정이 격렬해지면서) 두개에 영향을 끼친다고 상식적으로 생각해볼 수 있지만, 그저 추정에 불과할 뿐이었다. 그래서 헤겔은 궁극적으로 두개와 정신 사이의 상관관계를 해명할 연결 고리는 없으며, 아예 무관하다고 확언하기에 이른다.[38)]

6.5.3.2 정신에서 모든 것은 하나가 된다

감각적, 지각적 의식은 이성적, 개념적 정신으로 발전한다. 이제 사물은

37) 헤겔, 임석진 역, 앞의 책, 350쪽.
38) 헤겔, 임석진 역, 앞의 책, 355쪽, 358쪽 참조.

감각적 성질 대신에 개념으로 존재하고, 존재와 개념 모두는 사유로 귀결된다. 그리고 사유는 존재로 이해된다. 목적으로 나타난 내면은 현실로 나타난 외면과 대립된다. 그 뒤 현실은 그 자체가 아닌 지식으로서 다가온다. 의식이 알지 못하는 현실은 아무런 의미도 힘도 없다. 한편 의식의 실체는 개인의 자유를 아는 것이라고 할 수 있다. 유기적 생명체는 무기적 자연과 대립하면서 자기를 보존하고 독자적으로 존재한다. 반면 무기물은 유기적 생명체의 대상 건너편에 나타나는 단순한 존재다.

내면은 자연을 관찰하고 숫자나 법칙으로 이해함으로써 자연을 추상물로 취급한다. 관찰하는 의식이 자유롭게 외부 대상을 살펴보면서 제일 먼저 발견한 것이 "사유의 법칙"[39]이다. 사유의 법칙은 첫째, 사유는 관념 세계로 돌아가기 때문에 외부 세계의 실재성이 없는 공허한 운동이 될 수 있다. 둘째, 사유는 모든 대상을 자기 것으로 만들려는 지식으로, 형식과 내용의 불가분을 말한다. 사유의 내용은 감각적이지 않지만 모든 내용과 본질을 포함한다. 셋째, 법칙은 통일적 사유에서 소멸된다. 따라서 법칙은 지식이 아니라 사유의 운동이라는 점이 밝혀진다.

만일 사유가 진정한 자각의 상태로 이어지면, 의식은 행위 의식으로 탈바꿈한다. 이렇게 정신이 형성됨으로써, 정신은 관찰 의식, 판단 의식 그리고 행위 의식으로 구분될 수 있다. 개인은 행위를 통해서 위선의 틀을 깨고 자신의 정체성을 파악해나간다. 그러나 행위는 개인의 특수성에 기본하기 때문에 공동 세계의 안정성을 교란하고 신의 세계를 자극하면서 도덕 문제를 제기할 수 있다. 왜냐하면 행위 의식으로 드러난 정신은 현실에 대한 주체적인 자세를 통하여 대상을 자기 것으로 만들기 때문이다. 혁명이나 전복과 같이 총체적인 부정의 형태는 개인과 보편의 대립을 가속화시킬 수 있다. 얼핏 보면 행위 의식은 보편적인 의식과 달리 타인을 부정

39) 헤겔, 임석진 역, 앞의 책, 326쪽.

하는 독자적인 의식의 한 형태다.

평가 의식은 비현실적이고 순수한 정체성을 잃지 않다가, 차츰 행위 의식을 보면서 자신의 또 다른 모습을 찾을 수 있다. 그럼으로써 평가 의식은 행위 의식을 선악이나 허영심의 관점에서 판단하지 않고 자신의 비현실성을 성찰하는 계기로 삼는다. 반대로 행위 의식도 자신의 완고성을 깨달으며 평가 의식을 동일한 지평에서 이해한다.

이처럼 사유와 행위, 보편과 개별이라는 두 극은 상대방을 통하여 자기동일성을 다시 찾는다. 서로의 존재를 인정하고 대립에서 벗어나는 화해의식에서 "절대정신"[40]이 등장한다. 더불어 순응이든 저항이든, 세계의 운명을 결정하는 주체는 "개인"[41]임이 분명해진다. 개인은 즉자적, 생물학적, 한정적 존재이면서도 대자적, 자각적, 무한한 존재이기도 하다. 개인은 정신적인 측면과 신체적 측면의 양면성을 지닌다. 개인의 내면은 오히려 실천적인 의식, 즉 의지나 행위의 결과에서 구현된다. 의지가 행위보다 내면에 더 가깝지만, 의지와 행위 모두는 정신의 두 양상이다.

정신이 이성이나 개념, 목적과 자유, 불변이나 영원과 관련함으로써 존재하는 것이라고 말할 수 있다. 게다가 정신은 외부 대상도 자기와 다른 것이라고 생각하지 않는다. 자의식도 상대방에 의해서 인정된다고 이해할 때 우리는 이것 또한 "정신"[42]이라고 말할 수 있다. 그러면서 자의식은 자립적인 의식에서 자유로운 의식이나 보편적인 의식으로 승화된다.

개인적인 자의식이 상대방의 의식과 통일에 도달한 보편적인 의식의 대표적 보기로서 법률이 있다. 혹은 관습도 인류의 실체가 담겨 있는 것이고, 민족도 타자의 독립을 인정하면서 자아와 타자의 통일이 구현된 것이다.

---

40) 헤겔, 임석진 역, 『정신현상학2』, 한길사, 2009, 233쪽 참조.

41) 헤겔, 임석진 역, 『정신현상학1』, 한길사, 2005, 331쪽.

42) 헤겔, 임석진 역, 앞의 책, 369쪽.

개개인은 스스로의 개별성을 희생하며 보편적 실체인 공동체 정신을 자기의 혼이며 본질로 삼는 가운데 개별자로서의 독자적인 삶을 영위할 수 있다는 것을 의식하고 있다.[43)]

헤겔은 개별 의식이 인륜적 실체와 다르지만, 개인은 인륜을 따르려 한다고 말한다. 그러므로 개인의 개별 행위나 욕망이 민족과 같이 전체와의 관계에서 구현될 수 있는 것은 자연스럽다. 그의 행위는 공동체가 부여한 것이다. 개인의 노동은 타인의 욕망을 충족시키는 것이며, 반대로 타인의 노동은 그의 욕망을 충족시킨다. 그러므로 자신의 노동은 모두의 노동이 되고, 자기희생은 자기승화가 되고, 개인은 전체가 된다.

정신이 구현된 자유로운 민족이 존재하는 상황에서 이성은 진정으로 실현된다. 개인은 타자와 대립하면서 도덕의 세계를 구현하려고 나선다. 이를 통해 개별 존재는 더 이상 유지될 수 없고 오로지 자신을 희생함으로써 구현될 수 있음을 깨닫는다. 실체가 민족이나 국민이었던 시절이 있었다. 헤겔의 『정신현상학』이 출간된 19세기 초반에 신성로마제국(구 독일)이 나폴레옹 군대에 의해 해체되면서, 독일인들은 구체제에서 해방되어 민족이나 단일 국가에 대하여 진지하게 생각하기 시작하던 터였다. 따라서 헤겔이 절대정신의 구현체로서 민족을 생각했다는 것을 역사적인 관점으로부터 분석할 필요가 있다. 다른 강대국과 달리 여전히 실현되지 않은 민족국가는 헤겔의 관점에서 정신이었던 것이다. 그러나 민족과 국가에 대한 담론은 필연적으로 개인의 독자성과 대립되는 측면이 있다. 왜냐하면 국가가 자기보존을 위해서 개인의 양보와 희생을 강요할 수 있기 때문이다.

이 맥락에서 헤겔은 자유의지 개념을 보편적인 법칙이나 제도에 반하는

---

43) 헤겔, 임석진 역, 앞의 책, 370쪽 이하 참조.

이탈적 행위로 규정한다. 개인의 자유가 밖으로 표현되면서 파괴의 광란으로 이어질 수 있다. 이는 구체적인 형태로 드러나지 않는 보편적 자유와 충돌할 수 있다. 그 결과 개인의 죽음이 따를 수 있다. 이렇게 자의식이 보편 정신의 부정하는 힘을 경험함으로써, 개인은 특수한 존재라는 위상에 더 이상 연연하지 않고 공동의지를 받아들인다.

그러나 교양이 지향하는 절대적 자유는 (프랑스)혁명의 잔혹한 유혈 앞에서 도덕의 문제를 강조함으로써, 자의식은 교양의 터에서 도덕적 정신으로 거처를 옮긴다. 개인은 교양이 현실과 대치하고 있음을 깨닫는다. 왜냐하면 자의식은 권력이나 재산의 다른 이름으로 증명되었기 때문이다. 따라서 의식은 자기를 단념함으로써, 공동체나 국가와 어떤 일체감을 구하며, 개인은 타인이 본래 자기임을 깨닫기에 이른다. 개인의 내면에서 개체성과 필연성이 하나가 되고, 필연의 법칙은 다름 아닌 마음의 법칙으로 증명된다. 개인은 공동체를 지향하면서 개별자로서의 정체성에서 탈출하고, 보편 정신을 깨닫는다.

그렇다면 보편이란 무엇인가? 보편에서 개인과 집단은 조화롭게 공존하고, 의식(개인적)과 무의식(신적)의 소통은 원활하다. 보편이 아직 완성되지 않은 속세에서 법이나 교양, 신앙이 보편에 근접한 것이라고 말할 수 있다. 이처럼 보편의 속성에는 개별 의식보다 전체나 공동체의 경향이 강하다. 개인이 현실에 뿌리를 내리기 위해선 전체 속의 존재인 국민이 되어야 한다. 보편은 겉으로 보면 자의식과 상반되며, 개인에게 폭력을 가하는 것처럼 보인다. 그 결과 개인은 스스로가 자기의식만으로 절대적 존재임을 깨닫지 못하며, 자기와 세계가 서로 소외되어 있다고 느낀다.

하지만 개별 정신을 억압함으로써 자기를 보존할 수 있던 위압적인 보편도 개별 정신 없이는 공동체 정신을 상상할 수 없다. 죽음이나 자연의 질서에 내맡겨진 개인의 운명은 전체 속에서 지양되고, 개인에게 자유의 주체가 되도록 독려하는 정신이 생동감을 가진다. 이처럼 개인은 보편성의 필연성을 깨달으며 교양을 완성한다. 그러므로 교양이란 개인의 참다운 근원적 본성과 실체를 자연적인 존재양식에서 소외시키는 정신이라고 할 수 있다.[44]

또한 정신이 현실성을 띠는 것은 언어를 통해서다. 그리스 시대에 언어가 법이나 명령의 역할을 했다면, 헤겔 시대에 자의식을 순수하게 표현한 것은 언어다. 자아를 표현하는 수단에 언어만한 것이 없다. 자아는 언어를 통해 스스로를 표현할 뿐만 아니라 보편성을 띤다. 말하자면 언어가 밖으로 드러남으로써 자아는 자신의 울타리를 뛰어넘는다.[45] 그 결과 자기의 본질과 현실을 모두 포함하는 정신이 드러난다.

그 뒤 정신은 신앙과 같은 초세속적 단계나 유용성과 같이 실용적인 매개 단계를 지난다. 그래서 정신은 공동 의지, 아니 모든 개인의 의지로 드러나면서 만사에 의식적인 행위로 개입하는 단계에 들어선다. 개인의 목적이 전체의 목적으로, 개인의 언어가 공동의 언어가 된다. 공동체와 개별 의식 사이의 상호작용을 통해 보편적인 의식이 생기는 것이다.

이처럼 이성은 자아를 중심으로 모든 것을 이해하고 확신하는 의식이다. 뿐만 아니라 이성은 반성의 과정을 거친다. 그럼으로써 자기주장과 다른 의식과의 대립만을 강조하지 않으면서도, 자기주장의 진리성을 고수한다. 법칙도 이성적 의식 과정에서 등장한다. 이성은 대상의 감각적인 다양성을 보편적인 성질로 바꾼다. 추정이나 유추에 그치지 않은 완벽한 진리로의 고양이 이성의 힘이라고 할 수 있다. 이 과정에서 목적론적 의미가 부가된다.

처음에 개별 의식으로 드러났던 이성은 세상과 고립된 의식이 아니라 외부 세계와의 통일을 가능하게 하는 의식으로 보편자와 맞닿아 있다. 이제 정신은 개별과 보편, 부분과 전체를 매개하는 중간 의식으로서 이해된

44) 헤겔, 임석진 역, 『정신현상학2』, 한길사, 2009, 69쪽 참조.
45) 헤겔, 임석진 역, 앞의 책, 85쪽 이하 참조.

다. 특히 자의식 단계에서 보였던 타자와의 부정적인 관계는 긍정적인 관계로 전화된다. 한편에 의식을 놓고, 다른 한편에 물자체를 놓는 대립적 구도는 지양되는 것이다.

정신에는 순수 사유만이 아니라 밖으로 드러난 현실적 정신이 있다. 헤겔은 현실적 정신의 예로서 구약 창세기의 천지 창조와 에덴동산의 아담을 들고 있다.[46] 하나님의 낙원에서 무한한 배려를 누린 아담은 순수하지만 아직 선악을 구분하는 주체가 아니었다. 그런데 아담은 선악과에서 열매를 따먹고 난 뒤에 자기동일성을 상실하고 낙원에서 추방된다. 이 맥락에서 '악'은 의식의 최초 형태라고 할 수 있다. 반면 선은 예수 그리스도로 육화되어, 현실적 자의식으로 나타난다. 악은 자연적 정신이라고 할 수 있지만, 예수의 순교에서 선과 악은 화해를 이루고 있다. 절대지에서 신의 본성과 인간의 본성은 하나가 된다. 정신의 최고점에서 우리는 실체란 결국 주관이라는 점을 알게 된다.[47]

정신에서 모든 제약은 극복된다. 존재는 개념이나 사유로 파악되고, 사유는 존재가 되며, 현실도 직접적인 존재 이상의 의미를 지니지 않는다. 말하자면 신과 인간의 통일이 이루어진 절대지에서 감각과 지각이라는 대상적 의식이 완전히 극복된다. 더불어 자의식이 스스로를 대상으로 이해하면서, 의식과 정신의 화해가 가능해진다. 이처럼 의식이 정신에 도달함으로써, 정신 이전의 의식은 정신으로 향해 나아가고 있다는 점을 알 수 있다.

---

46) 헤겔, 임석진 역, 앞의 책, 321쪽 참조.

47) 헤겔, 임석진 역, 앞의 책, 349쪽 참조.

나가면서

이탈리아의 바티칸 박물관에는 〈라오콘 군상〉이라는 조각상이 전시되어 있다. 이 작품은 예술가 미상이지만 조형 예술사에서 큰 획을 차지하고 있고, 그래서 그런지 도처에서 온 관광객들이 연신 찰칵 소리를 내며 이미지를 담아내기에 바쁘다. 그러다가 방향을 북쪽으로 돌려 고도 피렌체의 우피치 미술관 2층 복도 끝에 도달하면 또 하나의 〈라오콘 군상〉이 버티고 있다.

순간적으로 관람객은 로마에서 피렌체로 그 조각상이 급송되었구나 의심할 수 있지만 곧 작품 옆에는 낯선 조각가 이름과 생존년도가 적혀 있음을 알게 된다. Baccio Bandinelli(Firenze, 1488~1560). 더불어 우피치 미술관의 작품이 바티칸 박물관에 소장된 원작의 모작이라고 첨언되어 있다.

트로이 전쟁 당시에 트로이의 예언가 라오콘은 그리스군이 선물한 목마가 계략임을 이해하고 있었다. 그래서 그는 자신의 민족에게 이를 경고했지만, 그 죄과로 뱀의 공격을 받는다. 이런 사전적 지식을 어지간한 관광객은 유념하고 있다. 그런데 조각상이 같은 시간 두 곳에 있는 경우, 지쳐 있던 우리의 의식은 갑자기 새로운 인식을 요구한다. 그래서 무엇이 진짜이고 가짜인지에 대해서 생각에 잠긴다. 그러나 전문적인 미술사가를 제외하고 두 작품을 제대로 비교할 수 없다. 진짜와 가짜는 조각품의 색깔, 크기, 성질만으로 판단하기 어렵기 때문이다. 아니, 〈라오콘 군상〉을 감상하는 대중의 입장에서 인식의 문제는 별로 중요하지 않다. 전문가가 아닌 우리는 오리지널을 절대적인 가치로 삼지도 않고, 더 나아가 가상현실 시대에 참·거짓 여부는 별로 중요하다고 생각하지 않는다. 그래서 대중은 깨달음에 이르는 고행에 들어서기보다 미적 감동을 기억 속에 넣는 데 그친다. 조각상과 사랑에 빠진 피그말리온처럼 자기만족에 도달하면 그뿐이다.

개인이 진정한 인식과 행위에 도달하는 일은 쉽지 않다. 그래서 인류의 진화사는 역설적이다. 인식 능력의 우월함으로 인류는 다른 동물과 구분되는 특별한 위상을 누렸지만, 인식의 역사는 인류를 지치게 하고 모순적으로 만든다.

그런 과정을 뇌의 역사도 말하고 있다. 제임스가 말한 것처럼 좌뇌의 인식적 기능이 너무 강조되다 보니 우뇌의 발전이 더뎌져서, 우리의 정신은 불안정한 골조를 이루고 있다. 뇌는 스피노자가 말한 대로 인류의 자기생존 본능인 '코나투스'만 확보된다면 그 이상의 요구에는 힘겨워한다. 그래서 프로이트의 주장처럼 심리는 의식에서 분리되어 자아가 죽을 때까지 괴롭히고 있다. 그럼에도 심오한 철학이나 과학이론은 그에 대한 설명이나 분석에 그칠 뿐 해결책을 제시하지 못하고 있다.

원래 본 연구의 동기는 한동안 인기리에 상영되었던 공상과학영화 〈매트릭스〉(1999)를 보면서 나왔다. 이 영화는 한편의 블록버스터로 한정하기에 너무나 철학적이다. 가상현실 설계자가 뇌를 조종하면서 인간의 정신을 지배한다는 내용에는 인류의 난제가 숨어 있었기 때문이다. 전통적으로 뇌는 물질이고, 정신은 의식의 범주에 속한 것으로 이해되어왔다. 그리고 의식은 물질에 지배당하지 않고 자율적 정신을 추구하는 것으로 여겨졌다. 그런 둘의 관계는 고대부터 근대를 거쳐 현대에 이르기까지 가장 중요한 철학적, 과학적 쟁점 중의 하나였다.

현대에 들어와 뇌의 해부가 가능해짐으로써, 뇌와 정신은 융합적 주제가 되기에 충분한 여건을 갖춘다. 뇌가 생리학, 심리학, 신경과학의 중심 소재로서 의식과 관련하는 기관이라면, 정신은 인류를 다른 고등동물과 분리하는 자율 영역으로서 철학의 자존심이라고 말해도 부족하지 않다.

뇌와 정신은 대립적으로 보이지만 자석의 +극과 −극처럼 밀접한 관계를 유지하고 있다. 그러기에 고대 그리스 시대나 근대의 유명 철학자들은 한결같이 과학자였고, 과학자는 철학자이기도 했다. 따라서 지금 유행하는 학문들 사이의 융합은 트렌드라기보다 당연한 과정으로 보인다.

마치 젤리처럼 부드럽고 미끄러운 뇌는 특히 오래전부터 인류의 관심을 지대하게 받아왔다. 그러다가 현대에 오면 뇌는 지능이나 창의성과 관련지어지기도 하고, 치매나 알츠하이머병, 파킨슨병의 근원지가 되고 있다. 그래서 1990년대는 미국의 대통령이 선언한 뇌의 10년이었을 정도로 뇌 연구의 절정에 달했다.

본 연구자는 뇌의 관점에서 철학자 데카르트, 스피노자, 헤겔, 프로이트 등의 사상을 다시 읽어보며, 그 함의를 새롭게 이해하였다. 그들의 위대함은 이분법적 사유에서 출발하였지만 궁극적으로 학문 통합적이고 후대에게 어떤 과제를 던져준 점에 있었다. 데카르트는 뇌의 송과선을 정신의 근원지로 단정하면서 뇌와 정신의 상관성에 대한 과학적 설명을 부탁하고 있다. 또한 데카르트의 관념론적 명성에 가려 있던 스피노자의 개념인 코나투스는 현대 뇌과학자의 눈에는 뇌의 기본원리로 보였다. 헤겔의 정신은 물질의 간섭에서 벗어나려는 인간의 지성적 창발로 읽혀졌고, 프로이트의 무의식 개념은 정신이 아닌 뉴런의 동의어로 이해될 수 있을 만큼 물질적이었다. 이 네 명의 철학자가 형상화한 정신과 물질(뇌)에 대한 문제의식은 코흐나 가자니가와 같은 현대의 뇌과학자에게도 유효하다.

따라서 정신과 뇌 사이의 경계선은 다시 그을 필요가 있고, 어렴풋이 진리나 정의에 대한 관심도 생긴다. 현대의 몇몇 철학자들이 과학의 실증적 힘을 빌려서, 반대로 신경과학자들은 철학의 개념들을 통해 자신의 주장을 정당화하는 이유는 충분해 보인다. 양자물리학, 뉴런, 인지, 감정 신경과학에서 생산된 각각의 담론들은 대단히 논쟁적이지만, 아직 뇌와 정신을 통합적으로 해명하는 데 필요한 결정적인 결과물을 내지 못하고 있다.

특히 앞으로의 뇌과학은 철학자의 저서와 개념을 단순 인용이나 수사학적 근간으로 이용하는 것을 넘어서, 철학에 대한 철저한 이해를 통해서 뇌와 정신의 큰 상관 지도를 그렸으면 한다. 그럼으로써 뇌는 물론이고 정신의 실체에도 가까이 접근할 수 있으며, 그 이후에야 비로소 자유나 평등의 조건을 가릴 수 있다고 사료된다.

길고 고단했던 시간, 한동안 잊혀졌던 연구자로서의 정체성을 새삼 확인시켜준 오랜 벗인 원고와 작별을 하게 되어 아쉽다. 한 편의 대중적 영화에 대한 관심이 2010년 한국연구재단 저술출판지원사업으로 선정되면서 뇌와 정신의 상관성을 해명하려는 학문적 시도로 전화된 것은 본 연구자에겐 고통이자 행운이었다. 그래서 처음부터 끝까지 배우려는 자세로 집필에 임했지만, 주변 상황은 본 연구자의 호기심과 여유로움을 마냥 기다려주지 않았다. 그래도 본 연구자는 지도적 체계가 없던 철학 지식을 쌓을 수 있었고, 난공불락과 같던 과학의 경계선을 넘나들면서 지적인 오지랖이 크게 확대되었음에 위안을 느낀다.

본 연구를 가능하게 해준 저자와 역자들, 연구의 자율성을 배려해준 한국연구재단, 뜬금없는 테제 발표에 비판적 격려를 아껴주지 않은 학회 동료들, 미욱한 저술에 소통의 빛을 선물한 산지니 출판사, 그리고 묵묵히 지켜봐주신 양가 부모님 및 가족과 상재의 기쁨을 함께하고 싶다.

2015년 8월 12일

마인츠대학의 독일연구소(Deutsches Institut)에서

서요성

그림출처

그림1: 학문의 체계 - 고전물리학의 관점

브루스 로젠블룸 외, 전대호 역, 『양자 불가사의. 물리학과 의식의 만남』, 지양사, 2012, 58쪽.

그림2: 뇌 10년 이후의 인문과학 심포지엄 포스터

www.blogs.uni-mainz.de/fb05philosophie/forschungsstellen-und-weitereeinrichtungen/fs_neuroethik_neurophilosophie/after-the-decade-of-the-brain/

그림3: 송과선

http://commons.wikimedia.org/wiki/File:Illu_pituitary_pineal_glands.jpg?uselang=ko(2015년 4월 5일 접속)에 본 연구자가 번역어를 첨가하였음.

그림4: 뇌량

http://commons.wikimedia.org/wiki/File:Corpus_callosum.png?uselang=ko(2015년 4월 5일 접속).

그림5: 학문의 체계 - 양자이론의 관점

브루스 로젠블룸 외, 전대호 역, 『양자 불가사의. 물리학과 의식의 만남』, 지양사, 2012, 381쪽.

그림6: 매클린의 삼위일체 뇌

에릭 호프만, 장현갑 역, 『이타적 인간의 뇌』, 불광, 2012, 51쪽.

그림7: 신피질의 4가지 뇌엽

에릭 호프만, 장현갑 역, 『이타적 인간의 뇌』, 불광, 2012, 217쪽을 조금 수정

그림8: 뇌의 10년 로고

htttp://de.wikipedia.org/wiki/Dekade_des_Gehirns (2015년 7월 24일 접속).

그림9: 화살표가 가리키는 부위가 시상

http://commons.wikimedia.org/wiki/File:Thalamus.png?uselang=ko(2015년 7월 23일 접속).

그림10: 좌반구의 세 영역

줄리언 제인스, 김득룡 · 박주용 역, 의식의 기원, 한길사 2005, 135쪽.

그림11: 베를린 국립 박물관에 소장된 『누스카 신의 제단』

http://members.bib-arch.org/image.asp?PubID=BSBR&Volume=15&Issue=05&ImageID=03100&SourcePage=search.asp&UserID=0&

그림12: 뉴런

http://ko.wikipedia.org/wiki/%EC%8B%A0%EA%B2%BD_%EC%84%B8%ED%8F%AC (2015년 7월 24일 접속).

그림13: 의식 신경상관물 NCC

http://en.wikipedia.org/wiki/Neural_correlates_of_consciousness(2015년 7월 24일 접속).

그림14 박물관의 Deep Blue

https://en.wikipedia.org/wiki/Deep_Blue_(chess_computer)#/media/File:Deep_Blue.jpg

그림15 매트릭스

The Matrix. Dir. Andy Wachowski and Larry Wachowski. Warner Bros. Pictures, 1999. DVD.

그림16 바이오포트

The Matrix. Dir. Andy Wachowski and Larry Wachowski. Warner Bros. Pictures, 1999. DVD.

참고문헌

글렌 예페스 편저, 이수영 · 민병직 역, 『우리는 매트릭스 안에 살고 있나』, 굿모닝미디어, 2003.
김상현, 「민속자료의 진위문제와 레닌 숭배 현상」, 『노어노문학』, 2호, 2008.
김재희, 「베르그손의 기억 개념과 시간의 역설에 대하여」, 『철학연구』, 63집, 2003.
대니얼 데닛, 이희재 역, 『마음의 진화』, 사이언스북스, 2009.
로버트 버튼, 김미선 역, 『뇌. 생각의 한계』, 북스토리, 2010.
르네 데카르트, 김진욱 역, 『방법서설』, 범우사, 2009.
르네 데카르트, 이현복 역, 『성찰』, 문예, 2011.
르네 데카르트, 김선영 역, 『정념론』, 문예, 2013.
마르틴 후베르트, 원석영 역, 『의식의 재발견』, 프로네시스, 2007.
마셜 맥루언, 김성기 · 이한우 역, 『미디어의 이해』, 민음사, 2008.
마이클 가자니가, 박인균 역, 『뇌로부터의 자유』, 추수밭, 2011.
마이클 하임, 여명숙 역, 『가상현실의 철학적 의미』, 책세상, 1997.
마지드 포투히, 서정아 역, 『좌뇌와 우뇌 사이』, 토네이도, 2014.
박문호, 『뇌, 생각의 출현』, 휴머니스트, 2008.
베르너 하이젠베르크, 이필렬 역, 『현실의 질서』, 따님, 1994.
베르너 하이젠베르크, 구승회 역, 『물리학과 철학』, 온누리, 2011.
베르톨트 브레히트, 송윤엽 외 역, 『브레히트의 연극이론』, 연극과인간, 2005.
브루스 로젠블룸 외, 전대호 역, 『양자 불가사의. 물리학과 의식의 만남』, 지양사, 2012.
빌렘 플루세르, 김성재 역, 『피상성 예찬』, 커뮤니케이션스북스, 2005.
서요성, 「공상과학영화 〈매트릭스〉의 인문학적인 시사성」, 『독일어문학』, 44집,

한국독일어문학회, 2009.
셰익스피어, 김재남 역, 『베니스의 상인. 맥베스』, 신원, 2009.
수전 그린필드, 정병선 역, 『브레인 스토리』, 지호, 2006.
스티븐 호킹 · 레오나르도 믈로디노프, 전대호 역, 『위대한 설계』, 까치, 2010.
스피노자, 강영계 역, 『에티카』, 서광사, 2010.
C. P. 스노우, 오영환 역, 『두 문화』, 사이언스북스, 2009.
슬라보예 지젝 외, 이운경 역, 『매트릭스로 철학하기』, 한문화, 2003.
슬라보예 지젝, 김서영 역, 『시차적 관점』, 마티, 2009.
슬라보예 지젝, 이현우 외 역, 『폭력이란 무엇인가』, 난장이, 2012.
아리스토텔레스, 조대웅 편역 역, 『니코마코스 윤리학』, 돋을새김, 2008.
아서 코난 도일, 백영미 역, 『주홍색 연구』, 셜록 홈즈 전집 1, 황금가지, 2012.
안토니오 다마지오, 임지원 역, 『스피노자의 뇌』, 사이언스북스, 2009.
앙리 베르그손, 황수영 역, 『창조적 진화』, 아카넷, 2005.
앙리 베르그손, 박종원 역, 『물질과 기억』, 아카넷, 2011.
앙리 베르그손, 최화 역, 『의식에 직접 주어진 것들에 관한 시론』, 아카넷, 2011.
에드워드 윌슨, 최재천 · 장대익 역, 『통섭』, 사이언스북스, 2008.
에르빈 슈뢰딩어, 전대호 역, 『생명이란 무엇인가. 정신과 물질』, 궁리, 2009.
에릭 호프만, 장현갑 역, 『이타적 인간의 뇌』, 불광, 2012.
A. N. 화이트헤드, 오영환 역, 『과학과 근대세계』, 서광사, 2008.
여인석, 「라메트리의 인간기계론과 뇌의 문제」, 『의철학연구』, 7호, 2009.
윌리엄 깁슨, 김창규 역, 『뉴로맨서』, 황금가지, 2008.
이인식, 『지식의 대융합』, 고즈윈, 2008.
이정우, 『철학으로 매트릭스 읽기』, 이룸, 2003.
이준호, 『과학이 빛나는 밤에』, 추수밭, 2014.
임마누엘 칸트, 백종현 역, 『순수이성비판2』, 아카넷, 2010.
자크 데리다, 김보현 편역, 『해체』, 문예, 2011.
장 디디에 뱅상, 이세진 역, 『뇌 한복판으로 떠나는 여행』, 해나무, 2010.
장 프랑스와 리오따르, 유정완 외 역, 『포스트모던의 조건』, 민음사, 1994.

G.H. 하디, 정회성 역, 『어느 수학자의 변명』, 세시, 2008.
존 코팅엄, 정대훈 역, 『데카르트』, 궁리, 2001.
줄리언 제인스, 김득룡 · 박주용 역, 『의식의 기원』, 한길사, 2005.
지그문트 프로이트, 박찬부 역, 『쾌락원칙을 넘어서』, 프로이트전집 14, 열린책들, 1997.
지그문트 프로이트, 이재원 역, 『과학적 심리학 초고』, 사랑의학교, 1999.
질 들뢰즈 · 펠릭스 가타리, 이정임 역, 『철학이란 무엇인가?』, 현대미학사, 1995.
칼 포퍼, 이한구 역, 『추측과 논박1』, 민음사, 2001.
크리스토프 코흐, 김미선 역, 『의식의 탐구. 신경생물학적 접근』, 시그마프레스, 2006.
크리스토프 코흐, 이정진 역, 『의식』, 알마, 2014.
토마스 쿤, 김명자 역, 『과학혁명의 구조』, 까치, 2008.
토머스 홉스, 진석용 역, 『리바이어던』, 나남, 2008.
파트리샤 피스터르스, 정민아 역, 『시각문화의 매트릭스』, 철학과현실사, 2007.
플라톤, 박병덕 역, 『소크라테스의 변명—크리톤 · 향연 · 파이돈』, 육문사, 2010.
최명관, 「데카르트의 사상과 근대과학」, 『과학사상』, 2호, 1992.
하겐 슐체, 반성완 역, 『새로 쓴 독일역사』, 지와사랑, 2000.
한나 아렌트, 김정한 역, 『폭력의 세기』, 이후, 1999.
한나 아렌트, 이진우 · 태정호 역, 『인간의 조건』, 한길사, 2010.
헤겔, 임석진 역, 『정신현상학1』, 한길사, 2005.
헤겔, 임석진 역, 『정신현상학2』, 한길사, 2009.
Anne Meredith Stiles, *Neurological fictions: Brain science and literary history 1865-1905*, University of California, Los Angeles 2006.
Blaise Pascal, Ulrich Kunzmann, *Gedanken*, Anaconda, Leipzig 1987.
Christiane Kruse, *Nach den Bildern*, Bilderfragen, Hans Belting, Wilhelm Fink, München 2007.
Edgar Allan Poe, *The Murders in the Rue Morgue: Complete Stories and Poems of Edgar Allan Poe*, Doubleday, New York 1966.

Georgi Schischkoff, *Philosophisches Wörterbuch*, Kröner, Stuttgart 1991.

Gerhard Roth, *Das Gehirn und seine Wirklichkeit*, Suhrkamp, Frankfurt a.M. 1997.

G. W. F. Hegel, *Phänomenologie des Geistes*, Johannes Hoffmeister, Felix Meiner, Hamburg 1952.

I. Klatzo, Cécile and Oskar Vogt. *The Visionaries of Modern Neuroscience*, Springer, Wien/New York 2002.

Ingeborg Bachmann, *Frankfurter Vorlesungen. Probleme zeitgenössischer Dichtung*, Gedichte, Erzählungen, Hörspiel, Essays, Piper, München 1995.

Lena Tumolskaia, "Was nun - mit Lenins Gehirn?", 《Die Zeit》, 1994.08.12.

Oliver Sacks, *Awakenings*, Picador, London, 1973.

Peter Düweke, *Kleine Geschichte der Hirnforschung*, Hanser, München 2001.

Peter Handke, *Ich bin ein Bewohner des Elfenbeinturms*, Suhrkamp, Frankfurt a.M. 1972.

Sigmund Freud, *Entwurf einer Psychologie*, Angela Richards, Fischer, Frankfurt a.M. 1987.

Ulrich Schnabel, "Der unbewusste Wille", 《Die Zeit》, 2008.4.17.

William James, "Does consciousness exist?", *Journal of Philosophy, Psychology and Scientific Methods* Nr. 1, 1904.

William James, *Psychology*, Henry Holt, New York 1908.

찾아보기

ㄴ

ㄷ

ㅇ

ㅈ